Stettiner Bf.
Invaliden Str.
Charité
Oranienburger Str.
Friedrich Str.
Bf. Friedrichstr.
Börse
Alexander Pl.
Landsberger
Alexander Str.
Lustgarten
Unter den Linden
Wilhelm Str.
Französ. Str.
Hausvogtei Pl.
Stadtmitte
Jannowitz Br.
Märk. Mus.
Spittel Markt
Leipziger
Potsdamer Bf.
Potsdamer Pl.
Anhalter Bf.
Kochstr.
Moritz Pl.
Oranien Pl.
Neander
Kottbus
Belle-Alliance Pl.
Hallesches Tor
Möckern Br.
Gleisdreieck
Gitschiner
Blücher
Urban-Hafen
Thielsch
Belle Allian de-Str.
Yorckstr.
Gneisenau Str.
Schönlein str.
Hasen
Viktoria Park Kreuzberg

Sven Felix Kellerhoff

BERLIN IM KRIEG

Eine Generation erinnert sich

QUADRIGA

INHALT

VORWORT

EXAKT 2070 TAGE. LÄNGER ALS IN JEDER ANDEREN STADT Europas dauerte der Zweite Weltkrieg in Berlin, vom ersten Luftalarm am Abend des 1. September 1939 bis zur bedingungslosen Kapitulation des letzten deutschen Stadtkommandanten Helmuth Weidling am Morgen des 2. Mai 1945. In der größten deutschen Stadt war Hitlers Krieg geplant und zu wesentlichen Teilen vorbereitet worden, hier verkündete die Führung des Dritten Reiches all ihre Siege und versuchte ab Ende 1941, das gewendete Kriegsglück durch immer schrillere Propaganda zu kaschieren. Und trotz schwerer Verwüstungen des ganzen Landes endete der Krieg erst, als der »Verteidigungssektor Zitadelle«, das Berliner Regierungsviertel, von sowjetischen Soldaten unter schweren Opfern erobert wurde.

In nackten Zahlen sind die Auswirkungen des Zweiten Weltkrieges auf die Stadt gut bekannt: Knapp eine Viertelmillion Berliner fielen als Soldaten oder blieben verschollen. Etwa 20000 Zivilisten, vorwiegend Frauen, Kinder und alte Männer, starben bei alliierten Bombenangriffen und mindestens ebenso viele bei den Endkämpfen um die Stadt. Zuvor schon waren rund 50000 jüdische Berliner dem nationalsozialistischen Rassenwahn zum Opfer gefallen, zum größten Teil in den Mordfabriken auf polnischem und sowjetischem Boden. Anderthalb Millionen Menschen hatten die Stadt verlassen, um in der Provinz wenigstens etwas mehr Sicherheit zu suchen. Als das Massensterben im Mai 1945 zu Ende war, zählte Berlin nur noch zwei Drittel seiner Bevölkerung von 1939. Der Wert der materiellen Schäden lässt sich nicht einmal schätzen. 80 Millionen Kubikmeter Trümmer lagen im Stadtgebiet herum, 556500 Wohnungen waren zerstört oder nicht mehr reparabel – mehr als ein Drittel des gesamten Wohnraumes. Unzählige Baudenkmäler lagen in Schutt und Asche, im Bezirk Mitte galten 70 Prozent aller Gebäude als vernichtet oder unbenutzbar. Allein hier waren mehr als 20 kunsthistorisch wertvolle

Kirchen verwüstet, außerdem Dutzende barocker Palais, die wenigen Reste der mittelalterlichen Altstadt und große Teile der einst pulsierenden Geschäftsstraßen. In den anderen innerstädtischen Bezirken sah es kaum besser aus, und selbst in den zu Groß-Berlin zählenden Vororten gab es neben vollständig erhaltenen Straßenfluchten Tausende Ruinen.

Aber was bedeuteten statistische Angaben wie diese für das Leben der Berlinerinnen und Berliner? Wie nahmen die Menschen die fast sechs Jahre des Krieges wahr, was beschäftigte sie, wie überstanden sie die Herausforderungen des Alltages? Obwohl es über keine deutsche Stadt mehr Bücher gibt als über Berlin, ist das eine offene Frage. Im November 2002 baten die *Berliner Morgenpost* und *Die Welt* ihre Leser, Erinnerungen an den Bombenkrieg in Deutschland niederzuschreiben. Seinerzeit wurde heiß über Jörg Friedrichs Buch *Der Brand* diskutiert. Über 200 Zeitzeugen sandten teilweise umfangreiche Schilderungen ein, von denen nur winzige Ausschnitte in den Zeitungen publiziert werden konnten. Immerhin 70 dieser Zeitzeugenberichte erschienen 2003 gekürzt in dem *Morgenpost*-Band *Als die Tage zu Nächten wurden. Berliner Schicksale im Luftkrieg*. Viele dieser Protokolle des alltäglichen Kampfes um Nahrung, Schlaf und gelegentliche Ablenkung sind hochspannend, doch war die Aneinanderreihung bereits zwei Generationen zurückliegender Erlebnisse kaum mehr verständlich. Das zeigten die Reaktionen der jüngeren Leserschaft.

Deshalb hegte ich schon lange den Plan, meinen beiden Büchern *Hitlers Berlin. Geschichte einer Hassliebe* (2005) und *Berlin unterm Hakenkreuz* (2006) einen dritten Band folgen zu lassen, in dem das Leben und Sterben in der Reichshauptstadt aus dem Blickwinkel ganz normaler Berliner behandelt werden sollte, gewissermaßen »von unten«. Standen in *Hitlers Berlin* die Beziehung zwischen dem Diktator und seiner Hauptstadt seit 1916 und in *Berlin unterm Hakenkreuz* die nationalsozialistische Stadt von der Machtübernahme der Nazis bis zur bedingungslosen Kapitulation im Mittelpunkt, so wollte ich im dritten Band die Perspektive wechseln. Der Schriftsteller Walter Kempowski hat in den insgesamt zehn Bänden seines Sammelwerks *Das Echolot* vorgeführt, dass erlebte Vergangenheit durch persönliche Schilderungen von Betroffenen lebendiger und verständlicher wird als in der gewöhnlichen Form von Politik- oder Sozialgeschichte. Gleichwohl stand für mich fest: Keine tageweise Kollage von einzelnen Erinnerungen konnte das Ziel sein, denn so ließen sich einem heutigen Publikum die Herausforderungen der Kriegsjahre kaum mehr nachvollziehbar machen. Während es Kempowski vor allem um die emotionale Wirkung auf seine Leserschaft ging, wollte ich zusätzlich eine Gesamtgeschichte Berlins der Jahre 1939 bis 1945 bieten.

Bei den Vorbereitungen stellte sich bald heraus, dass neben den aus einer Distanz von sechs Jahrzehnten geschriebenen Erinnerungen von Zeitzeugen unbedingt weitere Quellen einbezogen werden mussten. Am wichtigsten waren darunter einerseits die Aufzeichnungen jener Berliner, die als Juden verfolgt, jedoch versteckt überlebt hatten oder trotz Deportation nicht ermordet worden waren. Es gibt rund drei Dutzend als Bücher publizierte Erinnerungen – von Prominenten wie Hans Rosenthal, Inge Deutschkron oder Michael Degen, aber ebenso von öffentlich weitgehend unbekannten Augenzeugen wie Margot Friedlander (geb. Bendheim) oder Klaus Scheurenburg. Diese Schilderungen, wiewohl höchst subjektiv geschrieben, sind unverzichtbar, weil ihre Autoren keinerlei Grund hatten, irgendetwas schönzureden oder milder als angemessen zu beurteilen.

Andererseits erwiesen sich die Berichte ausländischer, vor allem amerikanischer Berlin-Korrespondenten als äußerst wertvoll. Bis Anfang Dezember 1941 arbeiteten US-Journalisten in der Reichshauptstadt und versorgten ihre Heimatredaktionen aus eigener Anschauung mit Berichten aus dem Zentrum Hitler-Deutschlands. Manche von ihnen, etwa der CBS-Reporter William Shirer oder United-Press-Mitarbeiter Howard K. Smith, haben noch während des Zweiten Weltkrieges Bearbeitungen ihrer Tagebücher publiziert. Noch interessanter aber sind die Artikel, die Korrespondenten wie Sigrid Schultz oder Percival Knauth fortlaufend in den wichtigsten US-Zeitungen publizierten. Die Fülle von Informationen beispielsweise zur Judenverfolgung oder zur Lebenssituation normaler Berliner, die in diesen Berichten zu finden sind, außerdem unzählige kleine, aber vielsagende Beobachtungen lassen den Alltag im Krieg lebendiger denn je zuvor erscheinen. Seit einigen Jahren sind Dutzende Jahrgänge wichtiger Blätter wie der *New York Times*, der *Chicago Tribune* oder der *Los Angeles Times* in großen Bibliotheken vollständig elektronisch zugänglich.

Prinzipiell bedauerlich ist, dass bis heute keine einzige deutsche Zeitung in ähnlicher Form recherchiert werden kann. Im konkreten Fall erwies sich dieser Mangel jedoch als wenig relevant, denn die Qualität der Berichterstattung auch ehemals renommierter Redaktionen wie diejenigen der *Berliner Morgenpost* oder der *Deutschen Allgemeinen Zeitung* war in den Kriegsjahren kaum hochwertiger als jene der NSDAP-Blätter *Völkischer Beobachter* und *Der Angriff*. Dank der nahezu vollständigen Bestände von deutschen Originalzeitungen aus den Jahren 1939 bis 1945 im Infopool der Axel Springer AG konnte auch die von Propaganda dominierte Selbstdarstellung in diesen Zeitungen einbezogen werden. Gewisse Lücken ließen sich durch die umfangreiche Mikrofilmsammlung des Zentrums für Berlin-Studien der Zentral- und Landesbibliothek Berlin schließen.

Vier publizierte Tagebücher von Berlinern bilden nahezu Tag für Tag die gesamte Kriegszeit ab. Die russische Exilantin Marie »Missie« Wassiltschikow notierte ihre Erlebnisse aus der immer mehr schrumpfenden Oberschicht der Reichshauptstadt von 1940 bis 1945 detailliert. Die Journalistinnen Ursula von Kardorff und Ruth Andreas-Friedrich, beide dem NS-Regime gegenüber skeptisch eingestellt, veröffentlichten stark bearbeitete Versionen ihrer täglichen Notizen, die gleichwohl zu den wichtigsten Quellen über das Leben in der Reichsmetropole zählen. Unverzichtbar, aber mit Vorsicht zu nutzen, sind für die Jahre 1939 bis 1945 die 18 Bände umfassenden Tagebücher von Propagandaminister Joseph Goebbels. Es handelt sich nicht um subjektiv ehrliche Aufzeichnungen, sondern um Materialsammlungen für künftige Artikel, Reden oder andere Veröffentlichungen. Dennoch enthält die Edition der Tagebücher unverzichtbare Details, vor allem weil Goebbels als Gauleiter der NSDAP für Berlin de facto Verwaltungschef der Hauptstadt war.

In den rund anderthalb Jahrzehnten, die ich mich schon mit Berliner Zeitgeschichte befasse, ist eine Sammlung unterschiedlicher weiterer Quellen zusammengekommen. Sie entstammen teilweise privaten Nachlässen wie das Haushaltsbuch der Schönebergerin Ursula Kleinmichel, teilweise Gedenkstätten oder Forschungsvorhaben wie die Unterlagen zur »Fabrikaktion« von Ende Februar 1943 oder Materialien zur Hinrichtung von Regimegegnern Ende April 1945. Im Rahmen anderer Arbeiten bin ich oft auf interessante Einzelfunde gestoßen, von denen einige in diesen Band Eingang gefunden haben. Es gibt jedoch auch in den allgemein zugänglichen staatlichen Archiven eine Fülle bisher nicht hinlänglich ausgewerteten Materials über Berlin im Zweiten Weltkrieg. Im Landesarchiv zum Beispiel, das Historikern, nebenbei erwähnt, hervorragende Arbeitsbedingungen bietet, liegt die nahezu vollständige Serie der Luftschadensberichte von 1940 bis 1945 vor – eine ideale komplementäre Überlieferung zu Zeitzeugenerinnerungen an den Bombenkrieg. In der Berliner Abteilung des Bundesarchivs enthalten vor allem die Akten der Parteikanzlei, des Reichsfinanzministeriums und des Generalbauinspektors für die Reichshauptstadt einschlägige Unterlagen.

Obwohl es in diesem Buch ausschließlich um Berlin im Zweiten Weltkrieg geht, gelten große Teile der Schilderungen im Kern auch für andere deutsche Städte. Bisher gibt es nur zu überraschend wenigen Gemeinden umfassend recherchierte, über die reine Regionalgeschichte hinausgehende Darstellungen. Die beste derartige Arbeit hat Horst Matzerath über *Köln in der Zeit des Nationalsozialismus* vorgelegt. *Hamburg im Dritten Reich*, ein mächtiger Aufsatzband, überzeugt weitgehend. Beide Bücher allerdings nehmen bewusst nicht die Perspektive der Menschen ein, die Geschichte zugleich »erleben« wie auch »erleiden« und in ihrer ganz persönlichen Situation eben auch »machen«.

In die Planungsphase dieses Buches fiel der völlig unerwartete weltweite Erfolg Hans Falladas Kriegsromans *Jeder stirbt für sich allein* aus dem Jahr 1946. Gestützt auf eine damals nur teilweise vorliegende Gestapo-Akte über ein Berliner Ehepaar, das mit eigenhändig verfassten Postkarten gegen Krieg und NS-Terror protestiert hatte und dafür hingerichtet worden war, hatte der bereits schwer kranke Schriftsteller sehr frei über den »doch vorhandenen Widerstand der Deutschen gegen den Hitlerterror« geschrieben. Dank der Wiederentdeckung vor allem in Großbritannien und Amerika rückte das Buch auch in

Deutschland auf die Bestsellerlisten, diesmal in seiner ursprünglich geplanten Fassung. *Jeder stirbt für sich allein* ist ein Roman, in dem »ein Autor unter dem Charakter seines Personals« litt, schrieb Jürgen Kaube treffend in der *Frankfurter Allgemeinen Zeitung*. Es hätte nahegelegen, die wahre Geschichte des Ehepaars Otto und Elise Hampel, das Fallada zu seinen Figuren Otto und Anna Quangel inspiriert hatte, in *Berlin im Krieg* einzuarbeiten; die Akten sind im Bundesarchiv zugänglich. Jedoch sprachen zwei Überlegungen dagegen: Einerseits dürfte der erfreuliche posthume Erfolg von Fallada nur eine kurzfristige Modeerscheinung sein – gerade in der ursprünglichen, nicht geglätteten Fassung ist der Roman mitunter anstrengende Lektüre. Andererseits hätte ein solches Vorgehen ohnehin nur bis zur Hinrichtung der Hampels im April 1943 gereicht. Deshalb habe ich darauf verzichtet, dieses wahre Schicksal aufzugreifen. Jedoch erzählt mein Buch vom Leben in der Reichshauptstadt während des Zweiten Weltkrieges, das Fallada von gelegentlichen Ausflügen von seinem Wohnsitz Carwitz in Mecklenburg nach Berlin kannte. Insofern hängen *Jeder stirbt für sich allein* und *Berlin im Krieg* doch zusammen.

Im Vorwort zu meinem Buch *Hitlers Berlin* hatte ich im Jahr 2005 angemahnt, die akademische Geschichtswissenschaft solle sich nach der Zusammenführung der während des Kalten Krieges geteilten archivalischen Überlieferung endlich der vielfach gebrochenen jüngeren Historie der deutschen Hauptstadt annehmen. Seither sind zahlreiche verstreute Einzelstudien von sehr unterschiedlicher Qualität erschienen, doch eine Gesamtdarstellung, die sich auf die ungeheuer vielfältige, wenngleich lückenhafte Quellenlage stützt, war nicht darunter. Das dürfte auch damit zu tun haben, dass eine vollständige Beschreibung auf wenigen hundert Seiten unmöglich ist. Auswahl und Verdichtung jedoch sind Techniken, die im akademischen Betrieb heute kaum mehr gelehrt werden. Für mich als Journalist mit dem Schwerpunkt deutsche Zeitgeschichte ist die zutreffende, dabei geraffte Darstellung hingegen eine alltägliche Herausforderung. Ich hoffe, dieses Unterfangen ist mir in *Berlin im Krieg* gelungen.

Berlin, 20. Juli 2011 Sven Felix Kellerhoff

VOR DEM KRIEG

WER KRIEG WILL, MUSS SICH IM FRIEDEN VORBEREITEN. Genau um 08:20 Uhr morgens heulten die Sirenen über ganz Berlin. Der Berufsverkehr an diesem herbstlichen Montag war in vollem Gange, und so überraschte der Alarm zahlreiche Passanten auf dem Weg zur Arbeit. Busse und Straßenbahnen blieben stehen, wo immer sie gerade waren, alle U- und S-Bahnen stoppten bei der nächsten Station. Sämtliche Passagiere strömten aus den Wagen. Zehntausende Privatautos hielten an, unzählige Fahrräder wurden einfach auf die Straßen gelegt. Mehrere Millionen Berliner strebten sofort zu den Schutzräumen, die der Reichsluftschutzbund mit Plakaten gekennzeichnet oder mit Pfeilen ausgewiesen hatte, die auf Häuserwände oder den Asphalt gemalt worden waren. Der Potsdamer Platz, gewöhnlich eine der verkehrsreichsten Kreuzungen Europas, war innerhalb von 140 Sekunden menschenleer. Nur wenig länger dauerte es bei den meisten anderen Straßen der Reichshauptstadt: Innerhalb von zehn Minuten befand sich praktisch kein Zivilist mehr unter freiem Himmel. Es war bedeckt und recht kühl, dichte dunkle Wolken hingen über der Stadt.

Kurz darauf röhrten die ersten von mehreren Dutzend Flugzeugen über der Innenstadt und warfen ihre Fracht ab. Detonationen donnerten durch die Straßen, Qualmwolken stiegen auf. Von zahlreichen Gebäudedächern aus eröffneten Flugabwehrkanonen das Feuer, und auf einmal liefen anscheinend blutüberströmte Menschen schreiend umher, brachen teilweise mitten auf den leer gefegten Fahrbahnen zusammen. Männer in grauen und braunen Uniformen leisteten Erste Hilfe, was wegen der Gasmasken über ihren Gesichtern schwerfiel. Feuerwehrautos rasten heran und bereiteten Löscheinsätze vor. Offenbar Verwundete mit Verbänden um den Köpfen oder gebrochenen Armen schlichen an Regierungsgebäuden vorbei. Auf einigen Kreuzungen lagen umgekippte Busse, auf anderen versperrten plötzlich aufgetürmte Steine und Balken jede Durchfahrt. Die Hauptziele der Angreifer waren das Regierungsviertel rund um die Wilhelmstraße und die Industrie im Nordwesten, vor allem Siemensstadt. »Das tägliche Leben in der Stadt kam zum Stillstand«, berichtete der Berlin-Korrespondent der Nachrichtenagentur Associated Press (AP).[1] Nach 39 Minuten kam die Entwarnung, doch es dauerte noch Stunden, bis die Berliner den morgendlichen Schrecken überwunden hatten.

»Schon ganz früh Fliegeralarm«, notierte Joseph Goebbels wenige Stunden später in seinem Tagebuch und fügte zufrieden hinzu: »In Berlin klappt alles. Gut gedrillt.« Interessiert registrierte der Reichspropagandaminister die Folgen der Übung: »Mein Ministerium in ›Brand geschossen‹. Der ganze Wilhelmplatz vernichtet. Ein tolles Schauspiel.«[2] Die wichtigste Zeitung des nationalsozialistischen Deutschlands, das NSDAP-Parteiblatt *Völkischer Beobachter*, gab am nächsten Morgen bekannt, »dass es auch bei uns keinen denkenden Menschen mehr gibt, der die Notwendigkeit der Luftwaffe und des Luftschutzes, beides für die Verteidigung des Landes, nicht einsähe«.[3] Otto D. Tolischus, der erfahrenste Korrespondent der *New York Times*, zeigte sich beeindruckt: »Mit Nanking, Schanghai und Madrid als warnende Beispiele für die Tatsache, dass Luftangriffe auf offene Städte, im Weltkrieg noch als barbarisch verpönt, zum Teil moderner Kriegsführung geworden sind, hat Berlin heute Morgen eine Kostprobe des Krieges bekommen im Rahmen der größten Manöver der deutschen Geschichte.«[4]

Die Luftschutzübung am Morgen des 20. September 1937 war monatelang detailliert vorbereitet worden. Der Generalstab des Reichsluftfahrtministeriums hatte den Plan sieben Wochen zuvor »streng vertraulich« an die beteiligten Behörden verteilt: »In der Zeit vom 20. bis 27. September wird innerhalb der Wehrmachtsmanöver auch der zivile Luftschutz in größerem Rahmen eingesetzt. Insbesondere wird auch die Stadt Berlin das Ziel von Luftangriffen der gegnerischen Partei sein.« Für die gesamte Zeit der reichsweiten Militärübungen wurde allgemeine Verdunkelung angesetzt, doch das genügte den Planern nicht: »Während der Zeit des Wehrmachtsmanövers finden an einem Tag örtliche zivile Luftschutzübungen in Berlin statt.« Auf die Simulation längerer Serien von Bombenattacken verzichtete Luftwaffenchef Hermann Göring, »um Störungen des Wirtschaftslebens zu vermeiden«. Jedoch könne »an dem genannten Übungstag ein wiederholter Fliegeralarm« stattfinden. Aufgabe aller Behörden und der Berliner Bevölkerung sei es, auf das Sirenensignal hin jede Arbeit oder sonstige Beschäftigung zu unterbrechen, die ausgewiesenen Schutzräume aufzusuchen und bis zur Entwarnung dort zu bleiben. Mit unverhohlenem Stolz stellte Göring fest: »Luftschutzübungen, wie sie in diesem Jahr im Rahmen der Wehrmachtsmanöver im Deutschen Reich stattfinden, haben nach Art und Umfang bisher noch niemals und nirgends stattgefunden.« Als Ziel legte der zweite Mann des Dritten Reiches klar fest: »Nicht nur die eigene Bevölkerung, sondern auch das Ausland soll erkennen, was das nationalsozialistische Deutschland auch auf diesem Gebiet zu leisten in der Lage ist.«[5]

Ganz dem vertraulichen Plan entsprechend, kam es am Abend des 20. September 1937 zu einem zweiten Fliegeralarm, vor allem für die Außenbezirke. Diesmal dauerte es einige Minuten länger bis zur Entwarnung. Die NSDAP-Abendzeitung *Der Angriff* lobte die »Disziplin und die Kameradschaft aller Berliner« bei der nächtlichen Übung.[6] Joseph Goebbels dagegen schrieb etwas genervt: »In der Nacht auch draußen Luftübungen. Ich bin ganz müde davon.«[7] Offiziell gab sein Ministerium bekannt, die Verteidigung der Reichshauptstadt habe sich als gut vorbereitet erwiesen und einen Sieg über die Angreifer errungen. Außerdem habe man mit einem Vergeltungsschlag auf die Hauptstadt der gegnerischen Partei reagiert und dort schwere Schäden verursacht. Die Manöver, die Hitler außerhalb Berlins verfolgte, waren aus Sicht der NS-Führung ein voller Erfolg. Vor dem mit Spannung erwarteten Staatsbesuch des italienischen Diktators Benito Mussolini hatte sich die erst seit Kurzem aufgebaute Luftwaffe des Reiches als schlagkräftig erwiesen. Doch es gab auch viele Berliner, die der »dunklen Woche« wenig abgewinnen konnten, wie man die nächtlichen Verdunkelungsübungen allgemein nannte. Neben den Theatern und Kinos waren es vor allem die Restaurants und Bars, die Einbußen hinzunehmen hatten: Sie waren »die größten Verlierer«, meldete die *New York Times*.[8]

Intern sah die Bilanz der großen Übung allerdings weniger gut aus. Ein hoher Polizeioffizier bemerkte kritisch, »dass der Bevölkerung ganz allgemein noch ein gewisses Maß an militärischem Denken und Verhalten fehlt«. Noch seien »Interesse und Verständnis« für die Notwendigkeiten des Luftschutzes »nicht in dem wünschenswerten Maße geweckt« worden.[9] Doch nicht mangelnde Disziplin bei der Verdunkelung oder der Reaktion auf Luftalarm erwies sich als größtes Problem. Viel kritischer war der Mangel an bombensicheren Schutzräumen. Zwar waren für die Übung in der ganzen Stadt genügend Unterkünfte ausgewiesen worden, doch nur wenige Dutzend davon waren im September 1937 bereits entsprechend den Vorgaben des Reichsluftschutzbundes ausgebaut und ausgestattet – die allermeisten Berliner waren einfach in normale, überhaupt nicht vorbereitete Keller geströmt. Moderne, funktionsfähige Bunker gab es im Berlin der »dunklen Woche« nicht einmal ein halbes Dutzend, zum Beispiel unter dem Vorplatz des neuen Reichsluftfahrtministeriums und – ausschließlich Hitler und seiner Entourage vorbehalten – unter dem eigens zur Tarnung errichteten neuen Festsaal der Reichskanzlei in den Ministergärten.

Während die meisten Einwohner der Reichshauptstadt die Übungen nicht besonders ernst nahmen, wusste Joseph Goebbels um die Notwendigkeit ausreichenden Luftschutzes. Denn ihm als einem der engsten Mitarbeiter des »Führers« war klar, dass Deutschland früher oder später Krieg führen würde. Mochten sich die Staatsmänner in Europa und der ganzen Welt noch Hoffnungen machen, Hitler werde es bei Drohgebärden belassen, sofern nur seine Forderungen nach und nach erfüllt würden, so hatte sein Chefpropagandist schon im September 1937 keine Zweifel daran, was noch bevorstand. Und weil er sich zugleich vorstellen zu können glaubte, wie tödlich die Gefahr durch Bomben sein würde, hoffte er, dass es mit dem Luftschutz »niemals ernst« werden möge: »Wir müssen so stark sein, dass diese Millionenstadt immer gesichert ist.«[10]

AM ANFANG ANGST

MUND-ZU-MUND-PROPAGANDA KANN SCHNELLER SEIN als jede Radiostation – dank Telefon. Als am 1. September 1939 gegen 05:00 Uhr der Himmel über der Reichshauptstadt zu dämmern begann, telefonierten weit mehr Berliner als üblich zu so früher Stunde. Nur 15 Minuten zuvor hatten Hunderte Kilometer weiter östlich anderthalb Millionen Mann der Wehrmacht begonnen, die Grenze zu Polen zu überschreiten; sogar noch etwas früher, gegen 04:35 Uhr mitteleuropäischer Zeit, warfen deutsche Stukas – Sturzkampfflugzeuge – die ersten Bomben des Zweiten Weltkrieges ab und verwüsteten die polnische Kleinstadt Welun (Wieluń) südwestlich von Lodz (Łódź). Während in der Reichskanzlei, den Ministerien und im Oberkommando der Wehrmacht Politiker, Spitzenbeamte und Offiziere auf erste Nachrichten von der Front warteten, traten lange vorbereitete Befehle in Kraft: Viele Berliner mit »kriegswichtigen« Berufen wurden kurz nach den ersten Schüssen telefonisch oder durch Boten knapp informiert, dass sie schnellstmöglich ihren Dienst anzutreten hatten. Einige von ihnen benachrichtigten umgehend Bekannte und Verwandte, die ihrerseits die Neuigkeit weitertrugen; über die rund 600 000 Telefonanschlüsse in der Reichshauptstadt ging das rasend schnell. Von Berlin aus verbreitete sich an jenem Morgen durch das ganze Deutsche Reich die Gewissheit, dass nach langen Monaten politischer Spannungen und Spekulationen tatsächlich gekämpft wurde. Den Kirchenlieddichter Jochen Klepper rief ein befreundetes Medizinerehepaar an. Dieses wusste fast gleichzeitig mit den ersten Schüssen, dass der Krieg begonnen hatte, »da für sechs Uhr er als Arzt, um sieben sie als Ärztin an ihre schon vorher bezeichneten Kriegsdienststellen berufen wurden«.[1] Vorsorglich wurden die rückwärtigen Lazarette verstärkt, weil niemand schätzen konnte, wie rasch wie viele deutsche Verwundete versorgt werden müssten.

Als um 05:30 Uhr der Berufsverkehr in Gang kam, herrschte in Bussen und Bahnen eine gedrückte Atmosphäre. Fast jeder Berliner, der schon auf den Beinen war, wusste von den Ereignissen; zufrieden oder gar begeistert zeigte sich kaum jemand. Die Erinnerung an die Entbehrungen und die Opfer des vorangegangenen Krieges waren noch zu frisch. Zur gleichen Zeit gab die Reichskanzlei Hitlers »Proklamation an das deutsche Volk« zur Veröffentlichung frei. Doch überraschend war daran nur noch, dass ausgerechnet das überfallene Land selbst die Schuld am Krieg haben sollte: »Der polnische Staat hat die von mir erstrebte friedliche Regelung nachbarlicher Beziehungen verweigert, er hat stattdessen an die Waffen appelliert«, hieß es in dem seit Tagen vorbereiteten Text, und weiter: »Die deutsche Wehrmacht wird den Kampf um die Ehre und die Lebensrechte des wiedererstandenen deutschen Volkes mit harter Entschlossenheit führen.«[2] Innerhalb von Minuten begann der Rundfunk, Hitlers Proklamation im Reich zu verbreiten. Die Stimmung aufbessern konnte die verlogene Bekanntmachung aber nicht.

Unmittelbar nach ihrer Verlesung klingelte Sigrid Schultz, die polyglotte Deutschland-Korrespondentin der *Chicago Daily Tribune*, ihre Bekannten vom internationalen Pressekorps der Reichshauptstadt reihum aus den Betten. William Shirer schlief da gerade erst anderthalb Stunden. Um 03:30 Uhr morgens hatte er seine Livesendung für die CBS aus dem Funkhaus an der Charlottenburger Masurenallee beendet und seinen Hörern in Amerika noch versprochen, »dass wir im Falle wichtiger Neuigkeiten in dieser Nacht beabsichtigen, umgehend von Berlin aus auf Sendung zu gehen«. Dieser Ankündigung zum Trotz machte er sich nach kurzem Warten auf in sein Hotel. Das *Adlon* lag perfekt für jeden Korrespondenten: mitten im Regierungsviertel und gleich gegenüber der US-Botschaft am Pariser Platz – allerdings acht Kilometer vom Funkhaus entfernt. Auf dem Weg quer durch die Stadt fiel Shirer auf, dass die Straßen noch leerer waren als um diese Zeit üblich, die Häuser dunkel; hatten sich die Berliner etwa in der Hoffnung auf Frieden schlafen gelegt? Shirer tat jedenfalls genau das. Als Sigrid Schultz' Anruf ihn kurz vor 06:00 Uhr weckte, fühlte er sich benommen, fast wie gelähmt. Er hörte ihre

Worte: »Es hat begonnen«, murmelte einen kurzen Dank und stand strauchelnd auf.[3]

Passend zur Stimmung in der Reichshauptstadt präsentierte sich der Himmel am Morgen des 1. September 1939 grau in grau. An die Stelle der strahlenden Sonne der letzten Augustwoche waren dichte Wolken getreten; unangenehme Schwüle hing über der Stadt. An der vielleicht prominentesten Kreuzung, Wilhelmstraße Ecke Unter den Linden, herrschte seltsame Ruhe. Die Passanten wirkten apathisch. Alle wussten, der Krieg hatte begonnen, doch bemühten sie sich um Normalität. Die Handwerker auf der Baustelle des neuen IG-Farben-Hauses am Pariser Platz arbeiteten wie üblich; niemand scherte sich um die Zeitungsjungen, die schon am Vormittag lautstark Extrablätter mit den neuesten Nachrichten anpriesen. »Beinahe verödet« erschien dem Korrespondenten der *Neuen Zürcher Zeitung* der Prachtboulevard; Fußgänger waren spärlich, Autos noch seltener.[4] Das lag auch an den Kolonnen von SA- und SS-Männern, die seit 08:00 Uhr entlang den Straßen im Regierungsviertel aufmarschiert waren. Zu den wenigen, die mit dem Wagen in die Innenstadt kamen, gehörte der schwedische Industrielle Birger Dahlerus. Er versuchte seit Ende August hektisch, zwischen Deutschland und Großbritannien zu vermitteln, um einen neuen Weltkrieg zu vermeiden. Kurz vor 10:00 Uhr traf er in der britischen Vertretung in der Wilhelmstraße ein. »Von Kriegsbegeisterung hatte ich weder auf der Autofahrt durch die Vorstädte noch im Zentrum etwas bemerken können«, hielt er fest. »Die Straßen wirkten recht verlassen, und die von der englischen Botschaft aus zu beobachtenden Passanten sahen – mit wenigen Ausnahmen – schweigend zu, wie Hitler zur Reichstagssitzung vorüberfuhr.«[5]

Der »Führer« war es gewohnt, umjubelt zu werden, wann immer er sich öffentlich zeigte. Vermutlich jedoch bemerkte er die mangelnde Begeisterung der Berliner an diesem Morgen gar nicht, so übermüdet und nervös war er, als sein Tross aus Mercedes-Limousinen wenige Minuten vor 10:00 Uhr von der Reichskanzlei die anderthalb Kilometer hinüber zur Krolloper rollte. Vor den nur noch als Kulisse dienenden Reichstagsabgeordneten wollte er den Angriff auf Polen begründen. Weil durch die Einberufungen zur Wehrmacht etwa 100 Plätze im Sitzungssaal leer geblieben wären, füllten uniformierte Parteifunktionäre die Reihen auf; darauf wies Reichstagspräsident Hermann Göring in seiner Eröffnungsadresse eigens hin. Die Ersatz-Abgeordneten durften sogar mit »abstimmen« über den Beitritt der Freien Stadt Danzig (Gdańsk) zum Großdeutschen Reich – das Ergebnis, einmütige Zustimmung, stand jedoch ohnehin von vornherein fest. Hitlers Rede wurde im Rundfunk gesendet; wie immer bei solchen Gelegenheiten blieben auf den Straßen Berlins die Passanten stehen und hörten zu. Vor Radiogeschäften bildeten sich Menschentrauben, sie lauschten durch die offenen Türen der auf maximale Lautstärke eingestellten Übertragung. Doch anders als sonst vermochten Hitlers fahrig und nervös vorgetragene Sätze diesmal keine Begeisterung zu wecken. Zwar hoben die meisten Zuhörer nach Ende der Rede pflichtschuldig den rechten Arm, doch nur wenige glaubten seine Behauptungen über einen polnischen Angriff und einen deutschen Gegenangriff. »Die Bevölkerung ist ernst, aber gefasst«, konstatierte selbst Joseph Goebbels.[6] Die gleichgeschalteten Zeitungen der Reichshauptstadt jedoch berichteten das Gegenteil; der *Berliner Morgenpost* zufolge harrten Menschenmassen hinter dem Spalier von SA- und SS-Leuten, um Hitler »stürmisch« zu begrüßen, als er die Krolloper wieder verließ.[7] Wahrscheinlich hatte der Propagandaminister gar keine Weisung gegeben, die Wirklichkeit so zu verbiegen – die Redakteure hatten die Erwartungen der Presselenkung so sehr verinnerlicht, dass sie solche »Hinweise« gar nicht mehr brauchten.

In fast allen staatlichen Verwaltungen begann die Arbeit an diesem Freitagmorgen zeitig: Beamte holten in ihren Behörden die intern »Schubladengesetze« genannten Verordnungen aus den Panzerschränken, die seit Jahren insgeheim erarbeitet worden waren. Man wollte nicht die Fehler wiederholen, die nach Beginn des Ersten Weltkrieges Anfang August 1914 zeitweise zu chaotischen Zuständen geführt hatten. Deshalb musste nun eine wahre Flut von neuen Vorschriften in Kraft gesetzt werden. Gleich vom 1. September 1939 an galten Regelungen über die »Bestellung von Reichsverteidigungskommissaren« sowie über die Kontrolle der Wirtschaft im Allgemeinen und über die Verteilung von Getreide und Hülsenfrüchten im Besonderen, außerdem eine spezielle »Familienunterstützung bei besonderem Einsatz der Wehrmacht«. Hitler persönlich ordnete die Neustiftung des klassischen preußischen Ordens an: »Nachdem ich mich entschlossen habe, das deutsche Volk zur Abwehr der ihm drohenden Gefahren zu den Waffen zu rufen, erneuere ich eingedenk der heldenmutigen Kämpfe, die Deutschlands Söhne in den früheren großen Kriegen zum Schutz der Heimat bestanden haben, den Orden des Eisernen Kreuzes.« Weniger populär als die Auszeichnung für heldenhaften Kampf, aber mindestens genauso relevant war das gleichzeitig neu eingeführte Verwundetenabzeichen.

Für den Alltag der Berliner fernab der Kämpfe auf polnischem Boden wichtiger war die 30 Paragrafen lange Kriegswirtschaftsverordnung. Sie legte unter anderem einen Zuschlag von 50 Prozent auf die Einkommensteuer fest, um den Krieg zu finanzieren; allerdings wurden all diejenigen Steuerpflichtigen davon befreit, die pro Jahr weniger als 2400 Reichsmark verdienten – etwa zwei Drittel der Berliner. Für die Übrigen galt die zusätzliche Regel, dass die Gesamtsteuerlast nicht über 65 Prozent des Bruttoeinkommens steigen durfte. Neu oder wieder eingeführt wurden Sondersteuern auf Bier, Tabak, Schaum- und Branntwein. Die Löhne wurden festgeschrieben, alle Preise mussten nun »nach den Grundsätzen der kriegsverpflichteten Wirtschaft gebildet werden«. Die Lebensmittelversorgung, die bereits seit dem 27. August 1939 durch Rationierung kontrolliert war, wurde nun endgültig staatlicher Lenkung unterstellt. Zur Vermeidung von Umgehungen gab es strenge Strafandrohungen: Wer Nahrung hortete und so der Wirtschaftskontrolle entzog, um sie privat zu verkaufen, sollte fortan mit Haft büßen, sofern dadurch »böswillig die Deckung dieses Bedarfs gefährdet« worden sei. »In besonders schweren Fällen kann auf Todesstrafe erkannt werden.«[8] Mit den »Schubladengesetzen« verschärfte das Dritte Reich seine Herrschaftspraxis abermals deutlich.

Nicht nur in den Ministerien passte man sich fleißig an die neue Situation an; die meisten Berliner hatten am ersten Kriegstag viel zu tun, denn nun traten die Bestimmungen des Luftschutzgesetzes und seiner verschiedenen Ausführungsverordnungen in Kraft. Vor allem musste jeder Haushalt bis zum Eintritt der Dämmerung die Verdunkelung sicherstellen. Dafür galten klare Richtlinien: »In den Wohnhäusern sind die Fenster aller nicht ständig benutzten Räume dauernd abzublenden. In den übrigen Räumen sind Fenster, die zur Beleuchtung des Raumes bei Tage und zum Lüften nicht notwendig sind, ebenfalls dauernd abzublenden oder mit Einrichtungen zu versehen, die ein jederzeitiges schnelles und einwandfreies Abblenden ermöglichen.« Ziel war es, die Stadt mit all ihren Wohngebäuden, Verkehrswegen und sonstigen normalerweise beleuchteten Anlagen so zu tarnen, dass »ihr Auffinden durch Luftfahrzeuge und somit ein gezielter Bombenabwurf erschwert wird«. Da im Falle eines Fliegeralarms sämtliche Lichter schnell gelöscht werden mussten, sollten generell alle Oberlichter sowie Treppenfenster ab sofort ständig verdeckt bleiben: »Es muss gerade noch genügend Licht zum Erhellen des Treppenhauses bei Tage einfallen und ausreichend gelüftet werden können.«[9] Wer sich an diese Vorschriften nicht hielt, riskierte Streit mit dem zuständigen Blockwart des Reichsluftschutzbundes und eine Anzeige bei der Polizei.

Doch längst nicht alle Einwohner hatten am 1. September 1939 die in Zeitungen und auf Flugblättern immer wieder genau beschriebene Verdunkelung vorbereitet. Der ehemalige Landgerichtsrat Günther Brandt, der aus politischen Gründen zwangspensioniert worden war und sich nun als Repetitor für angehende Juristen über Wasser hielt, empfing am Nachmittag den Dirigenten Leo Borchard und dessen Lebensgefährtin Ruth Andreas-Friedrich zum Tee. Die beiden kamen etwas zu früh – und trafen Brandt balancierend auf einer Leiter an. Er befestigte gerade dunkelbraunes Packpapier an einem Fensterrahmen. »Deutscher, verdunkle«, begrüßte der Nazigegner seine beiden Gäste lakonisch und schlug den letzten Nagel ins Holz. Später, mitten im melancholischen Gespräch der drei Freunde über den bevorstehenden Krieg, ertönte ein merkwürdiges Geräusch. »Hoch und tief, tief und hoch, ein lang gezogenes Auf und Ab«, beschrieb Ruth Andreas-Friedrich den Ton. Borchard sprang auf und rief erschrocken: »Fliegeralarm!« Die Gäste und ihr Gastgeber sahen einander unschlüssig an; sie wussten nicht, was sie tun sollten. Nach ein paar Sekunden sagte Brandt: »In den Keller gehen.« Aber irgendwie genierten sich die drei, fühlten sich feige. Als sie doch unten im vorbereiteten Luftschutzkeller eintrafen, waren die anderen Bewohner des Hauses längst versammelt. Sie hatten sich, streng nach Vorschrift, ihre Gasmasken aufgesetzt und trugen gepackte Luftschutztaschen über den Schultern. Borchard fand solch vorauseilenden Gehorsam einfach nur »ekelhaft«, traute sich aber lediglich, das Wort zu murmeln. Über sich glaubte Ruth Andreas-Friedrich einen einsamen Flieger brummen zu hören. Sie versuchte, ihn durch das Kellerfenster zu beobachten. Nach einigen Minuten ertönte wieder ein ungewohntes Geräusch, diesmal ein durchdringendes, lang anhaltendes Summen. »Entwarnung«, stellte einer der Hausbewohner fest; alle im Luftschutzkeller setzten ihre Gasmasken ab und traten erregt, aber glücklich den Rückweg in ihre Wohnungen an. Sie waren mit dem Schrecken davongekommen.[10]

Sehr viele Berliner empfanden diesen ersten Luftalarm des Krieges als angsteinflößend, aber keineswegs alle. Die knapp zwölfjährige Rosa Rosga und ihre Freundinnen zum Beispiel entzogen sich der allgemeinen Stimmung: »Wir fanden das sehr interessant, keiner suchte den Luftschutzkeller auf. Man harrte der Dinge, die dort vom Himmel herunterkommen sollten. Erst geschah nichts; später wurde uns erklärt, dass ein polnisches Flugzeug kurzzeitig die Reichsgrenze überflogen haben sollte.«[11] Tatsächlich hatten sich offenbar, als rein symbolische Antwort auf die Angriffe der deutschen Luftwaffe, zwei polnische Flugzeuge der Reichshauptstadt genähert, aber keine Bomben abgeworfen. Die Sirenen heulten gegen 18:55 Uhr, zwei Minuten vor Sonnenuntergang, die Entwarnung kam offiziell schon gegen 19:00 Uhr.

Obwohl dieser erste Alarm ungefährlich war, wirkte sich die neue Erfahrung auf das Zeitempfinden der Berliner aus: Nach den ansonsten minutiösen Aufzeichnungen des zehnjährigen Dietrich Speer dauerte der Alarm eine Viertelstunde, Ruth Andreas-Friedrich merkte sich eine Dauer von 20 Minuten, und Inge Deutschkron hockte gefühlt sogar eine halbe Stunde im Keller.[12] Die meisten aber erlebten ein ungefähr ähnliches Verhalten ihrer Mitmenschen: Man saß äußerlich ruhig und diszipliniert auf den langen Bänken in den Luftschutzkellern, mit Gasmaske und der Luftschutztasche mit Wasser, einer Notration Lebensmitteln, den wichtigsten Papieren und eventuell notwendigen Medikamenten. Flüsternd spekulierte man, was es mit dem Alarm wohl auf sich habe. Draußen war es unheimlich still: Kein Verkehr, kein lautes Rufen, nicht einmal klappernde Fenster oder Türen waren zu hören. Die Luftschutzwarte in ihren graublauen Uniformen kontrollierten anhand ihrer Liste, ob alle Hausbewohner dem Alarm gefolgt waren. Mancher tat sich wichtig und gab Anweisungen, wo im Falle eines Treffers das Wasser zum Löschen stehe und wo sich die Notausgänge aus dem Keller befänden.

ANGST *In den ersten Kriegstagen befürchten viele Berliner Giftgasangriffe aus der Luft. Übungen mit Gasmasken sind in Schulen alltäglich.*

William Shirer wurde vom Alarm überrascht, als er gerade seine Livesendung für das Mittagsmagazin der CBS vorbereitete. Alle Angestellten des Reichsrundfunks griffen zu ihren Gasmasken und eilten hinunter in die Schutzräume; der Luftschutzwart forderte den US-Journalisten auf, ebenfalls in den Keller zu gehen, doch eine Gasmaske bekam er nicht. Shirers Neugier setzte sich durch: Er nutzte die Verdunkelung und die Konfusion, um dem Menschenstrom zu entwischen. Auf dem Weg durch nun menschenleere Studios fand er einen kleinen Raum, in dem noch eine Kerze brannte, und schrieb in ihrem Licht seine unmittelbaren Eindrücke nieder. Bomben fielen nicht, doch Shirer wünschte sich, dass Briten und Franzosen Berlin bald in eine Hölle verwandeln würden – allerdings möglichst, ohne ihn zu treffen. Und er fragte sich: »Das hässliche Schrillen der Sirenen, das Rennen in die Keller mit einer Gasmaske (sofern man eine hat), die düstere Dunkelheit der Nacht – wie sollen menschliche Nerven das längere Zeit aushalten?« Als er einige Stunden später doch noch auf Sendung ging, die von einem Mitarbeiter des Propagandaministeriums mitgehört wurde, verkniff er sich so ehrliche Bekenntnisse. Lieber flunkerte er seine Hörer an, als seinen vorsätzlichen Verstoß gegen das Luftschutzgesetz per Radio öffentlich zu bekennen: »Am frühen Abend hatten wir unseren ersten Fliegeralarm. Er kam, kurz bevor ich auf Sendung gehen wollte, weshalb ich die meisten Notizen im Luftschutzkeller schreiben musste.«[13]

Ehrlich war dafür die Schilderung seiner weiteren Erlebnisse nach der Entwarnung: »In Berlin lässt sich heute Abend etwas Seltsames beobachten. Die Cafés, Restaurants und Bierkeller sind voll. Vor ein paar Stunden war ich unterwegs, um etwas zu essen. Mein Restaurant sah von außen so dunkel aus, dass ich schon dachte, es sei geschlossen. Nachdem ich aber die verhangene Doppeltür passiert hatte, fand ich das Innere hell erleuchtet und voll von Menschen. Ich hatte keinerlei Schwierigkeiten, eine gute Mahlzeit, ein Glas Pils und eine Tasse Kaffee zu bekommen. Und obwohl heute Eintopftag war, erhielt ich ausreichend Gemüse und Eier.« Noch eine wichtige Information schickte Shirer per Richtfunk über den Atlantik nach New York: »Die Abschottung von der äußeren Welt, die man in einer Nacht wie dieser verspürt, wird noch durch eine Verordnung verschärft, die seit dem heutigen Abend das Abhören ausländischer Rundfunksender verbietet. Von nun an ist es strafbar, diese Sender zu hören.«[14]

Damit allerdings war der erfahrene Reporter einem Manöver des Propagandaministers aufgesessen. Zwar hatte Goebbels persönlich am Vormittag des 1. September 1939 einen »Schnellbrief« an den Chef der Reichskanzlei, Hans Heinrich Lammers, geschickt, dem er den Entwurf einer Verordnung beifügte: Jedes »Abhören ausländischer Sender« sollte ab sofort unter Strafe stehen; wer Nachrichten solcher Sender gar verbreite, könnte »in besonders schweren Fällen mit dem Tode bestraft werden«. Lammers reichte diesen Vorschlag umgehend und mit höchster Priorität an die anderen Minister weiter, doch erhob Reichsjustizminister Franz Gürtner rasch Einspruch. Er wandte ein, die Verordnung könnte im Volk und in der Welt als ein »Beweis für mangelndes Vertrauen zwischen der Regierung und dem deutschen Volk« verstanden werden. Weiter sei zu befürchten, dass ein solches Verbot das Vertrauen der Deutschen in die Zuverlässigkeit der deutschen Nachrichten untergraben und dem »Denunziantentum Tür und Tor öffnen« würde.[15] Auch Göring und Innenminister Wilhelm Frick bremsten. Der Propagandaminister tobte, weil sich die Kabinettskollegen in seinen Geschäftsbereich einmischten; in seinem Tagebuch notierte er: »Großen Ärger mit der Verordnung betreffend ausländischer Sender. Göring, Frick und Gürtner wollen nicht so weit gehen wie ich. Ihr Vorschlag aber ist für meine Zwecke vollkommen unzureichend. Der Führer hat schon meinem Entwurf zugestimmt, aber Göring will nicht recht. Ich setze alles daran, meinen Entwurf durchzudrücken.«[16] Die Mittel dazu hatte der Chefpropagandist: Er ließ seinen Vorschlag umgehend an die gleichgeschaltete Presse weiterleiten. Die einstmals liberale *Frankfurter Zeitung* druckte den Entwurf als vermeintlich bereits beschlossene und gültige Verordnung ab, ebenso das Parteiblatt *Völkischer Beobachter* in seiner Berliner Ausgabe; der *Berliner Lokal-Anzeiger* teilte immerhin mit, eine neue Verordnung verbiete das Abhören ausländischer Radiosender ab sofort.[17] Die Berliner nahmen die Berichte der Zeitungen ebenso für bare Münze wie Shirer. Inge Deutschkron vermerkte, von den vielen neuen Verordnungen sei für Nichtjuden »die härteste« dieses Verbot: »Die Regierung appellierte an die Bevölkerung, all jene der Polizei zu melden, die diesem Gesetz zuwiderhandelten.« Eine mögliche Lösung waren Kopfhörer, und schon bald gab es bei den Händlern in den Kiezen der Reichshauptstadt kaum mehr welche zu kaufen. Die größeren Läden der Innenstadt aber wollte dafür kaum jemand aufsuchen: »Der Versuch, Kopfhörer in einem Geschäft zu verlangen, in dem man nicht bekannt war, wurde in der Regel als zu riskant unterlassen.«[18]

Die erste Nacht im Krieg verunsicherte viele Berliner. Einen Oberkellner im Grandhotel *Esplanade* am Potsdamer Platz brachte seine kurz zuvor zugestellte Einberufung zur Wehrmacht so durcheinander, dass er eine ungewöhnliche, ja potenziell lebensgefährliche Bitte äußerte. Als der gescheiterte Friedensvermittler Birger Dahlerus spätabends zurück in sein Hotel kam, sprach ihn der gebürtige Thüringer an und ersuchte um Hilfe. Er hatte bereits im Weltkrieg 1914 bis 1918 gekämpft, musste jetzt allein für Frau und Kinder sorgen – und fragte, ob ihm der schwedische Industrielle, der bekanntermaßen eng mit Göring verkehrte, vielleicht zu einer Freistellung verhelfen könne. So etwas konnte als »Wehrkraftzersetzung« gewertet werden. Danach wurde »mit dem Tode bestraft, (...) wer öffentlich dazu auffordert oder anreizt, die Erfüllung der Dienstpflicht in der deutschen oder einer verbündeten Wehrmacht zu verweigern, oder sonst öffentlich den Willen des deutschen oder verbündeten Volkes zur wehrhaften Selbstbehauptung zu lähmen oder zersetzen versucht«. Doch der ehrliche Oberkellner hatte Glück; Dahlerus verriet ihn nicht: »Er tat mir leid, er sah so elend aus, als er nervös seine Lage schilderte.« Es blieb nicht die einzige ungewöhnliche Bitte, die der Schwede in dieser Nacht von den Angestellten des *Esplanade* hörte: »Eigenartig, dass von ihnen allen nicht einer – manche besuchten mich noch auf meinem Zimmer, eine ganze Weile nachdem ich zu Bett gegangen war – einen Hass auf Polen zeigte. Alle wirkten wie scheue Tiere vor einer drohenden Gefahr.«[19]

Nur die wenigsten Berliner hatten in dieser Nacht die Gelegenheit, vertraulich mit einem Bürger eines neutralen Staates zu reden. Viele andere retteten sich in Galgenhumor, zum Beispiel über die neuen Blicke auf ihre Stadt, die ihnen die Verdunkelung ermöglichte. Auf einmal konnte man, da alle Straßenlaternen, Schaufensterlampen und natürlich die blinkenden Neonreklamen abgeschaltet waren, mitten in der Innenstadt die Sterne am inzwischen wieder klaren Himmel funkeln sehen. An der Kreuzung Kurfürstendamm und Joachimsthaler Straße sammelten sich Hunderte Menschen, die zum ersten Mal nachts die Eckhäuser ohne den grellen Schein des Sarotti-Mohrs und die hell perlende Reklame von Deinhard-Sekt anschauten. Sogar das trutzige, ja hässliche Wahrzeichen von Charlottenburg, die weithin ungeliebte Kaiser-Wilhelm-Gedächtniskirche, strahlte auf einmal Würde aus: »Das Mondlicht stilisierte es zur zarten Silhouette.«[20]

Der folgende Morgen brachte eine gewisse Entspannung; man fand sich ab mit dem Krieg gegen Polen. Jochen Klepper, der wegen seiner jüdischen Frau besonders unter dem Druck des Regimes stand, hielt fest: »Trotz der Erwartung nächtlicher Luftangriffe haben wir wie erschöpft geschlafen; ich selbst zum ersten Mal seit Langem, gerade diese Nacht.« Zugleich aber stellte er fest, wie abgehetzt und bedrückt die meisten Berliner aussahen. Viele versuchten, ganz besonders freundlich zueinander zu sein. Normalität wurde zum Wert an sich: »Wir tun alles weiter wie immer. Ich glaube, die meisten halten es so.«[21] Die Berliner Zeitungen forderten ihre Leser auf, sich am Wochenende auf »Nah-Ausflüge« zu beschränken – ein Rat, der überflüssig war: Auf größere Unternehmungen hatte trotz der Erleichterung über den glücklich überstandenen ersten Alarm kaum jemand Lust. Ohnehin waren »Vergnügungsfahrten« im eigenen Auto schon verboten; Tankausweise seien »kein Freibrief zur unbeschränkten Benutzung der Wagen«, hatten die Zeitungen verkündet. Mindestens drei Viertel der rund 120 000 in Berlin zugelassenen Autos durften nicht mehr benutzt werden. Wer sich nicht daran hielt, musste mit der »sofortigen Stilllegung« seines Fahrzeuges rechnen.[22]

Shirer schilderte an diesem Abend seine Eindrücke live am Mikrofon: »Die Leute scheinen heute in etwas besserer Stimmung zu sein, nachdem sie die erste Nacht bei angeordneter Verdunkelung hinter sich gebracht haben, was schon eine gewisse Gewöhnung verlangt. Die meisten von ihnen sind wohl gegen 01:00 Uhr zu Bett gegangen. Da war es ziemlich klar, dass die bis dahin womöglich von polnischer Seite zu erwartenden Luftangriffe hätten erfolgen müssen.« Seinen Hörern im fernen Amerika versuchte er die Stimmung in Berlin zu beschreiben: »Für meine Begriffe bot die Stadt heute nach außen hin ein ziemlich normales Bild. Die Läden hatten geöffnet, wobei natürlich der Einkauf rationierter Waren vom Besitz von Bezugsscheinen abhängt. Die Arbeit auf den Baustellen ging weiter. Allerdings gab es weit weniger Autos auf den Straßen als gewöhnlich.«[23]

Doch zugleich war klar, dass an diesem ersten Septemberwochenende wichtige politische Entscheidungen fallen würden. Noch klammerte man sich an die Hoffnung, dass Briten und Franzosen ihren überfallenen Bündnispartner Polen vielleicht doch im Stich lassen und Deutschland nicht den Krieg erklären würden. Könnte sich Hitler erneut, wie zuvor bei der militärischen Besetzung des Rheinlandes 1936, der Annexion Österreichs 1938 und der Zerschlagung der »Rest-Tschechei« im März 1939, mit seinem Vabanquespiel durchsetzen? Würde der Krieg vielleicht doch auf einen kaum ernst zu nehmenden Gegner beschränkt bleiben? Darauf setzten die meisten Menschen in der Reichshauptstadt, denn vor den beiden Großmächten im Westen und den Fähigkeiten ihrer Armeen hatten sie, aller deutschen Propaganda zum Trotz, gesunden Respekt. Zwar drang kaum ein Detail über die hektischen Bemühungen deutscher, englischer und italienischer Diplomaten an diesem 2. September 1939 hinaus auf die Straßen des Regierungsviertels, doch war die gereizte Stimmung spürbar. Vor allem Großbritannien forderte ultimativ den sofortigen Rückzug der Wehrmacht aus Polen; nahe der Botschaft in der Wilhelmstraße standen den ganzen Tag über auffallend mehr SA-Leute als gewöhnlich. Italiens Diktator Mussolini versuchte erneut, ein internationales Gipfeltreffen zur Entspannung der Lage zustande zu bringen, wie schon ein Jahr zuvor, als die Sudetenkrise auf der Münchner Konferenz entschärft wurde, auf Kosten der Tschechoslowakei. Da in Polen aber bereits geschossen und gestorben wurde, war die Chance auf eine solche Lösung minimal. Mit dieser Ungewissheit endete der zweite Kriegstag in Berlin.

Am Morgen des 3. September 1939 überschlugen sich die Ereignisse. Im Auswärtigen Amt in der Wilhelmstraße übergab der britische Botschafter Sir Neville Henderson um 09:00 Uhr offiziell ein Ultimatum an die Reichsregierung, binnen zwei Stunden den Rückzug aus Polen zu beginnen; so etwas tun Diplomaten nur, wenn sie ohnehin mit einer negativen Antwort rechnen. Zur gleichen Zeit läuteten die Kirchenglocken zum sonntäglichen Gottesdienst. Der sehr gläubige Jochen Klepper stellte fest, dass viel mehr Menschen als sonst kamen und die meisten sehr ernst gestimmt waren. Der nun wieder strahlend schöne Spätsommerhimmel konnte die gedrückte Stimmung nicht heben. Bis 11:00 Uhr hatte die Regierung Hitler die britische Note nicht formell angenommen, was unmittelbar Krieg zwischen Deutschland und Großbritannien bedeutete. Premierminister Neville Chamberlain verkündete diese Entscheidung via BBC. Umgehend verbreitete der Reichsrundfunk die Nachricht in ganz Deutschland, und wer nicht am Radioempfänger saß, erfuhr über Bekannte davon. Klepper notierte: »Da brachte Fräulein L. die eben am Rundfunk gehörte Sondermeldung: England greift in den Krieg ein. An diesem fast verklärt zu nennenden Septembersonntag nun diese furchtbare Entscheidung, um die alles noch in Hangen und Bangen war – und in letztem Hoffen.«[24]

Die Reaktion in Berlin war offene Resignation, wenn auch nicht Verzweiflung. Die NSDAP-Gauleitung hatte darauf verzichtet, eine »spontane« Beflaggung der Häuser wegen der Wiedereingliederung der bis dahin »Freien Stadt« Danzig (Gdańsk) ins Reich anzuordnen; vielleicht wollte Goebbels auf diese Weise die tatsächliche Stimmung bei den Menschen testen. Falls dies sein Kalkül war, fiel das Ergebnis eindeutig aus: Fast nirgends hingen Hakenkreuzfahnen aus den Fenstern, auch gab es kaum Ansammlungen von Menschen. Auf dem Wilhelmplatz, auf dem sonst bei gutem Wetter stets mindestens

1 000 Berliner und Gäste herumstanden, um vielleicht einen Blick auf die Mächtigen in der Reichskanzlei und den benachbarten Ministerien zu erhaschen, hielten sich nun nach William Shirers Schätzung gerade einmal 250 Menschen auf und lauschten stumm den per Lautsprecher verkündeten Sondermeldungen des Rundfunks. Als die Kriegserklärung Großbritanniens bekannt gegeben wurde, herrschte völlige Stille. Nicht einmal ein Murmeln war zu hören: »Sie standen genauso da wie zuvor. Benommen. Sie konnten nicht begreifen, dass Hitler sie in einen neuen Weltkrieg führte.«[25] Der norwegische Korrespondent Theo Findahl fand, dass Deutschland »offensichtlich mit Unlust und bösen Ahnungen« in diesen Krieg ging.[26] Anders als Anfang August 1914 zog niemand jubelnd durch die Straßen, nicht einmal vor der britischen Botschaft versammelten sich Hitler-Anhänger, um gegen die Kriegserklärung zu protestieren, wie der Büroleiter von United Press (UP), Frederick Oechsner, registrierte.[27]

»Die Stimmung im Volke ist ruhig und gefasst, voll einer verbitterten Entschlossenheit. Und so soll es auch bleiben«, notierte Goebbels in seinem Tagebuch. Zum ersten Mal im Zweiten Weltkrieg verließ Hitler am Abend des 3. September 1939 seine Residenz und bestieg den Sonderzug, der ihm als mobile Befehlszentrale diente. Fortan erfuhren die Berliner Neuigkeiten zum Kriegsverlauf meistens als »Meldung aus dem Führerhauptquartier« – wo sich dieses Hauptquartier und damit der »Oberste Befehlshaber« selbst jeweils genau befanden, wurde nicht mitgeteilt. Der *Völkische Beobachter* stilisierte den Abschied des Kriegsherrn zu einem »der Erlebnisse, die wir kaum je vergessen werden«.[28] Angeblich durch ein Spalier von Tausenden Menschen auf dem Wilhelmplatz sei er in seinem offenen Wagen gerollt. Der Wirklichkeit näher kam Albert Speer, der 30 Jahre später über die ersten Tage des Krieges in seinen Erinnerungen schrieb: »Die Straßen blieben leer. Auf dem Wilhelmplatz fand sich keine Menschenmenge ein, die nach Hitler rief. Es entsprach der desolaten Stimmung, dass Hitler eines Nachts seine Koffer in die Autos packen ließ, um nach Osten an die Front zu fahren. Ich war von seinem Adjutanten drei Tage nach dem Angriff auf Polen zur Verabschiedung in die Reichskanzlei gerufen worden und begegnete einem Mann, der in der provisorisch verdunkelten Wohnung über Kleinigkeiten ungehalten wurde. Die Wagen fuhren vor, und er verabschiedete sich kurz von seinem verbleibenden Hofstaat. Kein Mensch auf der Straße nahm von diesem historischen Ereignis Notiz: Hitler fuhr in den von ihm inszenierten Krieg. Natürlich hätte Goebbels Jubel in beliebiger Menge aufbieten können; aber offenbar war auch ihm nicht danach zumute.«[29]

Den deutschen Zeitungen und Radiosendungen vertraute in der Reichshauptstadt niemand mehr, die Lenkung durch das Propagandaministerium und die Selbstanpassung waren viel zu plump, um den Menschen noch zu entgehen. Weil sie aber den Mangel an vertrauenswürdigen Nachrichten durch das Verbot, ausländische Sender zu hören, und durch die Unzugänglichkeit internationaler Zeitungen aus neutralen Staaten nicht mehr ausgleichen konnten, verbreiteten sich rapide Gerüchte. Die Situation in Berlin Anfang September 1939 war dafür geradezu ideal: Es gab viele Amts- und Funktionsträger, die bruchstückhafte Informationen über die Kämpfe in Polen erhielten; Ärzte gaben Berichte von Verwundeten weiter, die in Krankenhäuser gebracht worden waren; aus diplomatischen Kreisen und von den in der Stadt akkreditierten ausländischen Korrespondenten sickerten verkürzte Splitter echter Nachrichten durch. Das Hörensagen steigerte ihre Brisanz zusehends. Schon in den ersten Kriegstagen wurde über enorme Verluste der Wehrmacht getuschelt, Hintergrund waren die Ankunft von insgesamt etwa 1 000 Verwundeten in vier Hospitälern und die kurzfristig angeordnete Räumung eines Waisenhauses der jüdischen Gemeinde für ein Lazarett. Die Gerüchteküche brodelte: »In Berlin sagt man sich, dass die Zahl der Verletzten hoch sein muss, wenn so viele Verletzte nach Berlin geschafft werden, obgleich die Unterbringungsmöglichkeiten in der Provinz weit günstiger wären«, meldete ein alter Sozialdemokrat an die Exilzentrale der SPD in London: »In Berliner Nazikreisen wird von mindestens 55 000 bis 60 000 Toten und 120 000 Verletzten an der Ostfront gesprochen. Aber auch die Zahl der Toten im Westen soll bereits 2 000 übersteigen.« Noch brisanter war Gerede, wonach im Männersiechenhaus an der Danziger Straße in den ersten Kriegstagen überdurchschnittlich viele Insassen gestorben seien – von 137 Insassen seien nur noch zwölf übrig, statt ihrer lägen nun Verwundete in dem zum Notlazarett umgenutzten Haus. »Es wurde sofort gemunkelt, dass diese alten Leute umgebracht worden seien, weil das Dritte Reich sich während des Krieges nicht mit siechen Personen belasten wolle. Es kamen ja bereits früher Gerüchte auf, dass die Nazis beabsichtigten, im Kriegsfalle alle alten gebrechlichen Leute möglichst schnell ins bessere Jenseits zu befördern.«[30] Dieses Geraune griff der Wirklichkeit voraus: Erst mehrere Monate später begann unter strenger Geheimhaltung der Massenmord an körperlich und geistig behinderten Menschen, angeblich »lebensunwertem Leben«, der als »Gnadentod« oder »Euthanasie« verharmlost wurde. Auch was die Opferzahlen unter Soldaten anging, übertrieben die Gerüchte: Der gesamte Polenfeldzug forderte bis Ende September rund 11 000 deutsche Gefallene und 30 000 Verwundete, 3 400 Landser blieben vermisst; an der Westfront kam es bei gelegentlichen Scharmützeln zunächst zu keinen nennenswerten Verlusten auf beiden Seiten.[31]

Trotz der schlechten Stimmung gab es in den ersten Tagen nach Kriegsbeginn kaum Proteste. Öffentliche Kundgebungen waren ohnehin unmöglich, dafür sorgte die Staatspolizeileitstelle Berlin. Aber auch Flugblätter blieben Ausnahmen. Die Gestapo hatte die einst selbstbewusste Berliner Arbeiterbewegung rücksichtslos zerschlagen, frühere SPD- und Gewerkschaftsmitglieder waren in den meisten Fällen von der Haltung der Menschen ihrer näheren Umgebung konsterniert und starteten kaum eigene Aktionen. Auch die Berichte an die Exilzentrale der SPD, bis dahin der nach außen hin wirksamste Teil des indirekten Widerstandes gegen den totalen Machtanspruch der NSDAP, brachen Anfang September 1939 schlagartig ab und erreichten, als sie einige Wochen später auf Umwegen wieder in Gang kamen, nicht wieder die vormalige Dichte und Vielfalt.[32] Im Gegensatz zu sozialdemokratischen Hitler-Gegnern hatten KPD-Anhänger ihren riskanten verdeckten Kampf gegen das Regime seit 1933 stets weitergeführt, wenngleich mit schweren Verlusten, weil die Gestapo sie scharf überwachte und jede erkannte kommunistische Betätigung drakonisch unterband. Außerdem hatten die deutschen Kommunisten zu Kriegsbeginn ein zusätzliches Problem: Der Pakt, den Hitlers Außenminister Joachim von Ribbentrop und Stalins Chefdiplomat Wjatscheslaw Molotow am 23. August 1939 in Moskau geschlossen hatten, machte sie auf einmal zu Verbündeten des NS-Staates – eine »herbe Enttäuschung« für alle Hitler-Gegner, wie Inge Deutschkron notierte.[33] Die Verbrüderung der vormaligen Todfeinde hatte die deutschen Kommunisten ebenso überrascht und unvorbereitet getroffen wie die gesamte Welt, »wie ein Blitz aus heiterem Himmel«. Gerade ehemalige Anhänger der Sozialdemokratie und der Gewerkschaften fühlten sich durch den Hitler-Stalin-Pakt in ihrer Ablehnung der Kommunisten bestätigt: »Wir haben doch immer gewusst, dass die Brüder noch einmal zusammengehen würden.« Hinzu kam Misstrauen gegenüber der Sowjetunion: »Unsere eigenen Leute und auch Kommunisten (...) sind vom hundertprozentigen Verrat Stalins überzeugt.«[34]

Doch es gab auch einige Ausnahmen. Der kommunistisch gesinnte Buchbinder Fritz Rücker, der im Materiallager der Reichsbank arbeitete, verbreitete schon in den letzten Augusttagen ein Flugblatt, das vor dem »kommenden deutschen Angriffskrieg« warnte und seine Leser aufforderte: »Trage mit dazu bei, die Knechtschaft des deutschen Volkes zu brechen. Sei ein Streiter für die Einigung aller friedliebenden Kräfte, gegen die kriegstreibenden faschistischen Machthaber! Der Weg des Friedens führt über die Einigung der Arbeiter der Stirn und der Faust!« Unterzeichnet war das Flugblatt mit »Die Freunde des Friedens«.[35] Allerdings blieb der Kreis der Leser extrem beschränkt, denn Rücker konnte seinen Text lediglich von seiner Bekannten Else Bolck in 15 bis 20 Exemplaren abschreiben lassen. Dennoch kam die Gestapo den beiden auf die Spur und nahm sie wenige Wochen später fest. Der Volksgerichtshof verurteilte Rücker wegen Hochverrat zu acht Jahren Haft, Else Bolck erhielt vier Jahre Gefängnis.

Auch ein Kreis von jungen Kommunisten um den Neuköllner Heinz Kapelle empörte sich gegen den Krieg. In einem Flugblatt, das unter anderem im Marienfelder Werk von Daimler-Benz auftauchte, hieß es: »Berliner Jugend, wehre dich und empöre dich! Setze den

Kriegstreibern überall schärfsten Widerstand entgegen. Berliner Mädels! Auf euch kommt es an. Weigert euch, Munition herzustellen. Je schneller ihr handelt, desto kürzer ist der Krieg.« Die Gruppe legte ihren Text in Telefonzellen ab und klebte einige Exemplare sogar nachts an die Wände der Reichsdruckerei in Kreuzberg. In welcher Auflage dieser Protest verbreitet wurde, ist unbekannt, wahrscheinlich waren es aber nicht, wie einer der Beteiligten sich 45 Jahre später erinnerte, »Tausende Flugblätter«.[36] Wieder hatte die Gestapo binnen Kurzem Erfolg, nahm Kapelle sowie einige seiner Freunde fest und folterte sie. Die meisten bekamen hohe Haftstrafen und überlebten den Krieg, nur Heinz Kapelle wurde zum Tode verurteilt und hingerichtet. Vom Hitler-Stalin-Pakt und dem Kriegsbeginn überrascht wurde der »Instrukteur« der Exil-KPD Willi Gall, der sich seit dem 20. August 1939 unter falschem Namen in Berlin aufhielt. Obwohl er die Einigung zwischen Deutschland und der Sowjetunion selbst nicht verstand, versuchte er als treuer Parteisoldat umgehend, sie zu rechtfertigen – unter anderem mit der »kapitalistischen Umkreisung« der Sowjetunion. Gleichzeitig jedoch organisierte Gall die Verbreitung von Streuzetteln, in denen er zu praktikablem Widerstand gegen den Krieg aufforderte: »Jede Nahrungsmittelzulage, die wir erkämpfen, jede Überstunde, die abgelehnt, je langsamer gearbeitet wird, umso größer werden die Schwierigkeiten Hitlers. Werktätiges Volk, leiste überall Widerstand!« Doch mehr als 20 bis 25 Exemplare pro Flugschrift konnten Gall und seine Unterstützer nicht herstellen, entsprechend klein blieb die Verbreitung ihrer Botschaft.[37]

Viele aus vermeintlich »rassischen Gründen« verfolgte Berliner und andere NS-Gegner hofften nach der Kriegserklärung Großbritanniens und Frankreichs auf ein beherztes militärisches Eingreifen der Westmächte. Der 14-jährige Halbwaise Hans Rosenthal erwartete, dass sich »das Kriegsglück doch der Riesenmacht auf der anderen Seite zuwenden würde«. Mit noch kindlicher Naivität fragte er sich: »Warum fangen die Franzosen nicht endlich an zu kämpfen?«[38] Genauso unverständlich war diese Zurückhaltung für Ruth Andreas-Friedrich. »Auch Frankreich befindet sich mit uns im Krieg. Doch weder Franzosen noch Engländer marschieren über unsere Grenzen«, schrieb sie in ihr Tagebuch: »Warum marschieren sie nicht? Warum überschreiten sie nicht irgendeinen Fluss und setzen dem Wahnsinn des Krieges ein Ende, ehe die Besten aller Länder verblutet sind? Von Stunde zu Stunde warten wir auf das Eingreifen der Großmächte.«[39] Ganz anders reagierte Jochen Klepper, obwohl er als gläubiger Protestant und liebender Ehemann einer »Volljüdin« der NS-Ideologie gleich als doppelter Feind erschien: »Wir können nicht aus Bitterkeit gegen das Dritte Reich Deutschland den Untergang wünschen, wie viele es tun. Das ist ganz unmöglich. Wir können auch in dieser von außen so bedrohten Stunde nicht hoffen auf Rebellion und Putsch.«[40]

Die Unruhe blieb, auch wenn sich die Sorge vor weiteren Luftalarmen rasch als übertrieben herausstellte. Da seit dem 1. September 1939 die Schulen offiziell geschlossen waren und viele Lehrer als Luftschutzhelfer eingesetzt wurden, mussten viele Berlinerinnen zusätzlich zu all ihren anderen Aufgaben vormittags auch noch auf ihre Kinder aufpassen. Der *Völkische Beobachter* hatte die offizielle Anordnung von Hermann Göring mitgeteilt, »bis auf Weiteres« falle »im gesamten Reichsgebiet der Schulbesuch« aus.[41] Trotzdem fanden sich die Mütter, während sie von Siegesmeldungen und Vorwürfen vor allem gegen britische Politiker überschüttet wurden, mit der Realität des Krieges ab. Zwar wurden ständig Hiobsbotschaften von der Westfront erwartet, und die Gerüchte blühten kräftig weiter, doch zugleich erfreuten sich die Hauptstädter am warmen Wetter: Ein märchenhafter Altweibersommer hellte die Stimmung auf. »Abgesehen von den Zeitungen, dem Rundfunk und den wenigen Autos auf den Straßen würde man kaum glauben, dass ein neuer Weltkrieg ausgebrochen ist«, wunderte sich Shirer: »Maurer arbeiten den ganzen Tag hindurch an dem neuen Gebäude gegenüber von meinem Hotel, und als ich heute Nachmittag in die Lobby ging, spielte ein Orchester liebliche Melodien zum Tee, genau wie es an all den Nachmittagen der vergangenen Jahre üblich war. Das versetzte mich in eine eigentümliche Stimmung.«[42] Von den Einschränkungen des Alltags freilich bekam der US-Korrespondent wenig mit – er hielt sich vornehmlich im Regierungsviertel, in seinem Hotel und dem Rundfunkhaus in Charlottenburg auf, das er zudem per Taxi erreichte. Dass die meisten Omnibuslinien nur sehr ausgedünnt fuhren, manche gar nicht mehr, störte ihn nicht. Viele Busse waren zum Transport von Nachschub abgezogen worden, der zwischen Bahnhöfen und den ständig weiter gen Osten verlegten Sammelpunkten der Wehrmacht hinter der Front in Polen stattfand. Nachdem die Berliner in den ersten Septembertagen die Verschlechterung ihres weltweit bewunderten öffentlichen Nahverkehrs einfach hinnehmen mussten, ohne jede Information über die Gründe, berichteten die Zeitungen nach knapp zehn Tagen Krieg erstmals über die neuen Fahrpläne der Verkehrsbetriebe, die nun die für militärische Zwecke untauglichen Trams, U- und S-Bahnen verstärkt einsetzten. Zugleich veränderte sich das Personal deutlich: Genau sieben Tagen nach Kriegsbeginn tauchten auf einmal die ersten Schaffnerinnen auf. Zunächst waren es nur 264 Berlinerinnen aus der BVG-Verwaltung, die an die Stelle der zur Wehrmacht einberufenen jüngeren Kollegen traten, doch schon bald wurden Frauen in vormaligen Männerdomänen selbstverständlich.[43]

Auch der zweite Luftalarm in Berlin in der Nacht vom 8. auf den 9. September 1939 erwies sich als ungefährlich: Offenbar waren die Westmächte doch nicht in der Lage, den Krieg mit ihren viel gerühmten Kampfflugzeugen in die deutsche Hauptstadt zu tragen. Schlagartig ließ zu Beginn der zweiten Kriegswoche die Bereitschaft nach, die strengen Regeln des Luftschutzes zu befolgen. Dazu trug bei, dass die Schulen am 11. September 1939 den Betrieb wieder aufnahmen – ein Signal, dass die Verwaltung nicht mehr mit Luftangriffen rechnete. Statt folgsam die Anweisungen der Luftschutzwarte auszuführen, regte sich nun Widerwille: »Die Leute sagen, es fällt uns gar nicht ein, dieses Affentheater dauernd mitzumachen«, erfuhr die Exil-SPD.[44] Die Verdunkelung von Wohnungen konnte zwar leicht überprüft werden, aber bei den übrigen Vorschriften verbreitete sich der Schlendrian. Die Arbeiten an den provisorischen Luftschutzräumen in den Kellern gingen nur noch sehr gebremst voran, das Rauchverbot unter offenem Himmel oder in der S-Bahn wurde immer seltener befolgt, die Taschenlampen, die nun die meisten Berliner abends bei sich trugen, wurden oft nicht mehr wie vorgeschrieben abgeblendet, sondern sogar »spielerisch aufgeblendet«. Mit offiziellen Verlautbarungen und Zeitungsartikeln unter Überschriften wie »Luftschutz ist not!« versuchte die NSDAP gegenzusteuern: »Taschenlampen müssen abgeblendet werden! Wer dagegen verstößt, gefährdet durch diese grobe Verletzung der Verdunkelungsdisziplin sich und seine Umgebung und macht sich außerdem strafbar.«[45] Damit die Berliner solche Ankündigungen ernst nahmen, wurden nun auch Hinrichtungen wegen Verstößen gegen die »Volksschädlingsverordnung« und andere »Schubladengesetze« öffentlich bekannt gegeben. Zwei- bis dreimal pro Woche meldete die viel gelesene *Berliner Morgenpost* Mitte September die Exekution von namentlich genannten Straftätern, die in aller Regel vom Sondergericht Berlin zum Tode verurteilt worden waren. Da die Höchststrafe jeden treffen konnte, der »unter Ausnutzung der zur Abwehr von Fliegergefahr getroffenen Maßnahmen ein Verbrechen oder Vergehen gegen Leib, Leben oder Eigentum« begangen hatte, durften die Richter fortan alle nachts, also bei Verdunkelung verübten Straftaten mit dem Tode ahnden.[46] Die scharfe Bestrafung und ihre Bekanntgabe sollte Disziplin erzwingen, denn das Regime war sich der Stimmung trotz der Erfolge der Wehrmacht in Polen noch keineswegs sicher.

So druckten die Zeitungen zunächst keine Zeile über eine große Explosion in den Berliner Asphaltwerken in der Nacht zum 16. September 1939, bei der bis zu zwölf Arbeiter ums Leben kamen und mindestens 23 weitere verletzt wurden. Offensichtlich befürchtete Goebbels, dass offene Berichte darüber neue Sorgen verursachen könnten, etwa vor Saboteuren mitten in der Reichshauptstadt. Die Exil-SPD erfuhr von einem Kontaktmann: »Es durfte nichts öffentlich über diese Explosion berichtet werden. Ebenso wird ein Brand verheimlicht, der am 19. September in einem Petroleumdepot am Spandauer Schifffahrtskanal ausgebrochen ist.«[47] Soldaten besetzten sogar die strategisch besonders wichtigen Gasanstalten, in denen aus Stein- und Braunkohle das Stadtgas für die Küchenherde hergestellt wurde; der Gasverbrauch für Straßenlaternen war der Verdunkelung wegen rapide zurückgegangen. Die Soldaten sollten die empfindlichen Anlagen schützen. Tatsächlich gab es in den ersten Kriegstagen einige Anschläge, etwa am 16. September zwei kleinere Bombenattentate auf das Polizeipräsidium und das Luftfahrtministerium. Der Schaden blieb überschaubar, die Ermittlungen liefen jedoch ins Leere: »Es wird auch schwer sein, hier etwas ausfindig zu machen«, notierte Goebbels realistisch.[48] »Natürlich«, hielt William Shirer in seinem persönlichen Tagebuch fest, »wurden die Explosionen in der Presse oder dem Rundfunk nicht gemeldet.«[49] Doch erwies sich rasch, dass das Totschweigen solcher Vorkommnisse eher zu einer Zunahme an Gerüchten führte, denn es gab zu viele unmittelbare Zeugen und manchmal Betroffene. Also änderte das Propagandaministerium seine Taktik und erlaubte den Zeitungen fortan, wenigstens über Unglücksfälle zu berichten – allerdings wurden Totenzahlen dabei zum Teil nach unten korrigiert.[50]

Da weitere Fliegeralarme völlig ausblieben, bröckelte die Bereitschaft der Menschen, sich den strengen Regeln des Luftschutzes zu unterwerfen. Also setzte Goebbels am 19. September in seiner wöchentlichen großen Konferenz als NSDAP-Gauleiter »Maßnahmen für die Auflockerung der Verdunkelung« auf die Tagesordnung, die »dringend notwendig geworden ist«. Zwei Tage später notierte er: »Die Verdunkelung in Berlin ist nun etwas gemildert. Wir müssen sehen, wie weit wir damit kommen.«[51] Doch zufällig just als diese Maßnahme griff, gab es einen neuen, wenngleich nur kurzen Schub der Angst vor britischen und französischen Luftangriffen. Am 25. September 1939 begann die deutsche Luftwaffe mit dem Bombardement von Warschau, zeitweise mit bis zu 1200 Flugzeugen. Selbst aus Transportflugzeugen kippten die Besatzungen durch die Frachttüren Brandbomben auf die polnische Hauptstadt. Die Angriffe richteten in der Innenstadt schwere Verwüstungen an, trafen aber versehentlich auch deutsche Einheiten, die schon Vororte im Nordwesten Warschaus besetzt hatten. Innerhalb weniger Stunden erreichten die ersten Informationen über die Angriffe Berlin, wo sich sofort die Sorge verbreitete, die Westmächte könnten Gleiches mit Gleichem vergelten. Das US-Außenministerium gab seinen Diplomaten in Warschau den Auftrag, Polen sofort zu verlassen und als neutrale Ausländer ihren Abzug durch die deutschen Linien zu erwirken. Als einige Amerikaner am folgenden Abend in Berlin eintrafen, trank Shirer in der Bar des Hotels *Adlon* mit ihnen auf ihre unversehrte Rückkehr aus dem Kampfgebiet. Dabei berichteten die Konsularbeamten völlig offen über das »Abschlachten der Zivilbevölkerung« durch die deutschen Bomben. »Einige waren noch immer schockiert«, notierte Shirer.[52] Da gerade im *Adlon* viele Berliner verkehrten, die gut Englisch sprachen oder wenigstens verstanden, heizte auch das die Sorgen vor einem Vergeltungsschlag an. Um gegenzusteuern, druckten die Zeitungen Meldungen der Wehrmachtsführung, denen zufolge in Warschau nur militärische Ziele attackiert würden. Allerdings hieß es zugleich, »dass in manchen Stadtteilen beinahe jedes Haus eine Festung geworden« sei. »In einer belagerten Millionenstadt, die unter Zuhilfenahme aller Kräfte der Zivilbevölkerung verteidigt wird, kann es nicht ohne Verluste abgehen.«[53] Noch schien unvorstellbar, dass die Reichshauptstadt ein ähnliches Schicksal erleiden könnte.

VORMARSCH *Geschäfte in der Innenstadt stellen Karten in ihre Schaufenster, auf denen der Vormarsch der Wehrmacht täglich markiert wird.*

Für einen grundlegenden Stimmungsumschwung reichten die Erfolge in Polen noch nicht. Goebbels nahm die Haltung der Berliner zum Krieg zwar als »unentwegt gut und gefestigt« wahr, zugleich aber erregte er sich: »Die Stimmungsberichte der Gestapo sind in vielem gänzlich ungenau. Ich werde jetzt etwas schärfer darauf achten.«[54] Wahrscheinlich aber hatte die Geheimpolizei recht mit ihren skeptischen Zusammenfassungen. Eine 24-jährige Berlinerin, Ehefrau eines Offiziers im Kriegsministerium, notierte in ihrem Tagebuch: »Warum nur muss es immer wieder Kriege geben? Ist das Elend, ist die Not in dieser Welt nicht schon groß genug?« Seit der Geburt ihres ersten Sohnes hatten sich ihre Prioritäten geändert: »Ich möchte leben ohne dauernde Angst, ohne Sorgen vor dem Morgen, ohne ständig den Tod vor Augen zu haben.« Wie sie dachten viele Einwohnerinnern der Reichshauptstadt, doch nur die wenigsten waren ähnlich hellsichtig: »Eine Gnade, dass wir nicht wissen, was alles uns bevorsteht!«[55] Selbst als Warschau kapitulierte, änderte sich bei den Berlinern zunächst wenig. Gespannt wartete man vielmehr, ob die von Rundfunk und Zeitungen breit vorbereitete Friedensinitiative Hitlers Erfolg haben würde – und rechnete nicht wirklich damit. Unfreiwillig traf die selbstverständlich ebenfalls vom Propagandaministerium beaufsichtigte *Börsen-Zeitung* ins Schwarze. Am 1. Oktober 1939 überschrieben die Redakteure einen Artikel mit den Worten »Die letzte Chance«.[56] Gemeint war, dass Großbritannien mit Hitlers Angebot die einmalige Gelegenheit habe, den Krieg zu beenden, bevor er wirklich begonnen hatte. Doch viele Leser bezogen die Überschrift auf Deutschland, das nach dem leichten und schnellen Sieg über Polen vielleicht doch noch einmal um die Strafe für die Aggression herumkommen könne.

Gerade unter den einfachen Leuten in der Reichshauptstadt, von denen viele bis 1933 die SPD gewählt hatten und in Gewerkschaften organisiert waren, spürte der US-Diplomat George F. Kennan eine skeptische Haltung zum Krieg: »Sie waren nicht zu bewegen, den Nazi-Gruß zu benutzen. Sie grüßten einander weiterhin mit ›Guten Morgen‹ anstatt mit dem obligatorischen ›Heil Hitler!‹ Sie zeigten auch keine besondere Kriegsbegeisterung.« Der Deutschlandexperte hatte nach der Besetzung der Tschechoslowakei durch die Wehrmacht Mitte März 1939 beinahe im Alleingang die US-Vertretung in Prag abgewickelt und war zu Kriegsbeginn nach Berlin versetzt worden. Mit »zurückhaltendem, mürrischem Schweigen« ließen sie Panzer und Soldaten auf dem Pariser Platz an sich vorbeiziehen, fiel Kennan auf. Vermutlich meinte er den Aufzug von Truppen am 6. Oktober 1939, dem Tag von Hitlers groß angekündigter »Friedensrede« vor den Reichstagsabgeordneten in der Krolloper. Im ganzen Regierungsviertel wurden an diesem Morgen Flakgeschütze aufgestellt, denn der Auftritt des Reichskanzlers war schon Tage zuvor mit der genauen Zeit – 12:00 Uhr – angekündigt worden. Also bestand die Gefahr, dass britische oder französische Bomber versuchen könnten, den Kriegsherrn mit einem konzentrierten Luftschlag auf die Innenstadt auszuschalten oder wenigstens zu demütigen. Doch auch diese Gelegenheit ließen die Regierungen in London und Paris verstreichen: Keine feindliche Maschine überflog an diesem Tag die deutschen Grenze.

Während Hitlers fordernde, ja aggressive Rede international große, wenngleich überwiegend ablehnende Resonanz fand, blieb die Reaktion der Deutschen verhalten. »Die Anfahrtsstraßen zur Reichstagssitzung waren verhältnismäßig gering besetzt«, vermerkte der Sicherheitsdienst (SD) der SS in seinem regelmäßigen »Bericht zur innenpolitischen Lage«. Viele Berliner hätten bedauert, dass »diesmal nicht wie bei früheren Reichstagssitzungen längs der Auffahrtstraßen Lautsprecher aufgestellt waren«. Zudem beschwerten sich einige eifrige Nationalsozialisten, dass »während der Führerrede die Bauarbeiten am Königsplatz nicht eingestellt wurden«. In manchen Betrieben hätten die Vorgesetzten nur zwei bis drei Arbeiter zum Hören der Rundfunkübertragung abgestellt, »damit diese später ihren Kameraden das Wichtigste mitteilen« konnten – die Übrigen mussten weiterarbeiten. Noch ärgerlicher war folgende Information: »In Berlin wurde festgestellt, dass in einzelnen Gastwirtschaften während der Rede weiter bedient und verzehrt wurde.«[57]

Dennoch kippte gerade in der zweiten Oktoberwoche 1939 in Berlin die allgemeine Stimmung – und zwar zugunsten des Krieges.

Dafür sorgten gleich mehrere Gründe: Obwohl die Westmächte nicht auf das bewusst als unannehmbar konzipierte Friedensangebot der Reichsregierung reagierten, blieben sie militärisch untätig, zu Lande und auf den Weltmeeren wie auch in der Luft. So stabilisierte sich die Überzeugung, die Wehrmacht sei ihren Gegnern im Westen wohl doch deutlich überlegen. Da zugleich wunderschönes Herbstwetter in Berlin Einzug hielt, entfaltete das zur Ablenkung der Menschen konzipierte Freizeitprogramm besonders starke Wirkung: »So viele Sportveranstaltungen wie heute in Berlin auf dem Programm stehen, gibt es an kaum einem anderen Tag des Jahres«, berichtete Shirer seinen Hörern am 8. Oktober 1939: Radrennen, Leichtathletik, Hockey, Ring- und Boxkämpfe sowie natürlich Fußballspiele unterhielten an diesem Wochenende Hunderttausende Hauptstädter.[58]

Doch noch war auch die Hoffnung auf einen Frieden stark verbreitet. Wie stark, zeigte sich am 10. Oktober 1939: Schlagartig verbreitete sich am Vormittag dieses Dienstags in ganz Deutschland das Gerücht, die britische Regierung sei zurückgetreten, der König habe abgedankt und damit den Weg frei gemacht für einen Waffenstillstand zwischen Deutschland und Großbritannien, Frankreich wurde als Gegner schon nicht mehr ernst genommen. Im Nachhinein ermittelten Gestapo und Sicherheitsdienst, wie sich diese Information verbreitete: Ein Beamter des Berliner Haupttelegrafenamtes hatte ein Telegramm dieses Inhaltes bald nach 10:00 Uhr aufgenommen und unmittelbar danach per Dienstleitung an Bekannte im Postamt Reichenberg im Sudetenland sowie nach Wien weitergegeben.[59] Von hier aus mäanderte die vermeintliche Sensationsmeldung rasch durch das ganze Reich. Die Journalistin Ruth Andreas-Friedrich erfuhr davon an ihrem Arbeitsplatz: »Wie ein Lauffeuer verbreitet sich heute Morgen ein Gerücht in der Stadt. Die englische Regierung sei abgesetzt, ein zehntägiger Waffenstillstand angeboten. Unser Verlag will es zuverlässig direkt aus dem Luftfahrtministerium erfahren haben. Ganz Berlin telefoniert.«[60] Für anderthalb Stunden herrschte so etwas wie Friedenseuphorie. In zahlreichen Betrieben kam es zu spontanen Arbeitspausen, da die Beschäftigten über die vermeintliche Neuigkeit reden wollten. Auf Plätzen und Straßen fanden sich

Menschen zusammen, um ihrer Freude Ausdruck zu geben. An den Ständen eines Wochenmarktes in Prenzlauer Berg weigerten sich Kunden, ihre Namen wie üblich in Listen einzutragen: Nach dem baldigen Kriegsende werde die Rationierung der Lebensmittel gewiss beendet, begründeten sie ihren offenen Verstoß gegen die Kriegswirtschaftsverordnung. Besonders voreilig waren Studenten an der Friedrich-Wilhelms-Universität Unter den Linden: Am Ende einer großen Vorlesung wurde das Gerücht dort als Tatsache bekannt gegeben. Die Börse reagierte mit heftiger Nachfrage vor allem nach hoch verzinsten Reichsanleihen. Mancherorts kam es zu besonders heftigen Reaktionen: Marktfrauen warfen »vor Freude mit Kohlköpfen« um sich, beobachtete der Deutschland-Korrespondent der *International Herald Tribune*. Die *Washington Post* berichtete: »Für ein paar Stunden war heute Morgen der Krieg in Berlin zu Ende.«[61] Auch Joseph Goebbels erfuhr von dem Gerücht und registrierte »einen wahren Taumel der Freude«. Sogar in Ministerien sei gefeiert worden, vermerkte er verärgert: »Ich setze gleich ein Dementi auf und gebe es durch den Rundfunk. Das gibt eine große Enttäuschung.«[62] Mit dieser Vorhersage behielt der Propagandaminister recht. »Gegen Mittag kommt die Gegenparole«, notierte Ruth Andreas-Friedrich: »Die friedenssüchtigen Gerüchteverbreiter einschließlich des Reichsluftfahrtministeriums sind einem Fischweibertratsch aus der Markthalle zum Opfer gefallen. Niemand hat Frieden angeboten. Der Krieg geht weiter.«[63] Aber ausgerechnet dieses rasch widerlegte Gerücht über einen bevorstehenden Waffenstillstand markierte das vorläufige Ende der Angst vor dem Krieg.

ILLUSION DER NORMALITÄT

MENSCHEN SIND UNGEHEUER ANPASSUNGSFÄHIG. AUCH mit harten Zumutungen finden sie sich fast immer bald ab und leben dann ihr Leben weiter, soweit es eben geht. Der Beginn des Zweiten Weltkrieges erlegte praktisch allen Berlinern zusätzliche Lasten auf, an die sie sich erst einmal gewöhnen mussten. Anfangs lamentierten manche zwar teilweise lautstark darüber, doch innerhalb weniger Wochen waren die neuen Belastungen zur Normalität geworden, sie wurden schicksalsergeben akzeptiert und trotz häufiger Verschärfungen nur noch selten beklagt. Riskant für das Regime wurden die vergleichsweise wenigen Unmutsäußerungen in den ersten Kriegswochen nie, denn in den sechseinhalb Jahren NS-Regierung seit Anfang 1933 hatten die Berliner gelernt, sich jenseits ihres Familien- und engeren Bekanntenkreises mit potenziell kritischen Bemerkungen zurückzuhalten. Wer nicht auffiel, konnte relativ sicher leben; wer allerdings offen aufbegehrte oder gar politisch abweichende Ansichten äußerte, geriet häufig rasch in das Getriebe des Repressionsapparates. So gut wie jeder Erwachsene wusste von Nachbarn, ehemaligen Kollegen oder entfernteren Bekannten, die eingesperrt, verprügelt oder auf andere Weise misshandelt worden waren – viele kannten auch Beispiele für Menschen, die dem staatlichen Druck durch Emigration entflohen waren. Die Angehörigen von misshandelten oder getöteten Regimegegnern hielten in aller Regel ebenfalls still, weil sie nicht noch mehr leiden wollten. Unter solchen Bedingungen erschien Anpassung die klügste Haltung.

Die für den Alltag zunächst prägendste Einschränkung hatte schon einige Tage vor dem Angriff der Wehrmacht auf Polen begonnen: Mit Wirkung vom 28. August 1939 ordnete das Reichswirtschaftsministerium die sofortige Rationierung der meisten Lebensmittel an. Fortan durfte man Fleisch, Milch, Öl und Fett sowie Zucker und Eier, später auch Brot und Mehl nur noch in genau begrenzten Mengen kaufen. Dafür musste jeder Käufer dem Händler Marken übergeben, die er sich entweder an eigens eröffneten Schaltern gegen Vorlage des Ausweises abholen musste oder von den Blockwaltern der Nationalsozialistischen Volkswohlfahrt (NSV) ausgeteilt bekam. Jede Lebensmittelkarte galt für vier Wochen, die einzelnen Abschnitte waren datiert. Grundlage der Lebensmittelzuteilung war eine Studie im Auftrag des Ernährungsministeriums, das den durchschnittlichen Verbrauch anhand einer Stichprobe bei 350 Arbeiterfamilien 1937 auf 2750 Kalorien pro Tag festgelegt hatte. Für die Rationierung wurde nun eine pauschale Senkung dieses Bedarfs um knapp 13 Prozent auf 2400 Kalorien festgelegt.[1] Die so berechneten Rationen waren von Beginn an nicht üppig: Die erste Lebensmittelmonatskarte sah zum Beispiel für Erwachsene pro Woche 700 Gramm Fleisch einschließlich Knochen oder »Fleischwaren« wie Wurst oder Konserven vor, außerdem 335 Gramm Zucker oder Marmelade, 1,4 Liter Milch und 420 Gramm Fett oder Öl. 63 Gramm Kaffee-Ersatz aus geröstetem Getreide oder Malz mussten für sieben Tage genügen, außerdem fünf Gramm Tee – echten Bohnenkaffee gab es offiziell so gut wie nie.[2] Diese ohnehin knappen Mengen waren zudem nicht garantiert, sondern standen unter dem Vorbehalt ausreichender Lieferungen. Zeitweise mussten sich die Verbraucher durch besondere Bestellscheine auf jeweils vier Wochen verpflichten, stets bei demselben Lebensmittelhändler einzukaufen. Vor vielen Geschäften bildeten sich lange Schlangen, die sich erst auflösten, wenn die für diesen Tag gelieferten Waren restlos vergeben waren. Immerhin wurde die seit 1938 geltende Arbeitszeitordnung etwas gelockert: Lebensmittel durften nun bis 20:00 Uhr eingekauft werden, eine Stunde länger als zuvor.[3] Immerhin musste nicht jeder Berliner seine Lebensmittelmarken persönlich einlösen, häufig hatten nun aber die Hausfrauen und Mütter eine zusätzliche, zeitraubende Aufgabe. Viele von ihnen kämpften nun einen »wahrhaft aufreibenden Kampf um die tägliche Beschaffung des Lebensnotwendigsten«.[4]

Dennoch begehrten die Berliner über gelegentlich herausbrechenden Unmut hinaus nicht ernsthaft auf. »Die Lebensmittelkarten haben das Leben des durchschnittlichen Deutschen vergleichsweise wenig verändert«, berichtete die *New York Times*. Denn bereits in den »turbulenten zurückliegenden Jahren hatten sie sich daran gewöhnt, ohne Luxusgüter, übertrieben viel Butter, Kaffee, Fleisch oder Fett zu leben«.[5] Tatsächlich hatte es schon in den Dreißigerjahren immer wieder Versorgungsengpässe in Deutschland gegeben, unter anderem weil nach dem Motto »Kanonen statt Butter« viel Geld in die Rüstung statt in den Ausbau der Nahrungsversorgung investiert worden war. So hatte die Fleischerinnung Berlin im November 1935 erstmals Bezugsscheine für Schmalz und Fett verteilen müssen. Eier waren oft so knapp, dass Anfang 1936 sogar der Reichsnährstand, der nationalsozialistische Bauernverband, eine Erklärung herausgab, der zufolge es gar keine Eierknappheit gäbe und zudem aus dem Ausland importierte Eier als Reserve zurückgelegt würden. Als in den folgenden Monaten vermehrt verdorbene Eier auf den Markt kamen, ärgerten sich viele Berliner über diese Art von »Vorsorge«.

Zu der Gewöhnung an Engpässe kamen weitere Gründe, die der Lebensmittelrationierung ihren Schrecken nahmen: Erstens erinnerten sich alle Erwachsenen und viele Jugendlichen an die Jahre der Wirtschaftskrise 1931/32, als in der Reichshauptstadt Hunderttausende Menschen monatelang völlig und noch viel länger gelegentlich auf öffentliche Armenspeisungen in Suppenküchen angewiesen waren, um überhaupt ein- oder zweimal pro Woche etwas Warmes essen zu können. Die Älteren hatten zweitens noch die Hungerwellen im Ersten Weltkrieg erlebt, vor allem den katastrophalen Winter 1916/17. Damals war die Lebensmittelversorgung in Berlin mehrfach vollständig zusammengebrochen. Anstelle von Kartoffeln und Brot wurden Steckrüben zum wichtigsten Grundnahrungsmittel – im Gebiet von Groß-Berlin verhungerten über 100 000 Menschen. Als wesentliche Ursache für diese Katastrophe galt, dass die Rationierung von Lebensmitteln seinerzeit nur schrittweise und halbherzig eingeführt worden war, die Folge war ein explodierender Schwarzmarkt mit gehamsterter Nahrung gewesen. Angesichts dieser auch den Nachgeborenen durch Erzählungen vermittelten Erfahrung schien die Rationierung ab Ende August 1939 moderat, jedenfalls blieben

Stimmen wie der bittere Spruch eines enttäuschten Sozialdemokraten die Ausnahme, dem zufolge der Krieg nicht lange dauern könne, denn man habe »ja schon jetzt nichts mehr zu fressen«.[6] Drittens gab es im September 1939 genügend Obst und Gemüse, das noch frei und unrationiert gekauft werden konnte; die Ernte war gut ausgefallen. Fast während der gesamten Dreißigerjahre waren viertens die tatsächlichen Lebensmittelpreise kontinuierlich gestiegen, obwohl der Markt überwacht und teilweise staatlich kontrolliert wurde. Allein im ersten Vierteljahr 1939 registrierte der SD eine durchschnittliche Preissteigerung bei den wichtigsten Nahrungsmitteln von 20 Prozent, bei Eiern gar um ein Drittel.[7] Mit der strengen Rationierung und der zeitgleich eingeführten Preisbindung war jedem weiteren Anstieg ein Riegel vorgeschoben – jedenfalls auf den offiziellen Märkten. Das beruhigte die Berliner.

Zur Gewöhnung an die neuen Regeln der Rationierung trug bei, dass sie anfangs noch nicht besonders strikt eingehalten wurden. Auf dem Wochenmarkt am Wittenbergplatz, einem der größten in Schöneberg, verkaufte etwa der Fleischer Krachudel aus Hohenschönhausen im September 1939 trotz Rationierung seinen Stammkunden die gewohnte Menge für die kommende Woche. »Wie immer: etwas zum Kochen, etwas zum Braten und etwas zum Schmoren?«, fragte die Fleischersgattin ihr bekannte Hausfrauen.[8] Ein Berliner Restaurant erhielt eine Geldstrafe von 2 500 Reichsmark, wie Sigrid Schultz in die USA berichtete: Der Wirt hatte vorschriftswidrig nicht nur die erlaubten vier Fleischgerichte auf seiner Speisekarte angeboten, sondern einfach die alten Karten aus der Zeit vor dem Krieg weiter benutzt – mit 22 verschiedenen Fleischgerichten. Die Strafe traf ihn hart, zumal sein Angebot zum größten Teil ohnehin nicht mehr bestellt werden konnte.[9] Solche Verstöße waren keine Einzelfälle, im Gegenteil häuften sie sich derartig, dass Goebbels ungehalten festhielt: »Die Rationierung der Lebensmittel wird nun etwas mehr angezogen werden müssen. Das ist für die öffentliche Meinung sehr schmerzhaft, aber wir sind gezwungen, uns vorsichtshalber auf einen langen Krieg einzustellen.«[10]

Mit der Ausgabe der Bezugskarten für die zweiten vier Wochen des Krieges am 26. September 1939 führte das Wirtschaftministerium zahlreiche Neuerungen ein: Jeder Berliner bekam nun sechs Lebensmittelkarten in verschiedenen Farben: von weiß (Zucker) über gelb (Fett), hellblau (Fleisch und Fleischwaren), grün (Milch) bis hin zu lila (für Nährmittel wie Erbsen, Linsen und Graupen). Für den größten Unmut sorgten die roten Karten, denn auch Brot und Mehl wurden nun rationiert. Zusätzlich stellte man die vorher einheitlichen, nur für bestimmte Gruppen durch Zusatzkarten aufgestockten Rationen um auf ein System von fünf Kategorien. »Normalverbraucher« bekamen fortan deutlich gesenkte Rationen, zum Beispiel von 700 auf 500 Gramm Fleisch oder Fleischwaren pro Woche; auch für Kinder bis sechs Jahren und von sechs bis 14 Jahren gab es eigene Zuteilungen, die meist geringer waren als für Erwachsene. Zum Ausgleich für die Verschlechterungen wurden zwei neue Gruppen geschaffen, die Schwer- und die Schwerstarbeiter. In die erste Kategorie fielen all jene, die mit physischer Anstrengung verbundene Tätigkeiten ausübten, in die zweite dauernd körperlich hart arbeitende Männer, etwa Bauarbeiter. Schwerarbeiter bekamen statt 2400 Kalorien täglich anderthalbmal so viel, Schwerstarbeiter sogar 4200 Kalorien. Das bedeutete in der Praxis, dass ihnen von den besonders raren Gütern wie Fleisch und Fett in der Regel doppelte Mengen zustanden.[11] Die Einstufung in die Kategorie Schwerarbeiter statt Normalverbraucher war hoch begehrt – und entsprechend umkämpft. Viele fühlten sich zurückgesetzt, weil sie den besonderen Status nicht zuerkannt bekamen. Die Familie des berühmten Nationalökonomen Werner Sombart etwa, die großbürgerlich mit Personal in einer Villa in der Grunewalder Humboldtstraße residierte, sah sich »zu Normalverbrauchern degradiert«.[12] Gerade dieser Umstand fand wiederum bei einfachen Leuten Gefallen: »Die Arbeiterschaft begrüßt es durchaus, dass die ›besseren Leute‹ praktisch aufhören, welche zu sein. Jetzt im Kriege haben sie nicht nur die gleichen Rationen, sondern sie sind in der Produktion der Volkswirtschaft ebenfalls nur noch eine Nummer.«[13]

Dennoch registrierte der SD, dass sich Unmut über die Kategorisierung aufstaute, die zudem von Amt zu Amt unterschiedlich gehandhabt wurde. Für Ärger sorgte zum Beispiel die Anerkennung von

Sportstudentinnen als Schwerstarbeiterinnen, wohingegen Maurer und andere Bauarbeiter mitunter sogar auf den niedrigeren Status als Schwerarbeiter verzichten sollten.[14] Zum Glück erfuhren die meisten Berliner nicht, dass auch ausländische Korrespondenten als Schwerarbeiter eingestuft wurden. Selbstkritisch vermerkte die perfekt zweisprachige Sigrid Schultz, diese Bevorzugung mache die meisten ihrer Kollegen »nicht ein bisschen verrückt«.[15] Um Verständnis für die Einteilung zu wecken, erklärten die Berliner Zeitungen wiederholt, wie die einzelnen Kategorien definiert seien und wer bei seinem »Betriebsführer« eine Bestätigung beantragen konnte, als Schwer- oder Schwerstarbeiter anerkannt zu werden. Bald erwies sich die Einteilung in fünf Kategorien als ungenügend, also wurden zusätzliche Gruppen für werdende und für stillende Mütter eingerichtet, mit erhöhter Zuteilung vor allem an Milch. Hinzu kamen eigene Lebensmittelkarten für Greise, die gegenüber den Normalverbrauchern geringere Fleischrationen erhielten.

Eine weitere Verschärfung der Rationierung folgte bald: »Von morgen an besteht auch in Lokalen der Zwang zur Fleischmarkenabgabe«, notierte Ruth Andreas-Friedrich am 30. September 1939: »Wer heute durch die Berliner Cafés und Gaststätten streift, bekommt den Eindruck, als hätte die gesamte Bevölkerung seit Monaten am Hungertuch genagt. Alle Restaurants sind überfüllt. Die Menschen fressen wie Hyänen: ohne Hemmung und ohne Scham.« Die schlanke Journalistin mochte sich am massenhaften Fettanfressen für den kommenden Kriegswinter nicht beteiligen: »Was hat man davon, wenn man sich für unbestimmte Zeit auf Vorrat den Magen mit Gänsebraten vollstopft? Sodbrennen? Eine unruhige Nacht? Verbindlichsten Dank! Diesen Gefallen wollen wir Herrn Hitler nicht erweisen.«[16] Die Markenpflicht für das Essen in Restaurants galt zwar ab dem 1. Oktober, aber auch diese Regelung musste erst durch Kontrollen und Drohungen durchgesetzt werden – wieder eine Aufgabe für Goebbels in seiner Funktion als NSDAP-Gauleiter: »In den Hotels wird noch zu viel Fleisch ohne Karten ausgegeben. Ich gehe dagegen an.«[17] Eine unerwartete Nebenwirkung hatte die Ausdehnung der Rationierung auf Restaurants: Da alle Gaststätten weiterhin ein »Stammessen« ohne Marken abgeben durften, stiegen die wenigen italienischen Lokale in der Gunst der Berliner deutlich, denn deren Stammessen, fast immer Pasta, war sehr nahrhaft – im Gegensatz zum markenfreien Angebot der meisten Gaststätten mit einheimischer Küche, die in der Regel lediglich Eintopf oder Kohlgerichte ohne Fleisch bereithielten.[18]

Viele Berliner reagierten auf die Einschränkungen mit Kreativität: Aus ranziger, ungenießbarer Margarine kochten sie zum Beispiel mit Natronlauge eine Art Seife. Mit einem kräftigen Schuss Parfüm ließ sich der improvisierte Ersatz fast genauso benutzen wie die ebenfalls streng rationierte Kernseife. Da außerdem Kleidung und Schuhe nur noch mit Bezugsscheinen zu bekommen waren, durchforsteten viele Berlinerinnen Dachböden und Keller auf der Suche nach abgelegten Anzügen und Kleidern, alten Vorhängen und Wäsche. Laut offizieller Festlegung galten als »Normalbestand eines Verbrauchers« bei Männern zwei Straßenanzüge, zwei Garnituren der jeweils für den Beruf notwendigen Bekleidung, ein Pullover oder Trainingsanzug, jeweils eine Regenjacke und ein Wintermantel, außerdem drei Unterhosen, zwei Unterhemden und sechs Paar Socken. Frauen waren entsprechend mit zwei Kleidern, zwei Kitteln und drei Garnituren Unterwäsche ausreichend ausgestattet. Für Kinder galten ähnliche Regeln.[19] Nur wer weniger als diese Mindestausstattung besaß, sollte einen Bezugsschein für den Kauf neuer Kleidung beantragen können. Noch knapper war die Situation bei Lederwaren: Nicht nur Schuhe selbst waren streng rationiert, sondern auch Ersatzsohlen gab es nur noch auf Bezugsschein; nur ihren Stammkunden boten die Berliner Schuster noch eine Neubesohlung ohne Formalitäten an. In den meisten Zeitungen fanden sich immer öfter Hinweise, wie man diese Herausforderungen meistern konnte. Die *Morgenpost* etwa empfahl ihren Leserinnen, aus durchgescheuerten Kitteln oder alten Gardinen Kleider für Mädchen zu nähen.[20]

Immer wenn ein offizieller Markt stark reguliert wird, entstehen unkontrolliert illegale Alternativen – das galt auch für Berlin im September 1939. Der Schwarzmarkt blühte auf, allerdings im Verborgenen.

Denn die zu Kriegsbeginn in Kraft getretenen »Schubladengesetze« sahen für Verstöße gegen die Bewirtschaftung harte Strafen vor, und niemand zweifelte daran, dass die Justiz diese Regeln wortgetreu anwenden würde, denn schon das erste und einzige Parteiprogramm der NSDAP, die »25 Punkte« von 1920, hatte als Konsequenz aus den Erfahrungen des Ersten Weltkrieges radikales Vorgehen gegen jeden illegalen Handel angedroht: »Wir fordern den rücksichtslosen Kampf gegen diejenigen, die durch ihre Tätigkeit das Gemeininteresse schädigen. Gemeine Volksverbrecher, Wucherer, Schieber usw. sind mit dem Tode zu bestrafen, ohne Rücksichtnahme auf Konfession und Rasse.«[21] Wie ernst dieser harte Strafrahmen gemeint war, machten – auf Anweisung aus dem Propagandaministerium – auch die Zeitungen im September und Oktober 1939 immer wieder deutlich: In fast jeder dritten Ausgabe der *Berliner Morgenpost* und anderer viel gelesener Blätter fanden sich Artikel über die Bestrafung von Kriegswirtschaftsverbrechen. Doch das schreckte kaum ab: Wer immer konnte, »organisierte« sich zusätzliche Lebensmittel oder auch Stoffe, Kleidungsstücke und Schuhe, um etwas zum Tauschen oder illegalen Verkaufen zu haben. Die Berliner Lokalseite des *Völkischen Beobachters* schrieb unter der Überschrift »Frau Hamsterin« gegen das Massenphänomen an: »Zwischen einer vorsorglichen Hausfrau und einer hamsternden Hausfrau besteht ein himmelweiter Unterschied. Die vorsorgliche Hausfrau wird stets in aller Ruhe dafür sorgen, dass sie die Lebensmittel, die sie heute oder morgen braucht, im Hause hat. Damit aber gibt sie sich zufrieden, weil sie weiß, dass sie jederzeit kaufen kann, was der Lebensbedarf der Familie erfordert. Die hamsternde Hausfrau – Gott sei Dank stirbt ihre Gattung immer mehr aus – ist von einer ewigen Angst besessen. Sie kauft, was sie sieht, sie macht im Notfall nicht einmal vor Kragenknöpfen halt. Dass sie dabei in erster Linie sich selbst schädigt, merkt sie in ihrer Angst und Sucht, zu kaufen, meist überhaupt nicht.«[22]

Ganz im Gegensatz zur Hoffnung der NSDAP-Redakteure in der Kreuzberger Zimmerstraße nahm jedoch das Phänomen des Hamsterns nicht ab, im Gegenteil – denn alles, was man über den eigenen Bedarf zu ergattern vermochte, ließ sich beizeiten nutzbringend einsetzen. Viele Berliner konnten sich rare Güter aneignen: Lebensmittelhändler manipulierten ein wenig an ihren Waagen und gaben je Lebensmittelmarke ein paar Prozent weniger an Ware ab; in Gaststätten und Restaurants wurden geringfügig kleinere Portionen ausgegeben als vorgeschrieben; auch beim Transport und bei der Verteilung von Gütern verschwanden kleinere Mengen, was sich ebenfalls bald summierte. Auf diese Weise entstand der Nachschub für einen illegalen Handel mit fast allen Verbrauchsgütern, gleichzeitig bildeten sich erste Netzwerke, über die sie verteilt wurden. Klassische offene Schwarzmärkte unter freiem Himmel, wie sie aus dem Berlin der Nachkriegszeit bekannt sind, gab es von 1939 bis 1944 nicht. Stattdessen fanden die Geschäfte überwiegend in Gaststätten oder nach der Kontaktaufnahme zwischen Anbieter und Interessent an öffentlichen, aber schwer zu überwachenden Orten und schließlich in Privatwohnungen statt. Ebenfalls illegal gehandelt wurden Lebensmittelkarten aller Kategorien, besonders aber für Schwerarbeiter. Teilweise veruntreuten Mitarbeiter der für die Ausgabe zuständigen Ämter oder der NSV solche Karten blanko und verkauften sie in ihrem näheren Bekanntenkreis. Ebenso gab es anerkannte Schwerarbeiter, die ihre Versorgung auf andere Weise sicherten und ihre regulären Karten deshalb gegen solche für Normalverbraucher und einen Zuschlag in Reichsmark tauschten. Allerdings war die Einlösung für den Erwerber mitunter riskant: Wer äußerlich erkennbar in einem Büro arbeitete, aber die Marken einer Schwerarbeiterkarte vorlegte, machte sich leicht verdächtig. Gefälschte Lebensmittelkarten kamen ebenfalls bald auf, allerdings nicht als Massenphänomen, denn das spezielle Papier war strikt kontingentiert, die Druckereien, die solche Karten herstellen konnten, wurden streng überwacht – und alle vier Wochen wechselten die Details der echten Karten ohnehin. Zusätzlich führte die Ernährungsbürokratie bald spezielle Sicherungszeichen ein, die unter strenger Aufsicht in Blei gegossen wurden, nur Karten mit diesen Zeichen waren echt.

Gegen einige Dutzend Berliner Gaststätten und Restaurant verhängten die Behörden im Oktober 1939 Bußen wegen Verstoßes gegen die Rationierung, die in der Presse umgehend bekannt gemacht wurden – zur Abschreckung. Doch die Ordnungsgelder von 100 bis 1000 Reichsmark zeigten zunächst noch keine besondere Wirkung. Also griff die Gauleitung Berlin zu einem anderen, härteren Mittel: zu einer existenzgefährdenden Strafe für einen der bekanntesten Betriebe Berlins. Es traf den Hotelkomplex *Excelsior* am Anhalter Bahnhof, das an Gästebetten und Restaurantplätzen größte Haus der Reichshauptstadt. Dessen Eigentümer Curt Elschner hatte Ende der Zwanzigerjahre persönlich dafür gesorgt, dass der »Führer« einer rechtsextremen und antisemitischen Splitterpartei namens NSDAP kein Zimmer in seinem Hotel bekam. Er könne es seinen jüdischen Gästen nicht zumuten, mit Adolf Hitler unter einem Dach zu schlafen, soll der Hotelier damals gesagt haben. Doch als 1932 die Nationalsozialisten stärkste Partei wurden, versuchte Elschner gegenzusteuern und sorgte nach eigenen Angaben sogar dafür, dass eine NSDAP-Betriebsgruppe in seinem Hotel gegründet wurde. Allerdings ohne Erfolg, denn Hitler erwies sich als nachtragend. »Seit 1933 werde ich nach meinem Dafürhalten, wenn man es sagen darf, torpediert nach allen Richtungen«, schrieb Elschner an den Reichsschatzmeister der NSDAP, Franz Xaver Schwarz.[23] Er habe sogar die Mitgliedschaft in der NSDAP beantragt und seine vorgesehene Mitgliedsnummer 2 590 343 bereits mitgeteilt bekommen, doch dann sei seine Aufnahme abgelehnt worden. Der *Excelsior*-Chef legte weitere Unterlagen bei, die ihn als intimen Kenner von *Mein Kampf* und als aggressiven Antisemiten ausweisen sollten. Die Anbiederung blieb wirkungslos: Ende 1938 erteilte SS-Chef Heinrich Himmler ein allgemeines Verbot für SS-Leute, das *Excelsior* zu besuchen, einige Monate später wurde es auf alle NSDAP-Mitglieder ausgedehnt. Gleichzeitig zeigte sich der wichtigste Kreditgeber, die Deutsche Bank, unnachgiebig und beharrte auf buchstabengetreuer Einhaltung der Verträge und auf der monatlichen Abzahlung von 45 000 Reichsmark. Elschner verlegte sich aufs Betteln, hatte aber auch damit keinen Erfolg. Frustriert zog er sich zu Kriegsbeginn aus Berlin zurück und begab sich in sein zweites Hotel auf der Wartburg in Eisenach – das *Excelsior* wurde nun von seinen Direktoren geleitet, die teilweise bereits während der Auseinandersetzung mit SS und NSDAP gegen ihn intrigiert hatten. Doch auch dieser Rückzug genügte nicht, den Zorn der Hitler-Partei zu mildern: Als man im Oktober 1939 ein Ziel für eine symbolische Bestrafung brauchte, kam das immer noch Elschner gehörende Haus gerade recht. Der Reichskommissar für die Preisbildung verhängte ein enormes Ordnungsgeld von 300 000 Reichsmark gegen das Hotel, zwei Direktoren erhielten darüber hinaus individuelle Strafbefehle von jeweils 15 000 Reichsmark, mehr als ein Jahresgehalt. Dieser »entscheidende Schlag« übte, wie die Exil-SPD erfuhr, »unverkennbar eine nachhaltige Wirkung« auf Berlins Gaststätten und Restaurants aus.[24] Statt halblegaler Trickserein gab es fortan nur noch offene Akzeptanz der Rationierungsregeln – und zugleich so geheim wie möglich eindeutig gesetzwidrige Schiebereien. Der Norweger Theo Findahl notierte halb humorvoll, halb zynisch: »Es ist überhaupt im Großen und Ganzen dafür gesorgt, dass das Gesetz so beschaffen ist, dass niemand es hält. Der tiefere Sinn dieser Tatsache scheint darin zu beruhen, dass Himmler zu jeder Frist auf jeden beliebigen niederstoßen kann und immer irgendeinen Grund hat, die Leute wegzusperren.«[25]

Ähnlich entwickelte sich die Situation bei den privaten Verbrauchern: Der private Tauschhandel wurde nicht unterbunden, sondern nur aus der Grauzone scheinbarer Halblegalität abgedrängt in ein klar kriminelles Umfeld. Gleichzeitig stabilisierte sich die Versorgungslage, wie der SD ab Oktober 1939 in fast jedem seiner streng geheimen, nur der NS-Elite zugedachten »Meldungen aus dem Reich« berichtete. Allerdings gebe es bei einzelnen Lebensmitteln wie Butter, Geflügel oder Eiern immer wieder Probleme. Wenn in den Stimmungsberichten auf konkrete Engpässe aufmerksam gemacht wurde, dann bemühten sich die zuständigen Ministerien oft um rasche Abhilfe. »Die augenblickliche Belieferung mit Magermilch ist unzureichend«, meldete der SD am 27. Oktober 1939, woraufhin Bestände aus Pommern in die Reichshauptstadt gebracht wurden.[26] Die regelmäßige Versorgung spiegelte sich auch in den Berichten der Exil-SPD: »Die Leute haben sich inzwischen weitgehend mit der Rationierung abgefunden. Das Verfahren hat sich eingespielt, und dadurch ist die Zuversicht erneut gestärkt worden. Es fehlt nicht an gelegentlichen Schwierigkeiten, zum Beispiel bei der Verteilung des Geflügels, der Fisch- und Räucherwaren. Anscheinend aber verfügen die Nazis über eine gute Einfühlungsfähigkeit und schnelles Anpassungsvermögen an neue Erfordernisse«, berichtete im November 1939 ein alter Sozialdemokrat. Ein ehemaliger Parteifreund fügte eine wichtige Beobachtung hinzu: »Es darf nicht vergessen werden, dass die Leute die Verhältnisse unter einem schiefen Gesichtswinkel betrachten und deshalb auch zu den eigenartigsten Ergebnissen kommen. Für den Vergleich mit dem jetzigen Leben der Einschränkungen zieht man nämlich nicht eine normale Wirtschaft mit allen ihren Freiheiten heran, sondern – dafür ist man ja schließlich im Krieg – man nimmt als Vergleichsbasis die Jahre 1917 und 1918 mit all ihrem Elend und ihrer Hoffnungslosigkeit. Wenn die Leute aber davon ausgehen, dann ist es kein Wunder, wenn sie jetzt ›nicht alles so schlimm‹ finden und jede kleine Verbesserung mit einem großen Aufatmen begrüßen.«[27]

Weiterhin harte Einschränkungen galten im Berliner Verkehr. Privatautos durften ohne Sondergenehmigung praktisch nicht mehr benutzt, Benzin konnte an öffentlichen Tankstellen kaum mehr gekauft werden. Die Zeitungen brachten wiederholt genaue Informationen, wer wann und wozu sein privates Fahrzeug überhaupt noch fahren durfte. Wer sein Auto offiziell stilllegte, kam in den Genuss einer per Gesetz eingeführten günstigen Versicherungsprämie. Auch die öffentlichen Verkehrsmittel blieben stark eingeschränkt: Viele Busse hatte die Wehrmacht für Transportzwecke im besetzten Polen und an der Westgrenze des Deutschen Reiches requiriert, die Straßen-, U- und S-Bahnen fuhren wegen fehlenden Fachpersonals in den Werkstätten nur nach ausgedünnten Fahrplänen. Da zudem zugunsten der Rüstungsproduktion notwendige Investitionen in Waggons und Loks schon seit Jahren unterblieben waren, nutzten die BVG und die Reichsbahn ihr rollendes Material auf Verschleiß – zusätzliche Ausfälle von Zügen waren die Folge. Die Berliner fanden jedoch rasch eine Lösung für solche Schwierigkeiten des Alltags: Zu Hunderttausenden besannen sie sich auf das Fahrradfahren, sei es für den Weg zur Arbeit und zurück, sei es zu Transportzwecken. Viele kleinere Firmen stellten sogar ihren Liefersrevice um auf Zweiräder. Jedoch war die Situation in der Reichshauptstadt vergleichsweise ungünstig: Während vor dem Krieg durchschnittlich jeder vierte Deutsche ein eigenes Fahrrad besaß, war es in Berlin nur jeder zwölfte. Die *Morgenpost* nannte ihren Lesern den Grund dafür: »Da ja die städtischen und staatlichen Verkehrsmittel in so reichem Maße vorhanden sind, dass es sich kaum lohnte, ein eigenes Gefährt zu haben, es sei denn, es wurde zum Radwandern benutzt.« Nach einem Monat Krieg und deutlichen Einschränkungen bei Bussen und Bahnen hatten jedoch viele Berliner die Vorteile eines eigenen Zweirades entdeckt, sodass die meisten Geschäfte leer gekauft waren. Nur mit Mühe konnten Fahrradfabriken und Montagewerkstätten des Großhandels die Nachfrage befriedigen. Zwar standen Fahrräder selbst nicht auf der Liste der bewirtschafteten Güter, jedoch musste der Kautschuk für die Reifen importiert werden und war daher streng rationiert. Deshalb empfahl sich ein gestaffeltes Vorgehen: »Wer sich heute also ein Fahrrad anschaffen will, der besorgt sich zunächst am besten den Bezugsschein für die Bereifung, wobei er den Nachweis der Notwendigkeit zu erbringen hat, Fahrt zum Betrieb und so weiter. Eine Mitteilung des Betriebes, in dem der Betreffende beschäftigt ist, dürfte in diesem Falle genügen. Wichtig ist immer, dass das Fahrrad im öffentlichen Interesse Verwendung findet. Dies liegt natürlich auch vor, wenn es dazu dienen soll, die Arbeitsstätte zu erreichen, sofern andere Verkehrsmittel nicht vorhanden sind oder ein Fußweg der Länge wegen oder aus sonstigen gesundheitlichen Gründen nicht zugemutet werden kann.«[28]

Doch das neue Hauptverkehrsmittel der Berliner brachte auch neue Risiken mit sich. William Shirer berichtete den CBS-Hörern in Amerika am 15. Oktober 1939 darüber: »Seit Kriegsausbruch hat sich das Berliner Straßenbild durch das fast völlige Fehlen der Autos verändert. Die Benzinknappheit hat die Masse der Leute zum Unterstellen ihrer Autos gezwungen. Selbst wer im Besitz einer Fahrberechtigung ist, darf sein Auto nur in besonders dringenden Fällen benutzen.« Der Korrespondent selbst hatte noch die Erlaubnis, mit dem eigenen Fahrzeug zum Studio in der Masurenallee zu fahren, weil er nach deutscher Zeit um Mitternacht sendete und um 01:00 Uhr nicht mehr mit der U-Bahn zurück ins Regierungsviertel fahren konnte. Es sei ein seltsamer Anblick, in den Straßen der Hauptstadt zuweilen nicht ein einziges Auto zu sehen. »Glauben Sie aber deshalb nicht, dass die Straßen für die Fußgänger sicherer sind. Im Gegenteil. Ganze Pulks von Radfahrer bevölkern die Straßen. Als Fußgänger gerate ich mit wesentlich größerer Wahrscheinlichkeit unter die Räder eines Fahrrades als unter die eines Autos. Ich habe noch immer einen blauen Fleck am Knie vom letzten Zusammenstoß mit einem Radfahrer.«[29]

Tatsächlich war das Leben auf Berlins Straßen durch die Nebenwirkungen des Krieges sehr viel riskanter geworden. Die Opferzahlen lagen schon in den Dreißigerjahren hoch, sie schwankten allein für Berlin zwischen jährlich 300 und 400 Unfallopfern, durchschnittlich also bei einem Verkehrstoten pro Tag. Mit der Verdunkelung stieg diese Zahl noch einmal deutlich an. Zwar gab das Kommando der Schutzpolizei spätestens seit 1938 deutlich geschönte Zahlen heraus, auch war die Tabelle »Bei den Unfällen getötete und verletzte Personen« im einschlägigen Taschenbuch *Berlin in Zahlen* seit der Ausgabe 1939 nicht mehr enthalten. Doch berichtete die *Morgenpost* in der Rubik »Neues aus Berlin« fast täglich über Unfälle mit häufig tödlichem Ausgang – allein im September und Oktober 1939 waren es durchschnittlich zwei bis drei Tote pro Tag, wenngleich oft erst mit Verspätung berichtet wurde. Hauptgrund für die deutliche Zunahme schwerer Verkehrsunfälle war die allabendliche Verdunkelung. Sie betraf nicht nur Wohnungen und Schaufenster, die komplett verhangen zu sein hatten, auch die Straßenlaternen waren abgeschaltet. Die nur wenigen Autos und Lastwagen mussten mit abgeblendetem, meist blau eingefärbtem Licht fahren, und selbst Fahrräder durften nur durch einen schmalen, nach unten gerichteten Schlitz etwas Licht auf die Straße bringen. George F. Kennan beschrieb seinen allabendlichen Heimweg: »Das Weitertasten von einer Säule des Brandenburger Tors zur nächsten in pechschwarzer Finsternis, bis ich mich Hand für Hand bis zur Bushaltestelle vorgefühlt hatte; das Warten, bis die mattblauen

Lichter des Busses aus dem Nichts auftauchten; die Neun-Kilometer-Reise entlang der ›Ost-West-Achse‹; die dämmrige Stille im Inneren, in der die Taschenlampe des Schaffners helle Bögen beschrieb; das Staunen darüber, wie es dem Fahrer überhaupt möglich war, sich auf der riesigen, unmarkierten Straße zurechtzufinden; der gruselige Heimweg am anderen Ende, wieder mit vorgestreckten Händen und dem Tasten nach Bordsteinkanten; die gedämpften Stimmen anderer Fußgänger, die man hörte, aber nicht sah; endlich die Konfrontation mit einer düster und verlassen wirkenden Fassade; und schließlich die erfreuliche und immer wieder ein wenig überraschende Entdeckung beim Öffnen der Haustür, dass das Haus bewohnt war, dass es hinter den Vorhängen hell und auch einigermaßen warm war.«[30]

Während die meisten Berliner nach relativ kurzer Zeit die Rationierung akzeptiert hatten, passten sie sich der Verdunkelung weit weniger willig an. Das lag natürlich daran, dass die im Vorfeld beschworenen Luftangriffe der Westmächte nicht nur auf Berlin, sondern auf ganz Deutschland ausgeblieben waren. Gauleiter Goebbels befürchtete durchaus zu Recht, dass eine offenkundig unnötige, aber für jeden einschneidende Maßnahme sich negativ auf die Stimmung auswirken würde. Also schlug er eine Doppelstrategie ein: Einerseits setzte er gegen die Bürokratie des Reichsluftschutzbundes und der Polizeibehörden kleinere Abmilderungen der Regeln durch, die in den Zeitungen sofort als wesentliche »Aufhellungen« vermeldet wurden. Andererseits ließ er Mahnungen über die Notwendigkeit der Verdunkelung veröffentlichen, sogar Karikaturen und Gedichte. Eines, das die *Morgenpost* Mitte Oktober 1939 druckte, trug den Titel »Nächtliche Polonäse«:

Wohl dem, der eine Leuchte hat,
Kehrt heim er durch die dunkle Stadt.
Nicht weicht, setzt er sich auch in Trab,
Er von dem rechten Wege ab;
Wer eine Taschenlampe trägt,
Nicht »Anstoß« nimmt, auch nicht erregt.
Doch hinter seiner Lampe Schein

Folgt bald ein anderer hinterdrein,
Auf dass – zu seinem eignen Heil –
An ihrem Licht er nehme teil.
Ein Zweiter, Dritter schließt sich an,
Ein Vierter, Fünfter, Frau wie Mann,
Ein Sechster, Siebenter – immer mehr
Im Gleichschritt tippeln hinterher.
So geht's im Polonäsen-Gang
Die nächtlich dunklen Straßen lang …
Nicht ab von seinem Ziele irrt
Der, dem so »heimgeleuchtet« wird![31]

Weniger solche Knittelverse und mehr die Hoffnung, dass die Sorge vor britischen und französischen Attacken vom Himmel, vielleicht sogar mit dem »stillen Tod«, dem Giftgas, übertrieben gewesen seien, führte im Spätherbst 1939 zu einer Besserung der allgemeinen Stimmung. Ein Bericht aus Berlin an die Exil-SPD fasste diese Entwicklung im November frustriert zusammen: »Die große Masse hält Deutschlands politische Situation durchaus für günstig. (…) Im Übrigen ist die deutsche Politik für den kleinen Mann eben erfolgreich, Punkt. Die Aussichten der deutschen Wirtschaft sieht er gerade mit Rücksicht auf die wohlwollende Neutralität Italiens und Russlands als gesichert an, seine Vorstellung entspricht dem, was durch die Presse und den Rundfunk publiziert wurde. (…) Man fragt sich, wie lange wird dieser Krieg nun eigentlich gehen, der doch fast gar kein Krieg ist, denn wir merken nur eine Verschärfung der Einsparungen auf allen Lebensgebieten, die uns im Prinzip doch schon seit Langem bekannt ist.« Ein anderer Informant hoffte, dass die gute Stimmung eine Folge des »seltsamen Krieges« sei, die sich verflüchtigen werde, sobald die Westmächte ernsthaft in den Kampf eingriffen: »So entsteht der Eindruck, dass eine psychologische Entspannung zugunsten des Regimes eingetreten ist.«[32]

Auch im alltäglichen Leben schlug sich diese gute Stimmung nieder, ein herrlicher »goldener Oktober« trug dazu bei. Jochen Klepper notierte nach einem Spaziergang zum Großen und zum Kleinen

Wannsee am 15. Oktober 1939: »Von solcher Schönheit waren die Seen noch nie. Nach Regenmorgen stiller, strahlender Mittag; das Wasser so blau wie im Sommer nie; Halbinseln mit Gärten, in denen alle Farben in den sanftesten Tönungen leuchteten, über sattem, grünem Rasen; am Ufer vor uns hellgelbe Kastanien; auf dem See ein letzter Segler, drei Boote. Wir sind so glücklich über die schönen, schönen Spaziergänge, die wir hier haben. Den ganzen Tag, bis um fünf, nun schon um fünf, die Sonne sank, standen die Terrassentüren offen, die Gartenmöbel wurden noch einmal hervorgeholt; an allem spürt man die scheue Ergriffenheit ob all des Friedens.«[33] Auch die innerstädtischen Grünanlagen zogen an diesem Sonntag viele Berliner an. Der Korrespondent der *New York Times* griff zu einem drastischen Vergleich: »Der Tiergarten und der Zoo waren so überfüllt, dass einem das Laufen ungefähr so schwerfiel wie an der Kreuzung Fifth Avenue/42. Straße unmittelbar vor Weihnachten.«[34] Auf dem Kurfürstendamm boten Wehrmachtsköche aus fünf Gulaschkanonen warmen Eintopf für 20 Pfennig pro Portion an – binnen Kurzem hatten sie alles verkauft. Die aufgeräumte Laune blieb kein Einzelfall, einige Wochen später schilderte William Shirer seinen Hörern das inzwischen beinahe normale Leben in der Reichshauptstadt: »Beim Spaziergang durch die Straßen Berlins an diesem schönen Samstagmorgen fällt die Vorstellung schwer, dass gerade ein Weltkrieg stattfindet. Vor Kriegsausbruch dachten viele von uns hier, dass wir im Kriegsfall unser Leben weitestgehend unter der Erde in feuchten, düsteren und kalten Kellern verbringen müssten, wo wir nur beten könnten, dass uns die Bomben aus den Flugzeugen nicht treffen mögen. Doch dazu ist es nicht gekommen. Seit dem 1. September waren wir nur ganze zwei Mal gezwungen, in die Keller zu gehen. Mir ist klar, dass im westlichen Teil des Landes und entlang der Nordwestküste Fliegeralarm sehr viel häufiger vorkommt. Doch hier in Berlin gönnen uns die britischen und französischen Luftstreitkräfte sehr viel Ruhe.«[35] Mitte Dezember 1939 erreichte die britische Zeitung *Manchester Guardian* der Bericht eines Berlin-Besuchers aus einem neutralen Staat, der »in den Straßen Berlins« erfolglos »nach dem Krieg gesucht« hatte.[36]

GRÜSSE *Um die Moral der Truppe im besetzten Polen und an der Westgrenze zu stärken, schreiben Berliner Kinder Briefe an ihre Väter oder großen Brüder.*

Die meisten Einschränkungen beim Freizeitangebot, die zu Kriegsbeginn erlassen worden waren, verschwanden nach dem raschen Sieg über Polen wieder. Das Verbot von Tanzveranstaltungen ließ Goebbels schon vor der Kapitulation Warschaus wieder aufheben, auch der »Film- und Theaterbesuch ist großartig gestiegen«, notierte er am 30. September 1939.[37] Die täglichen Annoncen von Bühnen und Kinos in den Berliner Zeitungen nahmen wieder spürbar zu – von einem schmalen Streifen täglich zum Beispiel in der *Berliner Morgenpost* auf oft eine Dreiviertelseite. Auch viele Museen, die zum größeren Teil Anfang September geschlossen worden waren, um bei feindlichen Bombardements die »Kunstschätze zu schützen«, so der *Völkische Beobachter*, öffneten nun wieder ihre Tore – aus Personalmangel allerdings oft mit beschränktem Angebot.[38] Die Preußische Staatsbibliothek Unter den Linden hatte, nach einem dezenten Hinweis aus dem Finanzministerium über den »unmittelbar bevorstehenden Kriegsausbruch«, schon am 26. August 1939 damit begonnen, ihre wertvollsten Inkunabeln in den »Panzerkeller« des Reichswirtschaftsministeriums auszulagern; in den folgenden Wochen wurden innerhalb des Hauses noch weitere seltene Bestände aus den oberen Etagen des Magazins in tiefer gelegene Bereiche verlagert.[39] Doch das bedeutete nur für wenige Nutzer eine spürbare Einschränkung und wurde vor allem im engeren Kreis der Bibliotheksmitarbeiter und Wissenschaftler bekannt.

An der überraschend friedlichen, unkriegerischen Stimmung änderte sich auch nichts, als ein eiskalter Winter die Milde des Herbstes ablöste; dem Meteorologischen Institut in Berlin-Dahlem zufolge war es sogar der kälteste Winter seit 1829/30. Die Temperatur fiel bis auf minus 24 Grad Celsius, zwischen Ende Dezember und Ende Februar zählte man 49 Tage, an denen die Höchsttemperatur bei minus zehn Grad oder weniger lag. Im Botanischen Garten erfroren »vollständig bis in Stamm und Wurzel« über 100 im Freien angepflanzte Baum- und Straucharten, auch wenn sie teilweise mit Strohhüllen abgedeckt worden waren.[40] Selbst die einheimischen Bäume nahmen in der langen und harten Frostperiode Schaden. Besonders schlimm wirkte sich der Einbruch der arktischen Kälte aus, weil schon im Herbst die Transportkapazität für ausreichende Kohlelieferungen nach Berlin gefehlt hatte – die Züge waren stattdessen eingesetzt worden, um Truppen samt Material nach Polen oder an die französische Grenze zu bringen. Auch konnte die Produktion in den Lausitzer Braunkohletagebauen und schlesischen Steinkohlebergwerken nicht einfach gesteigert werden, da viele der jüngeren Arbeiter zur Wehrmacht eingezogen worden waren und der Betrieb deshalb ohnehin eingeschränkt war. Um Weihnachten froren alle Berliner Kanäle und Seen zu, sodass auch Binnenschiffe keinen Nachschub aus auswärtigen Brennstofflagern in die Stadt bringen konnten. Mitte Januar 1940 mussten die ersten, 14 Tage später praktisch alle Berliner Schulen geschlossen werden – es gab keine Kohlen mehr, um sie zu heizen. In den folgenden zwei Monaten hatten die Kinder in der Regel zweimal pro Woche in ihre Schulen zu kommen, um erledigte Hausaufgaben abzugeben und neue abzuholen. Nur noch einmal pro Woche durfte Wasser zum Waschen und Baden erhitzt werden. Im Februar 1940 wurden wegen Kohlenmangel sogar einige neuere Wohnblocks evakuiert, die zentral geheizt wurden: Als die Innentemperatur nahe null Grad sank, waren die Hausverwalter gezwungen, zum Schutz vor dauerhaften Frostschäden das Wasser abzudrehen. In den ersten zweieinhalb Monaten des Jahres 1940 beschäftigte das Wetter die Berliner erheblich mehr als der Krieg.

Eine »ganz eigene diabolische Freude« an der Kältewelle hatte US-Journalist Howard K. Smith, auch »wenn ich ihretwegen meine Berichte (...) in Mantel und Handschuhen verfassen musste, um nicht zum Einszapfen zu erstarren«. Der 25-Jährige war am 1. Januar 1940 über das neutrale Dänemark aus London gekommen, um die Berliner Mannschaft der Nachrichtenagentur United Press um Büroleiter Fred Oechsner zu verstärken. Der junge Korrespondent hatte schon 1936 bis 1938 privat längere Zeit in der Reichshauptstadt verbracht und aus ihr berichtet, nun war er offiziell beim Propagandaministerium akkreditiert. »Das Kriegs-Deutschland, in das ich zurückkehrte, unterschied sich kaum von dem Friedens-Deutschland des Vorjahres. In einem Staat, den man zum Zwecke des Kriegführens geschaffen hat, ist die Grenzlinie zwischen diesen beiden Zuständen zwangsläufig dünn, fast unsichtbar«, fasste er seine Eindrücke zusammen: »Ein deutscher Offizier sagte einmal zu mir, als ich mit ihm Unter den Linden spazieren ging: ›Schauen Sie sich um, Herr Smith. Nirgends ein Zeichen von Krieg. Nicht der kleinste Unterschied im Vergleich zu vor zwei Jahren. Ist das nicht der beste Beweis für unsere Stärke? Niemals werden wir besiegt werden.‹ Es brach mir das Herz, aber die Wirklichkeit schien ihm recht zu geben. Von Berlin aus gesehen, war der Krieg etwas Unwirkliches. Man las davon wie von einem Ereignis auf einem anderen Stern.«[41] Der junge Reporter Hedley Donovan berichtete in der *Washington Post* aus eigener Anschauung, dass »die Veränderung vom Leben in Frieden zum Kriegsalltag« für die Berliner »weniger groß« gewesen sei als für Briten oder Franzosen.[42] Aufnahmen von Filmamateuren aus dem Frühjahr 1940 zeigen, dass die Eindrücke der beiden Amerikaner richtig waren: Das Leben in der Reichshauptstadt ging, als die arktische Kälte im März gewichen war, wieder seinen normalen Gang. Zwar hatte der Anteil der Männer in Uniform auf den Straßen weiter zugenommen, doch ansonsten zeigte sich Berlin in aufgeräumter Stimmung. Die Theater hatten in der Spielzeit 1939/40 einen Rekord an Neuinszenierungen aufgestellt, und das Publikum strömte – es war beinahe unmöglich, für die Aufführungen am Wochenende Karten zu bekommen, auch wochentags spielten die meisten Bühnen vor »vollen Häusern«. Am häufigsten auf dem Programm standen Stücke von William Shakespeare, stellte die *New York Times* fest: »Die Deutschen halten ihn anscheinend für einen der ihren.«[43]

An der entspannten Stimmung konnte nicht einmal das aggressive Auftreten der NSV-Unterorganisation Winterhilfswerk etwas ändern. Wer nicht »angemessen« spendete, konnte durch den örtlichen Blockleiter zurechtgewiesen, im Wiederholungsfalle sogar öffentlich kritisiert werden. Wer »den Sinn der Volks- und Opfergemeinschaft noch nicht begriffen« hatte, so das Schreiben eines NSDAP-Kreisleiters, dem müsse »in entsprechender Weise« nachgeholfen werden: »Ein Anschlag an der Haustafel wirkt oft Wunder.«[44] So entstand ein sozialer Druck, dem nur sehr wenige »Volksgenossen« ausweichen konnten. Zu den Ausnahmen gehörte Franz Graf von Galen. Er hatte die Gewissheit im Rücken, aus einer prominenten Familie zu kommen – sein Bruder leitete als Bischof den katholischen Sprengel Münster. Galen antwortete auf die ultimative Forderung des zuständigen NSDAP-Kreisleiters, er solle endlich der NSV beitreten: »Es wird Ihnen nicht unbekannt geblieben sein, dass in der deutschfeindlichen Auslandspresse schon seit Jahren behauptet wird, die Leistung der NSV und des Winterhilfswerkes bezeugten gar keine volksgemeinschaftliche Errungenschaft, sondern seien das Ergebnis eines systematischen Drucks moralischer und materieller Art.«[45] Gegenüber dem selbstbewussten Grafen versagte die Erpressung, doch so ein aufmüpfiges Verhalten konnte sich praktisch niemand leisten, der nicht durch finanzielle Unabhängigkeit und gute Verbindungen besonderen Schutz genoss.

Die jetzt gefestigte positive Stimmung durfte nicht gefährdet werden. Jedoch brauchte man dringend Zugriff auf das private Geld der Deutschen, um die Ausgaben für den Krieg weiter finanzieren zu können. Die naheliegenden Methoden waren bereits ausgereizt worden, etwa die indirekte Lohnsenkung durch Arbeitszeitverlängerung. Mit dem ebenfalls üblichen Instrument der Kriegsanleihe verbanden die meisten erwachsenen Deutschen schlechte Erfahrungen: Solche Papiere waren im Ersten Weltkrieg massenhaft verkauft worden, doch hatten sich die Versprechen auf satte Gewinne aus Reparationen nach dem angeblich bevorstehenden Sieg im Krieg als leer erwiesen – daher musste die Reichsfinanzverwaltung damit rechnen, dass solche Anleihen nur in geringem Maße gezeichnet würden. Ebenso wären massive Steuererhöhungen auf Ablehnung gestoßen. Schließlich konnte die Reichsbank nur begrenzt einfach neues, ungedecktes Papiergeld drucken, denn eine Hyperinflation, ähnlich der in den Jahren 1922/23, hätte die Bevölkerung ohne Zweifel gegen das Regime aufgebracht. Zwischen 1938 und 1940 hatte sich der Wert der Reichsmarkbanknoten im Umlauf ohnehin schon fast verdoppelt, von 6,44 Milliarden auf 12,78 Milliarden Reichsmark.[46] Angesichts dessen mussten die Behörden unbedingt die Preise halbwegs stabil halten, also einen möglichst großen Teil der Kaufkraft abschöpfen. Viele Berliner investierten in den ersten Kriegsmonaten in »so irrationale Artikel wie Uhren, Kameras, Radios, Staubsauger und Schreibmaschinen«, fiel einem US-Korrespondenten auf.[47] Die NS-Führung suchte nach neuen Methoden, diese Mittel für den Krieg nutzen zu können. In dieser Situation griff Reichswirtschaftsminister Walther Funk eine brillante Idee aus seinem Stab auf: das Kriegssparen. Alle Lohnempfänger sollten einen möglichst großen Teil ihres überschüssigen Geldes zu Banken und Sparkassen bringen, außerdem wurden Spargutscheine eingeführt, die gekauft werden mussten, aber nur zur Gutschrift auf Sparkonten verwendet werden konnten. Auf diese Weise flossen schon zu Weihnachten 1939 viele Millionen Reichsmark auf Konten der Geldinstitute. Weil alle Banken und Sparkassen strenger öffentlicher Kontrolle unterstanden und den Anweisungen der Finanzverwaltung folgen mussten, konnte das Reich sie problemlos zwingen, Staatsanleihen im Umfang der Spareinlagen zu zeichnen oder Kredite an Firmen der Rüstungsindustrie zu vergeben. Zwar durchschauten dem Nationalsozialismus gegenüber kritisch eingestellte Berliner das Kalkül, doch überwog der positive Klang des Wortes »sparen« die meisten Bedenken: Als »geräuschlose Kriegsfinanzierung« funktionierte dieses System bis 1943 und leitete große Teile der mangels ausreichenden Angebots überschüssigen Kaufkraft in die Rüstung um. Die Zeitungen warben auf ihren Wirtschaftsseiten eindringlich für das Kriegssparen, immer wieder verbunden mit Versprechungen, das Geld der Kleinanleger sei dank der Garantie durch die öffentlich-rechtlichen Sparkassen sicher vor Ausfällen.

Im März 1940 hatte sich in Berlin eine Stimmung verbreitet, »die hinsichtlich des Kriegsausgangs ziemlich optimistisch ist. Bei den meisten Menschen kommt der Gedanke, Deutschland könne diesen Krieg verlieren, gar nicht auf.«[48] Am Karfreitag, dem 22. März 1940, bemerkte William Shirer »mehr Leute auf den Straßen Berlins als je zuvor in meinem Leben« – allerdings nur auf den Gehwegen, denn die Straßen der Reichshauptstadt blieben weiter »schrecklich verwaist«.[49] Joseph Goebbels hatte alle Berliner aufgerufen, auf den zu Ostern üblichen Besuch auf dem Lande zu verzichten, denn es stünden nicht genügend Züge zur Verfügung, angeblich würden die Waggons für den Transport von »Dünger für die Frühjahrssaat« eingesetzt.[50] Also flanierten die Berliner massenhaft durch den Tiergarten und den Grunewald, am Müggel- oder am Tegeler See entlang. Die meisten Bewohner der Reichshauptstadt erlagen der Illusion der Normalität, sie wollten daran glauben, dass der Krieg ihr Leben nicht wesentlich beeinflussen würde.

Ungefähr 100 000 Berliner wussten es jedoch bereits besser, das heißt schlechter. So viele Juden lebten 1939/40 noch in Berlin – jedenfalls nach den Kriterien der NS-Rassenideologie. Die letzte Volkszählung im Mai 1939 hatte für die Stadt Berlin zwar nur 77 850 »Glaubensjuden« registriert, Menschen also, die sich zur jüdischen Religion bekannten. Doch als »Juden« galten bei den Nationalsozialisten auch evangelisch oder katholisch getaufte und atheistische Personen, wenn sie zwei jüdische Elternteile oder drei jüdische

Großeltern hatten – das waren am Stichtag 17. Mai 1939 in Berlin 7113 Menschen. Zu »Mischlingen 1. Grades«, mit zwei jüdischen Großeltern, zählten unabhängig vom religiösen Bekenntnis 18145 Berliner; fast zwei Drittel davon gehörten den christlichen Kirchen an. Außerdem zählten die Statistiker in der Reichshauptstadt weitere 8971 »Mischlinge 2. Grades«, mit einem jüdischen Großelternteil.[51] Seit der »Reichskristallnacht« in der zweiten Novemberwoche 1938 war der Druck auf die als Juden stigmatisierten Berliner stetig gewachsen: Zuerst hatten sie willkürlich festgesetzte Strafzahlungen leisten müssen. Dann waren sie gezielt und bis zum Jahresbeginn 1939 vollständig aus dem Wirtschaftsleben verdrängt worden. Als offiziell »Beschäftigungslose« mussten sie nun immer häufiger Zwangsarbeit leisten, zu der sie meist von einer Nebenstelle des Berliner Arbeitsamtes eingeteilt wurden, die eigens an der Fontanepromenade in Kreuzberg eingerichtet worden war – Betroffene nannten diese Adresse bald die »Schikanepromenade«.[52] Oft mussten Berliner Juden auch ihre Wohnungen räumen und mit Leidensgenossen in »Judenhäusern« zusammenziehen, in der Regel Mehrfamilienhäuser im Besitz anderer Juden oder der jüdischen Gemeinde, deren Wohnungen rücksichtslos mit Menschen vollgepackt wurden, um Wohnraum für »arische« Berliner frei zu machen. Ganze Stadtteile wurden als »judenreine Gebiete« ausgewiesen, etwa der Kurfürstendamm einschließlich zahlreicher Nebenstraßen, die eleganten Wohnviertel rund um den Grunewald, das Tiergarten- und Hansaviertel in der westlichen Innenstadt sowie das Bayerische Viertel in Schöneberg. Hier wurde »zwangsentmietet«, gedeckt durch ein eigens erlassenes »Gesetz über Mietverhältnisse mit Juden«, das den Mieterschutz vollständig aushebelte.[53]

In den Monaten zwischen der Volkszählung und dem Kriegsbeginn hatten noch einige wenige Tausend Berliner Juden emigrieren können. In der jüdischen Gemeinde war die Frage »Wie steht es mit Ihrer Auswanderung?« so geläufig wie ein freundliches »Guten Tag, wie geht's?«. Der 17-jährige Joel König erinnerte sich: »Mit der Sorge um die Auswanderung ging man schlafen, mit dem Verlangen, schnell noch aus dem Dritten Reich herauszukommen, stand man auf.«[54] Die ausreisewilligen Juden wurden von der eigens gegründeten »Reichszentrale für jüdische Auswanderung« systematisch ausgeplündert, mussten horrende Abgaben auf ihr Vermögen, die massiv erhöhte »Reichsfluchtsteuer« und andere schikanöse Zahlungen leisten, bevor sie die Genehmigung zur Emigration bekamen. Doch außer Ausreise- benötigten Juden Transit- und vor allem Einreisevisa für ihr Zielland. Da aber fast alle Staaten Europas und der Welt 1939 die Aufnahme von Flüchtlingen strikt begrenzten – die USA zum Beispiel setzten trotz viermal so vieler Anträge die Zahl auf 27 370 Einwanderer aus Deutschland einschließlich des »heim ins Reich« zurückgekehrten Österreichs fest –, blieb nur Warten und Hoffen. Die NS-Propaganda griff die ablehnende Haltung anderer Länder gern auf und verkündete ständig, »die Juden« seien eben nicht nur im Dritten Reich unerwünscht, sondern weltweit. Jüdische Berliner, die keine Bestätigung eines Aufnahmelandes vorlegen konnten, hatten nur eine Möglichkeit: Schanghai. Für die Einreise in die exterritorialen Gebiete der chinesischen Stadt, die von britischen, französischen und US-Soldaten kontrolliert wurden, brauchte man kein Visum. Voraussetzung war allerdings, dass man eine Schiffspassage buchen konnte. Umgehend boten Geschäftemacher in Berlin den Verzweifelten Fahrkarten zu weit überhöhten Preisen an. Wer es bis Schanghai schaffte, war – fast immer unter ärmlichen Bedingungen – relativ sicher. Rund 2 000 Berliner flohen ab Anfang 1939 dorthin, seit Kriegsbeginn jedoch mit zusätzlichen Schwierigkeiten, weil nun nur noch die Option über einen italienischen Hafen und den Suezkanal oder der Landweg über die Transsibirische Eisenbahn offenstand. Mit der Kriegserklärung Großbritanniens endete auch ein humanitäres Projekt, das englische Kirchen nach der »Reichskristallnacht« initiiert hatten: Fast 10 000 jüdische Kinder, darunter etwa 3 500 aus Berlin, schafften es auf diese Weise in die Sicherheit, allerdings mit nicht mehr als einem Koffer, einem Foto und 10 Reichsmark. Pro Familie durften nach den von Adolf Eichmann diktierten Regeln nur maximal zwei Kinder auswandern, Geschwister als zusätzliche Heimtücke in der Regel nicht gemeinsam.

Im September 1939 kam eine neue Welle infamer Bestimmungen auf die in Deutschland verbliebenen Juden zu. Ab 20:00 Uhr bestand nun eine Ausgangssperre, angeblich weil es »häufiger vorgekommen sei, dass Juden die Verdunkelung benutzt hätten, um arische Frauen zu belästigen«, wie Reichspressechef Otto Dietrich in einer vertraulichen Presseanweisung bekannt gab.[55] Die bis dahin noch regelmäßigen Veranstaltungen des jüdischen Kulturbundes verbot die Gestapo bis auf Weiteres vollständig – jeder Verstoß gegen die Regeln konnte zur unmittelbaren Festnahme und Einweisung in ein KZ führen. Berliner Juden mit polnischer oder ehemals polnischer Staatsbürgerschaft wurden unabhängig von echten oder vermeintlichen Verfehlungen festgenommen und nach Sachsenhausen gebracht; dies betraf auch viele Hunderte seit Jahrzehnten in der Reichshauptstadt ansässige Menschen. Zu ihnen zählte Jakob Degen. »Die Männer kamen um 05:00 Uhr. Fast noch im Dunkeln. Es war im September 1939, und sie waren sehr höflich. Vater durfte sogar eine Hose zum Wechseln und seine Waschsachen einpacken. Er war staatenlos, und man konnte mit ihm machen, was man wollte«, schrieb sein Sohn Michael Degen Jahrzehnte später: »Konzentrationslager, überlegte ich mir, sind Lager, in denen man Konzentration lernt.« In Wirklichkeit wurde Jakob Degen in Sachsenhausen immer wieder derart zusammengeschlagen, dass er bald nach seiner Entlassung Anfang 1940 starb: »Als ich meinen Vater kurz vor seinem Tod im Jüdischen Krankenhaus besuchte und ihn ansah mit seinem zum Babykopf geschrumpelten Schädel, traute ich mich nicht, ihn zu fragen, was für eine Art Konzentration er dort gelernt hatte.«[56] Mehr Glück hatte der gläubige Jude Eisik Rothman, ursprünglich aus Galizien, aber schon seit zwei Jahrzehnten Berliner aus Überzeugung. Zwei Polizisten kamen Mitte September 1939 in die Wohnung der Rothmans und forderten den Familienvater zum Mitkommen auf, einen kleinen Koffer durfte er noch packen. Doch schon am selben Abend war Eisik wieder zu Hause: Im Polizeipräsidium am Alexanderplatz hatte er zufällig einen Bekannten getroffen, den Hauptwachtmeister der Schutzpolizei Anton Belgardt, der ihn kurzerhand nach Hause schickte. Allerdings ließ Belgardt versehentlich die Akte Rothman liegen, sein eigener Stellvertreter fand sie und schickte erneut Beamte los, den staatenlosen Juden zu verhaften. Am 16. September wurde Eisik Rothman ins Konzentrationslager Sachsenhausen gebracht. Trotz der Quälereien, die er hier überstehen musste, hatte er abermals Glück: Anfang Dezember 1939 erreichte seine Ehefrau die Freilassung und organisierte seine Ausreise per Flussschiff in die Slowakei, von wo aus er ins Niemandsland zwischen Bulgarien und Rumänien entkam. Aber er lebte.[57]

Der Verhaftung entkamen rund 1000 Juden, die das Berliner Arbeitsamt Mitte September 1939 zur Erntehilfe auf den Kartoffel- und Rübenfeldern in Brandenburg einzog. Einige von ihnen legten sogar, trotz angedrohter drakonischer Strafen, ein paar Kartoffeln beiseite und besserten so ihre Hungerrationen auf. Eine Woche später erging die Anordnung, dass Juden ihre Radios innerhalb von drei Tagen entschädigungslos abliefern mussten, dann folgten ähnliche Anweisungen für andere Wertsachen. »Juden mussten Pelze, Feldstecher, Fotoapparate, elektrische Geräte einschließlich Bügeleisen abgeben«, berichtete Inge Deutschkron: »Getreu unserer Gewohnheit ignorierten meine Mutter und ich solche Anweisungen so weit wie möglich. Ein Rundfunkgerät besaßen wir seit der Räumung unserer Wohnung ohnehin nicht mehr. Andere Geräte und Sachen lieferten wir nicht ab. Immer mehr Gegenstände nahmen Riecks zu sich. Sie waren unsere ›Aufbewarier‹, wie man diese Menschen scherzhaft zu nennen pflegte. Fast jeder Jude hatte einen solchen guten nichtjüdischen Freund, der ihm diesen Liebesdienst erwies.«[58] Allerdings hatten längst nicht alle Helfer genügend Platz, das oft wertvolle Eigentum angemessen zu lagern. Deshalb moderten fortan kostbare Teppiche in Gartenlauben vor sich hin, wertvolle Instrumente in feuchten Kellern und Pelzmäntel in Mottensäcken auf Hängeböden. Vieles ging während der folgenden Kriegsjahre verloren, anderes eigneten sich vermeintlich hilfsbereite Bekannte auch an, nachdem die eigentlichen Eigentümer deportiert worden waren. Nur sehr wenige auf diese Weise zwischengelagerte Wertgegenstände kehrten nach 1945 in den Besitz ihrer Eigentümer oder wenigstens deren Erben zurück.

Anfang November 1939 nahm die Spannung unter Berlins Juden noch einmal stark zu: Genau ein Jahr nach der »Reichskristallnacht«

fürchteten viele noch härtere Ausschreitungen, musste das NS-Regime nun doch keinerlei Rücksicht mehr auf Proteste aus dem Ausland nehmen. Zu ihrer Überraschung blieb die befürchtete Gewalt diesmal aus. Dafür griff eine weitere Maßnahme, die schon einige Wochen zuvor verkündet worden war: Weil die deutschen Juden angeblich die ihnen als »Sühne« auferlegte »Kontribution« von einer Milliarde Reichsmark für die Zerstörungen während der organisierten Pogrome noch immer nicht aufgebracht hätten, mussten sie nun statt eines Fünftels sogar ein Viertel ihres Vermögens abführen. »Wir bekamen Bescheid, dass Hanni die Kontributionsnachzahlung in der vollen Höhe zu entrichten hatte«, notierte Jochen Klepper, der es trotz massiven Drucks ablehnte, sich von seiner »volljüdischen« Ehefrau zu trennen. Allerdings war deren Vermögen in den vorangegangenen Monaten deutlich geschrumpft, weshalb Klepper versuchte, einen Nachlass zu erreichen: »Ich war auf dem Finanzamt Zehlendorf, wo ich auf einen sehr unfreundlichen Dezernenten stieß. Dann fuhr ich gleich zu Justizrat Scholz, der aber den Sachverhalt nur bestätigen konnte. Maßgeblich ist der Stand der jüdischen Vermögensangabe vom Sommer 1938.«[59] Klepper musste von seinem Konto 2450 Reichsmark abheben und für seine Frau zahlen – gleich vier Monatsgehälter.

Nun folgten beinahe im Wochenrhythmus weitere Schikanen: Anfang Dezember 1939, pünktlich zur Einführung einheitlicher Reichskleiderkarten nach einem neuen flexiblen Punktesystem, hingen an den Rathäusern vor den Ausgabestellen Plakate mit der Aufschrift: »Juden erhalten keine Kleiderkarten«.[60] Stattdessen sollte die »Reichsvereinigung der Juden in Deutschland«, der zwangsweise alle deutschen Juden angehörten und die als Selbstverwaltungseinrichtung unter strikter Aufsicht der Gestapo arbeitete, ihre Mitglieder mit Ersatzkleidung versorgen, doch mehr als eine Rolle Nähgarn pro Vierteljahr wurde ihnen offiziell nicht zugestanden. Genauso niederschmetternd war eine weitere Maßnahme, die einzelne Blockleiter vor Ort umsetzten: Mitten im eiskalten Winter beschlagnahmten sie »bei vielen Juden die Kohlenvorräte einfach«.[61] Die Betroffenen konnten sich nicht wehren, mussten also noch ärger frieren als ihre

»arischen« Nachbarn. Wenige Tage später folgte der nächste Schock: Statt »Normalverbraucher«-Lebensmittelkarten bekamen Berlins Juden nun eigene Formulare mit einem aufgedruckten roten »J«. Die meisten Rationen waren weiter gekürzt, Schokolade, Pfefferkuchen und Ähnliches ganz gestrichen. Außerdem durften die Abschnitte dieser Karten meist nur noch zwischen 16:00 und 17:00 Uhr eingelöst werden, als die Läden in vielen Fällen ihre tägliche Lieferung schon verkauft hatten. Elsa Chotzen, eine aus Liebe zu ihrem Mann Joseph zum Judentum konvertierte Mutter von vier erwachsenen Söhnen aus Wilmersdorf, griff auf illegale Quellen zurück. Ihr Sohn »Eppi« war liiert mit Bozka, die als Haushälterin in der dänischen Botschaft in Berlin arbeitete. Sie organisierte, geschützt durch ihre Kontakte zu Diplomaten, auf dem Schwarzmarkt zusätzliche Lebensmittel, allerdings zu horrenden Preisen. Elsas Haushaltsbuch weist zum Beispiel im Februar 1940 neun Zahlungen an Bozka aus, unter anderem für Tomatenpüree, Obst, Gemüse, Fisch, Butter und Fleisch. Dennoch, erinnerte sie sich, war es »eine schwere Qual für mich, fünf kräftige, schwer arbeitende Männer mit dem, was sie auf ihre J-Karten bekamen, zu ernähren und ohne Kleiderkarten ihre von ausgesprochener Dreckarbeit zerfetzten Sachen zu flicken«.[62] Zwar ordnete das Reichslandwirtschaftsministerium im März 1940 an, dass »jüdische Schwerarbeiter« zusätzliche Rationen bekommen sollten, doch das Hauptertnährungsamt Berlin schränkte dieses Zugeständnis gleich wieder ein und verfügte, dass lediglich »jüdische Schwerarbeiter (...) in Rüstungs- oder Wehrmachtsbetrieben usw.« solche Verbesserungen verdienten – sie stellten jedoch »noch die Ausnahme« dar, wie ein Kommunalbeamter hinzusetzte.[63]

Viele Juden hielten sich, so gut es eben ging, von der Öffentlichkeit fern. Die Tante von Inge Deutschkron, die das zusammen mit ihrem Mann betriebene Geschäft in der Spandauer Altstadt »zwangsweise zu einem Spottpreis« einem jahrelang bei ihnen angestellten »arischen« Verkäufer hatte abtreten müssen, »wagte sich kaum jemals auf die Straße«. Denn in ihrem Kiez war sie wohlbekannt und fürchtete daher, beschimpft zu werden. Im Alltag der »arischen« Berliner spielten die immer härteren Schikanen gegen die vermeintlichen

»Reichsfeinde« dennoch kaum eine Rolle. Gerade einmal gut 3 Prozent der Bewohner der Reichshauptstadt waren davon betroffen – man konnte, sofern man überhaupt Juden zu seinem Bekanntenkreis zählte, leicht darüber hinwegsehen: Was man nicht weiß oder wissen will, belastet das Gewissen nicht.

SPENDE *Dem Dritten Reich mangelt es an Rohstoffen, vor allem an Buntmetallen. Deshalb spenden Veteranenverbände die Metallteile ihrer Standarten.*

Nicht einmal als der seit Ende September 1939 andauernde »Sitzkrieg« am frühen Morgen des 9. April 1940 zum echten mörderischen Kampf wurde, hatte das nennenswerte Auswirkungen auf die positive Stimmung in Berlin. Der Angriff der Wehrmacht auf Dänemark und Norwegen war so gut getarnt vorbereitet worden, dass Howard K. Smith nichts mitbekommen hatte. Der junge Korrespondent machte sogar eine für einen Journalisten äußerst peinliche Erfahrung: »Während ich im UP-Büro über einem Artikel brütete, wurde mir ein telegrafischer Bericht aus New York herübergereicht. Dort hatte man aus ungenannten, aber gut informierten Quellen erfahren, dass die Deutschen in Kiel und an der Ostsee das Ein- und Ausschiffen von Truppen übten. Was an der Meldung dran sei?« Ohne besondere Begeisterung kontaktierte Smith seine telefonisch erreichbaren Quellen, doch da die allesamt offiziell oder halboffiziell waren, dementierten sie den Bericht. Diese Auskunft gab er am Nachmittag des 8. April 1940 an United Press in New York durch. »Als ich am nächsten Morgen den Kurfürstendamm hinunterging, erfuhr ich es auf eine Art, die für einen Auslandskorrespondenten wahrhaft beschämend ist: Ich kaufte mir schlicht eine Zeitung und las, dass die deutschen Truppen in Dänemark und Norwegen eingefallen waren.« Zwar hätte Smith ohnehin keinen klaren Hinweis auf einen bevorstehenden Angriff an der deutschen Zensur vorbeibringen können, aber »keine Entschuldigung gab es dafür, dass ich auf diese Nachricht nicht vorbereitet war«.[64] Sein erfahrener Kollege William Shirer notierte am Vorabend des Angriffs in seinem Tagebuch, »zwei Gerüchte« seien ihm zu Ohren gekommen: Dem einen nach dampfte die deutsche Kriegsflotte in dieser Nacht durch den Skagerrak, dem anderen zufolge bestiegen deutsche Truppen in mehreren Ostseehäfen beschlagnahmte Zivilschiffe.[65] Beide Gerüchte erwiesen sich als zutreffend.

Schon am Abend desselben Tages, kaum zwölf Stunden nach dem Angriff, berichtete Shirer seinen Hörern in den USA über die »typische blitzartige Geschwindigkeit« der deutschen Armee. »Die Dänen, die so gut wie keine Armee oder Flotte und kaum Luftstreitkräfte besitzen, haben, soweit in Berlin bekannt wurde, keinen Widerstand geleistet.«[66] In Norwegen war die Lage nicht ganz so positiv für die Invasoren, aber die Berichte über vereinzelte harte Gefechte in Oslo und Narvik gingen in den Siegesmeldungen über erfolgreiche Landungen in Bergen, Trondheim und Kristiansand unter. Weitere sechs Stunden später erklärte das Propagandaministerium offiziell das Ende der Invasion, die den beiden Ländern angeblich »Freiheit und Sicherheit« vor britischer Einflussnahme garantieren sollte, der *Völkische Beobachter* titelte sogar: »Deutschland rettet Skandinavien«.[67] Die Berliner fühlten sich in ihrer Hoffnung auf einen siegreichen Ausgang des Krieges gegen Großbritannien und Frankreich überwiegend bestätigt. Der SD vermeldete schon 36 Stunden nach dem Beginn der Operation: »Die militärische Besetzung Dänemarks und Norwegens hat im ganzen deutschen Volk einen ungeheuren Eindruck gemacht und ausnahmslos begeisterte Zustimmung gefunden. Hierzu hat vor allem das Ausmaß und die Schnelligkeit der deutschen Maßnahmen beigetragen.« Trotz andauernder Kämpfe in Norwegen hielt sich die gute Stimmung auch in den folgenden Tagen, in Berlin wie im ganzen Reich war man sich sicher, dass »der Führer wieder im richtigen Augenblick eingegriffen« habe.[68]

Selbst als eine Woche nach der Invasion die ersten schweren Verluste der Wehrmacht bekannt gegeben wurden und zudem die britische Armee in die Kämpfe um Narvik und Trondheim eingriff, hatte das keine wesentlichen Auswirkungen auf das Leben in Berlin. Denn die wieder von vielen erwarteten Vergeltungsangriffe der Royal Air Force (RAF) auf die Reichshauptstadt blieben vollständig aus; nicht einen einzigen Luftalarm gab es. Außerdem lief vielen Berlinern beim Gedanken an Lebensmittellieferungen aus Dänemark »das Wasser im Munde« zusammen. »Bis unter das Dach« seien dort Lagerhäuser mit »Schinken erster Wahl« vollgestopft, erzählte man sich, auch Butter und Eier gebe es im Übermaß.[69] Tatsächlich war Dänemark bis zur deutschen Invasion Großbritanniens wichtigster Lieferant für Eier, Butter und Schinken. Viele dieser raren Lebensmittel würden nun wohl, mutmaßte die *New York Times*, an Deutschland geliefert werden. Außerdem kauften deutsche Soldaten die dänischen Lebensmittelgeschäfte leer, um Proviant in ihre Heimat schicken zu können – sie selbst bekamen ohnehin ausgesprochen üppige Zuteilungen, die fast immer deutlich über den Sätzen für Schwerstarbeiter in Deutschland lagen und damit bis zu dreimal mehr Fleisch und Fett umfassten als die Versorgung von Normalverbrauchern in Berlin.[70] Umgehend gab das amtliche Deutsche Nachrichtenbüro (DNB) bekannt, es würden tatsächlich umfangreiche »Bestellungen« in Dänemark aufgegeben. Ob das besetzte Land allerdings liefern wollte, interessierte in der Reichshauptstadt niemanden. Wehren konnten sich die Dänen nicht: Die Wehrmacht beschlagnahmte die Lebensmittellager kurzerhand.[71] Dies war Auftakt der Ausplünderung der besetzten Länder zugunsten einer halbwegs stabilen Nahrungsversorgung in Deutschland, unter der im Verlauf des Krieges halb Europa leiden sollte.

Der 20. April 1940, Hitlers 51. Geburtstag, war der erste nationalsozialistische Feiertag, der während andauernder Kämpfe der Wehrmacht stattfand. Für die NS-Führung war er ein wichtiger Gradmesser für die Stimmung im deutschen Volk. Genau ein Jahr zuvor hatten zwei Millionen Berliner begeistert eine riesige Militärparade an der Ost-West-Achse verfolgt. Eine Wiederholung musste schon deshalb ausfallen, weil alles schwere Gerät der Wehrmacht in Norwegen eingesetzt war oder an der Westfront in Bereitschaft lag. Auch die Flakgeschütze rund um Berlin konnten nicht für eine öffentliche Präsentation abgezogen werden, da die Reichshauptstadt dann wenigstens 36 Stunden lang nicht gegen mögliche Luftangriffe hätte verteidigt werden können. Zum Ausgleich hielt Joseph Goebbels am 19. April eine besonders leidenschaftliche Rede, in der er Hitler als die »Verkörperung deutscher Stärke« pries.[72] »Ich glaube, mit großem Erfolg«, notierte er danach in seinem Tagebuch, doch ganz sicher war er sich nicht: »Leider kann man das beim Rundfunk nicht feststellen.«[73] Die Zweifel verflogen, als sich an Hitlers Geburtstag selbst, einem Samstag, auf dem Wilhelmplatz einige Tausend Berliner versammelten. Nicht annähernd so viele wie zu Friedenszeiten, aber immerhin. Sie forderten zunehmend lautstark, der »Führer« möge sich auf dem Balkon zeigen. Nach längerer Zeit trat Hitler, gekleidet in eine einfache feldgraue Uniformjacke mit seinem Eisernen Kreuz aus dem Ersten Weltkrieg, kurz vor die jubelnden Menschen und ließ seinen Leibfotografen Heinrich Hoffmann ein paar Aufnahmen knipsen. Nach zwei Minuten ging der »Oberste Befehlshaber« wieder hinein und ließ die Menge über Lautsprecher auffordern, sie solle sich zerstreuen, da er »Ruhe wünsche und seine Arbeit fortsetzen wolle«.[74]

Kein Zufall war, dass die nächste Kürzung der Lebensmittelrationen erst zwei Tage nach »Führers Geburtstag« bekannt gegeben wurde. Trotz der Besetzung Dänemarks musste die Bevölkerung ab sofort mit noch einmal 10 Prozent weniger Zucker auskommen; angesichts des kalten Winters und hoher Ausfälle bei den erwarteten Ernten wurden Gemüse und Früchte auf einen Korb pro Person und Monat begrenzt. Am schlimmsten aber war, dass nun auch Kartoffeln rationiert wurden, auf zwei Kilogramm pro Woche. Genau das hatte der Staatssekretär im Ernährungsministerium, Herbert Backe, noch zwei Wochen zuvor ausgeschlossen.[75] Für immerhin rund 80 000 Hundehalter in Berlin brachte der April eine weitere schlechte Nachricht: Sie hatten ihre Tiere aufs Land zu bringen, wo sie ihr Futter selbst jagen konnten, aber von den Rationen für Menschen dürften sie nichts abbekommen. Was Tierfreunde tun sollten, die keine Verwandten oder Freunde außerhalb der Großstadt hatten, blieb offen. Backe sagte nur: »Wir haben nichts gegen Blindenhunde, nichts gegen Tiere des Roten Kreuzes und der Wehrmacht.«[76] Fast zwei Drittel der Berliner Hunde wurden in den kommenden fünf Jahren abgeschafft.

In der Reichshauptstadt wusste außerhalb der höheren Stäbe der Wehrmacht und der NS-Führung niemand, dass die Entscheidungsschlacht gegen Frankreich immer näher rückte. Mehrfach schon war der Angriff im Westen verschoben worden, mehrfach hatte der Hitler-Gegner Oberst Hans Oster von der Abwehr, dem deutschen Nachrichtendienst, seinen Freund Oberstleutnant Gijsbertus Sas, den holländischen Militärattaché in Berlin, eindringlich vor dem bevorstehenden Überfall auf sein neutrales Land gewarnt. Am Abend des 9. Mai 1940, seit Tagen herrschte über Mitteleuropa ruhiges warmes Frühlingswetter, kam Sas gegen 19:00 Uhr unruhig zu Osters Wohnung. Der deutsche Offizier wusste, dass der Angriff für den kommenden Morgen angeordnet war – es sei denn, bis 21:00 Uhr würde von Hitler ein Gegenbefehl kommen. Oster, selbst höchst nervös, sagte zu Sas: »Es besteht immer noch die Möglichkeit, dass die Sache zurückgestellt wird. Also, lass uns noch ein bisschen warten.« So gingen die beiden erst einmal in der Innenstadt essen. Gegen 21:30 Uhr fuhren sie gemeinsam zu Osters Dienstgebäude am Tirpitzufer; während der Oberst hineinging, blieb Sas im Wagen. Wenige Minuten später kam Hans Oster zurück und sagte: »Mein lieber Freund, nun ist es endgültig aus. Es sind keine Gegenbefehle ergangen.« Und er fügte hinzu: »Hoffentlich sehen wir uns nach dem Krieg wieder.«[77]

Sas eilte sofort in die niederländische Botschaft, wo ihn sein belgischer Kollege schon erwartete. Beide Militärattachés gaben die erschreckende Nachricht umgehend an ihre Vorgesetzten in Brüssel und Den Haag weiter, doch seinen Botschafter H. M. van Haermsa de With konnte Gijsbertus Sas nicht informieren. Der Diplomat nämlich nahm an diesem Abend in Charlottenburg an einer Party teil, die Agathe Freiin von Fürstenberg für seine schöne Gattin Nini gab. Am folgenden Tag notierte die junge Exil-Weißrussin und Wahl-Berlinerin Marie »Missie« Wassiltschikow in ihr Tagebuch: »Die Deutschen sind in Belgien und Holland einmarschiert. Und trotzdem war Nini de With gestern auf der Party anscheinend völlig ahnungslos!«[78] Ihr Mann jedoch hatte sich am Morgen im Auswärtigen Amt in der Wilhelmstraße einfinden müssen, um dort gegen 07:00 Uhr das offizielle Ultimatum der Reichsregierung entgegenzunehmen, die Niederlande hätten zu kapitulieren. Zu diesem Zeitpunkt wurde auf holländischem Boden bereits seit fast anderthalb Stunden geschossen.

Schlagartig verloren die Berliner ihren hoffnungsvollen Blick in die Zukunft. »Die anfängliche Begeisterung der Bevölkerung« habe sich rasch in »einen tiefen Ernst gewandelt«, meldete der SD.[79] Goebbels verkündete genau wie am 1. September 1939 »ein allgemeines Tanzverbot« und ließ die Musik in allen Radiosendern von frühlingshaft-fröhlich auf ernst und gesetzt umstellen.[80] Das wäre wohl gar nicht nötig gewesen, denn die Stimmung in Berlin war an diesem 10. Mai 1940 ohnehin schlecht: »Alles stand mit trauriger Miene herum«, schrieb die lebenslustige »Missie« über den Abschiedsempfang für einen italienischen Diplomaten. William Shirer fiel Ähnliches auf, er hielt in seinem privaten Tagebuch fest: »Alle Deutschen, die ich gesehen habe, ausgenommen Staatsvertreter, sind tief in Depressionen versunken angesichts der Neuigkeiten.« Seinen Hörern in Amerika aber konnte er, der strengen Zensur des Propagandaministeriums wegen, diesen Eindruck nicht mitteilen. Er musste lügen: »Die Leute gingen ihren Geschäften wie üblich nach. Keinerlei Aufregung. (...) Arbeiter waren mit dem Bau neuer Gebäude beschäftigt. Aufregung hat sie nicht ergriffen.«[81]

INTERESSE *Den Beginn der Offensive im Westen verfolgen die Berliner mit Skepsis – zu frisch ist noch die Erinnerung an die Materialschlachten 1914 bis 1918.*

Aber nichts macht zufriedener als Erfolg. So war es auch im Frühsommer 1940 in der Reichshauptstadt: Den Siegesmeldungen der Propaganda vertrauten die Berliner zwar nicht – als aber die ersten Feldpostbriefe von im Feld befindlichen Landsern ankamen, stellte sich wieder Hoffnung ein. Denn die Soldaten schrieben nach kaum zwei Wochen Kampf aus französischen Städten, die das kaiserliche Heer im Ersten Weltkrieg nicht einmal nach drei Jahren aus der Nähe gesehen hatte. Da auch die verbotenen »Feindsender«, meist der deutsche Dienst der BBC, zähneknirschend die Vorstöße der Wehrmacht und sogar die ungeordnete Flucht von fast 340 000 britischen und französischen Soldaten aus Dünkirchen bestätigten, wuchs in Berlin die Zuversicht. Zwar berichtete der SD von düsteren Gerüchten, denen zufolge auf den Postämtern und in den Wehrkreiskommandos Hunderttausende Todesmeldungen zurückgehalten würden, doch diese Spekulationen erwiesen sich rasch als gegenstandslos: Die Wehrmacht zählte vom 10. Mai bis zum 31. August 1940 insgesamt rund 30 000 Gefallene sowie 134 000 Verwundete und Vermisste – zusammen knapp 5 Prozent der insgesamt über drei Millionen Mann starken Invasionstruppen.[82] Gemessen an den von Gerüchten bestimmten Erwartungen waren das geradezu erleichternd niedrige Zahlen, jedenfalls im Vergleich zum Ersten Weltkrieg. In der Verdun- und der Somme-Schlacht 1916 beispielsweise hatten die deutschen Verluste jeweils mehr als zehnmal so hoch gelegen, ohne dass ein Sieg errungen worden wäre.

Noch aber war an die Stelle der Kriegsverdrossenheit nicht uneingeschränkte Begeisterung getreten, jedenfalls nicht überall. Als am 14. Juni 1940 Paris kampflos kapitulierte und deutsche Truppen demonstrativ um den Arc de Triomphe marschierten, erlebte der US-Diplomat George F. Kennan keine Jubelszenen in Berlin: »An jenem Nachmittag fuhr ich viele Kilometer weit auf dem geschlossenen Oberdeck eines Busses, wo man praktisch alles mitbekam, was geredet wurde. Ich hörte nicht, dass jemand die Einnahme von Paris auch nur erwähnte; die Gespräche drehten sich alle um Lebensmittelkarten und um die Preise für Strümpfe.«[83] Auch die Journalistin Ruth Andreas-Friedrich sah in der Redaktion der Frauenzeitschrift *Die junge Dame* nur wenig Begeisterung: »Als die Meldung durch den Rundfunk gegeben wird, sitzt die Belegschaft des Verlages gerade beim Mittagessen in der Kantine. ›Paris genommen! Fahnen heraus!‹ Jeder starrt beklommen auf seinen Teller. Zwei dicke Tränen tropfen Karla in ihren Aal grün mit Petersiliensoße. ›Hurra!‹, schreit es plötzlich aus einer Ecke. Alle fahren zusammen. ›Hurra!‹, tönt es nochmals, schon merklich kleinlauter. Eine unserer Putzfrauen ist aufgesprungen, hat ihr Glas ergriffen und jubelt: ›Es lebe der Führer!‹ Eisiges Schweigen an allen Tischen. Betreten setzt sie sich wieder auf ihren Platz.«[84] Etwas anders fiel die Reaktion unter den Lunchgästen im *Adlon* aus, überwiegend Mitglieder der Elite des Dritten Reiches. »Ich aß gerade zu Mittag im Hof des Hotels, als die Nachricht kam«, notierte William Shirer: »Die meisten Gäste drängten sich um den Lautsprecher an der Theke, um die Neuigkeiten zu hören. Danach kehrten sie zu ihren Tischen zurück, mit einem breiten Lächeln auf den Gesichtern, aber ohne übermäßige Aufregung. Jeder beendete danach sein Essen.« Als der Korrespondent an diesem Nachmittag über Berlins Straßen lief, fiel ihm auf, dass »Berlin die Einnahme von Paris genauso phlegmatisch aufnahm wie alles andere in diesem Krieg«. Diese Eindrücke, die Shirer in seinem privaten Tagebuch aufschrieb, sprach er am selben Abend fast wortwörtlich ins Mikrofon im Haus des Rundfunks – der Zensurbeamte hatte gegen diese Beschreibung offenbar nichts einzuwenden.[85]

Der Waffenstillstand, den Frankreich fast auf den Tag genau 21 Jahre nach dem Friedensvertrag von Versailles akzeptieren musste, hob die Stimmung in Berlin deutlich an. Nur wenige konnten sich der Freude über die Demütigung des »Erbfeindes« entziehen. Die Begeisterung für Hitler stieg erneut in jene schwindelerregenden Höhen, die sie schon im Herbst 1938, nach der Beilegung der »Sudetenkrise«, erreicht hatte – und das, obwohl der Kriegszustand mit der mächtigsten Nation der Welt weiter bestand, ja der neue britische Premier Winston Churchill in keiner seiner Reden Zweifel daran ließ, dass England weiterkämpfen werde. Ohne jede Ironie hatte Generaloberst Wilhelm Keitel, Hitlers oberster Verbindungsmann zur Wehrmacht, in einem Trinkspruch nach Inkrafttreten des Waffenstillstands den Satz »Mein Führer, Sie sind der größte Feldherr aller Zeiten!« gesagt.[86] Der Ausdruck machte rasch die Runde, und der Berliner Volksmund verkürzte diese Huldigung zu »Gröfaz«, was aber durchaus freundlich gemeint war.

Am 6. Juli 1940 kehrte Hitler im Triumphzug nach Berlin zurück. Die Reichshauptstadt bereitete ihm eine glanzvolle Begrüßung. Zwar hatte Goebbels »viel Arbeit mit dem Empfang« und ihn »in allen Einzelheiten vorbereitet«; am Vorabend gab er noch eine Erklärung heraus, in der es hieß, Berlin werde »seine Dankbarkeit zeigen wie noch nie zuvor«.[87] Aber die Anstrengung des Propagandaapparates wäre wohl gar nicht nötig gewesen: Schon am noch trüben Morgen dieses Samstags versammelten sich ganz freiwillig unzählige Menschen auf den Straßen zwischen Anhalter Bahnhof und Wilhelmplatz. Gegen Mittag klarte der Himmel auf, und der Empfang des siegreichen Feldherrn ab 15:00 Uhr konnte bei schönstem »Führerwetter« stattfinden. Aus den Fenstern der meisten Häu-

ERWARTUNG
Ein Berliner Vater wartet mit seiner Tochter auf den Einmarsch der siegreichen Wehrmachtstruppen. Die Parade wird zum Volksfest.

ser hingen Hakenkreuzflaggen, Lautsprecher übertrugen die Radioreportage von der Strecke des Autokorsos auf die meisten anderen größeren Straßen und Plätze, die Glocken aller Kirchen läuteten Sturm. Mädchen vom Bund Deutscher Mädel streuten Blumen vor die langsam dahinrollenden offenen Mercedes-Limousinen. Hitler stand im Fond seines schweren Wagens und grüßte die Menschenmenge mit gerade ausgestrecktem rechtem Arm. »Tausende schrien und schunkelten sich selbst in eine fröhliche Hysterie, als der Führer passierte«, berichtete Percival Knauth, Korrespondent der *New York Times*. Die *Washington Post* überschrieb ihren Bericht auf der Titelseite sogar mit den Worten: »Berlin spielt verrückt bei Hitlers Siegesparade«.[88] Ausnahmsweise stimmte Goebbels' Wahrnehmung völlig mit dieser Wirklichkeit überein: »Eine unvorstellbare Begeisterung erfüllt die Stadt. Die Menschen rasen. (…) Der Jubelsturm eines ganzen glücklichen Volkes ist nicht zu beschreiben.«[89]

MIT GLEICHER MÜNZE

NEUES LOCKT SCHAULUSTIGE AN – BESONDERS WENN ES um bis dahin unbekannte Formen der Zerstörung geht. »Die ersten von Bomben getroffenen Häuser waren ein Anziehungspunkt«, erinnerte sich Peter Jung, der als Siebenjähriger im Sommer 1940 die ersten tatsächlichen Luftangriffe auf die Reichshauptstadt erlebte: »Meine Mutter fuhr mit mir zur Lüneburger Straße in Moabit, um sich dort ein zerstörtes Haus anzusehen. Eine Ruine aus Mauersteinen und Balken.«[1] Bald häuften sich die Möglichkeiten der Berliner, beschädigte Häuser zu begaffen. Zwar blieben Totalschäden noch die Ausnahme, doch ab Ende August erlebte Berlin in vier Monaten rund 50 Luftalarme, denen nach offiziellen Angaben über 200 Menschen zum Opfer fielen. An ungestörte Nächte war kaum zu denken, stattdessen wurde es zur Routine, sich spätestens gegen Mitternacht bereitzumachen für den Weg in den Luftschutzkeller. Viele Berliner ließen sich schon bald von ihren Weckern jede Nacht aus dem Schlaf klingeln, manche entwickelten sogar die Gewohnheit, aus ihren verdunkelten Schlafzimmern prüfende Blicke gen Himmel zu richten und nur bei starkem Regen oder ganz dichter Bewölkung wieder beruhigt in die Betten zu steigen. Da zudem die Zeitungen seit Kriegsbeginn auf den Abdruck von Wettervorhersagen verzichteten, um dem Feind keine angeblich kriegsrelevanten Informationen zugänglich zu machen, blieb nur meteorologische Selbsthilfe – und die Gewöhnung an weniger Schlaf. Viele Theater und Kinos verlegten den Beginn ihrer Abendvorstellungen um eine Stunde vor, damit die Besucher deutlich vor Mitternacht wieder zu Hause sein konnten, denn angesichts der Entfernung zwischen den britischen Fliegerhorsten und Berlin war nach Ansicht der Luftwaffenführung mit früheren Angriffen nicht zu rechnen. Eine weitere Folge der regelmäßigen nächtlichen Störungen im zweiten Halbjahr 1940 war eine »Regel«, die unzählige Mütter ihren Kindern seither immer wieder predigten – früher Schlaf sei am gesündesten. Tatsächlich hatte der Präsident des Reichsluftschutzbundes, Ludwig von Schröder, diese Regel in einem Gespräch mit dem *Völkischen Beobachter* erfunden: »Der Schlaf vor Mitternacht ist der wertvollste. Das sollte jeder von uns bedenken und einsehen, dass die Befolgung dieser Erkenntnis für unseren Körper eine Wohltat bedeutet. Also früh ins Bett!«[2] Die Berliner sollten, so das Kalkül des Flakartillerie-Generals, ihre Abende so organisieren, dass sie trotz der ständig drohenden Luftangriffe zu genügend Schlaf kamen.

Die wenigsten Deutschen hatten damit gerechnet, dass es so weit kommen könnte. Seit Jahren hatten sie zwar die Mahnungen der Behörden gehört, sich auf einen kommenden Bombenkrieg gegen Städte einzurichten und Luftschutzmaßnahmen zu üben. Doch ähnlich oft hatte Hermann Göring verkündet, die Verteidigung vor allem der Industriegebiete Deutschlands durch Flakgeschütze sei unüberwindbar. In einer Rede vor Arbeitern der Borsigwerke in Berlin-Tegel hatte er sich am 9. September 1939 gebrüstet: »Wir werden nicht zulassen, dass auch nur eine einzige Bombe auf das Ruhrgebiet fällt.« Über die Gefährdung der Reichshauptstadt, des wichtigsten Industrie- und Verkehrszentrums, sagte Göring kein Wort. Dafür verkündete der Luftwaffenchef scheinbar großmütig, gegen die »lächerlichen Flugblätter« der Royal Air Force habe er gar nichts: »Wehe aber, wenn sie den Propagandazettel mit einer Bombe verwechseln sollten. Dann wird die Vergeltung keinen Augenblick auf sich warten lassen.«[3] Diese reichsweit im Radio übertragene Ankündigung blieb vielen Zuhörern in Erinnerung, und als der Luftkrieg die Reichshauptstadt zu treffen begann, wurde daraus ein geflügeltes Wort: Göring habe versprochen, er wolle »Meier heißen, wenn auch nur eine einzige Bombe auf Berlin« falle. Obwohl unzählige Zeitzeugen sich vermeintlich erinnerten, eine entsprechende Äußerung des zweiten Mannes im Dritten Reich mit eigenen Ohren gehört zu haben, hat er diese Ankündigung niemals gemacht. Zwar wäre sie ihm zuzutrauen gewesen, schließlich gingen seine tatsächlichen Versprechungen fast genauso weit. Allerdings kommt in keiner seiner überlieferten Reden und sonstigen Äußerungen der Name Meier oder auch nur eine ähnliche Formulierung vor. Wahrscheinlich verkürzte der bekanntermaßen spitze Berliner Volksmund die Ansprache in den Borsigwerken auf diese Anekdote.

Görings demonstrativ zur Schau gestellte Gewissheit beruhte allerdings auf falschen Annahmen: Die Luftwaffenführung ging davon aus, mit durchschnittlich jeweils etwa 50 Schuss einer schweren Flugabwehrkanone ein feindliches Flugzeug abschießen zu können. Das war eine viel zu optimistische Annahme – in Wirklichkeit brauchte die Luftverteidigung um Berlin im Zweiten Weltkrieg je nach Kaliber der eingesetzten Waffen statistisch zwischen mehr als 3000 und bis zu 16000 Schuss für einen einzigen finalen Treffer. Das meiste Metall, das im Sommer 1940 vom Himmel fiel, stammte nicht aus den Bombenschächten von RAF-Flugzeugen, sondern von Flakgranaten. Bei zwei Flugblattabwürfen durch britische Maschinen am frühen Morgen des 14. und des 20. August 1940 hatte die Flugabwehr der Reichshauptstadt bereits massiv auf die in großer Höhe einfliegenden Feindmaschinen geschossen; die einzige Folge war, neben der gestörten Nachtruhe der Berliner, ein neues morgendliches Vergnügen für ungezählte Hitler-Jungs: »Der beliebte Sport für uns Kinder war am nächsten Tag, möglichst noch vor Schulbeginn, das Sammeln von Granatsplittern. Mein Vater hatte mir dafür einen Magneten mit einer Schnur versehen, den ich hinter mir durch die Straßen herziehen konnte«, erinnerte sich Peter Jung: »Aber Erfolg hatte ich damit nicht und konnte nur die Fundstücke der anderen neidisch betrachten.«[4] Solches Sammeln konnte jedoch gefährlich sein, da die Splitter in jedem Fall scharfkantig waren, manchmal hafteten daran nicht vollständig detonierte Reste von Sprengstoff, die leicht explodieren konnten. Die Hitler-Jugend jedenfalls warnte ihre Mitglieder wiederholt davor, Granatsplitter unvorsichtig zu sammeln oder gar damit zu werfen. Außerdem versagten immer wieder die Zünder von Flakgeschossen, sodass sie als Blindgänger zu Boden fielen und erst beim Aufschlag zerbarsten.

Die Luftverteidigung war auch deshalb so ineffizient, weil es keine zuverlässige Methode zur Ortung feindlicher Flugzeuge gab.

Die ersten deutschen Radaranlagen, Funkmessgeräte genannt, befanden sich im Sommer 1940 noch am Beginn ihrer Erprobung; die einzigen Methoden, anfliegende feindliche Maschinen aufzuspüren, waren Horchgeräte mit empfindlichen Mikrofonen, das Anpeilen gegnerischen Funkverkehrs und schlichtes Beobachten des nächtlichen Himmels. Mehrfach wurde in Berlin Luftalarm gegeben, obwohl eigentlich etwa Hannover oder Braunschweig attackiert wurden, hingegen gab es Nächte, in denen einzeln fliegende Maschinen unbemerkt über der Reichshauptstadt auftauchten. Bei tatsächlichen Angriffen konnten die Flakmannschaften nur entweder Sperrfeuer blind in die Dunkelheit hinein schießen und hoffen, die britischen Bomber durch die Splitterwolken der Granaten zu beschädigen, die in einer vorher eingestellten, grob geschätzten Höhe detonierten, oder sie konnten die Maschinen wenigstens zum Abdrehen zwingen. Erst wenn die Angreifer beinahe über den Stellungen waren, wurden zusätzlich Suchscheinwerfer eingesetzt – gewaltige Strahler, die mit ihren hellen Lichtbündeln feindliche Maschinen erfassen und ihnen so lange folgen sollten, bis sich die Richtschützen auf sie eingeschossen hatten. Für die angreifenden Besatzungen bedeutete das zwar eine hohe Gefahr, doch verhindern konnte man Luftangriffe mit Flak eben nicht. Im Sommer und Herbst 1940 mussten die Berliner lernen, dass der ehemalige britische Premierminister Stanley Baldwin mit einer acht Jahre zuvor geäußerten Prophezeiung ganz richtiggelegen hatte: »Der Bomber kommt immer durch. Die einzige Verteidigung ist der Angriff, und das bedeutet, dass man mehr Frauen und Kinder schneller töten muss als der Feind, um sich selbst zu retten.«[5]

Nächtliches Heulen war den Berlinern im zweiten Kriegsjahr nichts Neues mehr. Als die Sirenen am 26. August 1940 um genau 00:19 Uhr jaulten, kündeten sie bereits den sechsten Luftalarm seit dem 1. September 1939 an. Doch anders als bei allen bisherigen Attacken waren diesmal tatsächlich britische Flugzeuge mit Bomben an Bord in der Luft: 81 Maschinen, überwiegend die mittelschweren zweimotorigen Typen Wellington und Hampden, flogen Berlin an. Diesmal hatten die Flakgeschütze, die sowohl in einem Ring um die Reichshauptstadt stationiert waren als auch verteilt in der Stadt standen, tatsächlich etwas, worauf sie schießen konnten – anders als bei den vorherigen fünf Luftalarmen, bei denen sie blind feuerten. Die britischen Bomber operierten alle am äußersten Rand ihrer Reichweite. Deshalb – und weniger wegen des massiven Sperrfeuers – erreichten 25 der 81 Flugzeuge das Stadtgebiet gar nicht erst, sondern kehrten vorher um und flogen zurück zu ihren Basen in Großbritannien. Weitere 27 Bomber konnten wegen der Wolkendecke ihre Ziele nicht sicher identifizieren: »Wir wurden mehrmals zu Ausweichmanövern gezwungen, um dem Flakriegel oder den Scheinwerferkegeln zu entgehen. Wir flogen kreuz und quer über die Stadt«, berichteten Mannschaftsmitglieder nach ihrer Rückkehr.[6] Manche Piloten fanden jedoch eine Orientierungsmarke: Sie flogen direkt von Westen ein und entdeckten beim Überfliegen der Havel, die das Mondlicht reflektierte, die schnurgerade Asphaltbahn der Heerstraße. Jedoch folgten sie diesem Wegweiser mitten in die Stadt nicht, jedenfalls warfen sie ihre Bomben nicht im Regierungsviertel ab, wohin sie die von Albert Speer konzipierte Ost-West-Achse direkt geführt hätte. Andere Maschinen kurvten über der Stadt und ließen ihre Brand- und Sprengsätze schließlich über den nördlichen Stadtbezirken fallen. Tatsächlich griff nur ein gutes Drittel der Angreifer, genau 29 Maschinen, identifizierte Ziele an, vor allem Bahnanlagen, die auch nachts aus der Luft einigermaßen deutlich zu erkennen waren. Insgesamt fielen 22 Tonnen Bomben, die jedoch nur geringe Folgen hatten: Einige Lauben neben Gleisanlagen wurden beschädigt, eine brannte ab, mehrere Sprengbomben hinterließen Trichter auf Wegen oder Feldern und beschädigten einige kleinere Häuser leicht. Trotzdem meldeten die RAF-Piloten viele »Treffer«, was so falsch auch gar nicht war, denn nach damaligen Kritierien galt ein Einschlag im Umkreis von 500 Metern um den eigentlichen Zielpunkt als Treffer.

Neben den Bomben warf die Royal Air Force auch mehrere Zehntausend Flugblätter ab, die den Berlinern die Unterlegenheit Deutschlands und seiner Verbündeten dem Britischen Weltreich gegenüber in Erinnerung riefen. Das eigens für diesen ersten RAF-Angriff auf die Hauptstadt gedruckte Flugblatt richtete sich direkt an die Einwohner:

»Berliner! Habt ihr's jetzt begriffen?« Die Autoren attackierten die Kernbotschaft der in Deutschland allgegenwärtigen NS-Propaganda, der zufolge nach der Kapitulation Frankreichs nur noch 47 Millionen Briten dem völligen Sieg der Achsenmächte Deutschland und Italien im Wege stünden. In Wirklichkeit aber werde die »gesamte industrielle und landwirtschaftliche Produktion Nord- und Südamerikas« gegen Deutschland mobilisiert, außerdem alle Ressourcen der britischen Kolonien. »Dieser lange Krieg – der 1933 anfing, denn Krieg ist die einzige Aufgabe der nationalsozialistischen Diktatur – wird nicht aufhören, wenn Hitler es mag. Wann und wie dieser Krieg aufhört, das bestimmen wir. Und mit uns die ganze Welt!« Schließlich wandten sich die Autoren, britische Deutschlandexperten und Germanisten in einer speziellen Abteilung des Londoner Außenministeriums, noch einmal direkt an die Einwohner der Reichshauptstadt: »Volk von Berlin! Früher warst du einmal als das ›hellste‹ bekannt. Früher wusstest du, wie du deine Meinung durchsetzen konntest. Vielleicht kannst du nachdenken und herausfinden, wie du bei Deutschlands Errettung helfen kannst.«[7] Sogar Goebbels zeigte sich beeindruckt von den Flugblättern: »Gar nicht so ungeschickt abgefasst. Ich lasse die Berliner Presse darauf los.«[8] Die *Berliner Morgenpost* geißelte die »törichten Flugblätter«, von denen die britischen Flieger »einige« abgeworfen hätten. Sie versprächen »sich offenbar eine zündende Wirkung«, doch darauf würden die »hellen Berliner«, wie die Redakteure der gleichgeschalteten Zeitung zitierten, nicht hereinfallen. »Mehr als dumm« sei die Argumentation des Flugblattes allerdings nicht gewesen, wie die auflagenstärkste Abonnementzeitung hilflos schimpfte.[9] Genau deshalb verweigerte Goebbels' Apparat ausländischen Korrespondenten offiziell einen Blick auf die britischen Propagandabotschaften. Der Korrespondent der *New York Times*, Percival Knauth, konnte sich jedoch auch ohne Unterstützung der Behörden ein Exemplar beschaffen und seinen Lesern mitteilen, dass die RAF den Berlinern die Vereinigten Staaten bereits als »Alliierte im Kampf gegen Hitler« präsentierte. Das war, zwei Monate vor der Präsidentschaftwahl, eine brisante Behauptung, denn Herausforderer Wendell Wilkie warf Amtsinhaber Franklin D. Roosevelt vor, der Präsident plane entgegen seinen öffentlichen Ankündigungen den Kriegseintritt der USA.[10]

Gravierender als die Zerstörungen durch britische Bomben waren bei diesem ersten Luftangriff auf Berlin die Schäden durch Flakgranaten. In der eng bebauten Dragonerstraße in Mitte explodierte eine Granate beim Aufschlag und verletzte vier Personen, die Fenster in der Umgebung wurden vollständig zerstört. Auch im Rathaus Tiergarten ging viel Glas zu Bruch, als ein deutscher Blindgänger auf dem Vorplatz detonierte. In Wedding verletzten Flaksplitter sieben Berliner, davon einen schwer. Mehr als »100 Anträge auf Feststellung von Sachschäden« registrierte die Hauptluftschutzstelle bei der Stadtverwaltung einige Tage später.[11] Trotz der vergleichsweise geringen Zerstörungen hatte der dreistündige Luftalarm weitreichende, vor allem psychologische Folgen: »Die Berliner sind wie vor den Kopf gestoßen«, berichtete William Shirer wenige Stunden nach der Entwarnung: »Sie haben nicht damit gerechnet, dass so etwas je passieren könnte. Zu Beginn des Krieges hat Göring ihnen versichert, es werde nie geschehen. Er hat geprahlt, dass kein feindliches Flugzeug den äußeren und den inneren Ring der Luftverteidigung um Berlin durchbrechen könnte. Die Berliner sind naive und einfache Leute: Sie haben ihm geglaubt. Umso größer ist jetzt ihre Desillusionierung. Man sieht es ihnen am Gesicht an.«[12] Selbst Hitlers Propagandaminister zeigte sich beeindruckt: »Der vierstündige Luftalarm hat ganz Berlin in Aufruhr gebracht.« Angeblich herrsche »kolossale Wut auf die Engländer«. Doch damit schrieb Goebbels sich die Wirkung des ersten Angriffs in seinem Tagebuch schön. Weiter vermerkte er: »Nun ist Berlin auch mitten im Kriegsgeschehen. Das ist gut so.«[13] Diese Ansicht immerhin teilte Ernst von Weizsäcker, als Staatssekretär der höchste Beamte des Auswärtigen Amtes und zweiter Mann nach Außenminister Joachim von Ribbentrop: »Dass wir neuerdings in Berlin offenbar regelmäßiges Objekt der englischen Nachtluftangriffe werden sollen, ist im Sinn der Akzentuierung des Krieges gegen England zu begrüßen.«[14]

Nun hatte Goebbels jedoch ein weiteres Problem: Wie sollte sein

Propagandaapparat mit diesem Angriff umgehen? Die regierungsamtliche Agentur, das Deutsche Nachrichtenbüro, verbreitete eine kurze Meldung: »In der Nacht vom 25. auf den 26. August überflogen mehrere feindliche Flugzeuge das Stadtgebiet von Groß-Berlin und warfen auf zwei Vororte Brandbomben ab. Bis auf einen Laubenbrand wurde kein Schaden angerichtet. Eines der Flugzeuge, das Berlin überflogen hatte, wurde auf dem Rückweg von Flakartillerie abgeschossen.« Die meisten Abendzeitungen vom 26. August 1940 druckten diese Meldung von wenigen Zeilen beinahe versteckt ab, oft inmitten von Jubelartikeln über deutsche Angriffe auf England.[15] Die um einen Rest von Seriosität bemühte *Deutsche Allgemeine Zeitung* immerhin brachte den kurzen Text als eigenständigen Artikel. Doch weil der Alarm mehrere Millionen Berliner länger als je zuvor in die Luftschutzkeller gezwungen hatte und die Geschützmannschaften stundenlang eine wahre Stahlkanonade in den Himmel schicken mussten, war der Angriff das Gesprächsthema Nr. 1 in der Stadt.

Die offizielle Verlautbarung stellte die Menschen nicht zufrieden, wie Sigrid Schultz beobachtete: »Selten haben die Berliner ihre Montagszeitungen mit größerer Überraschung gelesen als heute. (...) Sie wollten Details erfahren über das, was gerade passiert war. Aber alles, was sie in ihren Blättern finden konnten, war eine Neun-Zeilen-Meldung, dass britische Flugzeuge über Berlin waren, Brandbomben abgeworfen, aber weder in Berlin noch andernorts in Deutschland nennenswerte Schäden verursacht hätten.« Weil diese Nachricht kaum zusammenpasste mit dem enormen Flakfeuer, verbreiteten sich Gerüchte über Schäden. Als die Korrespondentin am Nachmittag über ihren Bericht für die *Chicago Daily Tribune* nachdachte, wurde in den Markthallen längst getuschelt, dass in der Innenstadt ganze Straßenzüge abgesperrt worden seien, weil es dort schwere Bombentreffer gegeben habe. Sigrid Schultz wollte es genau wissen und fuhr nach Mitte, in die Dragonerstraße. Sie fand tatsächlich Absperrungen vor und erfuhr, eine deutsche Flakgranate habe die Schäden verursacht.[16] Obwohl das tatsächlich stimmte, vertrauten viele Berliner den eigenen Zeitungen nicht, und im Ausland war die Bereitschaft, der NS-Presse Glauben zu schenken, noch geringer.

Goebbels ärgerte sich: »In der Reichshauptstadt laufen über die angeblichen Zerstörungen die tollsten Gerüchte herum.« Also entschied der Propagandaminister, seine Taktik zu ändern: »Ich lasse sie energisch dementieren und setze dagegen auch die Partei ein. Man muss den Gerüchtemachern eins in die Schnauze geben.«[17] Um auch das Ausland zu beeinflussen, lud er am Nachmittag ausgewählte amerikanische Korrespondenten ein, sich selbst ein Bild zu machen. »Das Ministerium spielte den Angriff herunter und teilte uns mit, wenn diese Nadelstiche weitergingen, würden sie uns in Zukunft immer mit Militärautos eine Stunde nach jedem Angriff von zu Hause abholen lassen. Wir könnten dann die Fahrer anweisen, überall hinzufahren, um selbst zu sehen, wie wenig Schaden entstanden war«, erinnerte sich Howard K. Smith: »Auf diese Weise wurden Berichte über Luftangriffe zum größten Vergnügen, das man als Reporter in Berlin haben konnte. Die Deutschen gestatteten uns alle Freiheiten.«[18]

Zusätzlich ließ Goebbels die deutschen Zeitungen in die Offensive gehen: »London fälscht Angriff auf Berlin in Vergeltungsmaßnahme um«, meldete der *Völkische Beobachter* auf seiner Titelseite. Der Leitartikel des NSDAP-Kampfblattes drohte unverhohlen, die Briten würden nun offenbar auf »gefährliche Rache« setzen.[19] Dabei war der erste britische Bombenangriff auf die Reichshauptstadt tatsächlich die direkte Reaktion auf eine deutsche Attacke in der Nacht zuvor: Am Abend des 24. August 1940 hatten knapp 100 Bomber der Luftwaffe, die in der Luftschlacht um England britische Flugzeugfabriken attackieren sollten, den Kontakt zu ihren Führungsmaschinen verloren, waren vom Kurs abgekommen und plötzlich in heftiges Flakfeuer geraten. Gegen 22:00 Uhr entledigten sich einige von ihnen kurzerhand ihrer explosiven Ladung und flogen heimwärts. Die deutschen Bomben fielen jedoch nicht auf militärische oder industrielle Ziele, sondern auf die City von London; insgesamt zählten britische Behörden 76 einzelne Einschläge. Die kleine Kirche St. Giles without Cripplegate geriet in Brand, eine Statue des Dichters John Milton stürzte von ihrem Sockel, mehrere Zivilisten starben. Göring hatte seinen Piloten zwar prinzipiell freie Hand bei der Suche ihrer Ziele gegeben, die Innenstadt Londons aber ausdrücklich ausgenommen.

Ein Befehl des Oberkommandos der Wehrmacht vom selben Tag machte Angriffe auf die britische Hauptstadt sogar von Hitlers persönlicher Genehmigung abhängig; ohnehin standen Einrichtungen in oder um London gar nicht auf der Liste der Ziele dieser Nacht. Wahrscheinlich handelte es sich bei dem deutschen Angriff tatsächlich um einen Fehler, um einen folgenreichen allerdings, denn Winston Churchill hatte schon am 20. Juli 1940 den Stabschef der RAF schriftlich angewiesen: »Für den Fall, dass es einen Bombenangriff auf das Regierungsviertel in London gibt, erscheint es sehr wichtig, dass wir diesen Gruß am folgenden Tag erwidern, und zwar auf Berlin.« So geschah es, allerdings erst nach einer weiteren, diesmal telefonischen Anweisung des Premiers. Um 09:10 Uhr am 25. August 1940 rief er den stellvertretenden Chef des britischen Bomber Command an und befahl, »so schnell wie möglich« einen Angriff auf militärische und industrielle Ziele in Berlin zu fliegen.[20] Das Kalkül hinter diesem Befehl war brutal, aber klar: Churchill wollte Hitler zu massiven Vergeltungsangriffen provozieren – selbst auf Kosten einiger abgeschossener britischer Bomber und vieler getöteter Zivilisten in der britischen Hauptstadt. Denn damit würde der Druck der deutschen Luftwaffe auf die Fliegerhorste der RAF zwangsläufig sinken und in den USA zugleich die Sympathie für Großbritannien wachsen. Der deutsche Diktator fiel darauf herein: Er befahl sofortige, rasch an Umfang zunehmende Luftangriffe auf London, die dann die RAF nach ihren damaligen Möglichkeiten mit gleicher Münze zurückzahlte. Nun eskalierte der Luftkrieg gegen Wohngebiete in den zwei Hauptstädten: Nur noch pro forma verkündeten die Oberkommandos beider Seiten, ihre Maschinen würden im Gegensatz zum Feind ausschließlich militärische Ziele attackieren.

Schon drei Nächte nach dem ersten britischen Angriff auf Berlin forderte ein zweiter Luftschlag der Royal Air Force die ersten Toten. Insgesamt 13 Häuser an der Kottbusser Straße in Kreuzberg wurden schwer getroffen und ein halbes Dutzend Dachstühle vollständig zerstört, in mehreren Gebäuden brannten die Obergeschosse aus. Allein hier starben zehn Zivilisten, 28 weitere wurden teilweise schwer verletzt. Umgehend verbreiteten örtliche NSDAP-Funktionäre, die Toten hätten, anders als angeordnet, nicht die Luftschutzkeller aufgesucht. Ob das stimmte, war nebensächlich, denn in der Stadt verbreitete sich zeitgleich das Gerücht, mehrere der Opfer seien gestorben, als eine Sprengbombe ihr Wohnhaus zum Einsturz brachte und den improvisierten Schutzraum unter sich begrub. Andere Tote des Angriffs seien in Kellern unter brennenden Häusern erstickt oder ertrunken, als Wasserrohre platzten und die Luftschutzräume volllaufen ließen. Die Sorge vor einem solchen besonders schrecklichen Tod ließ viele Berliner nun nicht mehr los, doch nur die wenigsten konnten etwas dagegen tun. Auf eine eigenwillige Idee kamen die zweifache Mutter Eva Schliep und ihr Mann. Die beiden hatten kein Vertrauen mehr in die mit Baumstämmen abgestützten Decken im Keller und begannen, im Garten ihres Hauses eine Alternative zu bauen: »Wir hoben eine tiefe Grube aus, die wir mit Holzbohlen verstärkten. Mühsam schleppten wir in Eimern die Erde nach oben und bedeckten damit dann die Holzdecke unseres Schutzraumes. Eine Holzleiter führte hinab in unseren ›Luftschutzbunker‹, ein paar Klapphocker dienten uns Erwachsenen als Sitzgelegenheiten. Für die Kinder installierte der Opa eine Liegestatt, für Rainer ein Bett mit Strohsack darauf, der kleinen Jutta diente eine wie eine Hängematte befestigte Lederschürze als Schlafstätte.« Vor Granat- und Bombensplittern schützte dieser Unterstand, auf den zudem keine Haustrümmer fallen konnten. Natürlich kannte Eva Schliep die Mängel ihres Bauwerks: »Wenngleich wir wussten, dass dieser Unterschlupf bei Bombenangriffen keinen absoluten Schutz bieten konnte, so trösteten wir uns damit, dass nur ein Volltreffer uns gefährlich werden könnte. Da wären wir dann alle wenigstens sofort tot und bräuchten nicht noch lange einem qualvollen Tod entgegenzusehen.«[21]

Derlei Selbsthilfe war beim Reichsluftschutzbund nicht beliebt, doch selbst diese krakenhafte Organisation mit rund 100 000 freiwilligen Helfern allein in der Reichshauptstadt konnte gerade bei kleineren Häusern ohne eigenen Luftschutzwart wenig dagegen unternehmen. Zumal tatsächlich bombensichere Schutzräume nur für sehr wenige Berliner vorhanden waren: Eine Statistik des

ERNSTFALL *Im Spätsommer 1940 beginnen Luftangriffe der Royal Air Force auf Berlin. Zum ersten Mal muss die Feuerwehr zerbombte Häuser löschen.*

Generalbauinspektors für die Reichshauptstadt, dem Büro von Hitlers Lieblingsarchitekten Albert Speer also, hatte kurz nach Kriegsbeginn lediglich 2125 fertiggestellte moderne Luftschutzanlagen für maximal 86500 Personen aufgeführt; weitere 535 Anlagen für 68000 Menschen waren zu dieser Zeit im Bau. Noch einmal knapp 13000 mögliche »Schutzplätze« könnten in Neubauten eingerichtet werden. Insgesamt gab es zu Beginn der Luftangriffe auf die Reichshauptstadt nur für jeden 20. Berliner einen modernen, halbwegs bombensicheren Platz. Diese Sorge hatte Adolf Hitler nicht: Unter dem 1935/36 errichteten Festsaal der Reichskanzlei in den Ministergärten lag sein privater Bunker mit einer 1,60 Meter starken Stahlbetondecke, die vor den Bomben der ersten Kriegsjahre absolut schützte. Also beschloss der Diktator, der sich seit Mitte August in seiner bayerischen Residenz »Berghof« östlich von Berchtesgaden erholt hatte, in die Hauptstadt zurückzukommen. Goebbels notierte am 30. August 1940 in seinem Tagebuch: »Der Führer will in der Zeit, da Berlin bombardiert wird, auch selbst hier sein. Er ist richtig geladen. Schlechte Aussichten für die Engländer.«[22]

Die Zerstörungen konnten die Berliner Zeitungen nicht mehr herunterspielen, also taten sie das Gegenteil: Große Berichte, oft mit mehreren Fotos von zerstörten Gebäuden, besonders häufig vom ausgebrannten Dachstuhl des Bethesda-Krankenhauses und der im Inneren verwüsteten Christuskirche in Kreuzberg, klagten die britischen Bomber der unmenschlichen Kriegsführung an. Neben solchen Artikeln standen Anfang September 1940 fast in allen Blättern Meldungen über die angeblich ausschließlich auf kriegswichtige Ziele in London konzentrierten Angriffe der deutschen Luftwaffe. In Wirklichkeit attackierten beide Seiten unterschiedslos militärische, industrielle und zivile Objekte. Tatsächlich war eine Unterscheidung nicht mehr möglich. In einer Berliner Illustrierten erschien zu dieser Zeit ein Fotobericht über britische Flakstellungen im Hyde Park, die Fotolegende dazu hieß: »Ein militärisches Ziel im Herzen von London«. C. Brooks Peters, ein weiterer Korresponent der *New York Times*, verknüpfte diese Information mit einer Aussage Görings im Jahr zuvor: »Wenn die Briten wüssten, wie viele Flakgeschütze wir in und um Berlin stationiert haben, dann würden sie erkennen, warum wir die Reichshauptstadt nicht evakuieren.«[23] Tatsächlich sah jeder Berliner, dass auf vielen Dächern und in zahlreichen Parks der Stadt Flakbatterien aufgebaut waren. Gemessen an dem vom Propagandaministerium genehmigten Illustriertenbericht war eine jede solche Stellung ebenfalls ein legitimes militärisches Ziel. Wahrscheinlich war es kein Zufall, dass keine weiteren Fotos mehr von britischen Geschützen in London erschienen.

Da die britischen Bomber in den ersten Septembertagen fast jede Nacht über Berlin auftauchten und immer mehr Häuser aus der Luft beschädigten, zeigten die Menschen zunehmend Nerven. »Missie« Wassiltschikow notierte: »Diese allnächtlichen Luftangriffe werden langsam anstrengend, da man höchstens drei oder vier Stunden Schlaf hat.«[24] Selbst Joseph Goebbels gab zu: »Berlin ist etwas müde. Das bleibt nicht aus.« Doch sorgte er, ganz pragmatisch, rasch für

Abhilfe: »Ich lasse in Berlin die Schulen später beginnen. Die Kinder haben sonst keinen Schlaf mehr. Und das wirkt sich schlecht aus.«[25] Die Stimmung in Berlin kippte, selbst vergleichsweise kleine Sorgen wie die Frage, ob man im kommenden Winter die Luftschutzkeller werde heizen können, beschäftigten auf einmal so viele Menschen, dass der SD davon Notiz nahm. Die NS-Führung erkannte, dass es Zeit für einen doppelten Befreiungsschlag war – sowohl propagandistisch als auch militärisch. Überraschend trat Hitler deshalb bei einer Kundgebung im Sportpalast auf, mit der am 4. September 1940 das »Kriegswinterhilfswerk« eröffnet wurde, und kündigte harte Vergeltung an: »Wenn die britische Luftwaffe zwei- oder drei- oder viertausend Kilogramm Bomben wirft, dann werfen wir jetzt in einer Nacht 150 000, 180 000, 230 000, 300 000, 400 000, eine Million Kilogramm. Wenn sie erklären, sie werden unsere Städte in großem Maße angreifen – wir werden ihre Städte ausradieren!«[26] Der SD registrierte die Reaktion der Berliner auf diese Rede: »Allgemein rief sie größte Freude und Begeisterung hervor, wobei der optimistische Inhalt und die sarkastische Art, mit der der Führer über England sprach, einen besonders tiefen Eindruck gemacht hat.« William Shirer war von dieser Passage in Hitlers Rede so beeindruckt, dass er sie seinen Hörern in derselben Nacht Wort für Wort übersetzte.[27]

Ungefähr zur gleichen Zeit tauchte in Berliner Luftschutzkellern ein höchst inoffizielles »Unterhaltungsprogramm« für die langen bangen Nachtstunden während der Fliegeralarme auf. Ein Korrespondent der US-Nachrichtenagentur Associated Press (AP) bekam ein Exemplar in die Hände, übersetzte den Text und leitete ihn, wahrscheinlich wohlweislich ohne Angabe seines Namens, weiter an die Kollegen in New York. Der AP-Meldung zufolge begann das Programm wie ein typischer Werbezettel für ein Berliner Kabarett: »Viel Spaß! Gute Unterhaltung! Einladung zur Kellerfeier! Beginn gegen Mitternacht – Ende gegen drei Uhr früh!« Es folgten neun Programmpunkte: »1. Ouvertüre, gespielt vom Städtischen Sirenen-Orchester. 2. Begrüßung durch den Luftschutzwart. 3. Chor: ›Alle Vöglein sind schon da‹. 4. Marsch mit Bomben und Granaten. 5. Lieder für Männer: ›Im tiefen Keller hier, da streck ich mich für ein

Lager-Bier!‹ 6. Lesung: ›Alles Gute kommt von oben‹ von Professor Splitterbombe. 7. Feuerwerk (kann durch die Kellerfenster beobachtet werden) unter Mitwirkung der Tommies und der Flak. 8. Das Lied der Tommies: ›Vom Himmel hoch, da komm ich her, ich treffe aber nicht sehr.‹ 9. Großes Finale, wie oben Punkt 1.«[28] Wer der Urheber dieser Satire war, ist unbekannt, sie ging jedenfalls nicht auf ein britisches Flugblatt zurück. Offen bleibt auch, in wie vielen Luftschutzkellern dieses »Programm« tatsächlich kursierte.

Bei den allnächtlichen RAF-Angriffen der ersten Septemberwochen wurden erste öffentliche Gebäude getroffen. Am frühen Morgen des 7. September 1940 beschädigten mehrere Bomben das Kriminalgericht Moabit, Geschosse im Nordflügel und der Dachstuhl brannten. Allerdings traf eine Sprengbombe auch das benachbarte Untersuchungsgefängnis und tötete einen Insassen, der auf seinen Prozess wartete, sowie einen Aufseher. Zwei weitere Berliner starben im Flur ihres Hauses in Wedding, als eine Bombe auf der Straße davor einschlug.[29] Drei Tage später trafen zwei Brandbomben das Reichstagsgebäude, durchschlugen das Kupferdach und eine Zementdecke, richteten aber nur geringen Sachschaden an. Das ehemalige Parlamentsgebäude war nach der Brandstiftung 1933 gesichert worden und als Dienstgebäude, Bibliothek sowie zeitweise für Ausstellungen weiter in Benutzung, hatte aber keinerlei Bedeutung mehr. Zehn Tage zuvor hatten die Berliner Zeitungen noch gehöhnt, nachdem britische Bomberpiloten zu Unrecht Treffer auf den riesigen Bau in der »Wilhelmstraße im Berliner Westen« für sich reklamiert hatten und diese Nachricht auf dem Umweg über die USA nach Deutschland gekommen war: »Diese Meldung hat man in London zunächst nicht verbreitet, weil man wohl annahm, dass hieraus die hervorragende Unkenntnis des Berliner Stadtplans zu deutlich sichtbar würde. Aber auch in New York gibt es sicher genügend Leute, die wissen, dass die Wilhelmstraße im Zentrum Berlins liegt und dass das Reichstagsgebäude von dort immerhin um einiges entfernt ist.«[30] Als dann aber tatsächlich das politisch bedeutungslose Bauwerk beschädigt wurde, empörten sich die gleichgeschalteten Zeitungen umso lauter. Beim gleichen Angriff schlugen fünf Brandbomben auf dem exterritorialen Grundstück der US-Botschaft am Pariser Platz direkt neben dem Brandenburger Tor ein, ohne Schäden zu verursachen – nur ein Splitter flog durch das Fenster zum Arbeitszimmer eines der Ersten Sekretäre der Botschaft und hinterließ ein Loch in der Zimmerwand. Mehrere amerikanische Korrespondenten schauten sich diesen Treffer mit eigenen Augen an und fanden die Schäden eher unbedeutend. Dafür fielen ihnen die gut organisierten Aufräumungsarbeiten durch Mitglieder des Luftschutzbundes auf.[31]

Entsprechend Hitlers Ankündigung attackierte die deutsche Luftwaffe nun die britische Hauptstadt, und zwar wesentlich härter, als es die RAF zu dieser Zeit vergelten konnte: Allein der Großangriff am späten Abend des 7. September 1940 brachte in der Innenstadt 306 Engländern den Tod und verletzte weitere 1337 schwer, in den Vororten noch einmal fast halb so viele Verluste. So schlimm die Auswirkungen der britischen Bombardements auf Berlin in diesem Herbst auch waren: London wurde erheblich härter getroffen. Ernst von Weizsäcker notierte in seinem Tagebuch: »Wir erfahren, dass auf London zwanzigmal so viel Bomben fallen wie in einer lebhaften Nacht bei uns.«[32] Weizsäckers Information traf zu: Allein im September warf die Luftwaffe 7260 Tonnen ab – gegenüber 390 Tonnen, die Flugzeuge der RAF über Berlin abluden. Trotzdem erregte sich Hitler wieder, besonders über den bis dahin schwersten Angriff auf Berlin in der Nacht vom 23. zum 24. September 1940: Die 84 Flugzeuge, die ab kurz vor Mitternacht über Berlin kreisten, verursachten vor allem Schäden in Moabit, Tempelhof und Charlottenburg; 22 Berliner kostete dieser Angriff das Leben, verletzte 83 und machte 781 obdachlos. Die Berliner Zeitungen reagierten mit Hasstiraden gegen die RAF, die Ursache dafür war ein klarer Befehl in der morgendlichen »Ministerkonferenz« Goebbels' mit seinen wichtigsten Mitarbeitern: »Der nächtliche Fliegerangriff auf Berlin soll wieder groß aufgemacht werden, wobei aber berücksichtigt werden muss, dass keine Einzelheiten genannt werden dürfen, aus denen die Engländer für sie wichtiges Nachrichtenmaterial entnehmen können.«[33] Knapper fasste sich der Propagandaminister in seinem Tagebuch: »Wir bauschen kolossal auf.«[34]

Das war allerdings ein riskantes Spiel mit der Stimmung in der Reichshauptstadt, wie ein Sachbearbeiter des SD in seinem Bericht für die Führung des Dritten Reiches vermerkte: »Die Meldungen sprechen auf der einen Seite von der zunehmenden Auffassung der Volksgenossen, dass ein zweiter Kriegswinter zu erwarten sei. Damit hängt eine gewisse enttäuschte Ungeduld über das Ausbleiben der entscheidenden Angriffe gegen England und ein Abflauen der durch die Führerrede gesteigerten zuversichtlichen Stimmung zusammen.«[35] Zugleich freilich halfen die vom Propagandaministerium zugespitzten Berichte, innerhalb des Staatsapparates Blockaden zu lösen. Denn zwischen Stadtverwaltung, Reichsluftschutzbund, Luftwaffe und anderen Behörden waren die Vorbereitungen für neue Luftschutzbauten festgefahren. Nun nahm sich Hitler persönlich des Problems an. Am 26. September 1940 bestellte der »Führer« den Chef des Oberkommandos der Wehrmacht, Wilhelm Keitel, und Rüstungsminister Fritz Todt in die Reichskanzlei und gab ihnen den Auftrag, »in ganz großem Umfang« öffentliche Luftschutzräume in Deutschland zu errichten. Todt fasste Hitlers Ausführungen in einem internen Vermerk so zusammen: »Es dürfe bei uns nicht so kommen wie bei den Engländern, dass das Volk erst murrt; bei uns müsse die Führung handeln, bevor das Volk unzufrieden sei.«[36] Umgehend begannen Vorbereitungen für den Bau weiterer bombensicherer Anlagen, und innerhalb von drei Wochen waren bereits 676 Bauaufträge für Bunker erteilt. Dieses Tempo belegt, dass es bereits vor Hitlers Eingreifen weitgehende Vorbereitungen gegeben haben muss, die aber im Institutionengestrüpp des Dritten Reiches stecken geblieben waren. Gut die Hälfte der Betonbauten sollte in städtischen Grünflächen entstehen. Allerdings müssten, so hielt ein Mitarbeiter Albert Speers fest, die neuen Bunker mit Rücksicht auf die städtebauliche Wirkung geplant werden – sie dürften keine Grünanlagen »blockieren« und sollten durch Erdaufschüttungen oder Treppen und Pergolen kaschiert werden. Außerdem dürften sie keine Flächen belegen, die künftig für die Umgestaltung Berlins im Rahmen der »Germania«-Planungen gebraucht würden.[37] Ohnehin war die Nutzung öffentlicher Flächen nur ein Notbehelf, weshalb Hitler auch anordenete, »Baulücken für die Errichtung bombensicherer Luftschutzräume als Untergeschoss der später zu errichtenden Neubauten auszunutzen«.[38] Da es nicht genügend deutsche Arbeiter gab, die schwere körperliche Arbeiten wie das Ausschachten, Stahlflechten und Betongießen leisten konnten, weil der Großteil der jüngeren Männer zur Wehrmacht eingezogen und von Frankreich bis Norwegen und Polen stationiert war, wurden jetzt zum ersten Mal Arbeiter in großem Umfang aus verbündeten und besetzten Staaten Europas nach Berlin gebracht. Zunächst waren es Freiwillige, bald schon aber auch Kriegsgefangene und dienstverpflichtete Männer, die in Berlin Luftschutzbunker bauen mussten. Doch auch mit solcher Unterstützung ließen sich massive Luftschutzräume nicht in wenigen Wochen errichten, nicht einmal in wenigen Monaten. Deshalb taugten diese Maßnahmen nicht, die psychologischen Folgen der britischen Angriffe auf die Berliner kurzfristig zu mildern.

Also griff die NS-Führung zum Mittel der Symbolpolitik. Albert Speer ordnete an, dass alle Luftschutzräume in staatlichen Gebäuden für die Bevölkerung geöffnet werden sollten, vor allem für Mütter mit Kleinkindern. Der größte moderne Bunker Berlins unter Hitlers gigantischem Arbeitszimmer in der Neuen Reichskanzlei wurde schon seit Kriegsbeginn öffentlichkeitswirksam auf diese Weise genutzt, wie Sigrid Schultz beobachtete: »Als ich an Hitlers Reichskanzlei vorbeiging, sah ich vier Busladungen Jungs und Mädchen vor dem Eingang, die quengelten und weinten. Junge SS-Männer halfen ihnen aus den Bussen und brachten sie hinein.«[39] Die Korrespondentin erkundigte sich bei einem uniformierten Wachposten, was vor sich gehe, und erfuhr, dass Abend für Abend Kinder in dem absolut bombensicheren Bunker untergebracht würden. Sie würden betreut und am kommenden Morgen wieder zurück zu ihren Eltern gebracht. Da für Hitler selbst ein anderer, genauso massiver, aber streng geheimer Bunker bereitstand und auch die Sicherheit der Neuen Reichskanzlei »wegen der ungemein starken Konstruktion der Decken der Luftschutzräume« nicht einmal bei einem denkbaren Bombenanschlag innerhalb des Bunkers gefährdet war, gab es keinen Grund, dieses Bauwerk nicht als öffentlichen Schutzraum zu verwenden.[40]

Obwohl dieser Schutzraum mit 106 Metern Länge und 29 Metern Breite riesig war, konnten nur einige Hundert Berliner hier untergebracht werden. Demnach musste eine andere Lösung gefunden werden. Auch die Verlegung der Schule auf den Nachmittag, die Goebbels als NSDAP-Gauleiter für die Reichshauptstadt angeordnet und von Hitler hatte absegnen lassen, genügte nicht.[41] Wer im NS-Apparat zuerst auf die Idee kam, Kinder aus Berlin und anderen bombengefährdeten Städten organisiert in die Provinz zu schicken, ist unklar. Jedenfalls traf sich Hitler am selben Tag, an dem er den sofortigen und massenhaften Bau von Bunkern anordnete, auch mit Baldur von Schirach. Der langjährige Reichsjugendführer und neue Gauleiter von Wien sollte die Organisation der »Erweiterten Kinderlandverschickung« übernehmen und arbeitete dafür einen ersten Plan aus, der an frühere organisierte Landaufenthalte von Kindern aus sozial schwachen Familien anknüpfte. Daraufhin gab Martin Bormann den zuständigen Partei- und Staatsdienststellen bekannt: »Der Führer wünsche die sofortige Sicherung der Kinder aus Berlin und Hamburg gegen die durch Fliegeralarm unterbrochene Nachtruhe und die dadurch eintretenden Schäden.«[42] Da ein solcher Auftrag eine einzelne der vielen Unterorganisationen der NSDAP überfordert hätte, ordnete Bormann eine Aufteilung an: »Die Nationalsozialistische Volkswohlfahrt übernimmt die Verschickung der noch nicht schulpflichtigen Kinder und der Kinder der ersten vier Schuljahrgänge; die Hitler-Jugend übernimmt die Unterbringung vom fünften Schuljahr an. Die Unterbringungsaktion beginnt am Donnerstag, den 3. Oktober 1940.«[43] Zunächst sollten 50000 Kinder aus Berlin weggebracht werden, vor allem in die preußischen Provinzen Posen (Poznań) und Ostpreußen sowie in den Warthegau, den von Deutschland annektierten Westteil des erobertern Polen. Kinder unter zehn Jahren sollten bei Pflegefamilien untergebracht werden, ältere in speziellen Lagern in Landschulheimen, Klöstern, Jugendherbergen und Internaten, wo sie regulären Schulunterricht, gesicherte Versorgung und Freizeitbeschäftigungen bekommen würden. Täglich sollte die Reichsbahn ein bis zwei Sonderzüge für jeweils »durchschnittlich 1000 Jugendliche« bereitstellen; für die Verschickung werben sollten

»die Block- und Zellenleiter der Partei, die Amtswalter der NSV und Einheiten der HJ. Auch die Lehrerschaft ist an der Werbung weitgehend zu beteiligen.«[44]

Allerdings zeigte sich binnen weniger Tage, dass die Evakuierung von vielen Berliner Eltern nicht als Angebot für eine verbesserte Sicherheit ihrer Kinder verstanden wurde, sondern als Vorsorge für noch härtere Luftangriffe, vielleicht sogar mit Giftgas. Goebbels tobte: »Schweres Problem der Kinderlandverschickung aus Berlin. Da ist die NSV sehr ungeschickt vorgegangen und hat enorme Unruhe geschaffen.«[45] Der Propagandaminister musste mehrfach gegensteuern, sowohl in seinen der Presselenkung dienenden Konferenzen als auch in internen Informationsschreiben und sogar in veröffentlichten Pressemitteilungen. Stets betonte er, es handele sich um ein Angebot, keine Pflicht, Eltern könnten frei entscheiden, ob sie ihre Kinder aufs Land schicken wollten: »Ein Zwang besteht nicht.«[46] Einen Tag später »geißelte« Goebbels in einer Ministerbesprechung die NSV sogar, die ohne Not Gerüchte provoziert habe: »Eine an sich vorbildliche Hilfsmaßnahme sei dadurch, dass klare Anordnungen des Ministers nicht durchgeführt wurden, zu der schwersten Belastungsprobe für weite Bevölkerungskreise in Berlin geworden, die seit Kriegsbeginn festzustellen sei.«[47] Vorher hatte sich Goebbels eigens das Einverständnis von Hitler geholt. Der Diktator zeigte sich sehr ungehalten und ließ Bormann an wichtige NSDAP-Funktionäre in Berlin und Wien schreiben: »Der Führer hat mich daher beauftragt, Ihnen noch einmal klipp und klar darzulegen, dass erstens die Verschickung der Kinder keineswegs erfolgt, weil heftigere Angriffe zu erwarten sind als bisher; die Verschickung erfolgt vielmehr deswegen, weil mit Einsetzen der kalten Jahreszeit das gänzliche Fehlen von geeigneten Luftschutzkellern sich sehr viel unangenehmer als bisher auswirkt. Gerade deswegen sollen zweitens zunächst einmal die Kinder der Laubenkolonien und die Kinder aus jenen Häusern, die keine oder ungenügende Luftschutzkeller haben, verschickt werden.« Hitler wolle den Eltern die Sorge um ihre Kinder abnehmen, weil er sich vorstellen könne, wie unangenehm es für sie sein müsse, ihre Kinder nachts bei Kälte aus dem Bett zu holen und in oft weit entfernte öffentliche, meist nicht einmal geheizte Schutzräume zu bringen. Daher sollten Kinder aus wohlhabenden Familien, die eigene, gut ausgerüstete und warme Luftschutzkeller im Haus haben, zunächst nicht aufs Land gebracht werden. »Die Verschickung war vielmehr vom Führer aufgefasst als ein leuchtendes Beispiel sozialer Fürsorge gerade für die arme Bevölkerung.«[48]

Doch all diese Erklärungen hatten nicht die erhoffte Wirkung. Dafür sorgten vor allem weiterhin kursierende Spekulationen über angeblich wahre Hintergründe. »Wieder Gerüchte in Berlin betreffend Gasangriffe und Kinderevakuierung«, schrieb Goebbels am 5. Oktober 1940: »Ich trete aber jetzt ganz energisch dagegen auf und lasse die Gerüchtefabrikanten einsperren.«[49] Natürlich verstärkte solch hartes Durchgreifen nur die Sorgen vieler Menschen in der Reichshauptstadt und dämmte die getuschelten Spekulationen keineswegs ein. Der SD registrierte in mehreren Berichten Anfang Oktober 1940 den »immer größeren Umfang« des »Gerüchteunwesens«.[50] Schließlich verbreiteten »Meckerer« sogar eine »Erklärung« über die Bereitschaft Hitlers, Berliner Kinder im Bunker der Neuen Reichskanzlei aufzunehmen: »An ihnen würden Proben mit Gas gemacht. Der Führer ist ganz entrüstet darüber. Das beste Wollen wird von diesen Schweinen entstellt. Es gibt Menschen, die stehen ewig in Opposition gegen uns. Jeder Erfolg von uns ist für sie ein Stein des Anstoßes«, gab Goebbels den Monolog Hitlers beim Mittagessen am 11. Oktober 1940 wieder und zog für sich einen Schluss daraus: »Es sind Reaktionäre, ehemalige Kommunisten und Klerikale. Man muss das Pack ausrotten.«[51] Doch alles Wüten half nichts: Die Kinderlandverschickung (KLV) blieb bei den Eltern nicht nur in Berlin unbeliebt und wurde als Eingeständnis der Unfähigkeit verstanden, die Bomber der RAF wirksam abzuwehren.

Viele Berliner hofften weiterhin, jedenfalls laut Berichten des SD, Großbritannien würde noch vor Wintereinbruch aufgeben – eine zu optimistische Einschätzung. Obwohl die Luftwaffe abermals härter gegen Großbritannien zuschlug, heulten auch in Berlin im Oktober 1940 die Luftschutzsirenen durchschnittlich fast jede zweite Nacht.

Die Hauptluftschutzstelle des Magistrats zählte in diesem Monat 57 Tote und 119 Verletzte in der Reichshauptstadt, fast 2900 Berliner verloren ihre Wohnungen durch Bombentreffer. Wer Verwandte in Berlin hatte, konnte zu ihnen ziehen, sofern der Platz dafür reichte. Die Übrigen wurden zunächst in öffentlichen Gebäuden wie Schulen und Rathäusern behelfsmäßig untergebracht, dann entweder in leer stehenden Wohnraum oder als Untermieter in wenig belegte große Häuser oder Wohnungen eingewiesen. Das galt allerdings nicht für Juden, die ausgebombt worden waren – für sie mussten, so »verabredete« es Ende Oktober das Bezirksamt Mitte unter Zwang mit der Jüdischen Gemeinde, eigens in bestimmten Räumen Notunterkünfte geschaffen werden. Bekannt gemacht wurde diese neue Schikane über das in geringer Auflage verbreitete und eigentlich nur von Betroffenen gelesene *Jüdische Nachrichtenblatt*, nicht in den Berliner Zeitungen – wohl auch, damit ausländische Korrespondenten davon nicht gewissermaßen offiziell Kenntnis bekamen.[52] Viele Berliner Juden hatten ohnehin Angst, bei Fliegeralarm in den Luftschutzkeller zu gehen, selbst wenn es einen abgetrennten und schlechter ausgestatteten Bereich für sie gab. Erna Becker-Kohn brachte ihre Gefühle auf den Punkt: »Ich fürchte die Menschen mehr als die Bomben.«[53] Was die neue Regelung für ausgebombte Juden in der Praxis bedeutete, erfuhr der 17-jährige Joel König am eigenen Leib: »In dem Haus, in dem meine Eltern wohnten, durften auch die Juden den Luftschutzkeller aufsuchen. Dennoch blieben meine Eltern und Geschwister bei Fliegeralarm lieber in der Wohnung. Die bloße Vorstellung, dass jemand die Juden schief ansehen könnte, schreckte sie ab. Überdies teilten sie mit vielen Berlinern die Zuversicht, dass die Bomben höchstwahrscheinlich in sicherer Entfernung von ihrer Wohnung fallen würden.« Das war eine trügerische Hoffnung. Als eines Abends sein Vater, ein Rabbiner, wie so oft Trost in der Thora-Lektüre suchte, jaulten nicht nur die Luftschutzsirenen, hämmerte nicht nur die Flak: »Da, auf einmal, in Sekundenschnelle ist es geschehen: Ein unheimlicher Heulton, ein Donnerschlag, alle Lampen sind aus, eiskalt bläst es hinein. ›Hallo, wo seid ihr?‹, rufen wir einander in der Finsternis zu. Wir tappen uns vorwärts, fallen bei jedem Schritt über Hindernisse. Allmählich gewöhnen sich die Augen an die Dunkelheit. Die Hindernisse entpuppen sich als ein Wirrwarr aus herausgerissenen Türen, umgestürzten Möbeln, von Glasscherben, Bettdecken und Straßenpflastersteinen. Fensterscheiben, Vorhänge, Verdunkelungen sind verschwunden.« In unmittelbarer Nähe des Hauses war eine Bombe eingeschlagen. Doch die Königs hatten Glück im Unglück: Niemand von ihnen war verletzt, im Gegensatz zu zwei anderen Bewohnern, die von Balken erschlagen worden waren. Jetzt gingen Joel, seine Geschwister und seine Eltern doch hinunter in den Luftschutzkeller, den sie bisher gemieden hatten. Die erwartete, befürchtete Häme allerdings blieb angesichts der Zerstörung aus: »Im Keller begegneten wir den übrigen Hausbewohnern. Keiner zog ein schiefes Gesicht oder machte Bemerkungen über die Juden.«[54] Die Nachbarn hatten andere Sorgen: Es gab einige Schwerverwundete – sie wurden schnell in das nächste Krankenhaus gebracht. Ein Arzt kam und leistete Erste Hilfe bei anderen Hausbewohnern, die eher oberflächliche Verletzungen hatten, und er verband auch Mutter König. Ansonsten warteten die Menschen, was nun geschehen würde. Einige Stunden später war es dann mit der Schicksalsgemeinschaft wieder vorbei: Die NSV holte die »arischen« Bombengeschädigten ab und wies ihnen Ausweichquartiere zu, während die Königs und eine zweite jüdische Familie einfach im Keller sitzen gelassen wurden. Mehrmals stiegen Joel und sein Bruder hinauf in die verwüstete Wohnung, um Decken und Mäntel zu holen, damit sie es im kalten Keller wenigstens etwas wärmer hatten. Sobald es hell war, begannen die Königs, ihre Wohnung wieder halbwegs bewohnbar zu machen: Sie räumten die Glasscherben fort und verrammelten die leeren Fensterhöhlen behelfsmäßig mit Brettern und Decken; dennoch blies es kalt hinein. Vater König hatte bei der Jüdischen Gemeinde vergeblich versucht, ein heizbares Ausweichquartier zu bekommen, deshalb musste die Familie im Winter wochenlang in dem beschädigten Haus wohnen.

TARNUNG *Um britischen Piloten den Anflug auf das Regierungsviertel zu erschweren, wird die Ost-West-Achse vor dem Brandenburger Tor mit Tarnnetzen verdeckt.*

Ganz so schlimm traf es die nicht jüdischen Berliner nicht – und sie gewöhnten sich an die neuen Herausforderungen. Bald entschieden sie selbst, welche der staatlichen Anordnungen sie für sinnvoll hielten und welche nicht. »Missie« Wassiltschikow und ihre Schwester Tatjana etwa blieben, nachdem sie vom vierten Obergeschoss eines Hauses in der Lietzenburger Straße in eine nahe liegende, leer stehende Parterrewohnung umgezogen waren, bei Luftalarm inzwischen einfach im Bett – sie fühlten sich in dem nur provisorisch abgestützten Luftschutzkeller ein paar Meter tiefer auch nicht sicherer. Als die beiden Exilrussinnen aber einmal von einem Fliegeralarm auf dem Kurfürstendamm überrascht wurden, mussten sie mit vielen Passanten einen Luftschutzkeller aufsuchen. Nach der Entwarnung notierte »Missie« mit dem gehörigen Schuss Zynismus, der lebensnotwendig geworden war, in ihrem Tagebuch: »In Krisenzeiten zeigen sich die Berliner von ihrer besten Seite und können sehr komisch sein. Um sechs Uhr kam die Entwarnung. Selbstverständlich waren weder

Straßenbahnen noch Taxis zu haben; so liefen wir um die Wette den Kurfürstendamm hinunter und trieben schließlich ein Taxi auf, das uns nach Hause brachte. In der Nähe meiner Wohnung mussten wir einen Umweg machen. Zwei Krankenwagen waren zusammengestoßen, nachdem man gerade einige Leute aus unserem Nachbarhaus, das jetzt in Schutt und Asche liegt, ausgegraben hatte. Drei Menschen, die den Treffer überlebt hatten, wurden beim Zusammenstoß getötet.«[55]

Selbst die NS-Gegnerin Ruth Andreas-Friedrich fand inzwischen, dass »das Unangenehmste an diesen abendlichen Ruhestörungen der vielstündige Zeitverlust ist, der mit jedem solcher Angriffe verbunden ist. Unter drei oder vier Stunden lässt man uns kaum aus dem Keller.« Obwohl sie nichts mehr herbeisehnte als das Ende von Hitlers Herrschaft, bemerkte die Journalistin am 25. Oktober 1940 sarkastisch: »Wenn der angerichtete Schaden auch in Zukunft nicht größer wird, brauchen wir uns um dieses Schreckgespenst des Krieges keine ernsthaften Sorgen zu machen.« Sie hielt fest, wie ihre Mitmenschen auf die fortdauernden RAF-Bombardements reagierten: »Nach jedem Angriff pilgert die Bevölkerung neugierig und sensationslüstern zu den sogenannten ›Schadensstellen‹. Bestaunt hier einen verbrannten Dachgiebel, da ein paar aufgerissene Steine im Straßenpflaster, dort ein halb eingestürztes Haus. Im Allgemeinen nimmt man die Sache nicht tragisch. Setzt seinen Stolz darein, sich als Stoiker zu erweisen, und stellt sich allmählich auf Nachtschlaf im Keller ein.«[56] Das deckte sich mit den Eindrücken der ausländischen Korrespondenten, die zwar Veränderungen im Leben der Berliner durch die Luftangriffe konstatierten, aber keine weitverbreiteten Depressionen und erst recht keinen Zusammenbruch der öffentlichen Moral: »Das Nachtleben startet jetzt eben zu einer Zeit, die man sonst als Tanztee oder Cocktail-Stunde kennt. Die Oper, Kinos, Operettenhäuser und Theater beginnen ihre Vorstellungen manchmal schon um fünf Uhr nachmittags«, berichtete Sigrid Schultz. Auch auf das Programm hatte die Gefahr aus der Luft Auswirkungen: »Tempo ist ein wichtiger Faktor auf der Bühne geworden.«[57] Die Besucher wollten möglichst bereits vor dem Heulen der Sirenen wieder zu Hause sein.

Am 13. November 1940 gelang das vielen Berlinern nicht, denn schon um 20:37 Uhr wurde Luftalarm ausgelöst. Der Grund für diesen bis dahin frühesten abendlichen Angriff war der Besuch des sowjetischen Außenministers Wjatscheslaw Molotow. Der enge Vertraute Josef Stalins war zu dreitägigen Gesprächen in die Reichshauptstadt gekommen. Die NS-Führung hoffte, mit diesem demonstrativen diplomatischen Erfolg einen »Schlag in Englands Gesicht« zu landen. Doch stand die Visite von Anfang an unter einem schlechten Vorzeichen. Das Auswärtige Amt hatte vorgeschlagen, Goebbels solle die Bevölkerung mobilisieren oder wenigstens an den Straßen ein Ehrenspalier der SA aufziehen lassen. »Das geht denn doch zu weit«, vermerkte der Propagandaminister allerdings.[58] So gab es bei Molotows Ankunft am Anhalter Bahnhof nur einen kühlen, höchst formalen Empfang für den Repräsentanten des wichtigsten Verbündeten Hitler-Deutschlands. Doch weil es immerhin in Strömen schüttete, fiel nicht ganz so störend auf, dass kein Berliner dem Gast zujubelte, dessen Delegation Ernst von Weizsäcker hochmütig als »gute Unterwelt-Typen für einen Film« bezeichnete.[59] So hingen nur an den Fahnenmasten der Ministerien Hakenkreuz- und Sowjetflagge einträchtig nebeneinander. Da die deutschen Zeitungen den Besuch natürlich angekündet hatten, lieferten sie der RAF den perfekten Anlass für eine Attacke. Für den Abend des 13. November 1940 war eine Zusammenkunft in der sowjetischen Botschaft Unter den Linden angesetzt. Winston Churchill schrieb später in seinen Memoiren: »Wir hatten vorher von dieser Konferenz gehört, und waren wir auch nicht eingeladen worden, so wollten wir doch nicht ganz von den Verhandlungen ausgeschaltet bleiben.«[60] Also griffen britische Flugzeuge das Regierungsviertel an.

Was dann passierte, ist in mehreren Versionen überliefert. Der offiziellen deutschen Fassung zufolge, die den Auslandskorrespondenten am nächsten Morgen mitgeteilt wurde, heulten die Sirenen während des Abschluss-Diners zu Ehren von Außenminister Joachim von Ribbentrop. »Der Empfang ging weiter, als wäre nichts geschehen«, fasste die Nachrichtenagentur United Press die deutsche Pressemitteilung zusammen, »die Gäste suchten nicht den Luftschutzkeller auf.«[61] William Shirer hörte von seinen Informanten eine etwas ausgeschmückte Variante: »Molotow, so hörten wir, lehnte es ab, in den Luftschutzkeller zu gehen, und sah sich das Feuerwerk stattdessen lieber von einem abgedunkelten Raum aus an. Die Briten vermieden vorsichtig, irgendetwas in der Nähe abzuwerfen.«[62] Nach der vertraulichen Zusammenfassung des deutschen Dolmetschers, Botschaftsrat Gustav Hilger, dagegen gingen Ribbentrop und Molotow, als die Sirenen Voralarm signalisierten, in den Bunker im Garten von Ribbentrops Residenz, dem früheren Dienstsitz des Reichspräsidenten, und setzen dort ihre Besprechung fort. Als sie alle offenen Fragen besprochen hatten, »verabschiedete sich Herr Molotow in herzlicher Weise von dem Herrn Reichsaußenminister und betonte, dass er dem Luftalarm nicht gram sei, weil er diesem eine so ausgiebige Unterredung« mit Ribbentrop verdanke.[63] Eine vierte Version berichtete Molotow nach seiner Rückkehr aus Berlin Stalin, der sie anderthalb Jahre später, nach dem deutschen Überfall auf die Sowjetunion, seinem Verbündeten Churchill bei dessen erstem Moskau-Besuch weitererzählte. Als der Alarm ertönte, führte Ribbentrop Molotow dieser Fassung zufolge über lange Treppenfluchten zu einem tiefen, luxuriös eingerichteten Schutzraum. Als sie in den Bunker eingetreten seien, habe der Angriff schon eingesetzt. Er habe die Tür geschlossen und zu Molotow gesagt: »Jetzt sind wir hier allein. Warum sollten wir [die Welt] nicht teilen?« Molotow habe erwidert: »Was wird England dazu sagen?« Für Ribbentrop sei das kein Problem gewesen: »England ist erledigt. Es kommt als Großmacht nicht mehr in Betracht.« Das allerdings habe den sowjetischen Außenminister überrascht: »Wenn es so ist«, habe er erwidert, »warum sind wir dann in diesem Schutzraum, und wessen Bomben sind es, die herunterfallen?«[64] Ribbentrops Antwort auf die einfache Frage überlieferte Molotow nicht. Jedenfalls war die Stimmung gespannt, als der Gast Berlin am folgenden Tag wieder verließ.

Davon jedoch erfuhr die Royal Air Force seinerzeit nichts, und bald darauf änderten die britischen Planungsstäbe ihr Vorgehen. Wegen des zunehmend schlechten Wetters und wachsender Zweifel an der eigenen Strategie, ausgerechnet das am stärksten verteidigte Ziel im Dritten Reich zu attackieren und damit die eigenen Besatzungen einem besonders hohen Risiko auszusetzen, endeten eine Woche nach Molotows Besuch die häufigen nächtlichen Bombenangriffe auf Berlin. Nennenswerte militärische Folgen hatten sie ohnehin nicht gehabt. Das Ende der regelmäßigen Angriffe kam allerdings just zu dem Zeitpunkt, als der Stoizismus vieler Berliner zu wanken begann. Mit England sympathisierende Beobachter in der Reichshauptstadt empfanden diese Kehrtwende der britischen Kriegsführung schon bald als falsch: »Es war eine unglückliche Entscheidung des Oberkommandos der RAF, die regelmäßigen Angriffe auf Berlin einzustellen. Obwohl diese Angriffe selten ernst zu nehmende Schäden anrichteten, erschütterten sie die Moral der Zivilbevölkerung nachhaltiger als jede andere Kriegshandlung«, notierte Howard K. Smith: »Am Morgen nach einem Angriff waren die Menschen wegen der durchwachten Nacht und der Nervenanspannung in erbärmlicher Stimmung. Wenn ein Luftangriff am frühen Morgen einsetzte oder bis nach Sonnenaufgang andauerte, brach der Verkehr zusammen, und das ganze Berliner Geschäftsleben war bis um die Mittagszeit oder noch länger ein Chaos.« Eine einzeln einfliegende Maschine konnte die Berliner im November 1940 unter massive nervliche Anspannung setzen, selbst wenn sie keine Bomben abwarf. Unter Bekannten kursierte Smiths Beobachtung zufolge ein neuer Abschiedsgruß: Statt »Auf Wiedersehen« wünschten sich manche Berliner nun eine »Bo-lo-Na«, was für »bombenlose Nacht« stand. Auf die »Moral des verdrossenen Millionenheers« der Hauptstädter hätte ein fortgesetztes aufreibendes Bombardement schließlich doch »erstaunliche Auswirkungen« haben können, vermutete er. Zugleich räumte Smith aber ein: »Womöglich sprechen gute Gründe dagegen, eine solche Belästigungs-Kampagne jede Nacht durchzuführen.«[65]

Die Berliner genossen so die plötzliche wie unerwartete Ruhe ab der letzten Novemberwoche 1940. Einige Tage noch herrschte Vorsicht, dann keimte Hoffnung auf ein Ende der dauernden nächtlichen Störungen auf. Doch auch ohne Fliegeralarme hatten die Menschen zahlreiche Zumutungen zu schultern: »Die tägliche Stimmung wird stark durch die Nöte des Alltags beeinflusst«, berichtete der SD: »Soweit hierbei die Ursachen auftretender Schwierigkeiten und Einschränkungen klar zu erkennen sind, werden sie mit Verständnis aufgenommen. Soweit jedoch die einzelnen Volksgenossen keine durchschlagenden Gründe dafür sehen, wird umso stetiger Kritik geübt.« Vor allem Angst vor unzureichender Kohlenzuteilung im bevorstehenden Winter, Ärger über mangelhafte Versorgung mit Schuhen und Ersatzsohlen für Reparaturen sowie die ständig zu geringen Fettzuteilungen, insbesondere für Kinder, sorgten die Hauptstädter. Die offiziellen Rationen waren seit dem Sommer weiter gekürzt worden, obwohl die besetzten Länder große Mengen Lebensmittel nach Deutschland liefern mussten. Seit Juli 1940 war die Brotration gekürzt, doch zunächst konnte das durch geringfügig vermehrte Abgabe von Obst und Gemüse ausgeglichen werden. Als im Spätherbst die Ernte eingebracht war, wurde die Brotration trotzdem nicht wieder heraufgesetzt. Manchmal wochenlang konnten die Verbraucher mangels Angebot nichts mit ihren Fettabschnitten anfangen – bis sie verfielen. Das beunruhigte die Bevölkerung erheblich, denn auf dem Versprechen, die Lebensmittelrationen auch tatsächlich liefern zu können, ruhte das gesamte System der Nahrungsversorgung. Neben der mangels qualifizierter und überhaupt ausreichender Arbeitskräfte in der Landwirtschaft ungenügenden Ernte spielte der Schwarzmarkt bei der Verknappung der verfügbaren Ressourcen eine große Rolle. Die Verordnungen zum Preisstopp, die in den ersten Kriegsmonaten noch allgemein für Zufriedenheit gesorgt hatten, wurden zunehmend unterlaufen. Sie würden nur auf dem Papier stehen, registrierte der SD. Pro Huhn würden unter der Hand bis zu 15 Reichsmark gezahlt, für eine gute Gans sogar bis zu 50. Die Selbstversorgung nahm immer mehr zu: »Scharen von Städtern ergießen sich über die in der Nähe der Stadt gelegenen Bauerndörfer. Es werden höchste Preise gezahlt.« Die Landwirte schlugen Profit daraus und fanden neue Schlupflöcher: »Man ist dazu übergegangen, nur noch ›Zuchtgeflügel‹ zu verkaufen. Dadurch umgeht der Bauer erstens die offiziellen Anweisungen, die sich nicht auf Zuchtvieh erstrecken, und zweitens kann er einen höheren Preis fordern.« Immer häufiger kamen Berliner mit lebendem Geflügel in Käfigen per Eisenbahn vom Lande zurück in die Stadt. Zwar mussten sie es selbst schlachten oder sich von Bekannten helfen lassen, aber das nahmen sie gern in Kauf, da sie so ihre Versorgung aufbessern konnten. Was mit dem angeblich zur Weiterzucht gedachten Federvieh geschah, interessierte die Landwirte nicht: »Der Bauer lehnt es natürlich ab, sich zu vergewissern, ob der Käufer überhaupt räumlich in der Lage ist, eine Zucht von Gänsen, Enten usw. zu beginnen. Die Höhe des Preises ist für ihn allein entscheidend.« [66]

Andererseits konnten begüterte Verbraucher besondere Genüsse markenfrei bekommen – jedenfalls in Berlin. Zwar gab es praktisch keinen Fisch mehr, da die Hochseefischerei weitgehend eingestellt war und ohnehin keine Kapazitäten für den schnellen Transport von der Küste bereitstanden. Dafür nahm das Angebot von Schalentieren stark zu, die lebend an der Küste gefangen wurden, da sie unter keine Kategorie der Lebensmittelbewirtschaftung fielen und zur teuer bezahlten Alternative in Restaurants wurden. »Aß Hummer und andere nicht rationierte plutokratische Köstlichkeiten«, hielt »Missie« Wassiltschikow am 27. November 1940 in ihrem Tagebuch fest. Zeitweise fast täglich wurde die bildhübsche, mehrsprachige junge Frau von Freunden und Bekannten aus Berlins besserer Gesellschaft eingeladen. Mit einer gewissen Hochnäsigkeit hielt sie nach einem derartigen Essen fest: »Aßen heute Mittag bei ›Horcher‹ und haben richtig geschlemmt. Als bestes Restaurant am Platze hat es für Lebensmittelkarten lediglich Verachtung.«[67] Freilich entzündete sich gerade an solchem Verhalten eine typisch deutsche Neiddebatte: »Vorwiegend in Arbeiterkreisen entwickelt sich, wie beispielsweise Berlin meldet, immer offener eine gewisse Missstimmung gegen die ›deutschen Plutokraten‹, da die durch die deutsche Propaganda ständig herausgestellten Merkmale einer plutokratischen Gesinnung nach Ansicht dieser Kreise vielfach auch auf deutsche Verhältnisse zutrafen«, berichtete der SD: »Diese ›deutschen Plutokraten‹ hätten in gewissen Lokalen am Kurfürstendamm für gutes Geld hinreichend Gelegenheit, markenfreies Essen zu erhalten.« Die »bessergestellten Volksgenossen« könnten »für teures Geld in teure markenfreie Waren

(z. B. Hummer) ausweichen, während es in vielen Arbeiterfamilien oft nicht einmal dazu reiche, die Lebensmitelkarten voll auszunutzen«.[68]

Solche Unzufriedenheit trieb an, dass es deutsches Bier nur noch in geringen Mengen gab, während Berlin gleichzeitig von französischem Importwein fast überflutet wurde. Bis zu 320 Millionen Flaschen mussten unwillige Winzer pro Jahr oft zu Preisen nur knapp über den Produktionskosten nach Deutschland liefern oder an deutsche Besatzungssoldaten verkaufen, die sie dann selbst nach Hause schickten. Ein Liter Landwein kostete in den bis auf das Rhône-Tal besetzten Weinbaugebieten Frankreichs oft nur 15 bis 20 Pfennig, ein Flasche Champagner bekam man vor Ort für etwa 40 Pfennig und in Berlin für weniger als eine Mark. Der einheimische Weinanbau geriet trotz solcher Dumpingpreise nicht besonders unter Druck, da seine Ernten wegen Personalmangel ohnehin zurückgingen – wie die gesamte Produktion der deutschen Landwirtschaft. Jedoch war der Rückgang der gemeldeten Erträge deutlich geringer als im Ersten Weltkrieg. Die Lebensmittelbewirtschaftung erfüllte ihren Zweck vergleichsweise gut. Der Preis dafür war allerdings eine enorme Bürokratie: Anfang Dezember 1940 kursierten 52 verschiedene Arten von Lebensmittelkarten gleichzeitig, und alle mussten gedruckt, verteilt und nach Benutzung verrechnet werden. »Beim besten Willen und auch der größten Anstrengung seien die Bürgermeister, die Helfer und die damit befassten Personen oft gar nicht in der Lage, die Lebensmittelkarten vorschriftsmäßig auszugeben«, fasste der SD vielfältige Klagen zusammen. »Irrtümer ließen sich nicht vermeiden.« Eine Vereinfachung sei deshalb »dringend geboten«.

In der Vorweihnachtszeit hofften vor allem viele Berlinerinnen wieder auf Sonderzuteilungen wie 1939. Doch blieben entsprechende Ankündigungen aus – im Gegenteil: Gerade die Abschnitte auf der Reichsfettkarte für die Weihnachtswoche sahen eine geringere Zuteilung vor als üblich. Der Ersatz von Frischbutter durch Butterschmalz ärgerte viele Hausfrauen. Auch sonst herrschte Mangel: »Bei ihren Einkäufen für das bevorstehende Weihnachtsfest sind die Volksgenossen unzufrieden über die allgemeine Knappheit an Waren, vor allem der Geschenkartikel und Spielwaren, und über die durchweg gegenüber den Vorjahren höheren Preise der einzelnen Gegenstände; so werden z. B. für mittelmäßige Adventskränze Preise von RM 6,– bis 10,– gemeldet und für einen Strauß Tannenzweige von RM –,80 bis 1,– gegenüber RM –,20 bis –,30 im Vorjahr.« Für Unverständnis sorgte, dass die NSDAP eine Kampagne startete, in der zum Schnüren von Weihnachtspaketen für die Front aufgerufen wurde: »Es wird dazu geäußert, dass in der Heimat die allgemeine Verknappung von Lebensmitteln und Verbrauchsgütern stark bemerkbar sei, während die in den besetzten Ländern liegenden Soldaten großenteils diese Dinge noch uneingeschränkt kaufen könnten, schwer bepackt auf Urlaub kämen und laufend diese Sachen auch nach Hause schickten.« Wieder einmal blieb den Berlinern nichts anderes, als das Beste aus der Situation zu machen: Statt Geschenke zu kaufen, die sich Kinder und andere Verwandte wünschten, erwarben viele Mütter einfach das, was es gab: »Selbst alte ›Ladenhüter‹ und im Allgmeinen wenig begehrte Artikel werden wahllos aufgekauft«, hielt der SD fest.[69]

So hielt es auch Elsa Chotzen. Für ihre Familie, vor allem die vier Söhne und ihren Mann, die als Juden Zwangsarbeit leisten mussten, waren harmonische Feiertage noch wichtiger als für ihre nicht aus »rassischen« Gründen diskriminierten Nachbarn. Monatelang hatte sie Geld zurückgelegt, nun gab sie es aus. Am 12. Dezember 1940 kaufte sie einen Weihnachtsbaum für 1,80 Reichsmark, außerdem Pfefferkuchen sowie Nüsse und Gewürze, um selbst Weihnachtskekse zu backen. Als Geschenke erwarb sie für ihren Mann einen neuen Hut, immerhin 12 Reichsmark teuer, ihre erwachsenen Söhne sollten Rasierzeug, Parfüm, Socken und Weingeist unter dem Weihnachtsbaum finden. Für Bubi, der sich erst am 14. September 1940 verlobt hatte, suchte sie einen Ring aus. Die Freundinnen ihrer Söhne, Bozka Bytesnek, Ruth Cohn, Lisa Scheurenberg und Ilse Schwarz, bedachte Mutter Chotzen unter anderem mit Hausschuhen, Maniküre- und Nagelpflege-Sets sowie einem Nähbeutel und einer Kartentasche – sich selbst schenkte sie einen Muff. Kurz vor Weihnachten besorgte Elsa Chotzen dann noch Putzmittel und brachte die Wohnung am Heidelberger Platz auf Hochglanz. Die unmittelbar vor dem Weihnachtsfest doch noch bekannt gegebenen Sonderzuteilungen nutzte sie, um am 24. Dezember selbst Süßwaren zu erstehen, unter anderem Pfeffernüsse, Konfekt und Bonbons. Wo sie all diese raren Köstlichkeiten beschaffte, verrät ihr Haushaltsbuch nicht, einiges davon war Juden ausdrücklich verboten, wie Schokolade oder Sauerbraten. Außerdem gab es am Heiligen Abend Fisch und teuer erworbenes Obst sowie Pudding mit Rosinen und Mandeln. Getrunken wurde zum Fest Rotwein, der Juden noch nicht untersagt war. Es folgte wohl ein schönes Fest: »Für die Dauer von einigen Stunden vergessen sie alle womöglich, in welcher Lage sie sind. Sie reden, genießen das Essen, sind glücklich, zusammen zu sein, musizieren vielleicht auch ein wenig. Die Scheiben spiegeln den Kerzenschein, während draußen der Schnee in dichten Flocken herabfällt und alles ganz friedlich erscheint – selbst das Wetter spielt in diesem Jahr mit und beschert den Berlinern die einzige weiße Weihnacht im Krieg.«[70]

Doch der Schneefall hatte auch negative Folgen. Als Mitte Dezember wieder günstiges Flugwetter aufkam und klarer Himmel über Deutschland dominierte, kehrten die britischen Bomber zurück. Überall dort, wo nicht geheizt wurde, war die Schneedecke geschlossen – und so konnten die Navigatoren der RAF die Dächer der Mietskasernen von Berlin aus der Luft leicht erkennen: als dunkle Flächen inmitten des hellen Schnees. Gerade als sich die Berliner wieder an ruhige Nächte zu gewöhnen begannen, verkündeten die Sirenen ab dem 15. Dezember 1940 viermal Fliegeralarm. Am 21. Dezember folgte dann ein besonders schwerer Angriff: 53 Menschen kamen an diesem frühen Samstagmorgen ums Leben. Im Bezirk Mitte wurden Dutzende Häuser schwer beschädigt, in der Schmidstraße nahe der Spree durchschlug eine Sprengbombe das Vorderhaus bis zum Erdgeschoss. »Der Schutzraum des Hauses war teilweise eingedrückt worden«, registrierte die Hauptluftschutzstelle des Magistrats: »Es handelt sich um einen behelfsmäßig hergerichteten Kellerraum. Der Raum war nicht abgesteift, sondern hatte nur eine einfache gewölbte Decke. Diese konnte dem Druck der Trümmerlast nicht standhalten.« Allein in diesem Haus starben neun Menschen. Zahlreiche weitere Häuser gerieten in Brand, und manche konnten erst nach 16 oder mehr Stunden gelöscht werden. Auch in Friedrichshain, damals »Bezirk Horst Wessel« genannt, verschütteteten mehrere Volltreffer Luftschutzkeller – aus einem davon wurden insgesamt zehn Tote geborgen.[71] Natürlich brachten die Berliner Zeitungen darüber keine Meldungen, doch das war gar nicht nötig, denn per Hörensagen verbreiteten sich solche Neuigkeiten umgehend.

Als erstes wirklich bedeutendes Gebäude erhielt der Dom am Lustgarten schwere Treffer; ein Mann, der hinter den massiven Pfeilern der Wandelhalle Schutz gesucht hatte, wurde von Bombensplittern getötet. Der Schaden allein an diesem wilhelminischen Prachtbau betrug mehrere Millionen Reichsmark. Auch die Museumsinsel trug Blessuren davon. Mit unverhohlener Schadenfreude berichtete die Londoner Zeitung *The Observer*, die Attacke der RAF auf die verschneite Reichshauptstadt würden »die Berliner wohl als die längste Nacht des Jahres 1940 in Erinnerung behalten«.[72] Hitler und Goebbels überraschte der Angriff beim abendlichen Privatgespräch: »Luftalarm. Wir plaudern im Luftschutzbunker weiter.« Obwohl die britischen Piloten meldeten, sie hätten auch das Regierungsviertel getroffen, wurden dort keine Einschläge gemeldet. Ohnehin konnten sich der Diktator und sein Chefpropagandist unter der 1,60 Meter dicken Stahlbetondecke des Führerbunkers im Keller des Festsaals absolut sicher fühlen: »Der Luftalarm dauert bis zwei Uhr morgens. Wir haben ihn dazu benutzt, die ganze Lage einmal in Ruhe durchzusprechen.«[73]

Für fast alle anderen Berliner jedoch bedeutete die Angriffsserie kurz vor Weihnachten eine besondere Belastung. Die zwölfjährige Heidemarie Scholz aus Schöneberg schrieb am Heiligen Abend, kurz vor Beginn der Familienfeier mit Mutter, Geschwistern und Großeltern, aber ohne ihren zur Wehrmacht eingezogenen Vater, in ihr Tagebuch: »Hoffentlich müssen wir heute Nacht nicht schon wieder in den Keller. Der Weihnachtsbaum ist so schön. Wir können ihn aber nicht mitnehmen.«[74] Da die Flakbatterien um Berlin natürlich auch am 24. Dezember besetzt sein mussten, verbrachten viele der in Berlin eingesetzten Männer den Weihnachtsabend mit ihren Kameraden in behelfsmäßigen Unterkünften, statt mit ihren Frauen und Kindern daheim. Goebbels besuchte eine Batterie bei Teltow, verteilte einen »ganzen Berg von Geschenken« und bedankte sich »kurz für ihren Schutz und Schirm«.[75] Vielen Menschen in der Hauptstadt dürften die Worte des Gauleiters, die in mehreren Zeitungen abgedruckt wurden, wie Hohn vorgekommen sein. Wie unsicher die Lage in Wirklichkeit war, zeigten viele Kirchengemeinden. Ihre Pfarrer ließen die nächtlichen Gottesdienste zu Christi Geburt ausfallen, weil sie sich sorgten, die britischen Bomber könnten just in der Heiligen Nacht wiederkommen. »Missie« Wassiltschikow hatte sich mit einem Freund zur Mitternachtsmesse verabredet: »Als wir zur Kirche kamen, nachdem wir erst mühsam durch den Schnee gestapft waren, stellten wir fest, dass die Messe wegen der Gefahr weiterer Luftangriffe auf morgen verschoben worden ist.«[76] Doch nichts geschah. Geradezu erleichtert notierte Goebbels über den ersten Weihnachtstag: »Militärische Lage ganz ruhig. Keine Einflüge nach hüben und drüben. Ein stillschweigend geschlossener Gottesfrieden.«[77]

Diese Zurückhaltung währte nur kurz, jedenfalls auf deutscher Seite: Am 29. Dezember 1940 flog die Luftwaffe den bis dahin schlimmsten Angriff auf London – große Teile der Innenstadt brannten nieder. Die Berliner Zeitungen feierten diesen »Erfolg« mit Schlagzeilen und Fotos von Zerstörungen, die sie aus Blättern neutraler Staaten übernahmen. Würden die Engländer wieder zurückschlagen, Berlin erneut und ähnlich schwer bombardieren wie Görings Luftwaffe die britische Hauptstadt? Viele Berliner fürchteten das, doch diesmal blieben Vergeltungsangriffe aus. Die RAF beschränkte sich darauf, wichtige Häfen wie Bremen und Wilhelmshaven zu bormbardieren – und Flugblätter abzuwerfen, die rasch den Weg nach Berlin fanden. Auf einem davon hieß es: »Prosit 1941! Das neue Jahr beginnt, und der Krieg geht weiter – und wie steht ihr da! Ihr seid die Kulis eines Mannes, der 90 Milliarden Reichsmark verpulvert hat (euer Geld!), um sieben Jahre lang diesen Krieg vorzubereiten, und der sich darauf auch noch etwas einbildet! Die Folge dieser Wirtschaft: Deutschland ist ruiniert und zehrt nur noch von dem, was es in anderen Ländern zusammenklaut.« Die Autoren drohten ganz offen: »So sieht es aus für euch. So wird es weitergehen und immer schlimmer werden 1941, 1942, 1943, 1944 ... Bis ihr endlich etwas dazu sagt – und etwas dagegen tut! Es kommt der Tag!«[78]

Das hoffte auch eine Abendgesellschaft, die sich Ende Januar 1941 bei dem Diplomaten Erich Kordt zusammenfand, dem Leiter von Ribbentrops Ministerbüro und engen Vertrauten Ernst von Weizsäckers. Zu den Gästen zählte Ruth Andreas-Friedrich: »Das halbe Auswärtige Amt ist erschienen. Das heißt – genauer gesagt – die ›andere Hälfte‹ des Auswärtigen Amtes. Die Gegenhälfte. Denn unter den 120 Anwesenden dürfte sich kaum ein Nazi befinden. Man redete getarnt und geschickt. Wie es sich für Diplomaten geziemt. Doch hinter den umschreibenden Worten spürt jeder bei jedem den gleichen Sinn: Wir sind nicht der Meinung! Wir lehnen sie ab, die Politik dieser Gangster-Regierung!« Manchmal an diesem Abend, wenn man ganz sicher unter Freunden war, fanden die Bekannten doch klarere Worte: »Und doch macht jeder mit!«, klagte Leo Borchard gegenüber Kordt, der zurückgab: »Machen wir wirklich alle mit? Ich bitte Sie, was sollen wir denn tun? Herausgehen? Eigentlich müssten wir alle herausgehen. Wir kommen nicht an gegen die Dynamik dieser Lumpen. Wer es ehrlich meint, muss sich entscheiden, eingeschaltet zu bleiben, um es zu behindern. Wenigstens zu bremsen, wo man nicht stürzen kann. Oder sich ausschalten und das verfluchte Regime sich selbst überlassen.« Kordt machte eine Kunstpause: »Ich für meinen Teil habe mich zum Ersteren entschlossen. Und wenn der Minister mir keinen Strich durch die Rechnung macht ...«[79] Acht Wochen später wechselte Kordt tatsächlich als Gesandter an die deutsche Botschaft in Tokio; eine Verwendung weiter entfernt von Europa gab es im gesamten diplomatischen Dienst nicht. Vorher allerdings wurde der NS-Gegner Erich Kordt noch offiziell zum SS-Obersturmbannführer befördert.

In Berlin im dritten Kriegsjahr war es fast unmöglich, zwischen Anhängern und Gegnern des Regimes anhand einfacher Kriterien zu unterscheiden. Kaufmann Robert Foertsch etwa war ohne Zweifel kein Freund der Regierung Hitler – und hatte dennoch von der Arisierung einer Futtermittelfabrik profitiert, die ihr jüdischer Eigentümer weit unter Wert abgeben musste. In der Wilmersdorfer Wohnung der Foertschs lernten sich Anfang 1941 der Zahnarzt Helmut Himpel und der Musiker Helmut Roloff kennen. Man sprach angeregt miteinander, blieb aber zunächst zurückhaltend: »Vorsicht war bei Gesellschaften immer geboten, denn zwischen kritischen Bemerkungen über das System und echtem Widerstand gab es einen großen Unterschied, und Kreise, derer man sich nicht vollkommen sicher sein konnte, erforderten absolutes Stillschweigen.«[80] Erst nach mehreren Treffen im Hause Foertsch, wo Roloff oft Kammermusik spielte, sprachen Himpel und seine Lebensgefährtin Maria (eigentlich Rosemarie) Terwiel den Pianisten an: Ob man zusammenarbeiten wolle? »Ich wusste im ersten Moment nicht, was er meinte«, erinnerte sich Roloff. Himpel aber fuhr fort: »›Ich gebe ja meinen Kopf in Ihre Hand mit dieser Frage.‹ Und da wusste ich dann, was er meinte, und da habe ich gesagt: ›Gut, das können wir ja mal machen.‹«[81] Himpel und Terwiel, die trotz ihres katholischen Glaubens laut NS-Rassenideologie als »Halbjüdin« galt und deshalb ihr Studium nicht hatte beenden dürfen, gehörten beide zu einem Kreis von über 100 NS-Gegnern um Luftwaffen-Oberleutnant Harro Schulze-Boysen und Regierungsrat im Reichswirtschaftsministerium Arvid Harnack. Himpels Praxis war einer von mehreren Treffpunkten des losen Netzwerkes, das später unter der irreführenden Bezeichnung »Rote Kapelle« bekannt wurde. Sie versorgten verfolgte Menschen mit Lebensmittelkarten oder schwarz erworbenen Lebensmitteln, beschafften gefälschte Papiere. Zahnarzt Himpel behandelte jüdische Patienten kostenlos und suchte Ältere sogar in deren Wohnungen auf, wenn sie den Weg zu seiner Praxis nicht mehr bewältigen konnten. Auch nutzte er seine Kontakte zu anderen Ärzten, um diskret Einfluss auf die üblichen »Wehrtauglichkeitsuntersuchungen« zu nehmen – und damit die Einziehung von wenigstens einigen Dutzend Wehrpflichtigen an die Front zu verzögern, in Einzelfällen wohl sogar ganz zu verhindern. Das war praktizierte »Wehrkraftzersetzung« und konnte nach der »Kriegssonderstrafrechtsverordnung« mit der Todesstrafe geahndet werden.

Doch mit ihrem so mutigen wie riskanten Einsatz bildeten Himpel, Terwiel, Roloff und die weiteren Mitglieder ihres Freundeskreises eine winzige Minderheit. Höchstens 1,5 oder 2 Prozent der »arischen« Berliner stellten sich ähnlich aktiv gegen das System – genaue Angaben sind unmöglich, da jede Form von Widerstand natürlich so geheim wie möglich ablaufen musste. Dennoch dürfte es sich insgesamt sicher um mehrere Zehntausend Berliner gehandelt haben, die zum Beispiel Verfolgte unterstützten, mit Flugblättern und Parolen öffentlich die Hetze der offiziellen Stellen infrage stellten, Geheimnisse an Kriegsgegner weitergaben oder auf andere Weise den totalen Machtanspruch der NSDAP unterliefen. Sie taten das aus ganz unterschiedlichen Motiven: Ehemalige KPD-Mitglieder waren ebenso darunter wie desillusionierte frühere Hitler-Anhänger, überzeugte Sozialdemokraten und Gewerkschaftler ebenso wie konservative Beamte, Christen – sowohl katholischen wie evangelischen Bekentnisses –, außerdem Menschen, die sich aus schierer Anständigkeit nicht gemeinmachen wollten mit der zutiefst amoralischen Herrschaftpraxis des Dritten Reiches. Sie nahmen schwere Strafen, oft die mögliche Hinrichtung in Kauf, weil sie nicht einfach zuschauen konnten. Weitaus mehr Menschen unterliefen bestimmte Regeln des NS-Regimes, hörten etwa ausländische Sender, hamsterten Nahrungsmittel oder unterschlugen tauschbare Waren, um ihre eigene Versorgung aufzubessern. Solch regelwidriges Verhalten konnte auch riskant sein, wurde mindestens mit strengen Ermahnungen, oft auch mit Gefängnis geahndet, war aber noch kein Widerstand im eigentlichen Sinne. Die große Mehrheit der Berliner aber schimpfte höchstens gelegentlich über die Zumutungen, die der Krieg mit sich brachte, passte sich aber ansonsten an und versuchte, möglichst ohne Probleme zu leben.

Die Royal Air Force änderte Anfang 1941 ihre Taktik. Statt möglichst häufig mit kleinen Geschwadern über der Reichshauptstadt zu erscheinen und die Bewohner damit wie im vorangegangenen Herbst und Winter zeitweise Nacht für Nacht in die Luftschutzkeller zu zwingen, ließ das Bomber Command jetzt weniger, dafür aber jeweils größere Angriffe fliegen. Diesen Wechsel in der Konzeption der Attacken hatten Militärexperten schon länger erwartet, ein schwedischer Beobachter analysierte im Januar 1941: »Die Briten haben die deutsche Taktik mit konzentrierten Angriffen auf die zentralen Teile der Städte noch nicht angewandt. Die Angriffe auf Berlin z. B. scheinen zunächst Teil eines Nervenkrieges zu sein, wobei man mit geringem Kräfteeinsatz die Bevölkerung zu beschwerlichen Luftschutzmaßnahmen zwingt. Sicherlich sind Bomben, sowohl hier als auch dort, in Wohnviertel gefallen, da Fehlorientierung und falsche Zielauffassung üblich sind, abgesehen von der weiten Streuung der Ziele. Es ist allerdings nicht undenkbar, dass die Vergeltungsforderung allmählich so kräftig erhoben und das Bewusstsein, dass die Wirkungen der gegenwärtigen Taktik zu gering sind, so stark wird, dass man zu der rücksichtsloseren deutschen Methode übergeht.« Allerdings schränkte der Luftwaffensachverständige der Stockholmer Tageszeitung *Svenska dagbladet* gleich ein: »Aber es ist nicht wahrscheinlich, dass die britische Luftwaffe stark genug ist, um solchen Unternehmungen denselben Umfang geben zu können, wie ihn die deutschen Angriffe haben.«[82] Mit beiden Vermutungen behielt der in dem Artikel nicht namentlich genannte Schwede recht.

Zum ersten Mal schlug die RAF am 13. März 1941 der neuen Taktik entsprechend gegen Berlin zu. Fünf Stunden dauerte der Fliegeralarm am frühen Morgen, der sich auf Wohngebiete in den »besseren« Bezirken der Reichshauptstadt konzentrierte. Es war der erste Angriff nach 82 Tagen und Nächten trügerischer Normalität: »Seit fast drei Monaten hat Berlin Ruhe genossen. Nun hat die Stadt erstmals wieder einen Nachtangriff zu erdulden gehabt«, meldete der Korrespondent der *New York Times*.[83] Erstmals beteiligt an einem Angriff auf eine deutsche Stadt waren die neuen viermotorigen Bomber der RAF vom Typ Stirling. Das seinerzeit größte einsatzbereite Militärflugzeug der Welt konnte die doppelte Bombenlast einer mittelschweren Wellington in ein deutlich weiter entferntes Ziel tragen. »Eine große Anzahl von Flugzeugen«, wahrscheinlich mindestens 40 Maschinen schafften es, ihre Ziele anzusteuern. Die Schäden waren erheblich: Zahlreiche Wohnhäuser waren zerstört oder schwer beschädigt, rund 1 000 Berliner verloren ihr Dach über dem Kopf. 37 Feuerlöschzüge waren im Einsatz, 630 Polizisten sicherten die getroffenen Gebäude und organisierten Soforthilfe. Flugblätter warfen die RAF-Maschinen nicht ab, wie die Hauptluftschutzstelle eigens vermerkte. Die Zerstörung konzentrierte sich im Berliner Süden, nördlich der Innenstadt wurden Schäden vor allem durch Flakblindgänger verursacht. Rund 60 einzelne Treffer stellten die Beamten des Magistrats fest. Dutzende Wohnhäuser brannten, aus allen Teilen der Stadt rückten Feuerwehren an, um die Feuer zu löschen. Ein großes Eckhaus in der Schöneberger Reppichstraße war eingestürzt, die Bewohner im Luftschutzkeller eingeschlossen. Die Rettungstrupps des Reichsluftschutzbundes arbeiteten bis in den Nachmittag, um zu den Verschütteten vorzudringen; 15 Menschen kamen hier ums Leben. Nach der Entwarnung fielen mehr als einen halben Tag lang große Teile der S-Bahn aus, weil die Gleisanlagen der Ringbahn zwischen Innsbrucker und Kaiserplatz beschädigt worden waren – so massiv war der öffentliche Nahverkehr nie zuvor getroffen worden. Insgesamt 29 Berliner starben. 34 weitere wurden teilweise lebensgefährlich verletzt. Weil aber der Reichsrundfunk am Morgen danach weder in den Nachrichten um 07:00 noch um 09:00 Uhr konkrete Zahlen über die Opfer nannte, machten Gerüchte von bis zu 1 000 Toten die Runde. »Die Schadensangaben der Presse und der Rundfunks werden von den Volksgenossen skeptisch aufgenommen«, vermerkte ein Sachbearbeiter des SD.[84]

Die meisten »arischen« Ausgebombten bekamen binnen Kurzem neue Quartiere zugewiesen, mit denen freilich viele nicht zufrieden waren. So erklärte sich wohl auch eine Affäre, die im Frühjahr 1941 für einige Aufregung in Berlin sorgte. Das SS-Blatt *Das Schwarze Korps*, eine viel gelesene und einflussreiche Wochenzeitung, veröffentlichte unter der Schlagzeile »Untermieter. Opfer der Konjunktur« eine Geschichte über Mietwucher in der Reichshauptstadt. Anhand von zwei Beispielen führte der Artikel vor, wie »schamlos« bestimmte, mit vollem Namen genannte »Volksgenossen« die »Konjunktur ausnutzen«. Angegriffen wurde erstens der Oberstabsarzt Ewald Fulde aus Tempelhof, der angeblich eine Zweieinhalbzimmerwohnung für

135 Reichsmark pro Monat untervermietete – und dabei *Dem Schwarzen Korps* nach einen Schnitt von 70 Reichsmark pro Monat machte. Der zweite Fall betraf eine Frau, die für 110 Reichsmark die beiden kleineren Zimmer ihrer Vierzimmerwohnung untervermietet hatte – und zusätzlich ein weiteres, größeres Zimmer. Insgesamt aber betrage die Miete der Wohnung nur 120 Reichsmark. Begründet werde die überhöhte Miete in beiden Fällen durch die Möblierung, kritisierte *Das Schwarze Korps*, was jedoch unberechtigt sei: »Man muss dieses ›Mobiliar‹ gesehen haben, diese Sessel mit gelbem billigstem Stoff bespannt, um sich ein rechtes Bild von der Höhe der Forderung des Vermieters und seiner Leistung machen zu können.«[85] In der nächsten Ausgabe freilich musste die SS-Zeitung sich selbst dementieren. Unter der Überschrift »Der Schuldige wird zur Rechenschaft gezogen« erklärte die Redaktion, irregeführt worden zu sein. Die Wohnung, die Ewald Fulde untervermietete, sei modern und sogar mit Wäsche und Geschirr ausgestattet, der Preis daher angemessen und sogar »ortsüblich«. Als SS-Chef Heinrich Himmler diese peinliche Korrektur las, schrieb er dem verantwortlichen »Schriftleiter« seines Blattes einen geharnischten Brief, in dem er seinem Zorn Luft machte, dass »wieder einmal etwas zurückgenommen« werden musste: »Das kommt davon, weil dieses einmal hochanständige Blatt auf Küchen- und Dienstmädchenniveau herabgebracht worden ist. Lassen Sie doch endlich Ihre blöden kleinen Anpflaumereien.«[86]

Die neue Taktik der RAF sah nicht vor, vergleichbar zerstörerische Attacken wie die am 13. März 1941 in Serie zu fliegen. Erst zehn Tage nach diesem Angriff folgte der nächste Luftalarm in der Reichshauptstadt – genügend Zeit für die Berliner, die meisten Schäden zu beseitigen und die Schrecken der Nacht zu verdrängen. Weil auch das Wetter nicht mitspielte, waren die Zerstörungen am 23. März weit geringer. Nach britischen Angaben griffen die Bomber vor allem das Diplomatenviertel an, doch schwerwiegende Treffer erzielten sie dort nicht. Die Menschen mussten wieder einmal die Nacht in den Schutzräumen verbringen, und nur die wenigsten hatten es dabei so angenehm wie die Familie von Joseph Goebbels, der in seinem Tagebuch notierte: »Sechs Stunden Luftalarm. Im Luftschutzkeller geschlafen. Auch das geht!«[87] Verglichen mit den vorangegangenen Angriffen war dieses Bombardement höchstens mittelschwer und hinterließ wenig außer einer gewissen Müdigkeit. Dennoch folgte der längst übliche Schlagabtausch zwischen deutschen und britischen Zeitungen: Von »recht schwerwiegenden« Schäden berichtete das Communiqué der RAF, das über den Abhördienst des Propagandaministeriums und über deutsche Diplomaten in den USA bekannt wurde, während die deutschen Behörden lediglich eine »unterschiedslose« Bombardierung von Wohnvierteln in Berlin einräumten.[88] Die Wahrheit lag in der Mitte: Die meisten registrierten Schäden entstanden tatsächlich an Mietshäusern, wenn auch einzelne Fabriken und Verkehrsanlagen getroffen wurden.

ÜBUNG *Der Reichsluftschutzbund führt den Berlinern vor, wie man britische Stabbrandbomben löschen soll. Die Luftschutzwarte benutzen später einfach Sand.*

Einen wesentlich größeren Erfolg erreichte die RAF bei ihrem nächsten Feindflug. Die Attacke in der Nacht vom 9. auf den 10. April 1941 war gedacht als Reaktion auf den Überfall der Wehrmacht auf Jugoslawien und Griechenland ab dem 6. April – und wurde von den Berlinern auch durchaus so verstanden. Der deutsche Generalstab hatte diesen Feldzug von vornherein als Blitzkrieg geplant, den Erfahrungen der Wehrmacht aus dem vorangegangenen Frühjahr entsprechend. Dazu gehörten massive Angriffe auf strategische Ziele des Feindes, selbst wenn sie nicht verteidigt wurden – im Falle Jugoslawiens vor allem auf Belgrad. Die Hauptstadt des Vielvölkerstaates war schon am 4. April 1941 für den Fall von Kampfhandlungen offiziell zur »offenen Stadt« erklärt worden, was der deutsche Militärattaché auch prompt nach Berlin gemeldet hatte. Trotzdem griffen deutsche Verbände mit mehreren Hundert Flugzeugen an; 3200 Spreng- und 14000 Brandbomben wurden abgeworfen. Die eingesetzten Piloten und Bombenschützen hatten aus ihren Erfahrungen während der Angriffe auf London gelernt: Sie legten ihre Anfluggeschwindigkeit und Flughöhe so fest, dass im Zielgebiet alle 20 Meter ein Sprengsatz detonierte. Rein militärisch war der Angriff, der intern »Unternehmen Castigo« (»Strafgericht«) hieß, ein großer Erfolg, im Bericht des eingesetzten deutschen Kampfgeschwaders hieß es: »Die Wirkung ist nach Luftbild- und Erddarstellung hervorragend gewesen. Die 50-kg-Sprengbombe hat sich für die Zerstörung eines großen Stadtteils im Verein mit der Brandbombe hervorragend bewährt.«[89] Die Folgen waren verheerend, auch wenn die Zahl der Todesopfer nie festgestellt wurde – es starben mindestens 1500, vielleicht aber auch 20-mal so viele Belgrader. Während die Bombardements noch liefen, gab Goebbels seinen Mitarbeitern Anweisungen, welchen Tenor die Berichte in den deutschen Zeitungen anschlagen sollten: »Wenn morgen früh Belgrad brennt, sagen: ›Serben, merkt wohl: Eure Regierung hat vorsorglich, nachdem sie diesen Krieg provoziert hatte, mit Kind und Kebsweib Belgrad verlassen, und jetzt könnt ihr das Süppchen auslöffen.‹« Zynisch fügte der Propagandaminister hinzu: »Schaut euch jetzt mal eure Prachtstraßen in Belgrad an!«[90]

Doch diese Rechtfertigungsstrategie verfing weder in noch außerhalb der Reichshauptstadt, auch wenn die deutschen Zeitungen berichteten, in Belgrad seien ausschließlich militärische Ziele angegriffen worden. Staatssekretär Ernst von Weizsäcker bemerkte voll böser Vorahnung: »Man muss damit rechnen, dass unser Vorgehen im Ausland als Barbarei kritisiert wird. Es setzt voraus, dass diesem Vorgehen der Sieg und eine hinreichend lange deutsche Suprematie folgen, sodass die Genesis darüber vergessen wird.«[91] Dazu wollte es die britische Regierung keinesfalls kommen lassen, weshalb so schnell wie möglich ein Großangriff auf Berlins Innenstadt angesetzt wurde. Drei Tage später heulten eine Viertelstunde nach Mitternacht in der ganzen Stadt die Sirenen, und erst nach mehr als drei Stunden kam Entwarnung. Laut Schadensaufstellung des Magistrats wurden unter anderem 90 Wohnhäuser und zehn öffentliche Gebäude zerstört oder schwer beschädigt, außerdem mehrere Fabriken, Bahnanlagen, zwei Kirchen und zwei Kasernen. Entlang Unter den Linden gab es Dutzende Brände: Im Ostflügel der Friedrich-Wilhelms-Universität zerfraß Feuer den Dachstuhl, an der Kreuzung Friedrichstraße und Mittelstraße blieb kein Haus unversehrt, und die umliegenden Gebäude trugen ebenfalls Schäden davon. Auf den Straßen behinderten herabgestürzte Steine, verkohlte Balken und zerfetzte Bäume das Vorwärtskommen der Feuerwehr, der Polizei und der Löschkommandos des Reichsluftschutzbundes. Die mächtige Kuppel der Staatsbibliothek, einst bewunderter Anziehungspunkt, war am Morgen nach dem Angriff stark mitgenommen. Karl Christ, Leiter der weltbekannten Handschriftenabteilung, schrieb an einen befreundeten Bibliothekar in Tübingen düster: »Bisher sind nur Brandbomben niedergegangen, und niemand kann die Wirkung von Explosivbomben voraussehen.«[92] Christ wurde sofort tätig: Wenige Tage nach dem Angriff begannen die Vorbereitungen, die wertvollsten Bestände komplett aus Berlin in nicht durch Bomben gefährdete Ausweichquartiere in der Provinz auszulagern. Auch das Gästehaus der Reichsregierung, das Schloss Bellevue im Tiergarten, trug erhebliche Brandspuren davon; nur wenige Tage zuvor hatte hier noch der japanische Außenminister Yōsuke Matsuoka residiert, der letzte hochrangige Staatsbesuch in Hitlers Berlin.

Am schlimmsten aber traf es die Staatsoper Unter den Linden. Sie wurde »von einer größeren Anzahl Brandbomben getroffen. Theatergebäude ausgebrannt, Bühnenhaus stark in Mitleidenschaft gezogen. Schwerer Sachschaden«.[93] Goebbels vermerkte: »Ein schwerer Verlust.« Offenbar fühlte er sich tatsächlich getroffen: »Ich sehe mir den Schaden in der Staatsoper an. Sie ist verloren. Der ganze Innenraum restlos ausgebrannt. Da ist kaum noch etwas zu retten. (...) Ich muntere die Leute von der Staatsoper etwas auf, obschon mir selbst angesichts dieser rauchenden Trümmer sehr schwer ums Herz ist. Wie viele schöne Stunden habe ich nicht schon in diesem Haus erlebt. Und jetzt diese Ruine. Das wird England teuer bezahlen müssen.« Dennoch begann Goebbels unverzüglich, propagandistisches Kapital aus der Zerstörung zu schlagen: »Wir geben das offen vor der Welt bekannt, unter dem Motto: Angriff auf das Berliner Kulturviertel. (...) In Belgrad macht man Gräuelpropaganda bezüglich des Bombardements auf die Stadt. Aber der Angriff auf Berlin gibt uns da gute Gegenargumente in die Hand.«[94] Das Deutsche Nachrichtenbüro befolgte natürlich die Wünsche des Propagandachefs, in seiner Meldung hieß es: »Bei ihrem Angriff auf die Reichshauptstadt in der Nacht vom 9. auf den 10. April 1941 wurden die Engländer durch die außerordentlich klare Sicht der hellen Mondnacht begünstigt, die sämtliche Ziele auch aus großer Höhe erkennen ließ. Sie warfen Spreng- und vor allem Brandbomben in der Hauptsache auf solche Gebäude, die in der gesamten Kulturwelt einen Namen haben. Unter anderem wurden die Staatsoper und die Staatsbibliothek schwer getroffen.«[95] Einige Korrespondenten aus neutralen Staaten konnten sich angesichts solcher Aufgeregtheit klammheimliche Schadenfreue nicht verkneifen, die Nachrichtenagentur United Press etwa meldete nach New York: »Berlins großes Opernhaus Unter den Linden, in dem Adolf Hitler oft Wagner gehört hat, seine bevorzugte Musik, liegt heute in qualmenden Trümmern.«[96]

In seiner zweiten Funktion als Berliner Gauleiter zog Joseph Goebbels sofort praktische Lehren aus diesem Schaden: »Staatsoper fiel Brandbomben zum Opfer, die das Parkett in Brand setzten. Ich ordne stärkere Brandwachen für die kulturell wertvollen Gebäude an.« Vor allem um ein Gebäude sorgte er sich: »Ich habe seit der Staatsoper immer Angst, dass unser schönes Ministerium mal ein Raub der Flammen wird.« Er wollte auf künftige, eventuell noch schwerere Angriffe auf Berlin unbedingt so gut wie möglich vorbereitet sein. Die RAF-Flugblätter, die beim Großangriff auf Mitte ebenfalls vom Himmel über Berlin gefallen waren, ließen an Deutlichkeit nichts zu wünschen übrig: »Terror, brutaler, vorbedachter Terror zwang Holland, Belgien und das uneinige Frankreich auf die Knie. Jetzt legen wir erst richtig los! Unsere Antwort an Hitler: Bomben, immer größere Bomben. In diesen Orkan führt euch Adolf Hitler. Was ihr diese Nacht erlebt habt, waren nur die ersten Tropfen, die den kommenden Sturm ankündigen. Noch waren sie klein. Aber immer wuchtiger, immer vernichtender wird es auf euch herabprasseln, bis ihr der Urgewalt des Orkans nicht mehr standhalten könnt. Nehmt euch in Acht!«[97] Um seine persönliche Sicherheit, die seiner Frau und seiner Kinder musste Goebbels dennoch nicht fürchten, denn der bombensichere Bunker im Garten seiner Dienstvilla direkt südlich der US-Botschaft stand im Fühjahr 1941 kurz vor der Fertigstellung. Der als Typbunker für Reichsminister entworfene, 260 000 Reichsmark teure Bau mit 2,50 Meter starken Wänden und knapp 74 Quadratmetern Nutzfläche war durch einen unterirdischen Gang mit dem Haus verbunden. Er verfügte über fließendes Wasser, hatte aber keinen Anschluss an die Kanalisation, weshalb Torfstreu-Trockenklosetts aufgestellt wurden, auch Gasschleusen und eine Filteranlage wurden eingebaut. Keine normale Berliner Familie hatte eine auch nur entfernt vergleichbare bombensichere Unterkunft. Goebbels, der aller zur Schau getragenen Großspurigkeit zum Trotz sensibel für die öffentliche Stimmung sein konnte, erkannte, dass er dieses Problem angehen musste.

RUHE VOR DEM STURM

WER ZERSTÖRTE GEBÄUDE WIEDER AUFBAUEN LÄSST, beweist Vertrauen in die Zukunft. Auf Befehl aus dem Führerhauptquartier rückten schon am Tag nach dem zerstörerischen Großbrand in der Staatsoper Unter den Linden Bauarbeiter an, um die rußgeschwärzte Ruine zu sichern. Die Dachkonstruktion war teilweise in den Zuschauerraum gestürzt, der Kopfbau vor dem massiven Bühnenhaus eigentlich reif für den Abriss. Obwohl der Neubau von Wohnungen in Berlin längst eingestellt war und auch die meisten der gigantischen Projekte Albert Speers zum Umbau der Reichshauptstadt ruhten, durfte Architekt Erich Meffert umgehend mit dem Neubau des Publikumsbereiches innerhalb der erhaltenen Außenmauern beginnen. Ohne Rücksicht auf Kosten und Mangel an Arbeitskräften sollte gerade dieses Gebäude so schnell wie möglich wiederhergestellt werden. Man beschränkte sich nicht auf eine Rekonstruktion oder gar auf eine kriegsbedingt vereinfachte Wiederherstellung, sondern strebte eine umfassende Neuschöpfung der Zuschauerräume an – des großen Saals, der Galerien und des neu geschaffenen, kleineren Apollosaales. Neben Ingenieurs-, Maurerarbeiten und anderen Gewerken auf der eigentlichen Baustelle waren bald auch Dutzende Stuckateure und Kunstmaler in Ateliers mit der Arbeit an der aufwendigen Inneneinrichtung beschäftigt. Alle standen unter großem Druck, denn sie hatten nur knapp anderthalb Jahre Zeit: Zum 200. Jubiläum der Einweihung der Staatsoper im Dezember 1942 sollte der Wiederaufbau unbedingt fertiggestellt sein. Meffert ließ sogar verschiedene Bildhauer neue Skulpturen in Anlehnung an Rokokoformen entwerfen – darunter Dutzende fröhlich grinsende Putten. Während schon seit Anfang 1940 im Dritten Reich regelmäßig Altmetallsammlungen stattfanden, schuf ein renommierter Kunstschmied vergoldete Geländer aus Eisen für die Galerien und die neuen, monumentalen Treppen. In mehreren Porzellan- und Glasmanufakturen gab Meffert

Lüster in Auftrag, einige Firmen konnten dafür längst zur Wehrmacht eingezogene qualifizierte Mitarbeiter anfordern und »u.k.« stellen lassen, also als »unabkömmlich«. Besonderes Augenmerk legte der Architekt natürlich auf die Führerloge, die nochmals vergrößert und optisch hervorgehoben wurde.[1] Der privilegierte Wiederaufbau der Staatsoper lag einerseits an Hitlers Liebe zur Kunstform Oper, andererseits sollte der militärisch bedeutungslose Auftrag der Berliner Bevölkerung vor Augen führen, dass der Glaube der NS-Führung an ein baldiges siegreiches Ende des Krieges unerschütterlich war.

Wer allerdings im Frühjahr 1941 mit offenen Augen durch die Stadt ging, gewann schnell einen anderen Eindruck. Trotz des allgemeinen Baustopps während des Krieges wurde auf unzähligen Baustellen im Akkord gearbeitet. Jedoch entstanden fast überall nicht repräsentative Bauten und erst recht keine Wohnungen, sondern düstere Klötze aus Beton, teilweise versenkt ins Erdreich, teilweise oberirdisch. Es gab kaum eine größere innerstädtische Parkfläche oder Baulücke, auf der keine Grube gebuddelt wurde, in der Armierungsstahl und Tausende Tonnen Schwerbeton verschwanden. Getarnt waren diese Arbeiten kaum noch, im Gegensatz zur Baustelle der Neuen Reichskanzlei nur drei Jahre zuvor, als in deren Fundament der seinerzeit größte und modernste Bunker der Welt errichtet worden war. Zwar galt auch für die neuen Luftschutzanlagen selbstverständlich ein Geheimhaltungsgebot, doch angesichts von Fremd- und Zwangsarbeitern aus elf Ländern blieb das ein unerreichbares Ziel. Nicht einmal die überall aufgestellten Schilder mit der Mahnung »Fotografieren und Betreten der Baustelle verboten!« zeigten sonderlich große Wirkung. Ohnehin waren viele Standorte der neuen Schutzräume durch einfaches Nachschlagen im amtlichen Telefonbuch 1941 feststellbar, denn einige am Bau beteiligte Firmen hatten ihre Anschlüsse auf den Baustellen eintragen lassen. So nannte die Firma Simon & Halfpaap die genauen Adressen von vier künftigen Bunkern, das Unternehmen Arnold Kuthe immerhin zwei und die Habermann & Guckes AG einen Standort.[2]

Das ambitionierte Bauprogramm, das Hitler auf dem Höhepunkt der britischen Serienangriffe im September und Oktober 1940 in Auftrag gegeben hatte, war längst auf ein realistisches Maß zusammengestrichen worden, auf ein Viertel der eigentlich binnen sechs Monaten zu errichtenden Schutzräume nämlich. Im Mai 1941 zählte der Arbeitsstab von Albert Speer in Berlin »trümmersichere«, also massiv abgestützte Luftschutzkeller für rund eine Million Berliner, weitere knapp 900 000 Menschen konnten »behelfsmäßig trümmersicher« untergebracht werden. Doch das bedeutete, dass bei Luftangriffen rund zwei Millionen Einwohner der Reichshauptstadt in Quartieren Unterschlupf suchen mussten, die höchstens gegen Splitter schützten. Im Falle eines Volltreffers jedoch wurden alle diese Keller gleichermaßen zu Todesfallen. Dagegen waren zu diesem Zeitpunkt nur 58 wirklich bombensichere Bunker mit einer Gesamtkapazität für weniger als 10 000 Menschen fertiggestellt.[3] Gleichzeitig kursierten Gerüchte, einige der kleinen Sonderbunker für Minister, hohe Militärs und Botschafter seien besonders aufwendig ausgestattet. »Ein Bunker ist ein Luftschutzraum und kein Salon«, stellte Rüstungsminister Fritz Todt in einer Stellungnahme für Hitler fest. »Putz und Stuck an den Decken« sollten seiner Ansicht nach keinen Platz in Bunkern haben. Albert Speer wiegelte ab: Nur gut 2 Prozent der verarbeiteten Betonmenge seien für »Prominentenbunker« aufgewendet worden.[4]

Ein viel größerer Anteil floss in gigantische neue Bauten, die Hitler persönlich für eine Wunderwaffe gegen die britischen Luftangriffe hielt und deshalb besonders förderte: Zunächst im Tiergarten, dann im Volkspark Friedrichshain und schließlich im Humboldthain am Bahnhof Gesundbrunnen entstand jeweils ein Paar riesiger Betonfestungen, für die sich bald der Begriff Flaktürme einbürgerte. Mit ihren schweren Geschützen sollten sie die Innenstadt gegen Bomber verteidigen. Das erste Paar, an den Rand der Tiergehege im Zoologischen Garten geklotzt, konnte im April 1941 in Dienst gestellt werden. Die Idee war, durch konzentriertes Feuer schon den Anflug feindlicher Flugzeuge auf das Zentrum und das Regierungsviertel unmöglich zu machen. Zwar hatte die Flak bereits 1940 eine ähnliche Erwartung nicht erfüllen können, dennoch glaubte Hitler an seine Idee, denn die neuen Flaktürme sollten ihre Geschütze nicht mehr einfach Sperrfeuer schießen lassen, sondern mittels der inzwischen einsatzreif entwickelten Radartechnik gezielt auf einzelne Maschinen feuern. Wie alle Bunkerneubauten waren auch die Berliner Flaktürme so ausgelegt, dass sie nach dem erwarteten Sieg Hitler-Deutschlands stehen bleiben und ihre Aufgabe auch in künftigen Kriegen ausüben sollten. Dafür entwarf Architekt Friedrich Tamms eigens eine Verkleidung aus Granit, Kalk- und Sandstein, doch wurden lediglich 40 Quadratmeter Fassade am Flakturm im Tiergarten probehalber mit dieser Verblendung im vereinfachten neoklassizistischen Stil nationalsozialistischer Repräsentationsbauten versehen. Selbst ohne diesen Bauschmuck kostete jeder der Betonriesen zwischen 40 und 50 Millionen Reichsmark – für die gleiche Summe hätten normale bombensichere Bunker für 150 000 bis 200 000 Menschen errichtet werden können.

RUHE *Nach dem Ende der ersten Angriffsserie im Frühling 1941 kehrt scheinbar wieder Normalität ein in Berlin, zum Beispiel am unteren Kurfürstendamm.*

Die meisten Berliner scherten solche Überlegungen im Frühjahr 1941 wenig, denn sie hatten sich inzwischen so weit wie möglich mit den nur noch gelegentlichen Luftangriffen arrangiert. Nach den Erfahrungen des fast allnächtlichen Alarms vom vorangegangenen Herbst erschien vielen die Lage nun beinahe entspannt. Der SD berichtete, »die Haltung der Bevölkerung« sei »ruhig und diszipliniert«.[5] Das lag auch daran, dass sich viele Eltern nicht mehr um die Sicherheit ihres Nachwuchses sorgen brauchten: Wer Verwandte oder Freunde in der Provinz hatte und es sich eben leisten konnte, hatte seinen Nachwuchs privat in nicht bombengefährdete Gebiete gebracht. Für die übrigen kleinen Berliner zwischen sechs und 14 Jahren blieb die staatliche Kinderlandverschickung; Anfang 1941 hatten auf diese Weise schon mehr als 100 000 Kinder die Reichshauptstadt verlassen, beliebt war diese Möglichkeit freilich noch immer nicht. Dabei ging es weniger um das Heimweh der Kinder und die Sehnsucht der Eltern – beides waren zwangsläufige Folgen jeder Trennung, ob sie nun zentral organisiert war oder privat. Entscheidend für die Skepsis gegenüber dem staatlichen Angebot war, dass viele Mütter die Erziehung ihrer Söhne und Töchter ungern vollständig in die Hände von HJ- oder BDM-Personal legen wollten. Tatsächlich wurden die meisten Kinder in den KLV-Lagern in Jugendherbergen, alten Schlössern und anderen abgelegenen Orten im Sinne der NS-Ideologie geschult. Berliner katholische Geistliche, ohnehin vom NS-Regime kritisch beäugt, warnten die Eltern ihrer Gemeinden deshalb, bei der »erweiterten Kinderlandverschickung käme es dem Staat gar nicht darauf an, die Kinder in Sicherheit zu bringen, sondern der Zweck sei vor allem, die Kinder den Eltern zu entziehen, eine Entfremdung gegenüber dem Elternhaus herbeizuführen und somit die Voraussetzung für eine ›religionslose Erziehung der Kinder durch den Staat zu schaffen‹.« Für den SD war derlei »kirchliche Gegenpropaganda«, die möglichst unterbunden werden sollte.[6]

Das Misstrauen bestätigte sich in den vielen Briefen und Berichten über die Kinderlandverschickung. Die Eltern der elfjährigen Renate Müller etwa erfuhren aus einem in Berliner Zeitungen nachgedruckten Artikel der Tilsiter *Memelwacht* nicht nur, dass ihre Tochter im ostpreußischen Heinrichswalde (Slawsk) untergebracht war statt wie angekündigt in Lyck (Ełk) in der Region Masuren. Sie lasen auch, dass der örtliche stellvertretende NSV-Leiter den rund 100 Berliner Mädchen »die letzten gigantischen Siege unserer Luftwaffe gegen unseren Erzfeind« schilderte. Als der NSDAP-Funktionär auf »die heftigen Luftangriffe und die damit verbundenen mehrstündigen Luftalarme in London zu sprechen kam, brachen unsere Berliner Mädel, die alle bereits selber Alarme über sich ergehen lassen mussten, in spontane Begeisterung aus«. In den Briefen ihrer Tochter lasen die Eltern Müller vom militärisch durchterminierten Tagesplan der Mädchen: Um 07:00 Uhr wurde geweckt, um 08:10 Uhr hielt dann der Lagerleiter eine politische Ansprache, in der er gern Hitler zitierte, den Chef des NS-Lehrerbundes Fritz Wächtler »oder andere große Männer«, wie Renate nach Hause schrieb. Auf das Frühstück folgte vor der Schule tägliches Schuheputzen. Nach dem Mittagessen stand eine Stunde Ruhezeit an, die alle Mädchen im Bett verbringen mussten. Der Nachmittag war mit verschiedenen »Diensten« laut BDM-Programm angefüllt, und es gab nur eine Stunde Freizeit. Um 19:30 Uhr wurde gemeinsam geduscht: »Natürlich kalt – wir haben hier kein warmes Wasser.« Renate fand das nicht so schlimm: »Gerade mit kaltem Wasser macht es Spaß.« Anschließend war »Zapfenstreich, danach wird kein Wort mehr gesprochen. Aber sprechen tun wir leider nur zu oft. Unter einem Donnerwetter schlafen wir dann ein. Morgens fängt es wieder von vorne an.«[7]

Ähnliches erlebte die gleichfalls elfjährige Gisela Stange im KLV-Lager »Haus am See« in Strobl bei Salzburg: »Der Tagesablauf bot nur wenige Rückzugsmöglichkeiten.« Das Prinzip hieß »Kameradschaft statt Freundschaft«. Doch ein größeres Übel für das Mädchen aus Neukölln war »das elende Heimweh«, das sie wie fast alle ihre Mitschülerinnen befallen hatte: »Die anheimelnde Welt der Familie, besonders Mutter und Vater, fehlte allen sehr. Wir weinten uns manchen Abend in den Schlaf.« Doch tagsüber ließen sich die Mädchen so wenig wie möglich anmerken, Schwäche zeigen galt auch für sie als unschicklich. Nicht ihre Gefühle, so lernten sie, zählten, sondern dass sie ihren Platz in der »Volksgemeinschaft« ausfüllten. Immerhin spielte sich mit der Zeit ein, wie die Sehnsucht sowohl in den KLV-Lagern als auch daheim gemildert werden konnte: »So wie wir uns untereinander das Neueste aus Berlin aus den Briefen erzählten, so hielten die Mütter in Berlin untereinander ebenfalls Kontakt.«[8] Und als die Mädchen ein Wir-Gefühl zu entwickeln begannen, nahm sogar das Heimweh allmählich ab.

Die Neigung Berliner Eltern, ihre Kinder der KLV zu überantworten, blieb trotzdem relativ gering. Das fiel natürlich auf, sodass Baldur von Schirachs Vertreter vor Ort Werbung für nötig hielten. In einem an Berlins Schulen an die Kinder verteilten Rundschreiben hieß es deshalb: »Der Sinn der Kinderlandverschickung liegt nicht allein in einer Vorsichtsmaßnahme für die luftgefährdeten Gebiete, sondern vielmehr in dem Wunsch des Führers, der seiner Jugend auch im Krieg eine gesunde Entwicklung gewährleisten will. Warum soll euer Kind nicht auch diese schönste Zeit miterleben?« Das wichtigste Argument, das der NS-Funktionär anführen konnte, war wie schon im Herbst 1940 die Gleichbehandlung: »Jedes Kind, das an der erweiterten Kinderlandverschickung teilnimmt, wird ohne Rücksicht auf den Vermögensstand der Eltern vom Tage der Verschickung an kostenlos in die Obhut der Aktion genommen.« Gerade Eltern aus dem Bildungsbürgertum fühlten sich jedoch von diesem Versprechen in der Regel gar nicht angesprochen. Daran änderten auch die weiteren angepriesenen Leistungen der KLV wenig: Weder die »ständige medizinische Betreuung« noch die Garantie eines »guten Unterrichts« oder die Aussicht, dass die Kinder die »Schönheiten unserer großdeutschen Heimat kennenlernen sollten«, stimmten die Familien aus der Mittelschicht um.[9]

Während sich die kleinen Berliner in der Provinz von den Belastungen des Luftkriegs erholten, verfolgten viele Erwachsene mit wachsender Befriedigung, wie die Wehrmacht den nächsten Blitzsieg errang. Innerhalb von nur zwei Wochen unterwarfen deutsche Truppen im April 1941 Jugoslawien, noch einmal so lange dauerte der Sieg über Griechenland. In Berlin hatte dieser unerwartete Feldzug zunächst für Verwirrung gesorgt, denn längst liefen Gerüchte um: Statt im Westen eine Invasion gegen Großbritannien zu wagen, würde die Wehrmacht wohl die Sowjetunion angreifen, trotz des weiterhin gültigen Hitler-Stalin-Paktes. Ruth Andreas-Friedrich erfuhr von einer Freundin, der Ehefrau eines Beamten im Auswärtigen Amt, dass der Vorstoß nach Russland nur »aufgeschoben, aber nicht abgeblasen« sei. Als Hitler Anfang Mai 1941 seine Triumphrede über den Sieg auf dem Balkan vor den Reichstagsabgeordneten in der Krolloper hielt und das Deutsche Reich dabei die mächtigste Macht der Welt nannte, schrieb die Regimegegnerin in ihr Tagebuch: »Nun steht dem Marsch nach Russland nichts mehr im Wege. Wir tun, was wir können, die Nachricht ins Volk zu tragen.«[10] Rasch verbreiteten sich nach Hitlers Ansprache alle möglichen Gerüchte. Der SD stellte fest, »im Mittelpunkt des Interesses« stehe gegenwärtig die »Russlandfrage«. Sogar über den Termin für den erwarteten Beginn einer Offensive im Osten wurde in der Reichshauptstadt getuschelt – »überwiegend wird dabei vom 20. Mai gesprochen«.[11] Andererseits hieß es, Stalin wolle im Mai oder Anfang Juni zu einem Überraschungsbesuch nach Berlin kommen, um die zunehmenden Spannungen zwischen Hitler-Deutschland und der Sowjetunion abzubauen. Hunderte Berlinerinnen wären schon damit beschäftigt, neue rote Fahnen mit Hammer und Sichel zu nähen, für den Molotow-Besuch im November 1940 seien nämlich nicht genügend hergestellt worden. Auch im Auswärtigen Amt registrierte man solche Spekulationen. »Massenhaft Gerüchte sprechen von Verhandlungen Berlin–Moskau«, bemerkte Ernst von Weizsäcker, fügte jedoch hinzu: »Ich spüre aber von irgendwelchen Fühlungnahmen nicht das Geringste.«[12]

Als besonders wichtige Quelle dieser Gerüchte galt der Briefwechsel zwischen Soldaten und der Heimatfront. Trotz Zensur berichteten die Männer in den besetzten Ländern ihren Angehörigen nämlich gelegentlich über Umgruppierungen von Einheiten, zusätzliche Ausbildungen und neue Ausrüstung. Manche ihrer Frauen, Freundinnen oder sonstigen Verwandten deuteten im Gegenzug an, worüber daheim geredet wurde. Das war allemal interessanter als alles, was sie vom Zivilleben unter Kriegsbedingungen berichten konnten. Ein Tag sei wie der andere, lautete ein weitverbreiteter Eindruck in der

Reichshauptstadt. In den meisten der Millionen und Abermillionen Feldpostbriefe erfuhren die Männer von Frankeich bis Ostpolen, von Norwegen bis Griechenland daher vor allem von ganz alltäglichen Sorgen. Von der weiteren Kürzung der Fleischration etwa, die Anfang Mai offiziell für die Sommermonate verfügt worden war, und den Sorgen, dass bald auch Kartoffeln nur noch auf Lebensmittelmarken ausgegeben werden könnten. Längst sorgten solche Verfügungen aber nicht mehr für Aufregung, sondern nur noch für Resignation – lediglich ganz linientreue Parteigenossen redeten sich ein, dass so der Sieg im Krieg befördert werden könne. Wie irrational viele Berliner auf die angespannte Versorgungslage inzwischen reagierten, zeigte sich am Unmut darüber, dass viele auf den Bunkerbaustellen eingesetzte Kriegsgefangene weiterhin die höheren Rationen für Schwer- oder gar Schwerstarbeiter zugeteilt bekamen. Dabei waren sie es, die anstelle der zur Wehrmacht eingezogenen deutschen Männer die Schutzräume für die Bewohner errichteten.

Lieber nur unter der Hand tauschte man sich in der Reichshauptstadt über den überraschenden Abgang von Rudolf Heß aus. Hitlers Stellvertreter in der Partei war in der Nacht vom 10. auf den 11. Mai 1941, mitten im schwersten Bombardement der Luftwaffe gegen London, mit einem Langstreckenjäger nach Schottland geflogen. Zuvor hatte Heß noch einen Brief an Hitler geschrieben, in dem er seinen Entschluss begründete: Er wollte einen Frieden zwischen Deutschland und Großbritannien vermitteln. Diese selbst gewählte, aber von vornherein aussichtslose Mission überraschte den »Führer« ebenso wie Goebbels' Propagandaapparat, der hilflos reagierte. Heß habe unter »geistiger Zerrüttung« gelitten, sei das »Opfer von Wahnvorstellungen« geworden und vermutlich abgestürzt, hieß es in einem Communiqué, das am 12. Mai über den Reichsrundfunk verbreitet und am folgenden Tag in allen Berliner Zeitungen abgedruckt wurde.[13] Als die BBC dann aber bekannt gab, der Minister ohne Geschäftsbereich sei nicht »verunglückt«, wie der *Völkische Beobachter* noch verkündet hatte, sondern desertiert und befinde sich in Wirklichkeit wohlauf in britischer Hand, sorgte das für eine schwere Vertrauenskrise des

NS-Regimes in der Bevölkerung.[14] Da man darüber nicht offen diskutieren konnte, ohne Gefahr zu laufen, wegen Defätismus denunziert zu werden, machten viele Berliner ihrem Unmut mit Flüsterwitzen Luft. Beispielsweise dichtete ein unbekannter Witzbold das »Matrosenlied« von Hermann Löns, mit dem berühmten Refrain »Denn wir fahren gegen Engeland« eines der am häufigsten gesungenen Propagandalieder der Zeit, passend zur neuen Situation um:

Es geht ein Lied im ganzen Reich:
Wir fahren gegen Engeland.
Doch wenn dann wirklich einer fährt,
So wird es für verrückt erklärt.[15]

Andere Flüsterwitze hielt »Missie« Wassiltschikow in ihrem Tagebuch fest. Sie verkehrte mit zahlreichen Hitler-kritischen Adligen und Diplomaten, verfolgte aber gleichzeitig, was ganz normale Berliner tuschelten. So wurde zum Beispiel geraunt: »Det unsere Regierung verrückt is, det wissen wir schon lange; aber det se det zugibt, det ist neu.«[16] Ein weiterer Scherz bezog sich auf die vergleichsweise nüchternen Kriegsberichte des deutschen Dienstes der BBC, der weiterhin häufig gehört wurde, wenngleich nur im Verborgenen: »Radio London teilt mit: Weitere Einflüge von deutschen Ministern fanden heute Nacht nicht mehr statt.« Nach einem oft erzählten Bonmot soll Churchill Heß bei ihrer ersten Begegnung gefragt haben: »Also, Sie sind also der Verrückte?«, worauf der abtrünnige NSDAP-Funktionär geantwortet habe: »Nein, ich bin der Stellvertreter.« Auch zwei fein erfundene Anekdoten erfreuten die Berliner. Der ersten zufolge habe Hitler an Heß telegrafiert: »Kehre zurück – alles verziehen.« Heß aber habe geantwortet: »Ich bin doch nicht verrückt.« Laut der anderen sollte der »Führer« seinem ehemaligen Vertrauten versprochen haben: »Ich trage dir nichts nach«, was Heß mit den Worten gekontert habe: »Nicht nötig, habe alles mit.«[17] Beunruhigt registrierte der SD, dass »seit dem Fall Heß bestimmte militärische und politische Tatbestände offenbar aufgrund eines stärkeren Abhörens ausländischer Sender« bekannt würden, bevor der deutsche Hörfunk und die

Zeitungen sie selbst veröffentlichten. In Berlin und anderen Städten monierten die Menschen, insbesondere »ungünstige Meldungen« würden zu spät verbreitet, was nicht zur »Stärkung des Vertrauens in die eigenen Propagandamittel« beitrage. Gut gemeinte Fehlleistungen verstärkten diesen Glaubwürdigkeitsverlust, etwa ein Artikel im *Völkischen Beobachter,* der empfahl, aus Gänseblümchen einen schmackhaften Brotaufstrich zu machen. »Es wurde darauf hingewiesen, dass ähnliche Artikel in der britischen Presse von unserer Propaganda stark glossiert wurden.«[18]

Hartnäckig hielten sich in Berlin Ende Mai und Anfang Juni 1941 die Gerüchte über eine tief greifende Veränderung der deutsch-sowjetischen Beziehungen. Dabei war eine eindeutige Tendenz nicht feststellbar; vielmehr kursierten sowohl Vermutungen, Stalin werde Hitler entgegenkommen und etwa die Ukraine auf 99 Jahre an das Reich verpachten, als auch bruchstückhafte Informationen über einen bevorstehenden Angriff. Sogar die deutschen Truppentransporte, die der Bedeutung des Verkehrsknotenpunkts Berlin wegen häufig über Bahnhöfe der Reichshauptstadt abgewickelt wurden, interpretierte der Volksmund unterschiedlich: mal als Vorbereitung auf eine kommende Invasion der Sowjetunion, mal als Verlegungen von Einheiten für eine zweite Front gegen Großbritannien im Nahen Osten, deren Durchmarsch über sowjetisches Territorium Stalin angeblich erlaubt habe. Unzweifelhaft lag etwas in der Luft – nur was? Das Auswärtige Amt mietete im obersten Stockwerk des Hotels *Adlon* mehrere Suiten an und ließ dort »einen ganzen Schwarm von Sekretärinnen und Beamten mit Wagenladungen von Papier einziehen«, erfuhr Howard K. Smith, der inzwischen von der Nachrichtenagentur United Press zum Radiosender CBS gewechselt war. Tagelang verließ niemand von ihnen die Zimmer, die Türen wurden von bewaffneten Soldaten bewacht. »Offenbar bereitete man wieder einmal Dokumente vor«, mutmaßte Smith. Amerikaner, die im Hotel abgestiegen waren, hatten ihn über »dieses letzte verräterische Zeichen« informiert.[19] Auch der US-Botschaftssekretär George F. Kennan hörte solche Gerüchte und berichtete nach Washington, dass sich die »Indizien für eine bevorstehende Großaktion der Deutschen im Osten« mehrten.[20] Bei der Pressekonferenz, auf der die Weltpresse am 22. Juni 1941 über den Angriff auf die Sowjetunion unterrichtet wurde, zu einer nicht nur für Journalisten schmerzhaften Zeit um 05:00 Uhr, klärte sich das Rätsel der zeitweiligen Dependance des Auswärtigen Amtes im *Adlon*: Die Diplomaten und ihre Schreibkräfte hatten unter strengster Geheimhaltung Tag und Nacht die offizielle Note von Reichsaußenminister Joachim von Ribbentrop an Moskau sowie begleitendes Material ausgearbeitet. Smith machte sich mit diesen Unterlagen im Gepäck nach der Pressekonferenz auf den Rückweg in seine Wohnung. Weil alle Leitungen von Berlin hinaus in die Welt unterbrochen waren, um das Durchsickern von unzensierten Informationen zu unterbinden, hatte er einige Stunden Ruhe bis zu seiner anstehenden Sondersendung. Er war verstört und frustriert, schickte sogar einige stille Flüche gen Himmel, als er am Oberkommando des Heeres am Landwehrkanal vorbeikam. Er litt am *Berlin Blues* – der Sorge, Hitler könnte am Ende mit seinem Vabanquespiel vielleicht doch durchkommen.[21]

Nüchterner blieb der Berufsdiplomat George Kennan: »Als dann am 22. Juni die Nachricht vom Angriff kam, waren wir nicht völlig überrascht. Mir war gleichwohl klar, dass der Angriff die Situation von Grund auf änderte.«[22] So weit sahen die meisten Berliner wohl nicht, als sie am Morgen jenes Sonntages vom Angriff der Wehrmacht auf die Sowjetunion hörten. Sie waren überrascht, obwohl oder gerade weil in den letzten Tagen zuvor alle möglichen Gerüchte weitererzählt worden waren. »Missie« Wassiltschikow, die einst mit ihren Eltern vor der bolschewistischen Revolution hatte flüchten müssen und keinerlei Sympathie für Stalin hegte, notierte: »Das deutsche Heer ist auf der ganzen Länge der Ostgrenze zur Offensive übergegangen.« Ein Freund hatte sie im Morgengrauen angerufen, um die Neuigkeit mitzuteilen. »Eine neue Phase des Krieges beginnt. Wir haben es kommen sehen. Dennoch waren wir wie vom Blitz getroffen!«[23] Wie der Exilrussin ging es vielen in der Reichshauptstadt. »Die ersten Frühmeldungen wurden mit einer gewissen Bestürzung aufgenommen, da viele in ihrer Aufregung zunächst lediglich die

Tatsache des Kriegszustandes mit Russland aufgenommen hatten«, berichtete der SD.[24] Joseph Goebbels beschrieb die erste Reaktion der Berliner durchaus ehrlich: »Im Volk eine leicht deprimierte Stimmung. Das Volk will den Frieden, zwar nicht den verlorenen, aber jeder neu aufgemachte Kriegsschauplatz bereitet ihm Sorgen und Kummer.«[25]

Erst mit einiger Verzögerung nahmen die Berliner die deutsche Begründung für den Angriff wahr, der angeblich einem Überfall durch die Rote Armee zuvorgekommen sei. »Der Sieg der Achsenmächte auf dem Balkan allein hat zunächst den Plan vereitelt, Deutschland in diesem Sommer in monatelange Kämpfe im Südosten zu verstricken und unterdes den Aufmarsch der sowjetrussischen Armeen immer mehr zu vollenden, ihre Kriegsbereitschaft zu verstärken, um dann, gemeinsam mit England und unterstützt durch die erhofften amerikanischen Lieferungen, das Deutsche Reich und Italien ersticken und erdrücken zu können«, hieß es in Hitlers Proklamation zum Kriegsbeginn: »Und dies alles, während die Machthaber des Kremls bis zur letzten Minute nach außen hin genau wie im Falle von Finnland oder Rumänien Frieden und Freundschaft heuchelten und scheinbar harmlose Dementis verfassten.« Nach fast zwei Jahren eines ungeliebten Bündnisses konnte der Diktator zurückkehren zu seinen gewohnten Feindbildern, und er tat dies mit spürbarer Erleichterung: »Damit aber ist nunmehr die Stunde gekommen, in der es notwendig wird, diesem Komplott der jüdisch-bolschewistischen Kriegsanstifter und der ebenso jüdischen Machthaber der bolschewistischen Moskauer Zentrale entgegenzutreten.«[26] Einen Tag nach dem Angriff sah Goebbels schon erste Fortschritte an der Stimmungsfront: »Im Volk ist die Stimmung noch schwankend. Der Umschwung kam zu plötzlich. Die Öffentlichkeit muss sich zuerst daran gewöhnen.« Doch der Propagandaminister zeigte sich zuversichtlich: »Das wird nicht lange dauern. Wenn nur erst einmal die ersten sichtbaren Siege da sind.«[27]

Obwohl die offiziellen Berichte von der Ostfront anfangs betont zurückhaltend formuliert waren und selten über die Feststellung hinausgingen, im Osten verliefen die Kämpfe »planmäßig«, verbreiteten sich in der Hauptstadt Neuigkeiten über den Erfolg der Wehrmacht. »In Eilmärschen dringen unsere Divisionen vorwärts«, notierte Ruth Andreas-Friedrich am 26. Juni 1941 über das, was sie auf Berlins Straßen aufschnappte: »Gerüchte erzählen von riesigen Siegen.«[28] Doch Hitler hielt, gegen den Rat seines Chefpropagandisten, an der verhängten Nachrichtensperre fest. Goebbels schrieb zwei Tage später unzufrieden in sein Tagebuch: »Allmählich wirkt sich doch unser Schweigen sehr nachteilig auf unsere Propaganda aus.« Und als er sich am nächsten Tag bei Hitler wieder nicht mit seiner Empfehlung durchsetzen konnte, sofort dosiert Meldungen über die ersten Siege zu verkünden, notierte er: »In unserem Volk macht man sich schon Illusionen (...) Das kommt von unserem langen Schweigen. Trotzdem lehnt der Führer es ab, dieses zu brechen.« Hitler wollte seine militärische Strategie des entscheidenden, überwältigenden Schlages auf die Propagandaschlacht übertragen: »Der Führer will erst am heutigen Sonntag mit einer Sturzflut von Sondermeldungen heraus. Darauf bereiten wir alles vor.« Überzeugt war Goebbels von diesem Vorgehen nicht, mit Blick auf die Stimmung der Berliner konstatierte er: »Der erste Schock ist ganz überwunden. An dessen Stelle ist die Angabe getreten. Aber auch damit werden wir fertig werden.«[29]

Am 29. Juni 1941, genau eine Woche nach dem Angriff, war es so weit: Ab 11:00 Uhr verkündete der Reichsrundfunk im Halbstundentakt eine Siegesmeldung nach der anderen, ein Dutzend insgesamt. Jeweils eingeleitet wurden die Mitteilungen mit dem Thema aus Franz Liszts Komposition *Les Préludes*, das in Berlin bald darauf nur noch die »Russland-Fanfare« hieß. Die erhoffte Wirkung allerdings stellte sich nicht ein. Natürlich nicht bei Hitler-Gegnern wie Ruth Andreas-Friedrich und deren Lebensgefährten Leo Borchard: »Sondermeldung ... Sondermeldung ... Sondermeldung. Wir halten uns die Ohren zu. Wir wollen nichts mehr hören. Es ist geschmacklos, das Bluten und Sterben unzähliger Menschen zur Sonntagsbelustigung aufzuputzen! Historie zeitgerafft! Doch wo wir auch hinkommen, gellt es aus dem Radio: Sondermeldung ... Sondermeldung ... Sondermeldung.«[30] Doch der Propagandacoup wirkte auch nicht bei jener großen Mehrheit der Berliner, die Hitler seit dem Sieg über

Frankreich und spätestens seit dem Blitzkrieg gegen Jugoslawien für den Erlöser Deutschlands hielten. »Es ist bald zu viel. Am Ende sogar eine leichte Ermüdung im Abhören zu verzeichnen«, hielt Goebbels im Telegrammstil fest: »Die Sache ist in ihrer Absicht zu dick aufgetragen. Aber ich hatte rechtzeitig, doch vergeblich gewarnt.« Die weiteren Reaktionen bestätigten das: »Im Volke und auch im Ausland wird viel an unseren zwölf Sondermeldungen vom Sonntag herumkritisiert. Mit Recht! Das war eine gänzlich verfehlte Aktion.«[31] Die Beobachtungen des SD bestätigten das. Nach der »übersteigerten Erwartung« durch Gerüchte in der nachrichtenlosen Woche unmittelbar nach dem Angriff sei eine »gewisse Enttäuschung festzustellen«. Viele Deutsche hatten geglaubt, »dass der Kampf bereits noch weiter ins russische Land hineingetragen worden sei«. Die Nachrichten von der Ostfront riefen nicht »die gleiche Begeisterung« hervor wie im vorangegangenen Jahr die Berichte von der Westfront: »Die Ursachen hierfür liegen darin, dass ein siegreicher Vormarsch von der durch militärische Erfolge verwöhnten Bevölkerung einfach erwartet wird.«[32]

Innerhalb der folgenden Wochen aber übertrafen die anhaltenden und sogar zutreffenden Meldungen über den Vormarsch der Wehrmacht in der Sowjetunion die voreiligen Hoffnungen. Die Stimmung in Berlin stieg, beinahe in die Höhe des vorangegangenen Hochsommers, nach Hitlers allgemein als fantastisch wahrgenommener Revanche für die »Schmach von Versailles«. Howard K. Smith fasste die vorherrschende Stimmung in Berlins Straßen so zusammen: »Nun sah es besser aus, viel besser. Ein paar harte, schnelle Schläge gegen Russland, das ohnehin, wie ja jeder wusste, kurz vor einem Umsturz stand, würde in den Städten hinter der Front ein Chaos auslösen. Wenn nicht das schon zum Sturz der Regierung führte, würde das Chaos zumindest die russischen Verteidigungsanstrengungen lähmen; die Wehrmacht würde also ungehindert durch die russischen Steppen voranmarschieren, so wie sie die Straße Unter den Linden entlangmarschiert war. Das war die vorherrschende Einschätzung, so wurde sie Dutzende von Malen in meiner Gegenwart formuliert.«[33]

Ein amerikanischer Korrespondentenkollege bot Smith in der Anfangsphase des Ostfeldzuges sogar eine Wette an, dass deutsche Truppen innerhalb von zwei Wochen in Moskau einmarschieren würden. Da sich zudem im Juni und Juli 1941 die britischen Bomber ausgesprochen zurückhielten, nur jeweils ein Mal einflogen und verglichen mit den vorangegangenen Attacken kaum nennenswerte Zerstörungen anrichteten und selbst die nicht besonders gefürchtete sowjetische Luftwaffe in den ersten sieben Wochen des Ostfeldzuges überhaupt keine Angriffe gegen Berlin flog, stabilisierte sich die Stimmung noch einmal deutlich. Zugleich allerdings stieg die Unruhe spürbar an, wie sich in auf den ersten Blick unscheinbaren Veränderungen zeigte.

So nahm der Tabakkonsum in der Reichshauptstadt stark zu: Statt der üblichen 600 Millionen Zigaretten pro Monat wurden in Berlin jetzt ein Viertel mehr, nämlich 750 Millionen Stück, nachgefragt und verkauft. Und das, obwohl von den in Friedenszeiten gut 3,5 Millionen Einwohnern über 18 Jahren knapp ein Fünftel an die Fronten eingezogen oder aus anderen Gründen nicht mehr in der Heimatstadt anwesend war. »Die Rauchlust des Publikums ist also durch die nervösen und angespannten Zeiten sehr stark heraufgesetzt«, bemerkte Goebbels in seiner Funktion als NSDAP-Gauleiter. Tabaknachschub für einen weiter steigenden Bedarf wollte er aber nicht mehr organisieren: »Schließlich kann man das aber nicht bis ins Endlose fortsetzen. Es muss sich also die Bevölkerung mit dem weit über dem Friedensstandard liegenden Tabakkontingent zufriedengeben.«[34] Vor den Tabakläden bildeten sich auf einmal wie schon seit Langem bei Lebensmittelhändlern und an Marktständen Käuferschlangen, gleichzeitig kamen Gerüchte auf. Weil die von vielen Berlinern gerauchte Marke Johnnies allein 1941 gleich dreimal ihren Geschmack veränderte, erzählte man sich, die Zusammensetzung werde den jeweiligen Kriegserfolgen angepasst: Nach dem Vormarsch von Erwin Rommels Afrikakorps durch Libyen im Frühsommer 1941 sei die bisherige Mischung mit getrocknetem Kameldung gestreckt worden und etwas später, nach den ersten großen Erfolgen an der Ostfront, durch Stroh von den unendlichen Steppen der Ukraine und Weißrusslands. Beides entsprach nicht der Wahrheit: »Mein Tabakhändler erzählte mir, die ›Johnnies‹ seien aus demselben vertrockneten, eingestaubten, minderwertigen Tabak hergestellt wie die anderen Zigaretten«, notierte Howard K. Smith: »Nur seien die Blätter mit einer Chemikalie behandelt, um ihnen einen eigenen Geschmack zu geben und ihren ursprünglichen Geschmack zuzudecken. Die Chemikalie, meinte er, sei äußerst schädlich für die Lungen, und ich kann es ihm wohl glauben.«[35] Leonardo Conti, der »Reichsgesundheitsführer«, nahm die Tabakknappheit zum Anlass, seine fortlaufend betriebene Kampagne gegen das Rauchen im Allgemeinen noch einmal zu verstärken. Noch öfter als bisher häuften sich in Mitteilungen verschiedener Parteiorganisationen, in Rundbriefen an Ärzte und Krankenhäuser und bald auch in den Zeitungen Berichte über die Schädlichkeit von Nikotin. Auf HJ-Treffen gab es verstärkt Vorträge, wie gefährlich Tabak auf den jugendlichen Körper wirke, dessen Kraft für den »Führer« zu erhalten die Pflicht eines jeden Hitler-Jungen sei. In vielen Luftschutzkellern war das Rauchen sowieso schon untersagt, nun nahm deren Zahl noch einmal zu. Wo dadurch Unzufriedenheit aufkam, erwiesen sich Luftschutzwarte als flexibel und richteten in größeren Schutzanlagen separate Raucherräume ein. In Bussen, U- und S-Bahnen wurde im Sommer 1941 das Rauchen verboten, Gaststätten durften keine Zigaretten mehr an weibliche Gäste verkaufen, Frauen unter 25 Jahren bekamen keine Tabakkarten mehr, was natürlich unmittelbar vor Inkrafttreten dieser Neuregelung zu einem Ansturm von weiblichen Kunden führte. Generell ausgeschlossen war, dass Schwangere Tabakkarten bekamen. Frauen »in anderen Umständen« mussten sich nun also entscheiden, ob sie lieber die höheren Rationen an Lebensmitteln bekommen oder die Berechtigung behalten wollten, in speziellen Geschäften Tabak zu kaufen – was natürlich auch nur so lange ging, wie ihre Schwangerschaft nicht klar erkennbar war. Trotzdem sank der reale Zigarettenkonsum kaum, was auch an Millionen Packungen lag, die Soldaten per Feldpost aus den besetzten Ländern in die Heimat schickten. Vor allem aus Frankreich kam viel privat organisierter Nachschub für Raucher in die Reichshauptstadt. Angesichts dieses klar erkennbaren

Bedürfnisses der Berliner setzte sich Goebbels durch und erreichte, dass die Anti-Raucher-Kampagne wieder abgeschwächt wurde, um die dadurch hervorgerufene Unruhe unter Kontrolle zu bekommen: »Grundsätzlich formuliere ich den Standpunkt, dass es in dieser Zeit nicht angemessen ist, Probleme aufzurollen, die nicht lebensnotwendig für das Bestehen des deutschen Volkes im Kriege sind.« Zwei Tage später brachte der Propagandaminister persönlich den Reichsgesundheitsführer auf seine Linie: »Ich nehme Gelegenheit, Dr. Conti meine Richtlinien für die Behandlung der delikateren Fragen unserer Gesundheitsführung bekannt zu geben. Ich halte es nicht für richtig, dass während des Krieges Probleme angeschnitten werden, die nicht kriegsentscheidend sind. (...) Man soll jetzt nicht so viel vom Kampf gegen den Tabakmissbrauch oder ähnlichen Problemen reden.«[36]

Wirklich bedrohlich erschien Goebbels dagegen die erhebliche Verknappung von Lebensmitteln. Praktisch mit Beginn des Feldzuges an der Ostfront war ein wochenlanger Engpass aufgetreten. Nicht einmal die schon deutlich reduzierten Fleischrationen konnten ausgegeben werden, auch nicht, als man statt der gewohnten Nutztiere Schwein, Kalb, Rind, Hammel und in geringerem Maße Pferd auf gewöhnlich nicht genutztes Fleisch von Keilern, Bären, Füchsen, Wölfen, Dachsen und Hunden zurückgriff. Vor allem Wurst hatte in Berlin schon seit Monaten einen immer schlechteren Ruf – doch konnte man sich nicht dagegen wehren, auf seine Fleischmarken auch solche Produkte ausgeteilt zu bekommen. In Gaststätten gingen die Köche dazu über, von sich aus die Fleischmengen um ein Fünftel zu reduzieren, konnte doch kein Gast überprüfen, wie viel das servierte Stück vor der Verarbeitung gewogen hatte. Auch bei den Getränken gab es große Einschränkungen: Apfelsaft, das beliebteste nicht alkoholische Getränk, wurde knapp, weil die Wehrmacht ihre Bestellungen an Konservenobst für die Front massiv aufgestockt hatte, und Rhabarbersaft eignete sich nicht wirklich als Alternative. Deutscher Wein, einheimisches Bier und Schnaps wurden ebenfalls zum größten Teil in Richtung Truppen umgelenkt. Der aus dem besetzten Frankreich importierte Wein genügte nun nicht mehr annähernd, den Bedarf zu decken. In den renommierten Bars gingen die Geschäftsführer dazu über, hinter dem Tresen Flaschen mit gefärbtem Wasser aufzustellen, um wenigstens die Atmosphäre aufrechtzuerhalten. Bier wurde mit Wasser verdünnt, und sofern es überhaupt Hochprozentiges gab, handelte es sich oft um privat gebrannten Alkohol aus unsicheren Quellen, der nicht selten mit einem hohen Anteil an gesundheitsgefährdenden Stoffen belastet war. Der Durst ließ sich dadurch nicht bremsen. Ein bekanntes Delikatessengeschäft am Kurfürstendamm stellte eine Tafel ins Schaufenster: »Die Flaschen sind ausschließlich mit gefärbtem Wasser gefüllt und dienen nur der Dekoration. Wir haben keinen Alkohol, bitte belästigen Sie deshalb nicht unser wegen des Krieges ohnehin knappes Personal.«[37]

Natürlich gab es vielfach Unmut, doch da der Mangel jedenfalls in der Öffentlichkeit fast alle gleichermaßen traf, hielten sich die Auswirkungen dieser Kürzung noch in Grenzen. Zwar ahnten viele Berliner, dass privilegierte Gruppen – zum Beispiel höhere Beamte und Offiziere in den Ministerien, die verbliebenen Diplomaten und ausländischen Korrespondenten sowie alle, die sich auf Schleichwegen an der offiziellen Lenkung vorbei mit Nahrung versorgen konnten – viel besser lebten, doch das konnten sie selbst auch, sofern sie bereit und in der Lage waren, auf dem schwarzen Markt markenfrei Nahrung zu kaufen. Als im Juli 1941 auch erntefrisches Gemüse und vor allem Kartoffeln knapp wurden, war jedoch die Schwelle überschritten. Zwei Wochen lang gab es in Berliner Geschäften buchstäblich nichts mehr vom wichtigsten Grundnahrungsmittel überhaupt. Sowohl der Mangel an Arbeitskräften wie schlechtes Wetter im Herbst und Winter hatten die Ernte in den Hauptliefergebieten für Berlin sinken lassen – offiziell um 5 Prozent, in Wirklichkeit wahrscheinlich um fast ein Drittel. Hektisch versuchten die Behörden, aus der Provinz Reserven in die Hauptstadt und andere ähnlich betroffene Großstädte umzulenken. Doch dafür musste der Personenverkehr nach Berlin hinein eingeschränkt werden, weil Güterwaggons fehlten und Kartoffelsäcke in Abteilen der dritten Klasse transportiert wurden. Ende Juli 1941 zeigten sich erste Erfolge: Der Engpass bei Kartoffeln war überwunden, wenngleich nun vor allem minderwertige Ware ausgegeben wurde. Um den Verlust an Nährwert zu verringern, empfahlen viele Zeitungen ihren Leserinnen, die Kartoffeln erst nach dem Kochen zu schälen – das reduziere den Verlust an essbarer Substanz. Goebbels sah trotzdem schon wieder zuversichtlich in die Zukunft: »Die Lebensmittellage hat sich wesentlich gebessert. Es gibt jetzt wieder ausreichend Kartoffeln und Gemüse. Die Lage auf dem Tabakmarkt ist auch aufgelockert worden, sodass im Augenblick nur noch die Siegesnachrichten vom Ostfeldzug fehlen, um eine allgemeine Beruhigung der inneren Lage hervorzurufen.«[38]

Abermals hatte Hitler entschieden, Siegesmeldungen konzentriert bekannt zu geben, trotz der schlechten Erfahrungen eine Woche nach Beginn des Ostfeldzuges. An der Meinung Hitlers änderten auch die dreimal pro Woche zusammengestellten Berichte des SD nichts, in denen die Verunsicherung der Bevölkerung registriert wurde. »Allmählich Kopfzerbrechen« bereite die unsichere Meldungslage von der Ostfront, hieß es am 28. Juli 1941. Man befürchte, dass die ausbleibenden Informationen über Siege im Bewegungskrieg dafür sprechen könnten, es habe nun doch ein Stellungskrieg wie im Ersten Weltkrieg begonnen. Drei Tage später berichteten die »Meldungen aus dem Reich«, an der Heimatfront seien Feldpostbriefe von der Front eingetroffen, denen zufolge die Eroberung Frankreichs »im Gegensatz zum russischen Feldzug ein Kinderspiel gewesen« sei. Das trage zwar »zur richtigen Einschätzung der Leistungen der deutschen Truppen« bei, gebe aber doch zu Fragen Anlass, wie lange denn der Feldzug noch dauern werde. Am 5. August warnte der SD, das »Warten auf Sondermeldungen von neuen größeren Erfolgen an der Ostfront« bewirke allmählich »ein Absinken der erwartungsvollen Stimmung der Bevölkerung«.[39]

Schon am folgenden Tag erlöste eine besonders lange Sondermeldung die Berliner aus der Ungewissheit über den Fortgang der Kämpfe. Goebbels hatte erreicht, dass diesmal ihm die Gestaltung der Veröffentlichung überlassen blieb. Statt die einzelnen Erfolge gestreut über den halben Tag zu veröffentlichen, gab der Reichsrundfunk die Mitteilung ab 12:30 Uhr stündlich konzentriert bekannt, eingerahmt von einem umfangreichen Musikprogramm. Die Wirkung unterschied sich deutlich vom vorangegangenen Misserfolg: Der Pessimismus sei »mit einem Schlag behoben worden«, vermerkte Goebbels zufrieden.[40] Tatsächlich wirkte die Mitteilung »sehr entspannend und beruhigend«, bestätigten die Informanten des SD.[41] Zur Begründung der Verzögerung hieß es in den vom Propagandaapparat redigierten und in klassisches Deutsch gefassten Meldungen: »Nunmehr ist der Zeitpunkt gekommen, der es angesichts der Einleitung neuer Operationen ermöglicht, Aufschluss über den Ablauf und das Ergebnis des gewaltigen Ringens zu geben, das mit dem Durchbruch durch die Stalin-Linie begonnen hat.«[42] Hunderttausende Rotarmisten waren von der Wehrmacht gefangen genommen, ganze russische Armeekorps beinahe vollkommen aufgerieben worden. Der elfjährige Günter Lamprecht erinnerte sich an seine Gefühle in diesem heißen Hochsommer: »Der Russlandfeldzug verlief bisher ›sehr erfolgreich‹, und alles sah weiter nach einem großen Sieg der deutschen Armee aus. Wir hatten uns an das Siegen gewöhnt, hofften auf einen baldigen Frieden im Großdeutschen Reich und schwammen mit auf der Erfolgswelle der Goebbels'schen Propaganda. Solange der Krieg sich nur in anderen Ländern abspielte, ließ man es sich gut gehen.«[43]

Eher hilflos wirkten demgegenüber die fünf Luftangriffe der sowjetischen Luftwaffe auf die Reichshauptstadt Anfang August. Da die Berliner sie mit den konzentrierten britischen Attacken in den vorangegangenen Monaten verglichen, schienen sie eher das Urteil der Propaganda über die mangelnden militärischen Fähigkeiten der Roten Armee zu bestätigen. Bezeichnenderweise fanden sie jenseits der Metropole größere Beachtung als in Berlin selbst. Das musste auf Informationen zurückgehen, die vom deutschsprachigen Dienst von Radio Moskau oder auf derselben Grundlage von der BBC verbreitet wurden, denn deutsche Stellen verzögerten die Bekanntgabe dieser kleinen Attacken, um nicht den Eindruck totaler deutscher Luftherrschaft an der Ostfront zu schmälern. Da aber jenseits Berlins die geringen Auswirkungen des Angriffs nicht spürbar waren, entstand eine ideale Situation für das Aufkommen von Gerüchten. Völlig zutreffend analysierte Goebbels: »Die Hauptsache in der Nachrichtenpolitik ist Schnelligkeit. Wer zuerst kommt, mahlt zuerst. Je länger man wartet, desto mehr gewinnt der Gegner Vorsprung. Vor allem aber soll man nicht eine Sache, die jedermann weiß, zu verschweigen versuchen. In diesem Fall weiß die Welt, dass sowjetrussische Flugzeuge Berlin angegriffen haben. Die Berliner Bevölkerung hat es an den abgeworfenen Flugblättern festgestellt. Die einzige Instanz, die so tut, als wüsste sie nichts, ist die deutsche Regierung. Man schädigt damit unsere Glaubwürdigkeit in einem Umfang, der gar nicht mehr erträglich ist.«[44] In Berlin war das anders. Die Reichshauptstadt erlebte in den ersten beiden Augustwochen 1941 noch einmal das Hochgefühl der Siegesgewissheit. Im prominentesten Schaufenster der Stadt, neben dem Haupteingang des Kaufhauses Wertheim am Leipziger Platz, stand eine gewaltige Karte Osteuropas, auf der täglich der Vormarsch der Wehrmacht hinein in die Ebenen der Sowjetunion markiert wurde. Die meisten Passanten blieben wenigstens kurz stehen, um die Karte zu betrachten.

Allerdings mischte sich in die Zuversicht bald Verunsicherung. Denn immer öfter kamen an Frontsoldaten gerichtete Briefe mit dem roten Vermerk »Gefallen« nach Berlin zurück. Radio London und die Flugblätter der RAF stellten drängend die Frage, warum das Oberkommando der Wehrmacht keine Verlustlisten veröffentliche. Solchen bohrenden Fragen konnte der Propagandaapparat wenig entgegensetzen, waren doch allein in den ersten fünf Wochen an der Ostfront mehr als 54 000 Wehrmachtssoldaten gestorben oder vermisst und weitere 150 000 verwundet worden – deutlich mehr als in der dreimal so langen Zeit des Westfeldzuges 1940, bei ungefähr gleicher Stärke der eingesetzten Truppen von etwas über drei Millionen Mann. Bei den großen Schlachten im August 1941 stiegen diese monatlichen Verlustziffern sogar noch einmal an.[45] Die Ausfallquote lag also bei über 6 Prozent der eingesetzten Truppen pro Monat. Nicht einmal Goebbels hätte das schönreden können, wären die Zahlen öffentlich geworden. Also wurde beharrlich geschwiegen – mit absehbaren Folgen bei den Berlinern: »Wie alle Meldungen und Berichte von der Ostfront danach durchforscht werden, ob sie Hinweise auf deutsche Verluste geben, so auch die Sondermeldung, bei der viele Volksgenossen den sonst bei zusammenfassenden Berichten enthaltenen Hinweis auf die relativ geringen eigenen Verluste erneut als Bestätigung der angeblich sehr hohen Verluste im Ostkrieg werteten.« Wieder einmal war es die Wechselwirkung von Front und Heimat, die für eine Zuspitzung sorgte: »Eine Unzahl von Gerüchten, in erster Linie genährt durch Erzählungen von Fronturlaubern und Berichte in Feldpostbriefen, bilden bei allen Volksgenossen den mit größtem Interesse gehörten Ersatz für in den OKW-Berichten vermisste Angaben, vor allem über die Zahl der bisherigen Verluste im Ostfeldzug. So sind in zahlreichen Feldpostbriefen Angaben enthalten über große Verluste einzelner Einheiten. Diese Berichte werden sehr rasch weitererzählt und die Einzelangaben dabei bedenkenlos verallgemeinert.«[46] Auch die Todesanzeigen in den Berliner Zeitungen wurden als Quellen für Spekulationen über die Opfer an der Ostfront herangezogen, und so sprach man bald über noch viel höhere Verluste, als tatsächlich anfielen. Vom in der vormaligen Kadettenanstalt Lichterfelde beheimateten und inzwischen an der Südfront in Russland eingesetzten SS-Regiment »Leibstandarte Adolf Hitler« etwa wurde Ende August 1941 erzählt, es habe bereits drei Fünftel seiner Männer eingebüßt. In Wirklichkeit waren die Verluste dieser nationalsozialistischen Eliteeinheit in den ersten acht Wochen des Ostfeldzuges zwar tatsächlich überdurchschnittlich hoch – wohl wegen einer Mischung aus überschießendem, ideologisch begründetem Kampfeseifer und ungenügender militärischer Ausbildung –, jedoch betrugen die Verluste mit 180 Gefallenen, 751 Verwundeten und 17 Vermissten knapp ein Drittel der Sollstärke; halb so viel, wie geraunt wurde. Doch diese auch nicht wirklich beruhigende Information kam in der Reichshauptstadt nicht an.

Stattdessen stabilisierte sich die schlechte Stimmung. Besorgt registrierte der SD, Zeitungen und Reichsrundfunk werde zunehmend der Vorwurf gemacht, die Anfangsmeldungen über grandiose Siege im Osten seien verfrüht gewesen. Selbst der Propagandaminister gestand sich ein: »Die Stimmung selbst verhält sich nicht nur abwartend, sondern ist in gewissem Umfange wieder etwas versteift.

Unsere Siegesnachrichten sind nicht mehr richtig durchschlagend. Das ist in der Hauptsache darauf zurückzuführen, dass wir in den ersten Wochen des Ostfeldzuges etwas zu sehr angegeben haben.«[47] Zu Beginn des dritten Kriegsjahres machte sich eine »gewisse Beklemmung« bei den Berlinern breit. Immer öfter waren auf der Straße Stoßseufzer zu hören, etwa: »Wer hätte im vergangenen Jahr gedacht, dass der Krieg so lange dauern würde?« Im Vergleich zum Kampf an der Ostfront seien die bisherigen Feldzüge reine »KdF-Fahrten« gewesen, berichteten Fronturlauber. Vom unerschöpflichen Nachschub an Menschen und Material bei der Roten Armee war viel die Rede, auf eine Entscheidung der Kämpfe in absehbarer Zeit zu hoffen sei wirklichkeitsfremd.[48] Spätestens Anfang September 1941 verebbte die letzte Welle allgemeiner Siegeszuversicht in Berlin endgültig. An die Stelle der sicheren Überzeugung, Hitler-Deutschland werde schließlich siegen, trat nun die bange Hoffnung, man müsse am Ende siegen, weil sonst die Rache der Kriegsgegner fürchterlich sein werde. Fortan prägte zunehmend Fatalismus das Leben in der Reichshauptstadt.

Zu dem Stimmungsumschwung dürfte eine Predigt beigetragen haben, die Bischof Clemens August Graf von Galen am 3. August 1941 in Münster gehalten hatte. Darin griff er den seit Anfang 1940 unter Geheimhaltung praktizierten, aber inzwischen durchgesickerten Massenmord an körperlich und geistig behinderten Menschen in scharfen Worten an: »Seit einigen Monaten hören wir Berichte, dass aus Heil- und Pflegeanstalten für Geisteskranke auf Anordnung von Berlin Pfleglinge, die schon länger krank sind und vielleicht unheilbar erscheinen, zwangsweise abgeführt werden. Regelmäßig erhalten dann die Angehörigen nach kurzer Zeit die Mitteilung, der Kranke sei verstorben, die Leiche sei verbrannt, die Asche könne abgeliefert werden. Allgemein herrscht der an Sicherheit grenzende Verdacht, dass diese zahlreichen unerwarteten Todesfälle von Geisteskranken nicht von selbst eintreten, sondern absichtlich herbeigeführt werden (...).« Gerüchte über solche Morde hatte es in Berlin bereits gegeben, bevor die »Euthanasie« tatsächlich begonnen hatte. Doch nun, nach den ersten Wochen des extrem verlustreichen Feldzuges im Osten, traf von Galens Kritik eine besonders wunde Stelle, denn er sagte weiter: »Wenn man den Grundsatz aufstellt und anwendet, dass man den ›unproduktiven‹ Mitmenschen töten darf, dann wehe uns allen, wenn wir alt und altersschwach werden! Wenn man die unproduktiven Mitmenschen töten darf, dann wehe den Invaliden, die im Produktionsprozess ihre Kraft, ihre gesunden Knochen eingesetzt, geopfert und eingebüßt haben! Wenn man die unproduktiven Mitmenschen gewaltsam beseitigen darf, dann wehe unseren braven Soldaten, die als Schwerkriegsverletzte, als Krüppel, als Invaliden in die Heimat zurückkehren.«[49]

Natürlich berichtete keine Zeitung im Dritten Reich über diese Predigt, doch andere Priester und gläubige Laien verbreiteten den Text bald im ganzen Reich. Der 16-jährige Gymnasiast Fritz Klein erfuhr von einem Mitschüler über die Predigt: »Was er bei Galen gelesen hatte, erschütterte meinen Klassenkameraden so, dass er einige von uns, es mögen acht bis zehn Jugendliche gewesen sein, zu sich einlud und uns Teile der Predigt vorlas.«[50] Unter anderem die »Halbjüdin« und gläubige Katholikin Maria Terwiel tippte von Galens Ansprache mit so vielen Durchschlägen wie möglich ab und verbreitete zusammen mit ihrem Lebensgefährten Helmut Himpel mehrere Hundert, vielleicht sogar über 1 000 Exemplare per Post. Die Adressaten hatten sie einfach dem Telefonbuch entnommen, in erster Linie richteten sie sich an Akademiker. Aber zahlreiche Exemplare verschickten die beiden auch anonym per Feldpost an die Front – dort sollte bekannt werden, was von Galen über den künftigen Umgang mit Kriegsversehrten angedeutet hatte. Eigentlich alles an einem solchen Vorhaben war lebensgefährlich: Papier, Umschläge und Briefmarken konnte man nicht in größeren Mengen kaufen, ohne sich verdächtig zu machen, andauerndes Tippen konnte neugierigen Nachbarn verdächtig vorkommen, selbst beim Einstecken von vielen Umschlägen gleichzeitig musste man auf mögliche Denunzianten achten – 100 oder mehr Briefe auf einmal auf einem Postamt abzugeben hätte ebenfalls leicht zur sofortigen Verhaftung führen können.

Über die Predigt und ihre Weiterverbreitung schäumte Goebbels: »Der Bischof Galen von Münster hat eine unverschämte und provozierende Rede gehalten. Er brachte dabei sogar die Frechheit auf, zu behaupten, dass unsere Euthanasie-Bestrebungen so weit gingen, dass Verwundete, wenn sie für die praktische Arbeit nicht mehr zu gebrauchen seien, von uns ermordet würden.« Ihm war klar, dass der Text eine perfekte Vorlage für die britische Propaganda bieten würde: »Wenn es nach mir ginge, so würde man hier ein Exempel statuieren und dem hohen Kirchenfürsten zeigen, dass vor dem Gesetz jeder gleich ist und er nicht anders behandelt wird als irgendein kleiner Mann aus dem Volke.« Aber ein Exempel statuieren sei »wohl im Augenblick psychologisch« kaum möglich. »Man muss warten, bis der Krieg zu Ende ist; dann werden wir mit diesem politisierenden katholischen Klerus aufrechnen.«[51] Dazu kam es allerdings nicht, von Galen blieb durch sein Amt geschützt – anders als viele Hitler-Gegner, die seine Predigt mit Zustimmung gelesen und weitergegeben hatten. Bernhard Lichtenberg etwa, Dompropst an der St.-Hedwigs-Kathedrale in Berlin, protestierte mit einem Brief an Leonardo Conti gegen die Euthanasie, wodurch er auf der Zielliste der Berliner Gestapo gleich um mehrere Ränge nach oben rückte. Überraschenderweise hatte Galens geschickt konzipierte Rede tatsächlich eine direkte Auswirkung: Der organisierte Massenmord an »lebensunwertem Leben« wurde am 24. August 1941 auf Hitlers Befehl hin unterbrochen, die Gaskammern in den zu Tötungsanstalten ausgebauten Krankenhäusern und Gefängnissen, zum Beispiel in Brandenburg bei Berlin, blieben fortan außer Betrieb. Das im Vergasen erfahrene Personal allerdings wurde nach Polen versetzt, um dort neue und viel größere Mordfabriken aufzubauen, diesmal für Europas Juden. Nach einer kurzen Unterbrechung ging zudem auch der Krankenmord weiter, allerdings dezentral und besser getarnt. Durch einen öffentlichen Protest wie von Galens Predigt war die Mordgier der Nationalsozialisten nicht zu stoppen.

Obwohl Goebbels gegenüber anderen Spitzenfunktionären des NS-Regimes gern behauptete, im Krieg dürften Ressourcen nur für kriegswichtige Aufgaben gebunden werden, verfolgte er unbeirrt eines seiner wichtigsten Ziele, das nichts mit dem Krieg zu tun hatte: Der Gauleiter wollte unbedingt die Reichshauptstadt von den verbliebenen etwa 62 000 Juden »säubern«. Schon im Juli 1940 hatte er festgehalten, die Juden müssten »überhaupt« aus Berlin »heraus«. Das entsprach der tief verwurzelten antisemitischen Haltung, die er schon vor seinem Amtsantritt als Parteichef der Reichshauptstadt im November 1926 vertreten hatte. Im Überschwang des triumphalen Sieges der Wehrmacht über Frankreich notierte er: »Großen Plan der Evakuierung der Juden aus Berlin genehmigt.«[52] Die Polizei hatte den Plan ausgearbeitet, vorgesehen war die Umsetzung unmittelbar nach dem Sieg, den Anfang sollte Goebbels zufolge sein Gau machen: Man müsse »vor allem dafür sorgen, dass Berlin an erster Stelle gesäubert wird«. Erst danach sollten »die anderen Judenstädte (Breslau usw.) an die Reihe kommen«.[53] Doch aus diesem Vorhaben wurde zunächst nichts, denn weder die Berliner Unternehmen noch der öffentliche Dienst konnten auf die jüdischen Zwangsarbeiter verzichten. Sie erledigten, bei Schichten von zwölf oder mehr Stunden an sechs Tagen pro Woche und dennoch nur sehr knappen Lebensmittelrationen, viele notwendige Aufgaben. Also blieb den Antisemiten in der Stadtverwaltung vorerst nichts anderes, als die Schikanen weiter zu verschärfen, was sie mit zynischem Einfallsreichtum taten. In der größten Synagoge in der Oranienburger Straße durften keine Gottesdienste mehr abgehalten werden, weil sie nun dem Heeresbekleidungsamt als Lager dienen sollte. Per Polizeiverordnung wurde allen Geschäftsinhabern aufgegeben, Juden nur noch in einem eng begrenzten Zeitfenster am Nachmittag Waren zu verkaufen, das hatte bis dahin nur für Lebensmittel gegolten. Indirekt wurden die Steuern für Juden weiter erhöht, indem die Finanzverwaltung die Freibeträge kürzte und ab 1941 einen zusätzlichen Zuschlag von 15 Prozent auf die reguläre Steuer verfügte. Noch mehr Juden wurden zur Zwangsarbeit verpflichtet, auch die davon bislang freigestellten Frauen bis 55 Jahre.

Während sich Goebbels mit seinen Deportationsplänen noch nicht hatte durchsetzen können, gelang dies dem neuen Wiener Gauleiter Baldur von Schirach: Hitler ordnete den Abtransport aller

Juden aus der österreichischen Metropole noch während des Krieges an. 60000 Menschen sollten ins besetzte, aber mit abgeschobenen Menschen bereits überfüllte Polen geschafft werden. Was in den dortigen Gettos mit ihnen geschehen würde, interessierte die Parteifunktionäre nicht, wahrscheinlich erfuhren sie nicht einmal, dass sich die Verantwortlichen dort vor Ort zu dieser Zeit schon weitreichende Gedanken machten. Es bestehe im kommenden Winter 1941/42 im besetzten Polen »die Gefahr, dass die Juden nicht mehr sämtlich ernährt werden können«, schrieb der Leiter des SD-Abschnitts Posen (Poznań), Rolf-Heinz Höppner, in einer Aktennotiz, die auch an Adolf Eichmann in Berlin ging. Höppner fuhr fort: »Es ist ernsthaft zu erwägen, ob es nicht die humanste Lösung wäre, die Juden, soweit sie nicht arbeitseinsatzfähig sind, durch irgendein schnell wirkendes Mittel zu erledigen. Auf jeden Fall wäre dies angenehmer, als sie verhungern zu lassen.«[54] Als klar wurde, dass in Wien doch »nur« 45000 Menschen nach Polen deportiert werden könnten, bot Eichmann bei einer Besprechung im Propagandaministerium großzügig an, immerhin 15000 »nichtarische« Berliner abzutransportieren – obwohl oder vielleicht auch weil er von der Überfüllung der polnischen Gettos und Lager wusste. Diesmal allerdings musste Goebbels ablehnen: »Die Juden selbst können nicht aus Berlin evakuiert werden, da 30000 in Rüstungsbetrieben arbeiten. Wer hätte das früher einmal für möglich gehalten?«[55]

Zum »Ausgleich« traten noch einmal zusätzliche Schikanen in Kraft: »Im April 1941 war es Juden verboten worden, Hausgehilfinnen zu beschäftigen«, erinnerte sich Inge Deutschkron: »Ich sollte wie alle anderen Juden zur Zwangsarbeit in einer Fabrik eingezogen werden.« Doch ihr bisheriger Arbeitgeber, ein alter Herr namens Conrad Cohen, hatte ihr noch ein Empfehlungsschreiben mitgegeben – für eine Bürstenwerkstatt am Hackeschen Markt, die Juden als Zwangsarbeiter anfordern konnte. Die 19-Jährige machte sich auf den Weg dorthin, stieg eine wackelige Holztreppe im Hof hinauf und fand sich in einem kärglich eingerichteten Büro wieder. Der Inhaber, ein hagerer Mann mit seltsam fahlen blauen Augen, namens Otto Weidt, ließ sie Platz nehmen und stellte freundliche Fragen.

Bald merkte Inge Deutschkron, dass der durchdringende Blick des Mannes nichts bedeutete, denn er war beinahe völlig blind. Während des Gespräches musste er mehrmals zu einem Inhaliergerät greifen und sich Luft in die Lungen pumpen. Schließlich sagte er zu der unfreiwilligen und doch hoffnungsvollen Bewerberin: »Gut, seien Sie übermorgen vor dem Arbeitsamt für Juden. Dort werden noch andere auf mich warten. Wir werden sehen, was sich machen lässt.« Inge Deutschkron stand auf und ging zur Tür, da rief Weidt ihr hinterher: »Und, übrigens, wundern Sie sich nicht, wenn ich dort nicht so nett mit Ihnen spreche.«[56] Doch im ersten Anlauf misslang ihr Versuch, bei dem ihr empfohlenen Arbeitgeber unterzukommen: Otto Weidt hielt sich zum angegebenen Termin im Arbeitsamt für Juden im Hintergrund, denn dieses Mal war sein Versuch fehlgeschlagen, einen der Mitarbeiter des Arbeitsamtes davon zu überzeugen, dass er weitere Arbeitskräfte brauche. Inge Deutschkron wurde zunächst einem Betrieb der IG Farben zugeteilt.

Derweil sann Goebbels nach einer neuen Möglichkeit, die Berliner Juden auszugrenzen, wenn er sie schon nicht abschieben lassen konnte. Am 21. April 1941 hatte er eine Idee: »Ich ordne an, dass die Juden in Berlin ein Abzeichen tragen müssen. Sonst mischen sie sich immer wieder harmlos unter unser Volk und meckern.« Er bedauerte, dass »wir sie augenblicklich nicht herausbringen können, weil sie als Arbeitskräfte unentbehrlich seien«.[57] Eine Kennzeichnungspflicht für Juden hatte es in Mitteleuropa seit mehr als anderthalb Jahrhunderten nicht mehr gegeben, und selbst die Regierung Hitler war 1938 entsprechenden Vorschlägen gegenüber skeptisch geblieben, obwohl schon erste Entwürfe für ein Abzeichen angefertigt worden waren. In Polen mussten Juden zwar seit 1939/40 Judensterne tragen, doch noch handelte es sich um regionale Initiativen, nicht um eine allgemeingültige Vorschrift. Nun drängte Goebbels, genau eine solche neue Regel einzuführen. Doch zunächst fand er dafür bei Hitler, der allein eine Frage von so großer außenpolitischer Wirkung entscheiden konnte, noch keine Zustimmung. Also griff der Propagandaminister zunächst zu einem einfachen Behelf: »Um jüdische Männer durch Bärte als solche kenntlich zu machen, erhalten sie keinerlei Zusatzkarten für Rasierseife mehr; auch der Kauf von Seife ist ihnen nun untersagt.«[58] Elsa Chotzen allerdings fand auf unerfindlichen Wegen eine Lösung für dieses Problem, jedenfalls konnten sich ihr Mann und ihre vier erwachsenen Söhne weiterhin rasieren. Ein kleiner Akt des Widerstandes gegen eine unmenschliche Politik, genau wie der Ausflug, den »Bubi« Chotzen und seine Verlobte Lisa Scheurenburg am 22. Juni 1941 unternahmen: Obwohl es Juden streng verboten war, sich ohne zwingenden Grund in die Innenstadt oder gar das Regierungsviertel zu begeben, flanierten sie wie andere Paare Unter den Linden entlang, fotografierten einander vor dem Brandenburger Tor oder an der Friedrichstraße. Wären sie erkannt und denunziert worden, hätte der Abstecher sie leicht ins Gefängnis oder ins KZ bringen können, doch noch identifizierte sie nichts als Menschen zweiter oder sogar dritter Klasse, denn abgenutzte, geflickte Kleidung mussten mangels Alternativen auch »arische« Berliner tragen.

Die Berliner NSDAP-Führung fuhr ihren antisemitischen Kurs jetzt zweigleisig weiter. Einerseits drängte Goebbels Hitler so lange, bis der »Führer« ihm Mitte August 1941 zusagte, »die Berliner Juden so schnell wie möglich, sobald sich die erste Transportmöglichkeit bietet, von Berlin in den Osten abzuschieben«. Was sie erwartete, war völlig klar: »Dort werden sie dann unter einem härteren Klima in die Mache genommen.« Gleichzeitig setzte der Propagandaminister bei Hitler die Einführung eines Kennzeichens durch: »Er ist damit einverstanden, dass wir für alle Juden im Reich ein großes sichtbares Judenabzeichen einführen, das von den Juden in der Öffentlichkeit getragen werden muss, sodass also die Gefahr beseitigt wird, dass die Juden sich als Meckerer und Miesmacher betätigen können, ohne überhaupt erkannt zu werden.« Beinahe Routine war, dass eine weitere Kürzung der Lebensmittelrationen für Juden verabredet wurde: »Das ist nicht mehr als recht und billig.«[59] Wie wichtig dem Gauleiter das war, zeigte die Eile, mit der er sich an die Umsetzung der »Führerbefehle« machte. Nur einen Tag nach seiner Rückkehr aus dem Führerhauptquartier ließ er schon Entwürfe für das »Judenkennzeichen« anfertigen – die Vorschläge von 1938 schienen ihm augenscheinlich nicht diskriminierend genug. Anfangs dachte er offenbar, so sagte er jedenfalls auf einer der streng geheimen Ministerkonferenzen, an das »zwangsweise Tragen von großen gelben Armbinden«. Zugleich forderte Goebbels, »dass alles, was irgendwie gegen die Juden spricht, in der deutschen Presse verwendet wird«.[60] Ihm war klar, dass »umfangreiche Vorbereitungen« erforderlich seien: »Ich hoffe aber, sie so schnell voranzutreiben, dass in diesem Monat jeder Jude in Deutschland sein sichtbares Abzeichen trägt, sodass er als Jude erkannt werden kann.«[61] Ganz so schnell ging es im verschachtelten Behördenapparat des Dritten Reiches mit seinen oft konkurrierenden Zuständigkeiten dann aber doch nicht, immerhin mussten vor der Einführung die anderen Ministerien einbezogen werden. Doch Goebbels drängte, und so lud das formal zuständige Reichsinnenministerium binnen weniger Tage zu einer Konferenz. »Der Führer hat auf Vortrag des Herrn Reichsministers für Volksaufklärung und Propaganda entschieden, dass die Kennzeichnung der Juden nunmehr durchgeführt werden soll. Zur Besprechung der damit zusammenhängenden Fragen lade ich Sie als der in der Judenfrage federführende Minister ein auf Freitag, 29. August 1941, nachmittags 16:00 Uhr. Ich beabsichtige, besonders folgende Fragen zu besprechen: 1. Die Abgrenzung des Personenkreises, der von der Kennzeichnung betroffen sein wird. 2. Die Art der Kennzeichnung. 3. Fragen der Durchführung einschließlich der Zuständigkeit.«[62]

Die anwesenden Spitzenbeamten segneten bei dieser Gelegenheit den Entwurf einer Polizeiverordnung ab. Sie wurde am 5. September 1941 im Reichsgesetzblatt veröffentlicht und trat zwei Wochen später in Kraft. Unter anderem legte die Verordnung fest: »Juden (...), die das sechste Lebensjahr vollendet haben, ist es verboten, sich in der Öffentlichkeit ohne einen Judenstern zu zeigen.« Genau wurde beschrieben, wie das Kennzeichen auszusehen habe: »Der Judenstern besteht aus einem handtellergroßen, schwarz ausgezogenen Sechsstern aus gelbem Stoff mit der schwarzen Aufschrift ›Jude‹. Er ist sichtbar auf der linken Brustseite des Kleidungsstücks fest aufgenäht zu tragen.« Juden, die sich an die Vorschrift nicht hielten, sollten mit bis zu 150 Reichsmark Geldstrafe oder Haft bis zu sechs

Wochen bestraft werden. Diese Pflicht fand keine Anwendung »auf den in einer Mischehe lebenden jüdischen Ehegatten« mit Kindern, die nicht »als Juden« galten.[63] Mit den Lebensmittelmarken für die zweite Septemberhälfte wurde allen »arischen« Haushalten ein Flugblatt zugestellt, auf dem der Judenstern abgebildet war und dazu die erklärenden Worte standen: »Wer dieses Zeichen trägt, ist ein Feind des Volkes.«[64]

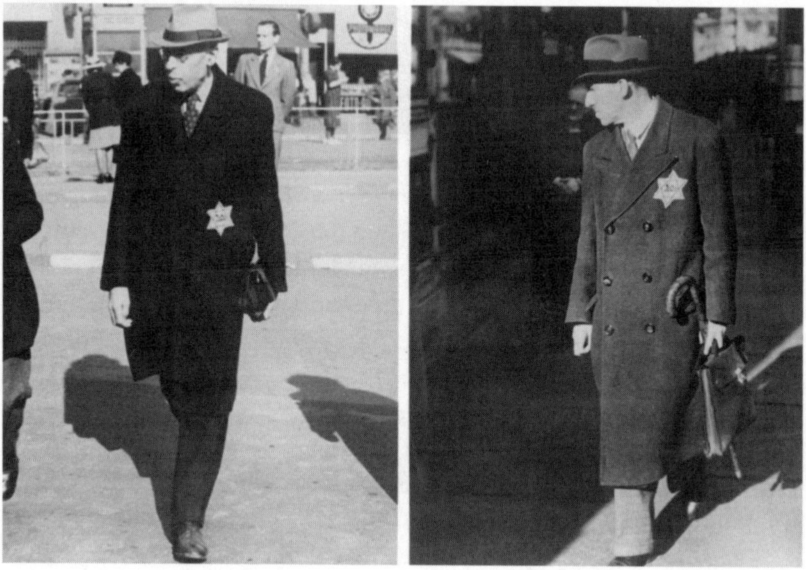

STIGMA *Die Reaktion der Berliner auf die Einführung des »Judensterns« fällt überraschend zurückhaltend aus. Es kommt sogar zu spontaner Hilfe für Verfolgte.*

Der *Völkische Beobachter* begründete die einschneidende, für jeden Berliner unmittelbar sichtbare neue Schikane mit den Ereignissen an der Ostfront. Dort hätten deutsche, also »arische« Soldaten »den Juden« in seiner abstoßendsten Form kennengelernt. Deshalb müsse »ihm« nun die Möglichkeit genommen werden, sich »getarnt« in der deutschen Öffentlichkeit zu bewegen.[65] Dieses Argument überzeugte in Berlin allerdings nicht, wie Howard K. Smith feststellte: »Der VB gab damit auf die ihm eigene durchtriebene Art zu erkennen, dass die Maßnahmen nichts mit den Juden, umso mehr aber mit den Verhältnissen – sprich dem gescheiterten Blitzkrieg in Russland – zu tun hatten.«[66] Eine zusätzliche Demütigung hatten sich Gestapo und Innenministerium ausgedacht: Die von der Kennzeichnungspflicht Betroffenen mussten die Judensterne selbst kaufen, für zehn Pfennig pro Stück. Am 17. und 18. September 1941 standen an den Einrichtungen der jüdischen Gemeinde, die sich in »Jüdische Kultusvereinigung zu Berlin« hatte umbenennen müssen, Tausende Menschen an, um sich von gelben, mit Judensternen bedruckten Stoffbahnen die Kennzeichen abschneiden zu lassen und dafür zu bezahlen. Elsa Chotzen vermerkte am 17. September und erneut zwölf Tage später, dass sie für Judensterne Geld ausgeben musste. Jeder Jude brauchte mindestens zwei Sterne, »einen für die Tageskleidung, einen für die Arbeitskluft«, erinnerte sich Klaus Scheurenburg. Da die Sterne schnell knapp wurden, aber fest angenäht sein mussten und nicht mit einer Sicherheitsnadel befestigt werden durften, blieb nur eines: »Meine arme Mama nähte nur immer Sterne um.«[67]

Als die Kennzeichnungspflicht in Kraft trat, blieb die erwartete Wirkung zunächst aus: Viele »arische« Deutsche zeigten sich peinlich berührt von der nun offen dokumentierten Ausgrenzung. Inge Deutschkron erlebte gleich am Morgen des 19. September 1941 eine unerwartete Geste: »Ein kleiner untersetzter Mann erhob sich von seinem Sitzplatz in der U-Bahn: ›Ich bitte Sie darum, sich sofort zu setzen‹, sagte er sehr laut und energisch, indem er mit seiner linken Hand auf den Sitzplatz wies, den er mir anbot. Die meisten anderen Fahrgäste taten so, als hörten sie nichts. Die U-Bahn war voll besetzt wie an jedem Morgen um diese Zeit vor Beginn der Arbeit. Ich war nur eine von vielen, die stehen mussten. Sicherlich hätte der Mann nicht gerade mir seinen Sitzplatz angeboten, wenn ich nicht an jenem Morgen das erste Mal einen Judenstern getragen hätte.« Allerdings war längst nicht jeder so mutig wie der kleine untersetzte Mann, der sie geradezu zwingen wollte, Platz zu nehmen. Doch Inge Deutschkron durfte sein Angebot nicht annehmen: »Erst als ich ihm zuflüsterte, dass es mir gesetzlich verboten sei, zu sitzen, und nicht er, sondern ich Gefahr liefe, bestraft zu werden, gab er nach.«[68] Ähnliche kleine Begebenheiten ereigneten sich häufig an diesem Freitag. Nach Howard K. Smiths Eindruck war die Einführung des Judensterns ein »monumentaler Misserfolg«. Wenn »arische« Deutsche, so Smith, »an diesem ersten Tag auf der Straße einem Juden mit seinem leuchtend gelben Stern begegneten, dann senkten sie – es war wirklich eine bemerkenswert einheitliche Reaktion – ihre Köpfe«.[69] Und manche beließen es nicht dabei, sondern zeigten mit kleinen Gesten ihr Mitleid. Auf einmal wurden älteren Juden wieder Türen aufgehalten, es gab sogar Berliner, die sich in Schlangen hinter ihnen anstellten, statt an ihnen vorbeizulaufen.

Ruth Andreas-Friedrich notierte in ihr Tagebuch: »Es ist so weit. Die Juden sind vogelfrei. Als Ausgestoßene gekennzeichnet durch einen gelben Davidsstern, den jeder von ihnen auf der linken Brustseite tragen muss.« Zuerst waren es wohl kleine Kinder, die von der neuen Möglichkeit Gebrauch machten: Die Journalistin bemerkte, als sie mit ihrem Lebensgefährten Leo Borchard durch Berlins Straßen ging, wie zwei Jungs einen Juden verhöhnten. »Schämt euch!«, schnauzte Borchard die beiden an, die sich kleinlaut verzogen. Sie kannten nichts anderes als hässliche Lügen über »den Juden«, wusste Andreas-Friedrich: »Sie spotten, weil sie sich einen Spaß davon versprechen. Einen Spaß, der nichts kostet, da er auf Kosten von Wehrlosen geht. Es liegt kein großer Unterschied darin, ob man Fliegen die Beine ausreißt, Schmetterlinge aufspießt oder Juden ein Schimpfwort nachruft.« Über die erwachsenen Berliner notierte die Hitler-Gegnerin: »Das Gros des Volkes freut sich nicht über die neue Verordnung. Fast alle, die uns begegnen, schämen sich wie wir.«[70] Das galt auch für die Charlottenburgerin Ingeborg Tafel. Sie schrieb ihrem Mann, einem Offizier, zwei Tage nach Einführung des Judensterns an die Front: »Seit dem 19. September müssen die Juden einen gelben Stern auf der linken Brustseite tragen. Wie schrecklich, ›gekennzeichnet‹ zu sein – es kommt mir vor wie ein Kainsmal.« Der schwedische Korrespondent Arvid Fredborg beobachtete das Gleiche: »Die Bevölkerung von Berlin reagierte auf den Davidsstern in einer Art und Weise, die den Propagandamachern einigen Stoff zum Nachdenken gegeben haben muss. Immer wieder gab es kleine Sympathiebekundungen für die Juden, und die stoische Ruhe, mit der sie ihr Schicksal ertrugen, verfehlte nicht ihre Wirkung, sogar auf die fanatischsten Nazis.«[71]

Damit hatte Joseph Goebbels nicht gerechnet. Offenbar war er so überrascht, dass er sich bei einem der »sich ewig hinziehenden Mittagessen in der Reichskanzlei« beschwerte: »Die Einführung des Judensterns hat genau das Gegenteil von dem bewirkt, was erreicht werden sollte, mein Führer! Wir wollten die Juden aus der Volksgemeinschaft ausschließen. Aber die einfachen Menschen meiden sie nicht, im Gegenteil. Sie zeigen überall Sympathie für sie. Dieses Volk ist noch nicht reif und steckt voller Gefühlsduselei.«[72] Natürlich schob der Propagandaminister diese Reaktion auch auf die »Hinterhältigkeit« der stigmatisierten Menschen: Viele von ihnen kaschierten ihre Judensterne. »Wir werden den Juden in Berlin die Lust vertreiben, ihre neuen Abzeichen zu verdecken«, notierte er am 24. September 1941.[73] Widerstrebend musste selbst der SD in seinen Berichten einräumen, der Judenstern sei kein völliger Erfolg gewesen, obwohl »die Kennzeichnung der Juden vom überwiegenden Teil der Bevölkerung begrüßt« worden sei: »Nur in geringem Umfange, vor allem in katholischen und bürgerlichen Kreisen, wurden einzelne Stimmen des Mitleids laut. Vereinzelt wurde auch von ›mittelalterlichen Methoden‹ gesprochen. Vorwiegend in diesen Kreisen wird befürchtet, dass das feindliche Ausland die dort lebenden Deutschen mit einem Hakenkreuz kennzeichnen und gegenüber diesen zu weiteren Repressalien greifen werde.«[74] Auch Jochen Klepper, der als Ehemann einer Jüdin direkt betroffen war, hielt die gegenüber der staatlichen Propaganda »so andersartige Haltung der Bevölkerung« fest.[75]

Allerdings hatten längst nicht alle Berliner genügend Mut für Mitgefühl – ganz gleich, wie absonderlich ihnen erscheinen musste, was sie sahen. Das erlebten zum Beispiel die vier erwachsenen Söhne von Elsa Chotzen, wenn sie am frühen Morgen die Wohnung am Heidelberger Platz verließen, um zur Zwangsarbeit zu gehen: »Ein sicher für viele irritierender Anblick war es, wenn vier blonde, noch dazu sportliche junge Männer mit Judenstern geschmückt zur Arbeit marschierten«, erinnerte sich Josef »Eppi« Chotzen: »Es ergab sich öfter so ein Abmarsch. Das passte so gar nicht zum Stürmerbild mit den dazugehörenden Verleumdungen und Lügen über Juden.« Dennoch wagte kaum jemand, seiner Entrüstung offen Luft zu machen: »Paul Wagner, der bekannte Schauspieler, traf uns einige Male so. Er blieb immer stehen, und wir hatten jedes Mal den Eindruck, dass er uns eigentlich ansprechen wollte, was dann aber nie geschah.«[76] Die Herausforderungen des Alltags beschäftigten die große Mehrheit der »arischen« Berliner wohl so sehr, dass sie bald lernten, ihr Mitleid mit den Juden zu verdrängen.

Zumal für Joseph Goebbels die Stigmatisierung mit dem Judenstern nur der erste Schritt war. Schon fünf Tage nach dessen Einführung notierte er: »Im Übrigen bin ich der Meinung, dass wir so schnell wie möglich die Juden aus Berlin evakuieren müssen. Das wird der Fall sein können, sobald wir im Osten zu einer Bereinigung der militärischen Fragen gekommen sind.«[77] Tatsächlich ging es noch viel schneller: Am 1. Oktober 1941 teilte die Gestapo dem Vorsitzenden der jüdischen Gemeinde, Moritz Henschel, mit, »dass die Teilevakuierung von Berlin zu beginnen habe«.[78] Die große Synagoge in der Levetzowstraße sollte umgehend als Sammellager für etwa 1 000 Menschen gleichzeitig eingerichtet werden. Das übernahm wesentlich Hildegard Henschel, die Frau des Gemeindevorstehers. Lebensmittel und Medikamente, Wäsche, Kleidung und Schuhe wurden in die Levetzowstraße geschafft, um den Menschen auf dem ungewissen Weg in die »Evakuierung« so viel wie möglich mitgeben zu können. Ein Krankenrevier wurde in dem Gotteshaus eingerichtet, Gepäckträger halfen den Älteren und Kranken, ihre geringe verbliebene Habe bei sich zu behalten, und gleich drei Küchen wurden eingerichtet: In einer kochte man für Kinder, die von Erzieherinnen in einem kleinen Kindergarten abgelenkt wurden, in einer weiteren für Jugendliche und Erwachsene – und in einer dritten, streng getrennten Küche musste eine dralle Köchin vom Jüdischen Krankenhaus das Essen für die Gestapo-Beamten vorbereiten, die sich im »Sammellager« eingerichtet hatten, um die Deportationen zu organisieren. Junge und gesunde Menschen verbrachten die Wartezeit auf der weiterhin bestuhlten Empore, sofern ihnen nicht andere Aufgaben zugeteilt worden waren.

Mehrere Tausend Berliner Juden bekamen in der zweiten Oktoberwoche teils per Post, teilweise durch Boten von der Gemeinde einen Brief. Es war die Mitteilung, sie würden »evakuiert«. Allein bis zum Jahresende sollten, so sah es der Plan des Reichssicherheitshauptamtes vor, 17500 Berliner Juden abtransportiert werden. Doch Goebbels war mit diesem Vorhaben unzufrieden, er wollte seinen Gau weiterhin so schnell wie nur machbar »judenfrei« bekommen. Es sei falsch, bei der Verschickung von Juden immer nur einen Teil aus verschiedenen Städten abzutransportieren. »Er hält es für viel richtiger, eine Stadt nach der anderen zu nehmen. Wenn zum Beispiel in Berlin 17000 Juden wegkommen, so gibt dies jedes Mal eine neue Unruhe bei den Intellektuellen und ganz besonders bei der Auslandspresse. Diese Unruhe ist aber auch nicht viel größer, wenn auf einmal alle 67000 verschickt werden, nur dass dann die Unruhe sich auf ein Mal beschränkt.« Wenn es nicht genügend Züge gebe für so große Transporte, »so könne man ja auch die Wagen doppelt und dreifach belegen, wie man es mit den Russen mache«.[79] Doch den bürokratisch-nüchternen Deportationsspezialisten um Adolf Eichmann konnte der Propagandaminister keine Anweisungen geben – es blieb bei schrittweisen Transporten aus den größten Städten des Dritten Reiches nacheinander.

In Berlin begann am 15. Oktober 1941 der erste Schritt zur »Evakuierung«, die Abfahrt ins Sammellager. Vera Friedländers Großmutter hatte den Brief von der Gestapo erhalten, ihren Koffer gepackt, ihre Unterlagen zusammengesucht und von ihren Verwandten Abschied genommen: »Großmutter saß ruhig zwischen ihren Kindern. Keine Träne, kein Wort. Was man sagen würde, wenn man etwas sagen wollte, wusste jeder, also konnte es unausgesprochen bleiben. Achte auf dich, bleib gesund, gib uns Nachricht, wir werden schreiben, wir werden dich vermissen, Mutter. – Wir sehen uns wieder, Kinder.« Dann kam die angegebene Zeit. Der Lastwagen war pünktlich. »Ein kurzer, ernster Abschied. Ein Blick von einem zum anderen, mehr nicht. Eine harte Stimme forderte den Brief und die

Kennkarte.« Veras Vater wollte den Koffer seiner Schwiegermutter zum Lastwagen hinübertragen, doch nicht einmal das durfte er: »Sie bleiben hier!« Vera sah ihre Oma hinübergehen zum Wagen, sie stellte ihren Koffer auf die Ladefläche und kletterte selbst hinauf. Ein gutes Dutzend Menschen stand schon dort, und alle trugen sie gut erkennbar den Judenstern auf der linken Brustseite. »Großmutter hob die rechte Hand in Hüfthöhe und bewegte sie sacht. Ihr letztes Winken. Keine Träne, nur ein Gesicht, wie man es sich trauriger nicht vorstellen kann.«[80]

Die Lastwagen fuhren direkt zum Sammellager Levetzowstraße, und von hier aus ging es am 18. Oktober vormittags weiter: Junge Leute mussten den langen Weg quer durch die Stadt zum Bahnhof Grunewald laufen, nur für die Älteren und Kinder stellte die Gestapo Lastwagen bereit. Insgesamt 1013 Menschen bestiegen am Gleis 17 einen Reichsbahnzug mit der Kennung Da-4 – viel zu viele für eine vielstündige Fahrt. »Die Verladung in alten, aber ordentlichen, sauberen Personenwagen nach einem von der Gemeinde ausgearbeiteten System ging ohne Gedränge und ohne Ungerechtigkeiten vor sich. Als alle ihre Plätze eingenommen und ihr Gepäck bei sich hatten, wurden warmes Essen und heiße Getränke verteilt, auch die vorbereiteten Proviantpakete wurden hier jedem Teilnehmer ausgehändigt«, erinnerte sich Hildegard Henschel an diesen ersten Transport, dessen Besteigen sie mitorganisiert hatte. Einige jüdische Ärzte und Krankenschwestern leisteten den Einsteigenden im Falle des Falles Erste Hilfe. Allen war klar, dass sich ihre Situation an ihrem ungewissen Ziel noch einmal deutlich verschlechtern würde: »SS, zum Teil mit Reitpeitschen bewaffnet, überwachte die Einwaggonierung; es sind bei diesem ersten Transport aber keine Prügelszenen vorgekommen.« Sprach jedoch ein Mitarbeiter der Gemeinde mit einem Bekannten, so wurde er wüst beschimpft und bedroht. »Die Haltung der Opfer war bewundernswert. Jeder wusste, dass es ein Auflehnen nicht gab; die einzige Auflehnung, die möglich war, war der Selbstmord.«[81]

Genau diesen Ausweg suchten viele Berliner Juden. An einem einzigen Tag im Oktober nahmen sich Schätzungen zufolge 280 Menschen das Leben, weil sie die Aufforderung zur Deportation erhalten hatten oder damit rechneten. Selbst strenggläubige Menschen dachten nun über Selbstmord nach, sie wollten ihr Leben wenigstens auf selbstbestimmte Weise beenden. Der evangelische Kirchenlieddichter Jochen Klepper sprach mit seiner Frau oft über diese Möglichkeit, der Deportation zu entgehen, doch noch hinderte ihn die Verantwortung für seine Stieftochter. Der bekannte Schauspieler Joachim Gottschalk dagegen sah keine Chance mehr. Er war mit Meta Wolff verheiratet, ebenfalls Schauspielerin und getaufte Christin, die aber wegen ihrer jüdischen Abstammung schon seit 1933 keine Rollen mehr bekommen hatte. Gottschalk lehnte es ab, sich von seiner Frau zu trennen, obwohl er von Goebbels und dessen »Judenbeauftragtem« Hans Hinkel massiv unter Druck gesetzt wurde. 1941 bekam auch Gottschalk keine Rollen mehr, obwohl er zu den beliebtesten deutschen Filmgesichtern gehörte. Im Herbst 1941 bekamen seine Frau und der gemeinsame achtjährige Sohn die Aufforderung, sich für die Deportation bereitzuhalten. Daraufhin entschieden sich die Eltern, gemeinsam mit ihrem Kind Suizid zu begehen. »Gottschalks haben aus ihrem Tod kein Fanal gemacht«, notierte Klepper: »Der Selbstmord, in den sie ihren Jungen einbezogen, erfolgte durch Veronal und Gas, in aller Stille.«[82] In deutschen Zeitungen gab es keine Nachrufe auf Gottschalk, Goebbels hatte das so angeordnet: »Am Abend kommt noch die etwas peinliche Nachricht, dass der Schauspieler Gottschalk, der mit einer Jüdin verheiratet war, mit Frau und Kind Selbstmord begangen hat. Er hat offenbar keinen Ausweg mehr aus dem Konflikt zwischen Staat und Familie finden können. Ich sorge gleich dafür, dass dieser menschlich bedauerliche, sachlich fast unabwendbare Fall nicht zu einer alarmierenden Gerüchtebildung benutzt wird.«[83]

Wer niemanden mehr hatte, auf den er Rücksicht nehmen musste, dem fiel die letzte Entscheidung oft leichter. Im Haus, in dem auch die Familie Scheurenburg wohnte, lebte eine alte Frau. Plötzlich, kurz nachdem sie die »Räumungsaufforderung« erhalten hatte, also den Befehl, sich auf die Deportation vorzubereiten, verschwand sie. Der knapp 17-jährige Klaus Scheurenburg dachte, sie würde sich vielleicht verstecken oder habe Berlin verlassen. »Ihr Zimmerchen war verschlossen, die Fenster dicht verhängt. Tagelang kümmerte sich keiner darum. Wir hatten alle zu sehr mit uns zu tun.« Doch dann kam Klaus' Schwester Lisa, inzwischen verheiratete Chotzen, zu Besuch in die elterliche Wohnung. Sie ahnte sofort, was die anderen Familienmitglieder verdrängt hatten, und äußerte ihren Verdacht. Die Männer der Familie öffneten von außen das Fenster und hoben Klaus hinauf: »Ich kroch in das Zimmer. Innen kam mir eine schreckliche Luft entgegen. Wie gelähmt stand ich im Halbdunkel vor dem Bett, in dem die Leiche der alten Dame lag. Mir war, als lebte sie, als sähe sie mich an. Gleich würde sie sprechen, sich empören darüber, dass ich sie gestört hatte. Der Wind bewegte die Vorhänge. Entsetzt rannte ich zur Tür und schloss sie auf, um an den anderen vorbei ins Freie zu flüchten. Im Hof übergab ich mich.«[84] Es war die erste Leiche für Klaus Scheurenburg, und er konnte sie nie vergessen, obwohl er später Tausende weitere tote Menschen sah. Kurz nach der Entdeckung las er den Abschiedsbrief der alten Dame. Sie sei froh, ihr Leben gelebt zu haben, stand darin. So viel Schönes habe sie erlebt, so viel gesehen, so viel gelesen. Nach all dem Schönen habe sie ihr Leben nicht in Not und Qual beenden wollen – und deshalb Selbstmord begangen. Viel Pietät allerdings konnten sich Berliner Juden angesichts des Drucks, unter dem sie standen, im Herbst 1941 nicht leisten: Das Zimmer war frei, also musste es genutzt werden. Lisa und ihr Mann »Bubi« Chotzen zogen ein, sobald sie es gründlich gereinigt hatten.

Das Schicksal der Juden blieb den »arischen« Berlinern nicht verborgen. Die Marschkolonnen quer durch die Stadt zum Güterbahnhof Grunewald waren nicht zu übersehen. Viermal allein in der zweiten Oktoberhälfte gingen Hunderte Menschen diesen Weg, nur wer zu schwach für den Marsch war, wurde per Lastwagen zur Station gekarrt. Man tuschelte über das Ziel der Deportierten, und natürlich erfuhren auch die wenigen noch in Berlin tätigen ausländischen Journalisten davon. Der letzte verbliebene Korrespondent der US-Nachrichtenagentur United Press beobachtete daraufhin am

29. Oktober 1941 die Abfahrt eines solchen Zuges, der dritten Deportation. Gleis 17 war abgesperrt, die Postenkette stand rund 180 Meter vom Zug entfernt. Dennoch war es dem Journalisten möglich, außerhalb des Bahnhofs eine Position zu finden, von der aus er die Vorgänge beobachten konnte. »Eilig, effizient und mit so viel Geheimhaltung, wie die Situation erlaubte, ordneten deutsche Polizisten und Bahnarbeiter die menschliche Fracht von etwa 1 000 Juden für den erzwungenen Abtransport«, berichtete er nach Amerika. Außer den Reichsbahnmitarbeitern und der Gestapo befand sich nach der Verladung nur noch eine Gruppe jüdischer Gepäckträger am Bahngleis. Sie wurden als Gruppe zu Lastwagen geführt, doch der US-Reporter konnte trotzdem kurz mit einem von ihnen sprechen. Der aber konnte nur sagen, dass das Ziel des Zuges »irgendwo in Polen« läge und dass diesmal nicht Personen-, sondern Güterwaggons benutzt worden seien.[85]

Das Vermögen der deportierten Berliner Juden wurde aufgrund einer als Formblatt gedruckten und dann einzeln per Schreibmaschine ausgefüllten Verfügung »zugunsten des Deutschen Reiches« eingezogen.[86] Gleich sechs verschiedene Verordnungen und ein »Erlass des Führers« wurden als »Rechtsgrundlagen« dieses staatlichen Raubzuges angeführt. Formal diente diese Enteignung der »Verhinderung volks- und staatsfeindlicher (reichsfeindlicher) Bestrebungen«; alle Werte waren »unentgeltlich« den örtlichen Behörden zu übertragen, die sie im Sinne des Reiches zu verwerten hatten.[87] Auf diese Weise kam der Magistrat von Berlin ab Mitte Oktober 1941 zu ungeheuer vielen Möbeln und sonstigen Einrichtungsgegenständen. Zuerst erfüllten sich viele der zuständigen Beamten aus diesem Bestand eigene Wünsche oder die ihrer Vorgesetzten in Verwaltung und Partei, danach wurden weitere Gegenstände an Bombengeschädigte abgegeben. Doch die Transport- und Lagerkapazität der kommunalen Behörden reichte nicht annähernd, um die Wohnungen der Deportierten schnell zu leeren und das beschlagnahmte Eigentum zu verwerten. Also begann man teilweise in Schulen, teilweise in den Wohnungen selbst, das Eigentum zu versteigern. In den Zeitungen wurden solche Auktionen ganz offen angekündigt, und viele Berliner nutzten die Gelegenheit, ein Schnäppchen zu machen. Allein am 25. Oktober 1941 fanden nacheinander die Einrichtungen von 20 Wohnungen Käufer. Die *New York Times* erfuhr, dass zum Beispiel eine Auktion in Westend die »Atmosphäre eines Volksfestes« hatte.[88] Auch Howard K. Smith nahm an einer solchen Versteigerung teil und notierte seine Eindrücke: »Wie Schakale um einen Kadaver kämpften da gestandene Arier um ein paar mickrige Dinge, die der russische Krieg rar gemacht hatte. Die Regierung erzielte für das alte Zeug noch gute Preise, denn die Auktionatoren mussten mit Geheimpolizisten zusammenarbeiten, die in den hinteren Reihen saßen und die Preise hochtrieben. Diese Auktionen fanden jeweils in den verlassenen Wohnungen statt.«[89] Den Käufern fehlte jedes Unrechtsbewusstsein; sie sahen einfach eine Gelegenheit, ihren Hausstand zu ergänzen oder im Luftkrieg zerstörtes Eigentum günstig zu ersetzen. Allein zwischen Mitte Oktober und Jahresende 1941 wurden mehr als 7000 Berliner Juden »in den Osten« deportiert, das Mobiliar und der Hausrat von über 2500 Haushalten »verwertet«. Wie viele »arische« Berliner davon profitierten, ist unbekannt, es dürften aber Zehntausende gewesen sein. Was von dem ersteigerten Raubgut den Weltkrieg überstand, wurde oft Jahrzehnte später noch genutzt.

Die meisten »arischen« Bewohner der Reichshauptstadt fühlten sich im Winter 1941/42 unter Druck. Zwar hatte es seit August 1941 kaum mehr Luftangriffe gegeben, doch die Lebensmittelversorgung war angespannt, Kartoffeln wurden Mangelware, und Brotmarken waren als teilweiser Ersatz schon zwei bis drei Wochen im Voraus aufgebraucht, obwohl die Datierung der Abschnitte das eigentlich verhindern sollte. Gerüchte über Proteste gegen die schlechte Versorgungslage in Westdeutschland erreichten den SD, wurden aber dementiert. In Berlin, also unmittelbar unter den Augen der SS-Führung, kam es zu solchem Aufbegehren nicht. Viele Frauen, Kinder und alte Leute in der Hauptstadt bangten um ihre Männer, Brüder, Väter und Söhne, die in Russland kämpften. Doch Unzufriedenheit war zugleich eine Frage der Perspektive: Vom Standpunkt eines Fronturlaubers, der aus den Winterschlachten vor Moskau kam und in Berlin Station machte, mochte das Leben dort ausschweifend erscheinen. So empfand es ein Soldat, der im Dezember 1941 anonym eine bittere Beschwerde schrieb, die das Oberkommando der Wehrmacht umgehend »zur Stellungnahme« an die Parteikanzlei der NSDAP weiterleitete: »Während an der Ostfront Tausende unserer Besten sich die Beine bis zum Unterleib erfroren, sind in der Reichshauptstadt alle Gaststätten von Stammgästen, die meist uk-geschrieben sind, überfüllt. Die Gesichter dieser Leute, noch mehr ihr Benehmen, sagen genug. Da sind Zehntausende, die nur von sich selbst oder von ihrem dicken, korrumpierten Freund als uk angesehen werden.« Die Drückeberger, von denen viele 35 Jahre oder jünger seien, machten offen Schwarzmarktgeschäfte, beklagte der Fronturlauber, aber weder Polizei noch SS schritten dagegen ein: »Mir wurde gesagt, dass die, die durchgreifen müssten, selbst mit von der Partie sind.« An der Front rede man schon über die Zustände in Berlin, aber »alles wurde durch das Erlebte in den Schatten gestellt«. Der überall zu erlebende Zynismus sei »geradezu erschreckend«. Parteibüros schlössen teilweise am Mittwoch schon um 14:30 Uhr oder sogar noch früher. Der frustrierte Mann beschrieb auch, dass auffallend viele Frauen mit Mädchen, »oft ohne jede männliche Begleitung«, auf Urlaubermarken in Gaststätten äßen. Die Klage des Soldaten gipfelte in dem Urteil: »Die Berliner Moral ist heute schon unter jeder Kritik. 80 Prozent dieser Bevölkerung hat, wenn es sich um das Essen, Schieben und Betrügen handelt, kein Gewissen, und die Witze, die man sich hier erzählt, sind jüdisch-bolschewistisch, oft die Staatssicherheit im schlimmsten Ausmaße gefährdend. Wäre Berlin Deutschland, wir hätten diesen Krieg schon verloren.«

Natürlich übertrieb diese Beschreibung des Lebens in der Reichshauptstadt in einigen Punkten. Sie stammte wahrscheinlich von jemandem, der Großstädte hasste und fürchtete, der zudem schon über 40 Jahre alt war und bereits im Ersten Weltkrieg gekämpft hatte. Doch falsch waren viele seiner Beobachtungen deshalb nicht. Tatsächlich gab es nirgendwo im Dritten Reich so viele »uk«, also »unabkömmlich« gestellte und daher von der Einziehung zur Wehrmacht verschonte Männer im wehrfähigen Alter wie in der Reichshauptstadt.

Die Ministerien, viele andere Staats- und noch mehr Parteiorganisationen hatten in Berlin ihre Zentralen, deren Personal vom Einsatz an der Front bewahrt blieb. Auch konnte man nirgendwo in Deutschland ähnlich viele uniformierte Büroarbeiter sehen, denn natürlich lagen die wichtigsten Kommandobehörden der Wehrmacht sämtlich in Berlin. Weniger einfach war es für Privatunternehmen, Mitarbeiter als unabkömmlich einstufen zu lassen – doch auch das gelang in vielen Fällen. Der Hinweis auf die Frauen, die mit Urlaubermarken aßen, war wohl als Andeutung auf das boomende Geschäft der Wohnungsprostitution gemeint. Auch diese Beobachtung traf zu: Zahllose Frauen in der Reichshauptstadt boten junge Untermieterinnen, sich selbst oder sogar ihre Töchter durchreisenden Soldaten an. Anders konnten Berlinerinnen im Herbst 1941 kaum an Lebensmittelmarken für Fronturlauber kommen. Zwar waren solche meist für drei bis fünf Tage gültigen Bögen während der Luftangriffe 1940/41 auch an Ausgebombte verteilt worden, doch ein halbes Jahr später gab es das nur noch selten, denn im Spätherbst 1941 hatte es schon seit Monaten keine schweren Attacken mit zerstörten Wohnhäusern gegeben. Die Parteikanzlei konnte sachlich wenig entgegensetzen: »Das stimmt nicht alles, was dieser ›Anonymus‹ zusammenschreibt. Er hat vieles durch eine besondere Brille gesehen.«[90] So gebe es keine Parteidienststelle, die mittwochs um 13:00 Uhr schließe. Doch wirklich zu widerlegen waren viele der Beobachtungen eben nicht. Der Verbindungsmann der NSDAP-Zentrale im Oberkommando der Wehrmacht reichte den Vorgang zurück, weitere Konsequenzen sind nicht überliefert.

Allerdings sahen nur wenige Fronturlauber das Leben in der Reichshauptstadt so negativ wie der anonyme Kritiker. Die weitaus meisten genossen im Gegenteil die relative Normalität, die ihnen beim stets tagelangen, manchmal auch ein oder zwei Wochen langen Warten auf die Weiterfahrt begegnete. Sie besuchten Freunde oder Verwandte, verbrachten ihre Freizeit in vertrauter Umgebung. Der elfjährige Günter Lamprecht erlebte viele solche Abende in einer Hinterhofwohnung in Wilmersdorf: »Inzwischen gab es bei uns zu Hause fast jede Woche Besuch von durchreisenden oder sich auf Heimaturlaub befindenden Soldaten, Onkeln oder entfernten Verwandten. Marias Kochkünste waren sehr gefragt, man ließ sich verwöhnen. Da wurde gezecht und Karten gespielt, oft bis spät in die Nacht. Ich freute mich über die tollen Geschenke, meist Kriegsspielzeug oder ein paar Tafeln Schokolade.«[91] Neben solchen privaten Vergnügungen im familiären Rahmen nutzten viele Fronturlauber auf Durchreise die Angebote, die Berlin ihnen machte. Dazu gehörte neben der Möglichkeit, auf dem größten Schwarzmarkt im Dritten Reich in zahllosen Kneipen das eine oder andere zu ergattern, die Zerstreuung in einem der zahlreichen Berliner Theater. Das Programm bestand ausweislich der Anzeigen in den Zeitungen vorwiegend aus Komödien, Operetten und Revuen.

Allerdings häuften sich im Spätherbst 1941 die Beschwerden von Fronturlaubern, sie bekämen für die Berliner Bühnen keine Karten mehr. Das beunruhigte die Parteikanzlei um Martin Bormann so sehr, dass der Verbindungsmann im Propagandaministerium Walter Tießler beauftragt wurde, bei Goebbels Druck zu machen, um die Ursachen für die Beschwerden zu beseitigen. Fast neun Wochen lang, während die Wehrmacht vor Moskau ihre erste schwere Niederlage erlitt, korrespondierten verschiedene staatliche Behörden und NSDAP-Ämter über Theaterkarten für Fronturlauber. Das Propagandaministerium leitete die Anfrage zunächst an die Stadtkommandantur der Wehrmacht weiter, »da Sie als Durchgangsstelle Tausende und Abertausende von Karten, darunter auch Theaterkarten, erhalten«. Nur freundlich kaschiert, verlangte die Reichspropagandaleitung der NSDAP, die inzwischen teilweise im ehemals ersten Hotel am Platz, dem *Kaiserhof*, logierte, Aufklärung: »Ich wäre Ihnen dankbar, wenn Sie mich über den Umfang und die Durchführung der Zuteilung von Theaterkarten an Fronturlauber unterrichten könnten, damit ich Reichsleiter Bormann entsprechend unterrichten kann.« Doch die Stadtkommandantur war gar nicht zuständig, sondern leitete das Begehren weiter an die NS-Organisation Deutsche Arbeitsfront, die kurz vor Weihnachten 1941 antwortete: »Hierzu teile ich Ihnen ganz allgemein mit, dass die NS-Gemeinschaft ›Kraft durch

Freude‹ (KdF), Gau Berlin, seit Beginn des Krieges die kulturelle Betreuung der in und um Berlin stationierten Soldaten sowie der in Berlin ankommenden Fronturlauber immer im Einvernehmen mit den zuständigen militärischen Stellen durchgeführt hat.« Allein im Jahr 1941 seien rund eine Million Theaterkarten an alle Berliner Truppenteile kostenlos ausgegeben worden, auch an die Stadtkommandantur, die einen Teil davon wiederum an Fronturlauber weiterzuleiten gehabt habe. Ausschließlich zu diesem Zweck seien etwa im Oktober 8716 und im November 8448 Karten zur Verfügung gestellt worden, außerdem würden weitere Karten über die NSDAP-Gauleitung ausgegeben. Indigniert stellte der »Gauwart in Vertretung« Palenga fest: »Darüber hinaus stellt die NS-Gemeinschaft ›Kraft durch Freude‹, Gau Berlin, ein täglich einstündiges Varieté-Programm für das Wehrmachtheim der Berliner Kommandantur, an dem Berlin durchreisende Urlauber teilnehmen können.« Weiterhin biete die KdF allen Fronturlaubern kostenlose Stadtrundfahrten sowie Besichtigungen im Zeughaus und im Berliner Schloss. »Von dieser Einrichtung haben bisher im Monatsdurchschnitt weitere 4000 Urlauber Gebrauch gemacht.« Allerdings lehnte Palenga ab, noch mehr Karten als bisher zur Verfügung zu stellen: »Bei der zurzeit übermäßigen Beanspruchung der Theater durch Privatbesucher und Organisationen (neben den normalen Eigenvorstellungen erhält die NS-Gemeinschaft ›Kraft durch Freude‹, Gau Berlin, für die Berliner schaffende Bevölkerung laufend monatlich rund 400000 Karten, für die Wehrmacht rund 80000 Karten, dazu im letzten Vierteljahr 1941 rund 100 geschlossene Veranstaltungen vorwiegend für die Berliner Rüstungsindustrie sowie zahlreiche, von den Theatern auf unsere Bitte durchgeführte Lazarettveranstaltungen) und in Anbetracht aller übrigen kriegsbedingten Schwierigkeiten ist diese Leistung der Berliner Theater für die Wehrmacht recht erheblich und anerkennenswert und dürfte kaum noch zu überbieten sein.«[92]

Damit schloss die Parteikanzlei den Vorgang ab, denn offenkundig hatte es zwar Probleme bei der Verteilung gegeben, aber keinen grundsätzlichen Mangel an Theaterkarten. Es kam eben auch hier auf Initiative an, die Wilhelm Lamprecht offensichtlich entwickelte. »Als

Soldat auf Urlaub hatte mein Vater Anspruch auf jede Menge Freikarten für die verschiedensten Veranstaltungen in Berlin«, erinnerte sich sein Sohn Günter: »So kam es, dass ich im ›Theater des Volkes‹, im ›Wintergarten‹ und in der ›Plaza‹ die Programme mehrmals zu sehen bekam, erst mit Willi, dann mal mit Maria und auch sehr oft alleine.« Sein Vater hatte als NSDAP-Mitglied zudem Anspruch auf zusätzliche Freikarten: »Das war eine Freude für mich, auf diese Weise so oft ins Varieté und ins Theater gehen zu können, die Operette ›Frau Luna‹ habe ich bestimmt fünfmal angesehen und konnte sie schon auswendig mitsingen. In die Tanzsoubrette war ich mächtig verknallt und nahm sie mit in meine Tagträume.«[93]

In der zweiten Novemberhälfte 1941 registrierte der SD, dass viele erwachsene Berliner besonders unzufrieden mit der Versorgungslage waren: »Stark beeinflusst wird die Stimmung der Bevölkerung auch durch die Schwierigkeiten bei den Weihnachtseinkäufen. Viele Volksgenossen wissen nicht, womit sie ihren Angehörigen zu den Festtagen eine Freude bereiten können. Vor allem die Eltern kinderreicher Familien empfinden den Mangel an Spielzeug und sonstigen Geschenkartikeln besonders hart.« Viele Geschäftsinhaber betrachteten Kunden, denen sie nichts mehr verkaufen konnten, als »unerwünschte und lästige Eindringlinge« und behandelten sie entsprechend, was zusätzlich für böses Blut sorgte. Getratsche und Hörensagen förderten die schlechte Stimmung: »Das bisher trotz gegenteiliger Presseveröffentlichungen vereinzelt aufgetauchte Gerücht, dass Weihnachtsbäume angeblich in diesem Jahre nicht oder nur in ganz geringem Umfange zum Verkauf kämen, hat ebenfalls zur Verstimmung beigetragen.«[94] Ein unabhängiger Beobachter, der schwedische Botschafter in Deutschland, bestätigte die Richtigkeit dieses Berichtes: »Beim Besuch Berlins überrascht die Diskrepanz zwischen der weitverbreiteten Propaganda in den Zeitungen, dem Film, dem Radio und an Anschlagsäulen – und der völligen Apathie der Leute, die nur von den materiellen Schwierigkeiten des täglichen Lebens beansprucht sind«, schrieb Arvid Richert bei einem dienstlichen Aufenthalt in Stockholm an den britischen Außenminister Anthony Eden: »Hauptsächlich interessieren die fehlenden Waren und

Arbeitskräfte, die Ausfälle und andere Misslichkeiten und nicht das internationale Judentum, die Freimaurerei oder der Bolschewismus. Für all das hatte die Bevölkerung überhaupt kein Interesse.«[95]

Im Januar 1942 verbreiteten sich in der Reichshauptstadt Gerüchte, dass »im Osten« nun nicht nur polnische und sowjetische Juden massenhaft getötet wurden. Immer öfter redeten vor allem die noch verbliebenen Juden darüber, dass auch vielen deportierten Deutschen dasselbe Schicksal drohe. Viele von denen, die mit den ersten vier Transporten ab Mitte Oktober aus Berlin »evakuiert« worden waren, hatten an ihre Verwandten geschrieben, um ein Lebenszeichen zu geben und um Unterstützung zu bitten. Die Verhältnisse, unter denen sie im völlig überfüllten Getto von »Litzmannstadt«, dem annektierten Lodz (Łódź), vegetierten, waren verheerend. In einzelnen Wohnräumen im Getto waren zwischen 25 und 80 Menschen untergebracht, in einem Raum von 20 Quadratmetern zum Beispiel 32 Deportierte. Die Verpflegung war nochmals radikal reduziert worden und nun gerade eben ausreichend, um den sofortigen Hungertod hinauszuzögern. Pro Tag bekamen die Berliner Juden in »Litzmannstadt« 200 Gramm minderwertiges Brot, dazu ein- bis zweimal pro Woche eine dünne, warme Suppe, in der wenig mehr Nahrhaftes schwamm als ein paar Kartoffelschalen, Gemüseabfälle und kleine Fettaugen. Innerhalb kürzester Zeit magerten die Deportierten radikal ab, und wer gesundheitlich angeschlagen war oder jüngeren Verwandten die eigene Ration weitergab, starb bald. Zwischen 35 und 200 Menschen der Deportationszüge aus Berlin und anderen deutschen Städten, so berichteten »arische« Augenzeugen in die Reichshauptstadt, verhungerten im Dezember 1941 und Januar 1942 – jeden Tag. Jedoch hatten diese Menschen das Getto noch erreicht, daher konnten sie noch schreiben, um Hilfe bitten, wenigstens hoffen, dass sich ihre fürchterliche Situation vielleicht bessern würde.

Anders war das mit den Berliner Juden, die am 17. und 27. November 1941 deportiert worden waren. Sie hatten sich, wie das inzwischen schon fast Routine geworden war, teilweise zwei Tage vor dem schriftlich mitgeteilten »Evakuierungs«-Termin selbst im Sammellager Levetzowstraße gemeldet, teilweise waren sie mit Lastwagen abgeholt worden. Für den ersten Transport waren 1006 Menschen vorgesehen. In der Nacht zum 17. November marschierten die meisten von ihnen quer durch die westliche Innenstadt zum Bahnhof Grunewald und bestiegen hier den Zug mit der Reichsbahnkennung Da-26 – das offizielle Ziel war Riga. Im Schnitt waren sie 46 Jahre alt, mindestens 25 Kinder senkten den Altersschnitt. Doch plötzlich gab es eine Planänderung: Das Getto in Riga war überfüllt, und die Baracken eines im Bau befindlichen Lagers in Salaspils südöstlich der lettischen Hauptstadt waren noch nicht eingezäunt. Also leitete das Reichssicherheitshauptamt den Zug Da-26 in die litauische Stadt Kaunas um; im Getto dort hatte ein Einsatzkommando der SS zuvor 9200 einheimische Juden ermordet, um für die deutschen Neuankömmlinge »Platz zu schaffen«. Als der Zug jedoch in Kaunas eintraf, wurden die Insassen aus Berlin in ein altes Fort am Rande der Stadt gebracht und tagelang in eiskalten und feuchten Kasematten eingesperrt. Da wenige Tage später weitere Züge mit Deportierten aus München, Frankfurt am Main und Wien eintrafen, ließ der Chef des vor Ort zuständigen Einsatzkommandos 3, SS-Standartenführer Karl Jäger, die inzwischen 2934 deportierten Juden aus dem Großdeutschen Reich im Fort IX am 25. November 1941 erschießen. Einen Befehl aus Berlin dazu gab es nicht: »Jäger sah sich daher vor die Notwendigkeit gestellt, diese Frage selbst zu entscheiden. Es ist zu vermuten, dass er nun in eigener Initiative befahl, die deutschen und österreichischen Juden so rasch wie möglich zu erschießen. Diese Entscheidung dürfte ihm im Übrigen nicht schwergefallen sein, setzte sie doch nur fort, was er seit seinem Eintreffen in Litauen Anfang Juli 1941 planmäßig ins Werk gesetzt hatte.«[96] Auch die Insassen des nächsten Deportationszuges aus Berlin, der am 27. November die Reichshauptstadt verlassen hatte und drei Tage später tatsächlich an seinem Bestimmungsort Riga eingetroffen war, ließ der dortige »Höhere SS- und Polizeiführer« Friedrich Jeckeln sofort ermorden – obwohl SS-Chef Himmler persönlich befohlen hatte: »Judentransport aus Berlin. Keine Liquidierung.« Wegen des Verstoßes gegen diesen allerdings erst einige Stunden nach dem Massenmord im Wald

Rumbuli bei Riga erlassenen Befehl telegrafierte Himmler aus Berlin an Jeckeln, er werde »Eigenmächtigkeiten und Zuwiderhandlungen« bestrafen, auch wenn sie »in das Gebiet Ostland ausgesiedelte Juden« beträfen.[97] Noch hatte Hitler die Entscheidung, auch alle deutschen Juden zu ermorden, nicht getroffen.

Jedoch blieben Briefe und Karten von den mit dem fünften und sechsten »Judentransport« aus Berlin »evakuierten« Menschen völlig aus. Da gleichzeitig Nachrichten aus »Litzmannstadt« eintrafen, kam in den jüdischen Organisationen in Berlin im Januar 1942 die Ahnung auf, dass die am 17. und am 27. November 1941 deportierten Juden ermordet worden waren. Innerhalb weniger Tage erfuhr davon auch Margarete Sommer, Leiterin des Hilfswerks beim bischöflichen Ordinariat Berlin. Eigentlich war diese Einrichtung gegründet worden, um katholisch getaufte Menschen zu unterstützen, die nach den rassistischen Nürnberger Gesetzen als Juden galten. Doch bald dehnten die Mitarbeiter ihre Unterstützung in den engen Grenzen des überhaupt Möglichen auf nicht getaufte Juden aus. Die erfahrene Sozialarbeiterin Sommer amtierte seit September 1941 als Leiterin des Hilfswerkes und hielt engen Kontakt zur jüdischen Kultusvereinigung. Von dort erfuhr sie Ende Januar 1942, was in jüdischen Kreisen der Reichshauptstadt gemutmaßt wurde – und gab das so bald wie möglich mündlich an den Osnabrücker Bischof Wilhelm Berning weiter, der sich klar als Nazigegner positioniert hatte. Sommer teilte dem Geistlichen auch ihren Schluss mit: »Es besteht wohl der Plan, die Juden ganz auszurotten.« Offenbar bestärkte Berning die Leiterin des Hilfswerkes in ihrer Ansicht und forderte sie auf, ihre Informationen und Folgerungen dem Vorsitzenden der Fuldaer Bischofskonferenz in einem Bericht mitzuteilen, dem Erzbischof von Breslau (Wrocław) Adolf Kardinal Bertram. Margarete Sommer kam diesem Vorschlag nach und schrieb unter anderem, nach ihren Informationen sei »der aus Berlin nach Kaunas gegangene Transport erschossen worden«. Sie fasste sogar die Mitteilung eines Augenzeugen über den Massenmord zusammen: »Die aus Deutschland kommenden Juden mussten sich völlig entkleiden (es seien 18 Grad Kälte gewesen), dann in vorher von russischen Kriegsgefangenen ausgehobene ›Gruben‹ steigen. Darauf wurden sie mit Maschinengewehren erschossen; Granaten wurden hinterdreingeschleudert. Ohne Kontrolle, ob alle tot waren, ertönte das Kommando, die Gruben zuzuschütten.«[98] Die 1 000 Deportierten aus Berlin, die am 25. November 1941 in Fort IX in Kaunas erschossen wurden, waren die ersten deutschen Juden, die unterschiedslos und massenhaft dem Holocaust zum Opfer fielen.

Die Mehrheit der »arischen« Berliner erfuhr davon aber nichts – und wollte vor allem auch nichts erfahren. Sie wusste, meist aus Berichten von Fronturlaubern, dass an und vor allem hinter der Ostfront die Leben von echten oder angeblichen Feinden Hitler-Deutschlands buchstäblich nichts mehr wert waren. In den vielen Millionen Feldpostbriefen war dagegen eher selten die Rede von Massenmorden an Juden; sei es aus Angst vor der Zensur, sei es, weil die Briefschreiber ihre Verwandten nicht belasten wollten mit den Grausamkeiten, deren Zeugen sie waren oder von denen sie durch Kameraden hörten. Schließlich dienten die Feldpostbriefe hauptsächlich dazu, emotionale Bindungen zwischen Heimat und Front aufrechtzuerhalten. Zwar erreichten sicher Zehntausende, wenn nicht Hunderttausende Schreiben die Reichshauptstadt, in denen recht offen über die Erschießungen berichtet wurde, doch so viel das auch erscheinen mag: Angesichts der achtstelligen Gesamtzahl solcher Schreiben allein nach und von Berlin in jedem Kriegsjahr handelte es sich eher um Ausnahmen. Die wenigsten Adressaten wollten genauer wissen, was geschah, man überging entsprechende Andeutungen in der Regel. Natürlich gab es Ausnahmen, zum Beispiel anonyme Schreiben. Gestapo-Chef Heinrich Müller etwa gab am 6. Februar 1942 einen solchen ungezeichneten Brief in den Geschäftsgang und hielt fest: »Die Ermittlungen laufen zurzeit.« Allerdings ermittelte die Gestapo offenbar weniger die beklagten Morde im Warthegau, sondern mehr die Wege, auf denen der Verfasser des Briefes davon erfahren hatte: »Dass dort, wo gehobelt wird, Späne fallen, lässt sich nun einmal nicht vermeiden, und es liegt auf der Hand, dass der Gegner stets versuchen wird, die gegen ihn gerichteten Maßnahmen nach Tunlichkeit aufzubauschen mit dem Ziel der Mitleiderregung und Hoffnung auf Abstellung. Gerade der Jude versucht, seitdem die Arbeiten in verstärktem Maße von mir in Angriff genommen wurden, laufend durch anonyme Schreiben an fast alle Stellen des Reichsgebietes seinem verdienten Schicksal hierdurch zu entgehen.« Ein ähnliches Schreiben hatte kurz zuvor schon den Chef der Reichskanzlei Hans Heinrich Lammers erreicht, worin es hieß: »Als alter Soldat und Parteigenosse fühle ich mich verpflichtet, den oberen Stellen des Reiches einige Gedanken zur gegenwärtigen Lage zu unterbreiten.« Nach längeren Ausführungen zur Strategie im Krieg und zu innenpolitischen Problemen wie den Schiebereien, die nun vor allem von Partei- und Staatsfunktionären begangen würden, kam der anonyme Brief zu den Staatsverbrechen: »Die Abkehr vom Christentum hat bereits furchtbare Folgen gezeitigt. Die Geisteskranken werden systematisch umgebracht, eine Maßnahme, die sich angeblich auch auf Taubstumme, Krüppel und Greise erstrecken soll. Die entsetzlichen Massenhinrichtungen in Polen und Russland, die in den Konzentrationslagern begangenen Untaten, die erbarmungslose Ausrottung der Juden, einschließlich unschuldiger Kinder, Frauen und alter Leute, erwecken im ganzen deutschen Volk Empörung und Abscheu.«[99] Doch so ehrlich dieser Eindruck wahrscheinlich gemeint war: Bei der breiten Masse der Deutschen lösten Deportationen und Gemunkel über das Ziel der abtransportierten Menschen gerade keine Empörung aus, jedenfalls nicht offen geäußerte Kritik. Man kümmerte sich eher um die eigenen Sorgen als um das Schicksal von Fremden.

Das galt aber nicht für alle Berliner. Ein kleiner Teil der zu diesem Zeitpunkt noch immer deutlich über drei Millionen Bewohner der Reichshauptstadt half jüdischen Freunden und Bekannten mit freundlichen Worten und gutem Zureden, vor allem aber durch tatkräftige und bereits mit Strafe bedrohter Unterstützung. Ruth Andreas-Friedrich und ihre Freunde, durchweg entschiedene Gegner Hitlers und des Nationalsozialismus, waren schon seit Jahren jüdischen Bekannten beigesprungen. So hatten sie etwa schon vor Beginn des Krieges Wertsachen aus Deutschland herausgebracht, damit emigrierende Juden sie dort von vertrauenswürdigen Personen wieder in Empfang nehmen konnten. Die Journalistin verzichtete zugunsten von aus »rassischen Gründen« verfolgten Menschen sogar auf ihren bei der US-Botschaft bereits offiziell angemeldeten Antrag auf Einreise nach Amerika für ihre halbwüchsige Tochter Karin und sich selbst. Auch Wirtschaftstreuhänder Erhard Oewerdieck half zusammen mit seiner Frau Charlotte, wo er nur konnte. Er finanzierte einem von den Nazis bereits völlig ausgeplünderten jüdischen Bekannten mit Familie die Schiffspassage nach Schanghai, verhalf 1941 einem prominenten Althistoriker, der seine Professur hatte aufgeben müssen, in letzter Minute zur Ausreise in die USA. Bürstenfabrikant Otto Weidt beschäftigte unter vergleichsweise guten Bedingungen so viele Juden wie möglich, um sie vor den unmenschlichen Schikanen zu bewahren, denen sie bei der gewöhnlichen Zwangsarbeit ausgesetzt waren. Auch ganz einfache, aufrechte Berliner halfen. Der Hausmeister des großen Mietshauses Wielandstraße 18 in Charlottenburg, Otto Jogmin, unterstützte verschiedene jüdische Mieter des Hauses und der Umgebung, verschaffte ihnen Lebensmittel und besorgte Medikamente, bot Menschen für kürzere oder längere Zeit Unterschlupf, ohne sie wie vorgeschrieben mit Angabe der Religion ins Mieterbuch einzutragen. Niemand weiß, wie viele Berliner sich schon bis zur Jahreswende 1941/42 für Verfolgte des NS-Regimes eingesetzt hatten – es dürften sicher Zehntausende gewesen sein. Doch nun, nach Beginn der »Entjudung« der Reichshauptstadt, wurde jede Form der Hilfe nochmals schwieriger.

Für Ruth Andreas-Friedrich wurde ein Brief zum Wendepunkt, den Margot Rosenthal ihr aus einem Judensammellager »im Osten« geschickt hatte: »Schickt uns zu essen! Wir verhungern. Vergesst uns nicht. Ich weine den ganzen Tag.«[100] Sie schnürte zusammen mit ihrer Familie Lebensmittelpakete, schickte sie an ihre alte Freundin und erfuhr, dass die Sendungen ankamen. Aus der bis dahin schon mutigen und durchaus riskanten Unterstützung von Verfolgten wurde nun ein komplett illegales Netzwerk, dessen Mitglieder bewusst gegen die Regeln der Kriegswirtschaftsverordnung verstießen. Sie horteten und beschafften Nahrung, handelten mit Lebensmittelmarken, sorgten für Quartiere, in denen akut bedrohte Menschen unterschlüpfen konnten. Da sie auf diese Weise »Erzeugnisse, die zum lebenswichtigen Bedarf der Bevölkerung gehören«, zurückhielten und »dadurch böswillig die Deckung dieses Bedarfs« gefährdeten, machten sie sich des kriegsschädlichen Verhaltens schuldig und konnten »mit Zuchthaus oder Gefängnis bestraft« werden, in »besonders schweren Fällen« sogar mit der Todesstrafe.[101] Ohne Zweifel hätten die zuständigen Sondergerichte Unterstützung für Juden als strafverschärfend beurteilt, darauf deutete eine Novellierung der Strafbestimmung der Kriegswirtschaftsverordnung im März 1942 hin, die nun auch jegliche Manipulation an Lebensmittelmarken oder den Bescheinigungen zu ihrem Erhalt unter schwere Strafen stellte – während gleichzeitig für Täter, die nur »sich selbst« bereichern wollten, eine vergleichsweise mildere Sanktion vorgesehen wurde, nämlich Geldstrafe bis hin zur Vermögenseinziehung.[102]

Anfang 1942 fiel Otto Jogmin eines Abends eine völlig fremde Frau vor dem Haus Wielandstraße 18 auf. »Die patrouillierte da immer so hin und her vor der Haustür. Hat sich wohl nicht hereingetraut.«[103] Der Hauswart nahm sie mit in seine Wohnung und befragte sie. Es stellte sich heraus, dass Margarete Asch fluchtartig die Pension, in der sie ein winziges Zimmer bewohnt hatte, verlassen musste, als die Gestapo kam, um alle Juden abzuholen. Sie konnte durch den Hinterausgang entkommen und lief danach verzweifelt durch die Stadt. Sie hatte gehört, dass der Hausmeister in dem Charlottenburger Mietshaus schon anderen Juden geholfen hatte, und so ging sie schließlich dorthin, traute sich aber nicht, zu klingeln und direkt um Hilfe zu bitten. So lief sie Jogmin erst in die Arme, als er spätabends die Haustür abschließen wollte. Er nahm die knapp 60-Jährige mit in seine Portiersloge, versorgte sie zuerst einmal – und ließ sie die kommenden Jahre bei sich wohnen, als seine Tante »Frau Lehmann«. Doch ohne Papiere gab es auch keine Lebensmittelmarken, sodass Jogmin nun zusätzlich zu all seinen anderen Aufgaben Nahrung beschaffen musste.

In der Bürstenwerkstatt von Otto Weidt arbeiteten Anfang 1942 über 30 Juden, vor allem Blinde und Gehörlose, aber auch einige nicht behinderte Menschen. Obwohl die Gestapo regelmäßig den Einsatz der Zwangsarbeiter überprüfte und festgelegt war, dass niemand von ihnen im Büro arbeiten durfte, beschäftige Weidt einige von ihnen als Buchhalter und Sekretärinnen. Wann immer eine Polizeikontrolle drohte, wurden sie durch eine geheime Klingelanlage gewarnt, damit sie sich in einer Nische unter der Treppe verstecken konnten. Der Bürstenfabrikant bestach einzelne Polizisten und Beamte, um »seine« Juden bei sich behalten zu können, und da zudem seine Produktion als kriegswichtig anerkannt war, genossen sie einen gewissen Schutz. Doch 1942 hielt eines Tages ein großer Wagen vor dem Firmensitz in der Rosenthaler Straße 39 in Mitte, um die blinden und taubstummen Juden »abzuholen«. Inge Deutschkron sah zu: »Ich kann die Szene nicht vergessen. Ohne einen Laut legten sie ihre Arbeit nieder, nahmen ihre Sachen, fassten einander an den Händen und gingen tastend die Treppe hinunter. Viele von ihnen hatten sehende Frauen, auf die sie angewiesen waren. Aber das interessierte die Gestapo nicht. Sie wurden in die Wagen getrieben wie alle anderen.« Otto Weidt stand dabei und schwieg, ohnmächtig vor Zorn. Der Gestapo-Beamte, der die »Aktion« leitete, hatte jedes Gespräch mit ihm abgelehnt. Er habe seine Pflicht zu tun, und die wäre, die blinden und taubstummen Juden ins Sammellager in der Großen Hamburger Straße 26 zu bringen. Doch der Kleinfabrikant war nicht bereit, »seine« Juden einfach so aufzugeben. Kaum waren die Lastwagen abgefahren, verließ er sein kleines Unternehmen. Die Blindenbinde um den Arm, ging er schnurstracks die wenigen Meter hinüber zur Berliner Gestapo-Leitstelle, auf der anderen Seite des S-Bahn-Viadukts in der Burgstraße gelegen. Und Weidt gelang das scheinbar Unmögliche: »Am späten Nachmittag hatte er sein Ziel erreicht. Er hatte sie freibekommen, seine Blinden. Niemand war zugegen, als er der Gestapo die Bedeutung seiner Werkstatt für den Krieg erklärte. Niemand weiß, wie er es erreichte. Möglicherweise unterstrich er seine Argumente mit ›Gaben‹. Die Blinden nahm er gleich mit. Er ließ sich nicht damit abfinden, dass sie schon nachkommen würden. Otto Weidt stand vor dem Sammellager und wartete auf sie. An der Spitze seiner Blinden, die untergehakt hinter ihm herliefen und den Judenstern auf ihren Lederschürzen trugen, ging er zu Fuß zur Werkstatt zurück. Aber Weidt wusste und sagte es auch: ›Das war das letzte Mal.‹«[104] In Zukunft würde die Gestapo sich nicht mehr überreden lassen, Juden noch einmal freizugeben.

Deshalb begannen nun vermehrt vor allem jüngere Berliner Juden, ihr Schicksal in die eigenen Hände zu nehmen. Zu ihnen gehörten der 30-jährige Herbert Baum und seine Frau Marianne. Bis 1933 hatten beide sich in kommunistischen Jugendorganisationen engagiert, überzeugte Kommunisten waren sie auch nach Hitlers Machtübernahme geblieben und hatten trotz des für sie doppelten Risikos an der illegalen Arbeit der verbotenen KPD mitgewirkt. Zusätzlich organisierten sie mit zwei Dutzend Freunden und Bekannten ein eigenständiges jüdisches Leben abseits der ständig schärfer reglementierten Gemeinde, mit gemeinsamen Ausflügen, gegenseitiger Unterstützung und Gesprächs- oder Lesekreisen. Allein das war schon eine Form des Aufbegehrens. Seit 1940 mussten die Baums wie die meisten Berliner Juden Zwangsarbeit leisten, trotzdem bemühten sie sich, in ihrer knappen Freizeit weiterhin ihren Freundeskreis um sich zu versammeln. Für aktive Widerstandsaktionen fehlten ihnen zwar die Mittel und Möglichkeiten, und falls Herbert Baum an seinem Arbeitsplatz bei Siemens tatsächlich Sabotage beging, dann fiel diese jedenfalls nicht weiter auf. Doch seit der Einführung des Judensterns gingen die Baums und ihre Freunde zu anderen, offensiveren Formen des Widerstandes über: Sie verbreiteten kommunistische Flugblätter weiter und verfassten sogar eigene NS-kritische Schriften, zum Beispiel »An die Hausfrau«, die sie in Kleinauflagen vervielfältigten und verteilten. »Wir wollten damit, ohne dass wir selbst in Erscheinung traten, feststellen, inwieweit noch ein Echo für antifaschistische Tätigkeit vorhanden war, insbesondere bei Personen, bei denen wir annehmen konnten, dass sie mit uns sympathisieren«, schrieb das Gruppenmitglied Richard Holzer rückblickend. Allerdings waren die Ergebnisse ihrer Bemühungen niederschmetternd: »Alle, bis auf einen Arbeiter, der mit mir zusammenarbeitete, verschwiegen den Erhalt der Zeitung. Es ist auch anzunehmen, dass die Gestapo Exemplare erhalten hat.«[105] Da Aufklärungsarbeit bei ihren »arischen« Nachbarn und Kollegen offenkundig nicht verfing, gleichzeitig aber hochgefährlich war, verlegte sich die Gruppe um die Baums auf andere, ähnlich riskante, aber effizientere Formen des Widerstandes. Da die Deportation aller Berliner Juden im Frühjahr 1942 erkennbar zu den wichtigsten Zielen der nationalsozialistischen Stadtverwaltung gehörte, war schon das Untertauchen eine oppositionelle Handlung. Doch Untertauchen war nicht einfach, nicht einmal in einer kaum überschaubaren Metropole wie der Reichshauptstadt. Nötig waren zunächst gut gefälschte oder besser noch echte Papiere, die aus den verfolgten Berliner Juden entweder »arische« Deutsche oder Fremdarbeiter werden ließen, vorzugsweise aus Westeuropa. Außerdem mussten Verstecke vorbereitet und Vorräte gebunkert werden, um in der Illegalität überleben zu können, darunter Kleidung, Notrationen lang haltbarer Lebensmittel und Geld. Doch gerade darüber verfügte keiner der jungen Leute, denn das wenige, was sie besessen hatten, war schon in den vorangegangenen Jahren der Verfolgung aufgebraucht worden.

Also ersannen einige Mitglieder der Gruppe eine Möglichkeit, sich Geld zu beschaffen: Sie wollten wohlhabende Berliner Juden ansprechen, die bereits den Deportationsbefehl und meist wenige Tage später die Formulare für die Vermögensabgabe erhalten hatten, und sie bitten, ihnen Wertsachen zu schenken – um so Leidensgenossen mit Werten zu helfen, die nach ihrer Deportation »zugunsten des Reiches« eingezogen würden.[106] Ausprobieren wollten sie dieses Vorgehen bei der Familie Freundlich in der Lietzenburger Straße. Der 72-jährige Felix Freundlich lebte mit seiner acht Jahre jüngeren Frau Frieda und der gemeinsamen Tochter Mary Margarete in einer großbürgerlichen Wohnung mit zahlreichen wertvollen Gemälden, darunter Porträts von Max Liebermann, und teuren Teppichen. Auf Befehl der Gestapo hatten die Freundlichs zwei jüdische Untermieterinnen aufnehmen müssen, und durch eine von ihnen erfuhren die Baums, dass der reichen Familie die Deportation bevorstand. Vielleicht erkundigten sich die jungen jüdischen Kommunisten tatsächlich, ob sie Wertgegenstände der Freundlichs verkaufen und mit dem Erlös mittellose Leidensgenossen unterstützen dürften, womöglich verzichteten sie aber auch darauf, sich auf ein solches Ansinnen eine unfreundliche Abfuhr zu holen, und fragten Felix Freundlich daher gar nicht. Sie gingen ganz anders vor: Am 7. Mai 1942 gegen 06:30 Uhr klingelten zwei Mitglieder der Gruppe an der Wohnung der Freundlichs Sturm und klopften zudem laut gegen die Tür. Jeder deutsche Jude kannte solche Besuche im Morgengrauen, die Gestapo pflegte zu früher Stunde zu erscheinen, was nie Gutes zu bedeuten hatte. Als Frieda Freundlich verschlafen öffnete, drangen die beiden jungen Männer sofort in die Wohnung ein. Ohne sich auszuweisen, ganz wie es die Gestapo zu tun pflegte, ließen sie sich von allen drei Freundlichs die Kennkarten zeigen und verkündeten dann, sie würden die Wertgegenstände sofort »sichern«. Doch das Liebermann-Gemälde war nicht mehr in der Wohnung, auch einige weitere wertvolle Bilder nicht. Dafür fanden die angeblichen Gestapo-Beamten einen Leinwandsack, in dem kostbare Teppiche verstaut waren. Sie »beschlagnahmten« ein Ölgemälde, eine Reiseschreibmaschine, zwei Fotoapparate, ein Opernglas und die Teppiche, trugen die Gegenstände sogar auf einer Liste ein, die sie sich abzeichnen ließen. Mindestens ein weiteres Mitglied der Gruppe kam nun hinzu, möglicherweise auch Herbert Baum selbst, um die Beute abzutransportieren. Sie verstauten sie in einem Keller der Baums. Nach späteren Schätzungen der Gestapo betrug der Gesamtwert der entwendeten Gegenstände rund 20 000 Reichsmark.

Jedoch waren Felix und Frieda Freundlich nicht bereit, diesen Raubüberfall einfach hinzunehmen, ob sie den Hintergrund verstanden oder nicht, ist unbekannt. Sie berieten sich noch am selben Morgen mit einem jüdischen »Konsulenten«, also einem jüdischen ehemaligen Rechtsanwalt, der Berufsverbot erhalten hatte und nur noch andere Juden in Rechtsanlegenheiten beraten durfte. Gemeinsam mit ihm ging das Ehepaar dann auf das Revier 156 zur Kriminalpolizei, um Anzeige gegen unbekannt zu erstatten. Die Beamten fragten, da das Vorgehen zwar ungewöhnlich schien, sich aber doch gegen Juden richtete und in solchen Fällen fast alles möglich war, erst einmal in der Berliner Gestapo-Dienststelle in der Burgstraße nach und erfuhren, dass es keinerlei Beschlagnahme in der Wohnung der Familie Freundlich gegeben hatte. Also begannen Ermittlungen gegen die angeblichen Polizisten, zudem wurden die Beamten, die regelmäßig die Pfandhäuser überprüften, informiert. Doch in den ersten Tagen nach dem dreisten Raub führten die Untersuchungen zu nichts, weshalb die Polizeiführung am 12. Mai 1942 eine Mitteilung an die Presse herausgab. Der *Berliner Lokalanzeiger* berichtete daraufhin über »Drei falsche Kriminalbeamte« und ihr »dreistes Gaunerstück in einer Charlottenburger Wohnung«; die *Morgenpost* informierte ihre Leser von dem »Banditenstück falscher Kriminalbeamter«, die Wertsachen für 20 000 Reichsmark »beschlagnahmt« hätten. Die Berlin-Ausgabe des *Völkischen Beobachters* titelte einen Tag später mit der »Fahndung nach falschen Kriminalbeamten«.[107] In allen drei Zeitungen stand kein Wort davon, dass die Geschädigten Juden waren. Die Ermittlungen liefen zunächst ins Leere, und da auch niemand versuchte, einen der geraubten Wertgegenstände zu Geld zu machen, blieb die Überwachung der Leihhäuser ergebnislos. Falls die Freundlichs gehofft hatten, ihre Anzeige würde ihnen ihr Schicksal erleichtern, so irrten sie sich: Alle drei wurden am 12. August 1942 ins Getto Theresienstadt deportiert. Felix Freundlich starb dort im April 1943, während seine Frau und Tochter nach Auschwitz weitertransportiert und dort ermordet wurden.

Im Frühjahr 1942 war die Stimmung in Berlin überwiegend schlecht. Die schwere Niederlage der Wehrmacht in der Winterschlacht vor Moskau und der anschließende Rückzug hatten jede Hoffnung auf einen »Blitzsieg« gegen die Sowjetunion zunichtegemacht. Die exorbitant hohen Verluste, allein zwischen Januar und März 1942 annähernd 550 000 Tote, Verwundete und Soldaten mit Erfrierungen, hatten auch über 100 000 Berliner Familien direkt oder indirekt betroffen. In verschiedenen Modezeitschriften der Reichshauptstadt wurden jetzt Vorschläge für selbst geschneiderte »jugendliche Trauerkostüme« veröffentlicht, auch Entwürfe für »gut verwendbare Trauerkleider« waren dabei.[108] Nicht einmal dass Luftalarme fast völlig und schwere Bombardements auf die Reichshauptstadt gänzlich ausblieben, hellte die Gemütslage auf. Denn die Royal Air Force flog stattdessen vernichtende Angriffe gegen norddeutsche Städte, Ende

März auf Lübeck und Ende April auf Rostock – beide Innenstädte wurden dabei zu mehr als zwei Dritteln zerstört. Weil der Wehrmachtsbericht die verheerenden Attacken zunächst mit wenigen Worten abtat, verbreiteten sich auch in Berlin sofort Gerüchte, die das tatsächlich fürchterliche Ausmaß noch bei Weitem übertrafen. Goebbels erklärte laut Protokoll seinen engsten Mitarbeitern, die für die Presselenkung zuständig waren: »Die Evakuierung eines großen Teils der Bevölkerung verschaffe weiten Teilen unseres Volkes einen genaueren Überblick über die Lage in Rostock und zwinge uns ganz klar zu sagen, wie hoch die Zahl der Opfer und wie groß die Zerstörung sei.«[109] Dennoch nahmen viele Berliner die folgenden Berichte der gelenkten Zeitungen, die zu den meisten Verlautbarungen über zerstörte deutsche Städte Artikel von deutschen Vergeltungsschlägen stellten, nicht mehr ernst. Sie wussten, ihnen drohten irgendwann mindestens genauso schlimme Bombenangriffe wie den beiden Hansestädten. Angesichts solcher Aussichten wirkte es auch nicht beruhigend, dass immer mehr Betonbunker erkennbar Fortschritte machten.

Zur Angst um die eigenen Verwandten an den Fronten und der Aussicht auf viel härtere Luftschläge als 1940/41 kamen alltägliche Sorgen: Die Lebensmittelversorgung stockte immer wieder, und auch die Sendungen deutscher Soldaten in West- und Nordeuropa wurden deutlich spärlicher – die auszubeutenden Reserven der besetzten Länder gingen endgültig zur Neige. Die ständigen Aufrufe zur Leistungssteigerung wirkten angesichts dessen eher kontraproduktiv, wie der SD festhielt: »Mit einer gewissen Verbitterung wird davon gesprochen, wie es der Arbeiter ermöglichen solle, bei der jetzigen Ernährungslage seine Leistung noch zu steigern.« Gerade die Funktionäre, die immer wieder zu noch größeren Anstrengungen aufriefen, lebten »sicherlich nicht von den ihnen zustehenden Lebensmittelmarken«, sondern bekämen »irgendwie zusätzliche Lebensmittel«. Wer die Propaganda der NSDAP-Dienststellen nachbetete, in Deutschland gäbe es anders als in Großbritannien keine bevorzugte Versorgung für die Oberschicht, wurde schon einmal als »weltfremder Träumer« bezeichnet. Gerade in Facharbeiterkreisen verbreitete sich die – zutreffende – Ansicht, dass die Eliten des Dritten Reiches durch »Diplomatenzuteilungen« oder durch »Eigenbesitz von Gütern, Bauernhöfen und Jagden nicht auf die normalen Lebensmittelzuteilungen angewiesen seien«.[110]

Gegen diese psychologischen Tiefschläge setzte Joseph Goebbels Anfang Mai 1942 eine Art Charmeoffensive. Während er sich selbst mit einem schmerzhaften Ekzem herumschlug und mehrfach tagelang einer Spezialbehandlung einschließlich Röntgenbestrahlungen unterziehen musste, startete er gleich mehrere Kampagnen, um die Stimmung in der Reichshauptstadt aufzubessern. Der erste Schritt war die Suche nach dem »höflichsten Berliner«.[111] Obwohl mehrere Zeitungen mit großen Artikeln dafür warben, blieb die erhoffte Resonanz weitgehend aus. Der SD bemühte sich, die vereinzelten positiven Stimmen herauszustellen, was aber auch nur zum Teil gelang. Zwar meinten einige »Volksgenossen, bereits festgestellt zu haben, dass sich viele Berliner unter dem Eindruck des an sie gerichteten Appells offensichtlich Mühe gäben, rücksichtsvoller und zuvorkommender zu sein«. Doch häufiger waren Stimmen, denen zufolge es »höchste Zeit« gewesen sei, »einmal auf die zunehmende Unhöflichkeit hinzuweisen, die sich in besonderem Maße bei den mit der Bevölkerung in Berührung kommenden Berufsgruppen immer mehr ausgeprägt habe«. Schlimmer noch: Als vorherrschenden Eindruck stellten die Berichterstatter des Reichssicherheitshauptamtes fest, der ausgerufene Wettbewerb erinnere an »amerikanische Methoden« und werde höchstens vorübergehende Erfolge haben. Nach der Preisverleihung würde es in Berlin wohl wieder genauso unhöflich zugehen wie gewohnt. Häufig wurde noch kritischer geurteilt: »Ein Teil der Bevölkerung meint, sich wundern zu müssen, dass man in heutiger Zeit ›für einen derartigen Höflichkeitswettbewerb Zeit und Papier verschwende und obendrein die Post unnötig belaste‹. Man frage sich, ob es bei dem Mangel an Arbeitskräften tragbar sei, für die Ermittlung der Sieger im Wettbewerb um die Höflichkeit sogar eine Zentralsammelstelle einzurichten.«[112]

Kaum mehr Erfolg hatten die Bemühungen, die Stimmung der Berliner durch Stolz auf die Kultur ihrer Stadt zu heben, und zwar durch die für Ende Mai geplanten Kunstwochen. Hier agierte Goebbels wieder ganz als örtlicher Gauleiter: »Hier werden wir versuchen, in großem Stil den Versuchen der Stadt Wien, Berlin als Kunst- und Kulturzentrum den Rang abzulaufen, ein Paroli zu bieten.« Doch er wollte mehr: »Allerdings sollen die Berliner Kunstwochen überhaupt nicht auf das Gesellschaftliche, sondern nur auf das Kulturelle gerichtet werden. Sie stehen unter dem Motto: Die Kunst dem Volke! Das Programm, das hier abgewickelt werden soll, ist außerordentlich großzügig. Ich verspreche mir davon sehr viel, nicht nur als Konkurrenz zu Wien, sondern überhaupt und dem Volke selbst gegenüber.«[113] Jedoch blieben die Kunstwochen eine Veranstaltung ohne nennenswerte Aufmerksamkeit. Die große Sonderausstellung in der Nationalgalerie auf der Museumsinsel versammelte unter anderem naturalistische Skulpturen von Pferden und Hitler-Porträts. Zu den herausragenden Stücken, die dann auch die *Berliner Illustrirte*, zusammen mit dem *Illustrierten Beobachter* die meistgelesene Zeitschrift des Reiches, herausstellte, gehörte ein »gewaltiges Hochrelief« mit dem Titel *Tiegelstahlguss*, das der Berliner Bildhauer Arthur Hoffmann für die »Waffenschmiede der deutschen Nation«, das Krupp-Werk in Essen, geschaffen hatte.[114] Selbst Goebbels musste nach einer Kontrollvisite einräumen: »Mittags besuche ich die Berliner Kunstausstellung. Sie zeigt ein ziemlich mittelmäßiges Niveau. Hervorragende Werke sind nur zwei oder drei vertreten. Es ist klar, dass bei einer so großen Konkurrenz, wie sie durch die Große Deutsche Kunstausstellung in München ausgeübt wird, in Berlin keine ganz großen Kunstwerke mehr zu beschaffen sind. Aber daraus hätte man den Schluss ziehen müssen, die Ausstellung in Berlin nicht allzu groß aufzuziehen.« Zur Bestürzung der Kuratoren ordnete der Propagandaminister an, die Schau zwei Tage vor der offiziellen Eröffnung um ein Drittel zu reduzieren und auf zwei Stockwerke der Nationalgalerie zu beschränken.[115]

Wichtiger als diese beiden Kampagnen aber war ohnehin die Ausstellung »Das Sowjet-Paradies«, für die im Lustgarten eigens eine kleine Zeltstadt aufgestellt worden war. Das war nötig, da es sich um eine Wanderausstellung handelte, die auf der gewaltigen Fläche von 9000 Quadratmetern in verschiedenen Städten gezeigt wurde.

Vermeintlich originalgetreu waren Unterkünfte »sowjetischer Untermenschen« nachgebaut worden. Ein ganzes »Stadtviertel« wurde aufgestellt, einschließlich eines Kaufmannsladens, einer Arztpraxis und einer Fabrik, bestückt mit echten, beim Vormarsch erbeuteten und äußerst ärmlichen Einrichtungsgegenständen. Eine aufwendige Installation stellte dem 1939 fertiggestellten neuen Opernhaus von Minsk eine »Wohnhöhle« für Sowjetbürger gegenüber. Außerdem hingen überformatige Fotos von Kriegsgefangenen der Roten Armee an den Stangen der Zelte, die so ausgewählt waren, dass dem Betrachter die behauptete »rassische Minderwertigkeit« der Slawen ins Auge sprang. Auf einem Plakat wurde der angebliche Drang der Roten Armee nach Westen, nach Mitteleuropa illustriert, gegen den sich die Wehrmacht stemmte. Detailliert beschrieben die Ausstellungsmacher etwa die Foltermethoden der »jüdisch-bolschewistischen Geheimpolizei«, teilweise unterstützt durch Inszenierungen, womit gezeigt werden sollte, warum die Soldaten der Roten Armee so ausdauernd gegen die Wehrmacht kämpften.[116] Außerdem gab es eine ganze Reihe von Exponaten zum Thema Zwangsarbeitslager, mit denen diese »grausamsten aller Terroreinrichtungen« als Erfindung Stalins dargestellt wurden. Eines der fast hallenartigen Zelte wurde nur durch mattes Rotlicht erhellt, sodass der Eindruck eines Infernos entstand. Gezeigt wurden hier »groteske Karikaturen von Juden, die wichtige Positionen in der ganzen Welt innehatten«. Manche Ausstellungsbesucher sollen »zu Tode erschrocken« gewesen seien, andere habe das konzentrierte Propagandagift nicht weiter tangiert, so der Eindruck eines schwedischen Besuchers.[117] Ein viertelstündiger »Dokumentarfilm« verdichtete die Propagandabotschaft noch einmal; im Kommentar dazu hieß es unter anderem: »Wo früher blühende Dörfer standen, herrscht heute das graue Elend der Kolchose. Hier lebt der russische Bauer als Arbeitssklave auf dem Boden, der ihm einst gehörte. Das Vieh verkommt in verfallenen Ställen. Das sind die verhängnisvollen Ergebnisse einer über zwanzigjährigen Blutherrschaft der jüdisch-bolschewistischen Terrorclique.«[118] Die Ausstellung, die Goebbels' hautkrankheitsbedingter Abwesenheit wegen sein Staatssekretär Leopold Gutterer am 8. Mai 1942 eröffnete, wurde zu einem spektakulären Publikumserfolg: Innerhalb von nur sechs Wochen kamen 1,2 Millionen Berliner – meist gruppenweise organisiert von NS-Verbänden. Das Gedränge in den Zelten war nicht nur in der Propaganda der gesteuerten Zeitungen gewaltig.

Jedoch löste die Schau auch Widerstandsaktionen in Berlin aus. Adam und Greta Kuckhoff, die beide zur später als Rote Kapelle bekannten Gruppe um Harro Schulze-Boysen gehörten, besuchten »Das Sowjet-Paradies« bald nach der Eröffnung mehrere Stunden lang. Beide waren angewidert von ihrer Primitivität und noch mehr von der zustimmenden Reaktion vieler Besucher. Ähnlich ging es anderen Mitgliedern dieser Gruppe. Sie überlegten, wie sie ein öffentliches Zeichen setzen könnten. Schulze-Boysen schlug vor, Zettel an Hauswände zu kleben, doch einige seiner Freunde waren dagegen – darunter Adam Kuckhoff, dem das Risiko unverhältnismäßig im Vergleich zur möglichen Wirkung erschien. Doch die jüngeren Gruppenmitglieder setzten sich für die Aktion ein. Sie beschafften einen Satz Gummilettern, setzten aus den Buchstaben eine vierzeilige Botschaft zusammen und stempelten sie auf Hunderte kleiner Zettel:

Ständige Ausstellung
Das NAZI-PARADIES
Krieg Hunger Lüge Gestapo
Wie lange noch?[119]

Am 17. Mai 1942, einem Sonntag, begann die Aktion. Gegen 23:00 Uhr gingen insgesamt 18 Nazigegner paarweise los, um an verschiedenen viel frequentierten Stellen der Stadt ihre Zettel an Hauswände, Bäume und Litfaßsäulen zu kleben – und am liebsten auf die zahlreichen Werbeplakate für die Propaganda-Ausstellung. Oft taten die Pärchen so, als würden sie an der Wand lehnen, um sich zu küssen, doch in Wirklichkeit war das nur die unauffälligste Methode, die Zettel verdeckt anzukleben. Die totale Verdunkelung auf den Straßen schützte sie zudem, dennoch stand Harro Schulze-Boysen bei manchen der Paare in Uniform und mit Dienstwaffe Schmiere. Maria

Terwiel brachte mit ihrem Begleiter allein rund um den Kurfürstendamm mehr als 80 Zettel an. Nach wenigen Stunden waren Hunderte Zettel verteilt und wurden am folgenden Morgen von zahlreichen Berlinern gesehen. Konkrete Folgen gab es zwar nicht – immerhin jedoch wurde auch keiner der NS-Gegner verhaftet.

Während die Klebeaktion noch lief, bereitete eine andere Widerstandsgruppe eine viel radikalere Aktion vor. Herbert Baum und mehrere seiner Freunde hatten, nachdem sie unauffällig die Judensterne abgelegt hatten, die Ausstellung besucht und waren genau wie die Kuckhoffs empört. Sie wollten etwas dagegen tun. Zuerst hatte Baum vor, in der Ausstellung Flugblätter »auftauchen« zu lassen, doch schon bald erschien ihm das zu wenig. Er sagte seinen Freunden, dass »es am besten wäre, wenn wir die Ausstellung anzünden«. Nicht alle waren seiner Meinung; Richard Holzer zum Beispiel sprach sich scharf dagegen aus, »weil mir klar war, dass diese Aktion auch bei bestem Gelingen scharfe Repressionen gegen Juden und Antifaschisten zur Folge haben würde«.[120] Dennoch entschieden sich elf junge Berliner für einen Anschlag, darunter sieben, die als Juden ausgegrenzt waren. Zwei von ihnen bereiteten einfache Brandsätze vor, und am 18. Mai 1942 gingen Baum sowie ein halbes Dutzend Bekannte in die Ausstellung. Sie legten mehrere ihrer Zünder dort ab und konnten ungesehen entkommen.

Jedoch löschte die Feuerwehr die kleinen Brandherde schnell. Zwar mussten die etwa 2000 abendlichen Besucher die Zelte verlassen, aber viele von ihnen bekamen gar nicht mit, dass es einen Anschlag gegeben hatte. Nach dem ersten Bericht der Gestapo hatten gegen 20:00 Uhr mehrere Täter die Brandsätze gelegt. Zwei Flaschen mit Schwefelkohlenphosphor explodierten in einer nachgebauten Bauernhütte, dabei wurden elf Besucher leicht verletzt, die aber alle »ohne ärztliche Hilfe« den Tatort verlassen konnten.[121] Am späten Abend desselben Montags diktierte Joseph Goebbels seinem Sekretär: »Mir wird spätabends mitgeteilt, dass bei der Anti-Sowjet-Ausstellung in Berlin ein Brand, wahrscheinlich auf Sabotage zurückzuführen, ausgebrochen sei. Er kann gerade noch rechtzeitig gelöscht werden.« Der Propagandaminister schloss: »Man sieht auch daran wieder, dass sich doch in unseren großen Städten immerhin noch eine wenn auch kleine, so doch nicht ganz außer Acht zu lassende kommunistische Opposition festgesetzt hat. Im Augenblick kann sie natürlich keine Gefahr für uns darstellen, aber man tut doch gut daran, die Entwicklung sehr scharf zu beobachten.«[122] Die Schäden wurden noch in derselben Nacht beseitigt, am nächsten Tag öffnete die Ausstellung wieder, Berlins Zeitungen berichteten mit keinem Wort über den Anschlag. Nach seinem Misslingen verhaftete die Gestapo »durch einen Zufall« binnen weniger Tagen 25 Mitglieder der Gruppe um Baum und eines weiteren Freundeskreises junger Berliner Kommunisten; von Juni bis Oktober wurden nochmals 29 angebliche oder tatsächliche Mitwisser und Helfer inhaftiert.[123] Dabei klärten die Ermittler nebenbei auch den Raubzug in der Lietzenburger Straße auf, und die entwendeten Wertsachen wurden sichergestellt und gingen nach der Deportation ihrer rechtmäßigen Eigentümer, der Familie Freundlich, an die Reichskasse über. Die Gestapo nahm grausame Rache: Insgesamt 28 der 54 Verhafteten wurden zum Tode verurteilt und hingerichtet. Außerdem ließ Heinrich Himmler 154 Berliner Juden verhaften und mit 96 weiteren, die bereits im KZ Sachsenhausen saßen, erschießen. Die SS sorgte dafür, dass diese »Repressalie« umgehend bekannt wurde. Die Nachricht fand über Stockholm den Weg in die USA; die *New York Times*, die seit Hitlers Kriegserklärung im Dezember 1941 natürlich keinen eigenen Korrespondenten mehr in der Reichshauptstadt hatte und auch von allen direkten Informationswegen abgeschnitten war, sah darin deutlich übertrieben einen Beleg für eine »sichtbare Opposition in Deutschland«.[124] Herbert Baum beging, vermutlich nach schweren Folterungen, am 11. Juni 1942 im Untersuchungsgefängnis Moabit Selbstmord. Joseph Goebbels nahm den Anschlag zum Anlass, bei Hitler ein weiteres Mal die sofortige Deportation aller noch verbliebenen Juden aus Berlin zu erbitten: »Der Führer ist ganz meiner Meinung und gibt Speer den Auftrag, so schnell wie möglich dafür zu sorgen, dass die in der Rüstungswirtschaft beschäftigten Juden durch ausländische Arbeiter ersetzt werden. Ich sehe eine sehr große Gefahr darin, dass sich in der Hauptstadt des Reiches 40 000 Juden, die ja nichts mehr zu verlieren haben, auf freiem Fuß befinden. Das ist ja geradezu eine Herausforderung und eine Aufforderung zu Attentaten.«[125]

Derweil bereitete die Gestapo einen harten Schlag gegen den Freundeskreis um Schulze-Boysen und Harnack vor. Auf ihre Spur gekommen waren die Beamten erstmals im Februar 1942, als mehrere Berliner Polizeireviere die Verbreitung einer antinationalsozialistischen »Hetzschrift« meldeten. Bald darauf wurden auch erste Exemplare dieses hektografierten Textes mit dem Titel »Die Sorge um Deutschlands Zukunft geht durch das Volk« eingesandt. Unterzeichnet war die sechsseitige Schrift mit »AGIS«, was zugleich der Name eines legendären spartanischen Königs war und auf Lateinisch den Imperativ »Handele!« bedeutet. Der per Post versandte Aufruf war unzweideutig: »Alle, die sich den Sinn für echte Werte bewahrten, sehen schaudernd, wie der deutsche Name im Zeichen des Hakenkreuzes immer mehr in Verruf gerät. In allen Ländern werden heute täglich Hunderte, oft Tausende von Menschen standrechtlich und willkürlich erschossen oder gehenkt, Menschen, denen man nichts anderes vorzuwerfen hat, als dass sie ihrem Lande die Treue halten.« Die beiden Autoren, neben Harro Schulze-Boysen die erst 21-jährige Cato Bontjes van Beek, wiesen auf die gerüchteweise bekannten Grausamkeiten vor allem hinter der Front im Osten hin: »Im Namen des Reiches werden die scheußlichsten Quälereien und Grausamkeiten an Zivilpersonen und Gefangenen begangen. Noch nie in der Geschichte ist ein Mann so gehasst worden wie Adolf Hitler. Der Hass der gequälten Menschheit belastet das ganze deutsche Volk.« Ein »Endsieg« des Dritten Reiches sei nicht mehr möglich. Dann gab die Flugschrift klare Empfehlungen: »Straft die SS mit Verachtung! Lasst es sie fühlen, dass das Volk Mörder und Spitzel aus tiefster Seele verabscheut! Hört endlich auf mit dem Unfug, Winterhilfsabzeichen zu sammeln! Jeder Groschen, jede Hilfeleistung an das herrschende Regime verlängert den Krieg und führt uns alle nur noch tiefer ins Elend!« Der Text endete mit der in Großbuchstaben gesetzten Ankündigung: »MORGEN GEHÖRT UNS DEUTSCHLAND.«[126] Im Gestapo-Bericht hieß es, der Text sei »sehr geschickt« formuliert und richte sich »vornehmlich an bürgerliche Intellektuelle«. Er sei an sämtliche in Berlin akkreditierten Korrespondenten aus neutralen Ländern gegangen sowie an zahlreiche Mitarbeiter des Propagandaministeriums. Bis in den Mai waren 260 Exemplare sichergestellt worden, überwiegend waren sie von ihren Empfängern in der Reichshauptstadt abgeliefert worden. Allerdings gab es keinerlei Anhaltspunkt, wer diesen Text geschrieben und vervielfältigt hatte, weshalb die Ermittlungen zunächst als »aussichtslos« eingestellt werden mussten.[127]

Erst Monate später änderte sich das – durch einen Zufall: Der Funkspruch eines sowjetischen Agentenrings in Brüssel, der lose Verbindung nach Berlin hielt, wurde entschlüsselt und lieferte der Gestapo Anfang August 1942 erste Namen. Nun begann klassische Observationsarbeit. Da Schulze-Boysen wichtige Besprechungen gern auf einer Jolle auf dem Wannsee abhielt, mussten einige Geheimpolizisten sogar das Segeln lernen, um sich unauffällig in der Nähe der Regimekritiker aufhalten zu können – darüber jedenfalls beschwerte sich einer von ihnen im Verhör mit einem Gruppenmitglied. Um eine mögliche Flucht von Schulze-Boysen zu vermeiden, griff die Gestapo am 31. August 1942 zu, obwohl die Ermittlungen gegen die Gruppe noch längst nicht abgeschlossen waren. Angeblich, so hatte es ein Vorgesetzter seiner Frau Libertas ausrichten lassen, sei er überraschend auf eine Dienstreise gegangen. Doch sie erfuhr von der Sekretärin ihres Mannes, er hatte das Büro ohne Mütze und Koppel verlassen – ein eindeutiger Hinweis, dass er nicht freiwillig gegangen war. Während Libertas Schulze-Boysen bereits überwacht wurde, versuchte sie verzweifelt, andere Gruppenmitglieder zu warnen – und machte dadurch die Gestapo versehentlich aufmerksam. Schließlich wurde die Ehefrau festgenommen, in die Zentrale in der Prinz-Albrecht-Straße gebracht, dort verhört – und als die klassischen Methoden der Einschüchterung versagten, schickte der ermittelnde Beamte ihr eine Gestapo-Sekretärin als angebliche Leidensgenossin in die Zelle. Die Frau gewann das Vertrauen der Gefangenen und erfuhr von ihr die Namen von Freunden, die sie warnen sollte, sobald sie freigekommen wäre. Die Namen landeten unmittelbar auf dem Schreibtisch der Sonderkommission, die Sekretärin wurde mit einer Prämie von 5000 Reichsmark, dem Kriegsverdienstkreuz zweiter Klasse und einer Gehaltserhöhung belohnt.[128]

Nun griff die Gestapo ganz hart durch. Fast 200 Berliner wurden festgenommen und verhört, beinahe die Hälfte von ihnen wurde zum Tode verurteilt. Mindestens 45 Hinrichtungen vollzog der Henker Wilhelm Röttger im Gefängnis Plötzensee, meist durch das Fallbeil, in einigen Fällen durch besonders qualvolles Erhängen an Fleischerhaken. Der Schulze-Boysen-Harnack-Kreis war die größte Berliner Widerstandsgruppe, die zerschlagen wurde, und in ihrer Form wohl nur in der Reichshauptstadt möglich. Unter den Opfern waren Künstler wie der Bildhauer Kurt Schumacher und die Tänzerin Oda Schottmüller, Arbeiter wie der Fräser Stanislaus Wesolek und der Elektriker Eugen Neutert, Jugendliche wie die Schülerin Liane Berkowitz und der Banklehrling Otto Gollnow. Auch Maria Terwiel geriet in die Hände der Geheimpolizei, genauso wie ihr Lebensgefährte Helmut Himpel. Für beide war es keine Überraschung, dass sie zum Tode verurteilt wurden – wegen »Vorbereitung eines hochverräterischen Unternehmens und wegen Feindbegünstigung«.[129] Denn sie waren an der Vervielfältigung und Verbreitung der Flugschriften beteiligt, hatten bei der Aktion gegen die Ausstellung »Das Sowjet-Paradies« mitgewirkt und außerdem nach Kräften Verfolgten geholfen. Über das gemeinsame Verfahren vor dem Reichskriegsgericht berichtete Oda Schottmüller, die ebenfalls zur Höchststrafe verurteilt wurde, in einem Kassiber: »Was ich in meinem Fall erlebt habe, sind Desperadomanieren einer Tyrannis, die sich verzweifelt wehrt.« Mehrfach kamen sadistische Polizisten nach dem Todesurteil in Maria Terwiels Zelle und teilten ihr mit, sie würde nun mitgenommen nach Plötzensee – also zur Hinrichtung. Es sollte ein grausamer Scherz sein, doch nach dem Zeugnis einer polnischen Mitgefangenen ertrug die Todeskandidaten selbst das stoisch: »Sie hat ihnen nie, aber nie eine Spur von Aufregung gezeigt, und sie sind jedes Mal sehr enttäuscht weggegangen.«[130]

Zur selben Zeit erzielte die Wehrmacht noch ein letztes Mal große Erfolge. Sowohl an der Ostfront als auch in Nordafrika errangen deutsche Truppen bedeutende Gebietsgewinne und siegten in symbolträchtigen Schlachten. Trotzdem blieb die Stimmung schlecht, denn am 30. Mai 1942 hatte die RAF zum ersten Mal eine deutsche Großstadt in einem Massenangriff mit mehr als 1000 Bombern attackiert – die Innenstadt von Köln war dabei weitgehend zerstört worden. Zwei Tage später traf Essen ein ähnliches Schicksal, und nach drei weiteren Wochen wurde Bremen auf dieselbe Weise angegriffen. Die Menschen im ganzen Dritten Reich reagierten bestürzt auf die Bombardements. Überall fürchtete man nun, die eigene Stadt werde »als Nächstes« angegriffen. Der deutsche »Vergeltungsangriff« gegen Canterbury sorgte nur kurz für grimmige Befriedigung. Sobald bekannt wurde, dass es sich um eine Kleinstadt mit 24000 Einwohnern handelte, verflüchtigte sich dieses Gefühl rasch wieder. Man wartete weiter auf das Unheil, das unweigerlich kommen würde. Die Aufmunterungspropaganda verfing nicht mehr, die Berliner nahmen sie nur mehr abgestumpft hin. »Der von der Ernährungs- und Versorgungslage her auf der Bevölkerung lastende Druck ist in seiner Stärke und seinen Auswirkungen unverändert; militärische Erfolgsmeldungen treten bald wieder in den Hintergrund, während die Sorgen des Einzelnen mehr und mehr zur Geltung kommen«, berichtete Mitte Juni 1942 der SD: »Aus Berlin wird gemeldet, dass die Qualität der Kartoffeln in letzter Zeit sehr nachgelassen habe, sodass ein erheblicher Teil als Abfall weggeworfen werden müsse. Die Folge sei, dass die wöchentliche Ration von 2,5 Kilogramm vielfach nicht mehr ausreiche.«[131]

Die einfachste Methode, die Versorgungsengpässe wenigstens etwas zu mildern, war die Kürzung der Rationen für Juden. Fleisch- und Eiermarken wurden gestrichen, auch der letzte Rest an Tabakbezugsrechten. Zudem hatte der amtierende Oberbürgermeister von Berlin, Ludwig Steeg, pauschal angeordnet, rationierte Lebensmittel an Juden dürften nur noch abgegeben werden, »wenn sie so reichlich vorhanden sind, dass jede Anforderung der deutschen Verbraucher reibungslos erfüllt werden kann«.[132] Angesichts der häufigen Knappheit bedeutete das einen Freibrief für jeden Geschäftsinhaber, »Sternträgern« fortan jeden Einkauf zu verweigern. Ungefähr zeitgleich erging die Anweisung, in jüdischen Haushalten dürften keine Tiere mehr gehalten werden – Hunde, Katzen und Vögel sollten entweder von Tierärzten getötet oder den Tierschutzvereinen übergeben werden. »Diese Anordnung, deren Durchführung merkwürdigerweise der Untersuchungsabteilung des Jüdischen Krankenhauses übertragen wurde, entfesselte einen nicht enden wollenden Strom von Bittgesuchen auf Belassung der Tiere. Besonders die arischen Partner der Mischehen rückten in großen Kolonnen in der Iranischen Straße an, um persönlich für ihre vierbeinigen oder gefiederten Hausgenossen zu bitten. Die Gestapo blieb unerbittlich, von allen Gesuchen genehmigte sie nur die Blindenhunde und einen Kater, der einer an multipler Sklerose leidenden Frau gehörte«, berichtete Hildegard Henschel über die Auswirkungen des Verbotes, das zudem skurrile Szenen produzierte: »Soweit es sich um Hunde handelte, wurden sie meistens zur Unterstützung in die Iranische Straße mitgebracht, und der in vollem Blütenschmuck prangende Garten des Krankenhauses, in dem diese seltsame Sprechstunde abgehalten wurde, machte zeitweise den Eindruck einer Hundeausstellung.«[133]

Gleichzeitig hielten die Deportationen der Berliner Juden unvermindert an. Im Jahr 1942 verließen 16 große Transporte mit jeweils rund 1 000 Menschen die Reichshauptstadt und nahmen damit »den Charakter der herdenweisen Massenaustreibung an«, beobachtete eine Mitarbeiterin der Jüdischen Gemeinde, die alles unternahm, um die Deportierten mit Verpflegung für die Fahrt zu versorgen. Das Ziel der Züge war entweder das Warschauer Getto, wo die deutschen Juden unter menschenunwürdigen Umständen in ohnehin schon völlig überfüllte baufällige Häuser gestopft wurden, oder reine Mordstätten. Aus einem Zug, der Mitte Juni 1942 mit rund 740 Berlinern und etwa 250 Potsdamern abgefahren war, wurde eine unbekannte Zahl von Männern »im arbeitsfähigen Alter« zwischen 15 und 55 Jahren »selektiert«, die Übrigen fuhren weiter ins Vernichtungslager Sobibór und wurden ausnahmslos vergast. Andere Deportationszüge hatten das Ziel Riga, wo die Insassen in Wäldern nahe der Stadt erschossen wurden, und Minsk. In seinem »Tätigkeitsbericht« stellte der zuständige Zugführer der Waffen-SS, ein Unterscharführer namens

Arlt, im provisorischen Vernichtungslager Maly Trostinec nüchtern fest: »Die Arbeit der restlichen Männer hier in Minsk bleibt nach wie vor ziemlich dieselbe. Die Judentransporte trafen in regelmäßigen Abständen in Minsk ein und wurden von uns betreut. So beschäftigten wir uns am 18. und 19. Juni 1942 wieder mit dem Ausheben von Gruben im Siedlungsgelände. (...) Am 26. Juni traf der erwartete Judentransport aus dem Reich ein.«[134] 770 Berliner Juden wurden umgehend ermordet. Ab Ende November fuhren die Züge dann nach Auschwitz-Birkenau, wo meist 15 Prozent der Ankömmlinge »selektiert« und als »arbeitsfähig« ins KZ eingewiesen wurden, die Übrigen wurden in zwei improvisierten Gaskammern in alten Bauernhäusern umgebracht.

Immer mehr Berliner erfuhren nun aus erster Hand, was sich hinter der Ostfront tatsächlich ereignete. Auch der erst zwölfjährige Günter Lamprecht. Eines Tages Ende 1942 kam sein Onkel Walter zu Besuch, aus Riga. Er trug einen Ledermantel mit den Insignien des SD am Arm, an seiner Mütze prangte ein Totenkopf. Auf den Jungen machte der Onkel »einen angeberischen Eindruck«. Sein Vater war auch gerade auf Urlaub, und Günter stellte fest: »In der Wehrmachtsuniform als Gefreiter nahm mein Vater sich neben seinem Bruder eher bescheiden aus.« Die beiden Uniformierten nahmen den Zwölfjährigen mit in die Stammkneipe um die Ecke, und an der Theke begann Walter, von seinen »Einsätzen« in Riga zu erzählen. Mit dem »großen Besen« werde nun herangegangen, »Säuberungen« wären notwendig. Walter Lamprecht erzählte von sowjetischen Kommissaren, die er mit seiner »Puste«, wie er seine Pistole nannte, selbst umgelegt habe. »Aber erst einmal mussten die sich ihre Grube selbst ausbuddeln, danach Genickschuss und weg damit.«[135] Günter schauderte, und er zögerte, seinem Onkel zum Abschied die Hand zu reichen. Auch seinem Vater verschlug es beinahe die Sprache ob der fröhlich dahererzählten Verbrechen seines eigenen Bruders.

Parallel mit den Großtransporten in den sofortigen Tod ließ die Gestapo vor allem ältere Berliner Juden in über 80 Transporten ins Getto Theresienstadt bringen. Meist etwa 100 Menschen mussten sich im Sammellager in der Großen Hamburger Straße einfinden, wurden dann hier frühmorgens um 05:00 Uhr in einen Sonderwagen der Straßenbahn geladen und zum Anhalter Bahnhof gefahren, wo für sie ein oder zwei Waggons Dritter Klasse bereitstanden, die an den regulären Personenzug Richtung Dresden und Prag angehängt worden waren. »So wurden diese Menschen unter ganz erträglichen Umständen auf die Reise geschickt. Was sie in Theresienstadt erwartete, wusste in Berlin niemand.«[136] Die Judenhelfer in der Stadt konnten fast nichts tun gegen den Druck der Gestapo auf die Verfolgten. Ruth Andreas-Friedrich notierte verzweifelt: »Stein um Stein, Scholle um Scholle bröckeln sie ab. Werden weggetrieben vom festen Ufer, hinaus in den reißenden Strom. Von unseren vierzehn Onkel Heinrichs und zweiundzwanzig Tante Johannas sind nur noch wenig übrig geblieben.«[137] Im Keller ihrer Wohnung stapelten sich nun die Koffer ihrer jüdischen Bekannten, genauso in den Verschlägen einiger »arischer« Freunde, viele der zur »Evakuierung« befohlenen Juden wollten ihre wenigen verbliebenen Wertsachen lieber in der Obhut hoffentlich vertrauenswürdiger Berliner zurücklassen, als sie dem NS-Staat zu übergeben. Der Berliner Magistrat hielt zufrieden fest: »Die Judenevakuierung schreitet vorwärts. Zurzeit befinden sich in Berlin noch rund 52 000 Juden einschließlich rund 13 000 Mischlingen und Juden ohne Stern. Weitere 13 000 sollen bis Ende November 1942 evakuiert werden. Im Arbeitseinsatz befinden sich rund 19 000 Juden. Einzelne Firmen geben jetzt Juden frei, da sie inzwischen Russen als Arbeitskräfte bekommen haben.«[138] Wer immer von den verbliebenen Berliner Juden eine Chance sah, bereitete sein Untertauchen vor – oder besorgte sich auf dem Schwarzmarkt Medikamente, um möglichst schmerzfrei Selbstmord begehen zu können. Der 24-jährige Herbert Strauss erinnerte sich an den seltsamen Herbst 1942: »Es gab keine andere Wahl, als sich in dumpfem Bemühen um tägliche Kraft weiterzuschleppen und die Abende und Wochenenden zu nutzen, um seinen Gefühlen und geistigen Interessen Raum zu geben oder aus dem Gespräch mit Freunden, die Neues über den Verlauf des Krieges wussten, Trost zu ziehen.«[139]

Viele klammerten sich an letzte verzweifelte Hoffnungen, Jochen Klepper etwa. Durch allerlei Kontakte hatte er schließlich doch erreicht, eine Ausreisegenehmigung für seine Stieftochter Renate »Renerle« nach Schweden zu erlangen. Mehrfach war sie dank eines Briefes von Reichsinnenminister Wilhelm Frick von der Deportation verschont geblieben, dennoch wusste die 19-Jährige, dass ihr Leben unmittelbar bedroht war: »Renerle wird in dem Entschluss zum Selbstmord, wenn die Auswanderung scheitert und die Deportation unentrinnbar wird, immer fester, sosehr sie noch hofft.« Schließlich kam die erhoffte Einreisegenehmigung für Renate nach Schweden – doch nun fehlte es noch am Ausreisevisum der deutschen Behörden, und dafür war die Gesatpo zuständig. Noch einmal gelang es Klepper, zum Reichsinneninister persönlich vorzustoßen: »Ich war bei Frick. Er hatte noch alles klar im Gedächtnis. Er, einer der wichtigsten Minister und im Kriege der Generalbevollmächtigte für die Zivilverwaltung, steht zu dem, was er im Oktober 1941 zugesagt hat: Er will Renate aus Deutschland heraushelfen. Aber hier kann er sie nicht mehr schützen. Niemand kann das.« Und noch etwas teilte Frick seinem Besucher mit: »›Noch ist Ihre Frau durch die Ehe mit Ihnen geschützt. Aber es sind Bestrebungen im Gange, die die Zwangsscheidung durchsetzen sollen. Und das bedeutet nach der Scheidung gleich die Deportation des jüdischen Teils.‹ Frick lief erregt hinter seinem Schreibtisch auf und ab: ›Ich kann Ihre Frau nicht schützen. Ich kann keinen Juden schützen. Solche Dinge können sich ja der Sache nach nicht im Geheimen abspielen. Sie kommen zu Ohren des Führers und dann gibt es einen Mordskrach.‹« Schon am folgenden Tag konnte Klepper zu Adolf Eichmann vorstoßen, bei dem nun die Entscheidung über die Ausreise von Renate lag. Der »Judenrefernt« machte dem sorgenden Stiefvater Hoffnung: »›Ich habe noch nicht mein endgültiges Ja gesagt. Aber ich denke, die Sache wird klappen.‹« Ob es sich um einen grausamen Scherz auf Kleppers Kosten handelte oder ob Eichmann von einem Vorgesetzten überstimmt wurde, ist offen. Jedenfalls erhielt Jochen Klepper am 10. Dezember 1942 die endgültige Auskunft, dass die Ausreise von »Renerle« doch nicht genehmigt würde. Kurz danach schrieb er als letzte Bemerkung in sein Tagebuch: »Nachmittags die Verhandlung auf dem Sicherheitsdienst. Wir sterben nun, ach, auch das steht bei Gott. Wir gehen

SELBSTHILFE *Um die Nahrungsversorgung etwas aufzubessern, wurden sogar in der Innenstadt kleine Äcker angelegt, etwa wie hier 1942 auf dem Gendarmenmarkt.*

heute Nacht gemeinsam in den Tod. Über uns steht in den letzten Stunden das Bild des Segnenden Christus, der um uns ringt. In diesem Anblick endet unser Leben.«[140] Johanna und Jochen Klepper sowie Renate Stein nahmen an diesem Abend zu Hause eine Überdosis Schlafmittel, setzten sich in die Küche und drehten den Gasherd auf. An die Klinke der Küchentür hatten sie ein Schild gehängt, auf dem »Achtung Gas!« stand. Am folgenden Tag wurde Kleppers Schwester Hilde dringend nach Nikolassee in das Haus Teutonenweg 23 gerufen: »Ich kann mich noch entsinnen, wie ich weinend durch die Straßen lief und die Leute mich ansahen. Als ich ankam, hatte man die drei Leichen in Jochens Arbeitszimmer gelegt. Drei Männer in Uniform waren da, der eine bemerkte: ›Das sind nicht die Ersten. Wir haben heute schon ein junges Mädchen in Wannsee abgeholt.‹«[141]

Ende 1942 dominierte Fatalismus die Stimmung in Berlin. Selbst ein gefürchteter NS-Propagandist wie Hans Schwarz van Berk, Vertrauter von Goebbels und Chefredakteur des NSDAP-Blattes *Der Angriff*, musste bei einer Feier in privatem Kreis schonungslose Wahrheiten anhören: »Wir sind alle wie die Ratten auf einem Schiff, nur mit dem Unterschied, dass wir es nicht verlassen können«, schleuderte ihm ein schwer verwundeter Soldat entgegen. Ursula von Kardorff, die Gastgeberin des Abends, notierte sich unmittelbar danach: »Schwarz van Berk verteidigte sich, so gut er konnte. Er gilt als der begabteste Journalist, den die Nazis haben. Schließlich wurde es ihm zu bunt.« Einer der Gäste hatte ihm vorgeworfen: »Es wird ja alles getan, um die Wahrheit zu unterdrücken!« Schwarz van Berk sprang auf und wollte die Feier verlassen; das hätte leicht riskant werden können. Ursula von Kardorff und ihr Bruder beruhigten den *Angriff*-Chef gerade noch einmal – und sie war froh darüber: »Solche Aussprachen sind nicht ungefährlich für alle Beteiligten. Freilich können sich verwundete Soldaten die offenste Sprache erlauben.«[142] Ganz Ähnliches hörte auch Staatssekretär Ernst von Weizsäcker, der Mitte November 1942 festhielt: »Das Publikum zieht weitgehend Folgerungen aus der eingetretenen Lage: verlorener Krieg, Ostpreußen wird polnisch oder russisch, Deutschland wird zerstückelt und so weiter. Ich warne vor überstürzten Konklusionen.«[143] Berlin wusste um den Jahreswechsel, dass die Ruhe vor dem Sturm zu Ende ging. Was allerdings kommen würde, vermochte sich noch niemand vorzustellen.

WIEDER HAUPTZIEL

WAS MAN EIGENTLICH ERWARTET, KANN AUCH ÜBERRAschend kommen. Die Berliner wussten Ende 1942, dass es nur eine Frage der Zeit war, bis erneut Bomben auf ihre Stadt fallen würden. Im gesamten zurückliegenden Jahr hatte es gerade einmal neun Fliegeralarme gegeben, doch ein Dutzend andere deutsche Städte hatte schwere Schäden davongetragen, und ein Flugblatt im Namen des Oberbefehlshabers des britischen Bomber Command ließ Schlimmes erwarten: »Wir bomben Deutschland, eine Stadt nach der anderen, immer schwerer, um euch die Fortführung dieses Krieges unmöglich zu machen«, stand da, unterzeichnet von Air Vice Marshal Arthur Harris. Persönlich hielt der RAF-Offizier wenig von den Flugblättern, die seine Bomber abwerfen mussten: »Sie gaben lediglich der deutschen Abwehr endlose Praxis in der Vorbereitung auf das, was bevorstand, und im Übrigen versorgten sich die Deutschen auf diese Weise mit einer nennenswerten Menge an Toilettenpapier.« Doch die zweiseitige Botschaft entfaltete psychologische Wirkung. Nie zuvor hatte sich der Kommandeur einer angreifenden Armee an die Bevölkerung des Landes gewandt, das seine Männer attackierten. Das Flugblatt drohte ganz offen: »In Köln, im Ruhrgebiet, in Rostock, Lübeck oder Emden mag man der Ansicht sein, dass wir mit unseren Bombern schon allerhand geleistet haben. Wir sind anderer Ansicht. Was ihr bisher erlebt habt, wird nicht zu vergleichen sein mit dem, was kommt.«[1]

Zu Weihnachten kam keine Feierstimmung auf. Daran änderten auch die Sonderzuteilungen wenig. Zwar sorgten sie dafür, dass die meisten Familien besonders gute und ausreichende Mahlzeiten genießen konnten, zumal auch die für das Fest aufgesparten Fleischmarken anstandslos eingelöst wurden. Dennoch sprachen die Berliner untereinander beunruhigend oft »über grundsätzliche Fragen nach der Dauer des Krieges und der Schwere der noch zu bringenden Opfer«, registrierte der SD: »Vielfach wurden auch Vergleiche mit der Situation zu Weihnachten 1917 und zum vorjährigen Weihnachtsfest angestellt.« Auch wenn dabei »die Überzeugung zum Ausdruck kam, dass die heutige Lage zumindest in versorgungsmäßiger Hinsicht weitaus günstiger« sei, konnte das die Stadtverwaltung nicht wirklich beruhigen. Denn zugleich gingen verstärkt Gerüchte über die in Stalingrad eingeschlossene deutsche 6. Armee um und führten zu »ernsten Besorgnissen«.[2]

Obwohl sich die meisten Berliner Anfang 1943 keinen Illusionen über die Lage hingaben, traf die Wiederaufnahme der Luftangriffe viele von ihnen unvorbereitet. Es geschah an einem Wochenende. Am Samstagabend, dem 15. Januar, flogen rund 140 RAF-Bomber die Stadt an, in der um 19:35 Uhr der erste Fliegeralarm seit mehr als zwei Monaten ausgelöst wurde. Viele Berliner ersparten sich den Gang in die Luftschutzkeller und Bunker. Doch diesmal blieb es nicht bei Flugblattabwürfen oder einigen Hundert Brandsätzen wie sonst im vorangegangenen Jahr: Die viermotorigen Flugzeuge, vor allem vom neuen Typ Lancaster, ließen gleich 370 Tonnen Spreng- und Brandbomben fallen, mehr als bei jedem Angriff auf die Reichshauptstadt bisher. Die Folgen waren entsprechend: 148 Menschen kamen ums Leben, darunter 59 Fremd- und Zwangsarbeiter, und mehr als 10 000 Berliner verloren ihr Dach über dem Kopf – bei leichtem Frost. Mit einem einzigen Angriff richtete die RAF fast die gleichen Schäden an, die sie 1940 und 1941 mit ein bis zwei Dutzend Anflügen erzielt hatte. Vor allem der Westen und der Südwesten wurden getroffen; das prominenteste der zerstörten Gebäude war die Deutschlandhalle am Messegelände, das größte Mehrzweckgebäude der Welt. Die britischen Flieger stießen nur auf schwaches Flakfeuer; offensichtlich hatte der Angriff auch die Luftverteidigung der Reichshauptstadt überrascht. Sofort kamen Gerüchte auf, dass angesichts der langen Ruhe die Flakbatterien ausgedünnt worden seien.

Unzufrieden notierte Goebbels: »Der Luftangriff bedeutet natürlich für Berlin die große Sensation. Die englischen und amerikanischen Sprecher kündigen uns sehr umfassende Luftbombardements auf die Reichshauptstadt für die kommenden Monate, insbesondere von April ab beginnend, an.« Ihm schwante Böses: »Vielleicht war dieser Luftangriff ein kleiner Vorgeschmack dessen, was uns noch bevorsteht.« Doch gleich im übernächsten Satz gewann er dem Angriff etwas Gutes ab: »Berlin hat zu lange in einem falschen Friedenszustand gelebt. Es muss der Reichshauptstadt wieder einmal klargemacht werden, dass Krieg ist.«[3] Jedoch achtete der Propagandaminister darauf, die psychologischen Auswirkungen des Bombardements zu begrenzen: »Dr. Goebbels gab Anweisung, dass die Meldungen über den Berliner Luftangriff nur im Auslandsrundfunk und in der Berliner Presse gebracht werden, damit nicht die anderen Städte und Gaue irgendeinen Grund zur Kritik haben.« Obwohl die Deutschlandhalle »keinen besonderen architektonischen Wert« besessen habe, sollten die Umstände, die zu ihrer Vernichtung geführt hatten, untersucht werden, meldete der Verbindungsmann des Propagandaministeriums in der NSDAP-Parteikanzlei. Um eventuelle Schwächen schon vorsichtshalber zu reduzieren, gab Goebbels zudem Anweisung, zusätzliche Luftschutz- und Brandbekämpfungsübungen in allen Theatern, Kinos, Ämtern und sonstigen öffentlichen Gebäuden zu veranlassen.[4]

Keine 24 Stunden später kam die RAF erneut, diesmal mit 111 Flugzeugen über dem Ziel. Bei den Berlinern hatten die Reflexe von 1940/41 die Oberhand gewonnen: Die Menschen gingen fast geschlossen in die Schutzräume, und die Flak empfing die feindlichen Flugzeuge mit einem mörderischen Feuer. Zufällig wurden zwei der führenden Maschinen getroffen, eine davon ein »Pfadfinder«, der eigentlich die Zielgebiete für die nachfolgenden Bomber markieren sollte. Rote und grüne Leuchtbomben, von den Berlinern Christbäume genannt, explodierten mit hellen Blitzen in alle Richtungen und erleuchteten den Himmel trotz niedrig hängender Wolken wie einst die berühmten Leuchtreklamen am Askanischen Platz oder an der Joachimsthaler Straße – bis sie ausgeschaltet worden waren, nur dreieinhalb Jahre zuvor und doch in einer anderen Zeit. Ohne die Zielmarkierungen trafen viele der Lancaster eher unwichtige Ziele, zum Beispiel im Villenviertel Dahlem. Einige Maschinen jedoch luden ihre Bomben auch über den angepeilten Industrieanlagen ab, der Funkgerätefabrik Lorenz am Teltowkanal etwa oder den Borsigwerken in Tegel.

Trotzdem hielt sich die Aufregung in Grenzen. Die Berliner verdauten den Schock, dass der Bombenkrieg wieder aufgenommen worden war, überraschend schnell. »Die Weiber sitzen zusammen und scheinen sich zu freuen über die schöne Gelegenheit zu tratschen«, schrieb Friedrich Munding über den Abend im Luftschutzkeller: »Kinder spielen oder plärren; die Spießbürgerstrategen stehen herum und erörtern die Kriegslage.«[5] Unzufriedenheit kam vor allem in anderen vom Luftkrieg geplagten Städten auf, denn die deutsche Luftwaffe reagierte auf die beiden RAF-Angriffe umgehend mit einem Schlag gegen London. Vor allem im Ruhrgebiet grummelten Arbeiter, Vergeltung käme offenbar nur infrage, wenn die Reichshauptstadt getroffen werde: »Selbst die schwersten Angriffe auf andere deutsche Städte hätten eine derartige Gegenwirkung nicht auszulösen vermocht.«[6]

Gar nicht entspannt reagierte Adolf Hitler auf die doppelte Attacke. Obwohl er fast 600 Kilometer weiter östlich in seinem Hauptquartier Wolfsschanze weilte, als wieder Bomben auf Berlin fielen, war der »Führer« empört. Unmittelbar nach den ersten Meldungen über die Entwarnung für die Reichshauptstadt ließ er sich mit seinem Statthalter Joseph Goebels verbinden und erkundigte sich nach den angerichteten Schäden, am zweiten Abend sogar mehrfach nacheinander. Zwar wiegelte der Gauleiter ab: »Ich kann ihm Gott sei Dank keine besonderen Angaben machen, da am Sonntagabend wirklich nichts Nennenswertes passiert ist.«[7] Dennoch beruhigte Hitler diese Auskunft gar nicht. Schon bei der nächsten turnusmäßigen Konferenz mit seinem Rüstungsminister Albert Speer in Ostpreußen, die am 18. Januar 1943 stattfand, ordnete er ausdrücklich an: »Da der Luftschutzbunker in der Reichskanzlei nur eine Deckenstärke von 1,6 Meter hat, ist im Garten sofort ein Bunker nach den neuen Abmessungen (3,5 Meter Decke, 3,5 bis 4 Meter Seiten), aber mit denselben inwendigen Abmessungen wie der jetzt vorhandene Führerbunker zu bauen.«[8] Vergleichbar massiv waren sonst nur noch die riesigen Flakbunker.

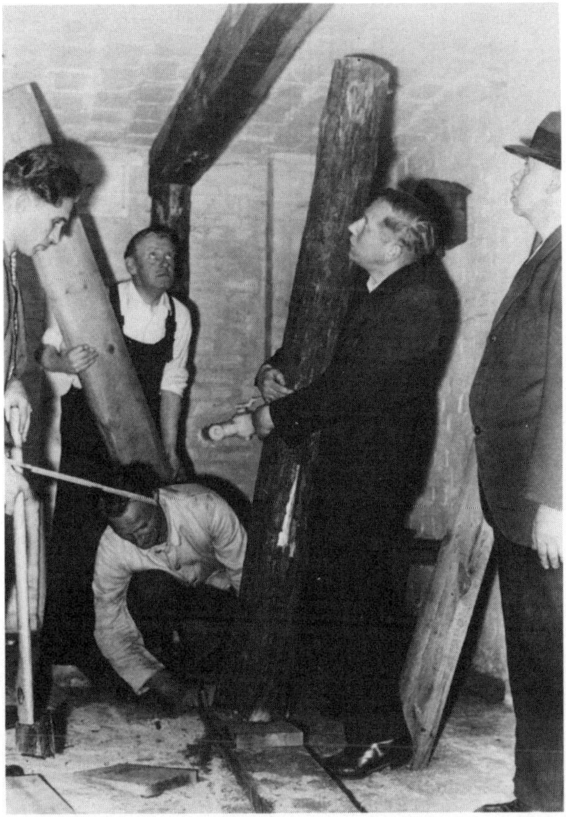

VERSTÄRKUNG
Als immer stärkere Bomben fallen, müssen viele Berliner zur Selbsthilfe greifen und ihre Luftschutzräume provisorisch mit Baumstämmen abstützen.

Auch mitten im Bombenkrieg waren der Beginn des Lebens und sein Ende direkte Nachbarn in Berlin. Immer noch kamen Tag für Tag Kinder zur Welt – nicht mehr so viele wie vor Kriegsbeginn, als durchschnittlich bis zu 180 kleine Berliner täglich geboren wurden, aber immer noch zwischen 50 und 100. Ingeborg T., die 27-jährige Ehefrau eines Frontoffiziers, stand im Januar 1943 unmittelbar vor der Entbindung; als Geburtsklinik war ihr das renommierte Haus Dahlem zugewiesen worden. Die beiden Kinder von knapp vier und zwei Jahren überließ sie der Pflege ihrer Mutter, dann begab sich Ingeborg ins Hospital. Einige Wochen später schrieb sie in ihr Tagebuch: »Am 20. Januar erblickte unsere Tochter Regina das Licht einer zerstörten

Welt, und zwar in der Lentzeallee, gegenüber der Villa Rosenbergs, die tags zuvor Ziel eines Bombenangriffs war.« Es war zwar nur ein Zufallstreffer, der kurz vor der Geburt die Villa des Ostbeauftragten verwüstet hatte, aber das interessierte die werdende Mutter nicht. Ihr fielen viel praktischere Dinge auf: »Alle Fensterscheiben in der näheren und weiteren Umgebung waren dabei zu Bruch gegangen und gerade erst wieder eingesetzt worden. Es war ungemütlich kalt im ›Haus Dahlem‹, und der Blick aus dem Fenster war trost- und hoffnungslos.« Unter solchen Umständen mochte die junge Frau nicht allzu lange in der Geburtsklinik bleiben. Nach gerade fünf Tagen kam sie mit ihrer Tochter wieder nach Hause. Sie sorgte sich vor weiteren Luftangriffen und den Folgen für ihre beiden anderen Kinder: »Für den ›Fall der Fälle‹ wollte ich bei ihnen sein, mit ihnen überleben oder auch zugrunde gehen.«[9]

Genau am Geburtstag der kleinen Regina ging für eine andere Berliner Familie das Leben zu Ende. Unerschütterlich hatten Auguste Bendheim, ihre Tochter Margot und ihr Sohn Ralph gehofft, den Krieg zu überleben. Als »Sternträger« wussten sie, dass der Deportationsbefehl für sie jederzeit kommen konnte. Über das, was sie »im Osten« an Furchtbarem erwarten würde, ahnten sie genug, um wirklich zu jedem Ausweg bereit zu sein. Die 48-jährige Mutter hatte eine Chance organisiert: Am Abend des 20. Januar 1943 wollten die drei nach Bielitz (Bielsko) in Oberschlesien aufbrechen. Hier versteckten sich bereits die Nichte von Auguste Bendheim und einige weitere Verwandte – in dem Häftlingslager Bistrei, das offiziell zum KZ-Komplex von Auschwitz gehörte. Doch die Wachen waren gewöhnliche Polizisten, keine SS-Leute, und sie waren in Grenzen menschlich, solange sich die gefangenen Juden als hilfreich erwiesen. Sich vor der Deportation ausgerechnet in einem Lager zu verstecken: Konnte das die Rettung sein? »Es war eine Entscheidung, die wir nicht rückgängig machen konnten. In Berlin lebten wir zwar eingeschränkt, aber noch in relativer Freiheit. Allerdings konnte diese Freiheit jeden Tag zu Ende sein. In Bistrei waren wir geschützt, doch gleichzeitig eingesperrt und bewacht.« Mutter und Tochter hatten sich schließlich entschlossen, das Angebot anzunehmen. Alles war vorbereitet. Die verbliebenen Möbel hatten sie zu ihrer einzigen »arischen« Verwandten gebracht, der angeheirateten, aber inzwischen geschiedenen Tante Anni. »Wir hofften, dass sie sie aufbewahren würde, bis wir wiederkämen. Wir rechneten fest damit, dass es ein Zurück geben würde. Die Zeiten waren schlimm, aber eines Tages würden sie vorbei sein.«

Natürlich würden die drei Bendheims nicht offiziell fahren können, denn Juden bekamen schon längst keine Genehmigung mehr, zu reisen. Und natürlich wäre eine illegale Bahnfahrt riskant, aber doch die einzige Chance. Am Vorabend ging die 21-jährige Margot wie üblich zur Zwangsarbeit in die Deuta-Werke, wo Instrumente für Flugzeuge zusammengesetzt wurden. Am Morgen nach ihrer Nachtschicht gab sie bei einem Postamt ein kurzes Telegramm nach Bielitz auf, das ihre Abfahrt ankündigte. Danach suchte sie einen Arzt auf, flunkerte ihm etwas von Magengrippe vor und bekam die erhoffte Krankschreibung, die sie sofort bei Deuta in den Firmenbriefkasten warf. Auf diese Weise wollte sie ihre Flucht kaschieren. Gegen 14:00 Uhr machte sie sich auf den Weg zum Treffpunkt mit Mutter und Bruder, der Wohnung in der Skalitzer Straße, in der sie zur Untermiete wohnten. Doch die Wohnungstür war versiegelt, ein junger Mann in dunklem Mantel stand davor. Mit dem Mut der Verzweiflung ging Margot an ihm vorbei, ganz ruhig, ohne eine Miene zu verziehen, die Handtasche so an die Brust gedrückt, dass der Judenstern verdeckt blieb. Ein Stockwerk höher klingelte sie bei einer Nachbarin, die das völlig konsternierte Mädchen lautlos hineinbat. Von ihr erfuhr Margot, was geschehen war: Die Gestapo hatte am Vormittag im Treppenhaus gestanden und ihren Bruder Ralph, eine Cousine und deren Mann sowie die ältere Frau mitgenommen, ebenfalls eine Jüdin, bei der die drei Bendheims einquartiert worden waren. Eine Stunde später war Auguste Bendheim nach Hause gekommen, hatte von der Verhaftung erfahren und ihrer Tochter die Information hinterlassen, sie sei zu anderen Nachbarn gegangen.

Margot wusste, wer gemeint war, und ging rasch zum nächsten Haus hinüber. Tatsächlich war ihre Mutter dort gewesen, allerdings nur kurz. Sie hatte die Nachbarin gebeten, ihrer Tochter etwas auszurichten. Es war eine kurze, traurige Botschaft: »Ich habe mich entschlossen, zur Polizei zu gehen. Ich gehe mit Ralph, wohin auch immer das sein mag. Versuche, dein Leben zu machen.« Erst als Margot die Sätze zum zweiten Mal hörte, begriff sie: Das war ein Abschied für immer. Auguste Bendheim hatte sich der Gestapo gestellt, saß gewiss in einem der Sammellager, aus denen es kein Entrinnen mehr gab. Die Nachbarin gab ihr noch Augustes Handtasche, in der außer einem Adressbuch und einer Bernsteinkette nichts war. Dann war Margot mit einem Mal allein auf der Welt, im für sie feindlichen Berlin, mit einem kaum zu erfüllenden Auftrag der Mutter: »Versuche, dein Leben zu machen.« Sie verließ die Wohnung, riss sich den Judenstern vom Mantel und tauchte unter.[10]

Die meisten Berliner interessierten sich nicht für Schicksale wie das der Familie Bendheim. Sehr viele der erwachsenen »Arier« kannten Gerüchte über das, was den deportierten Juden bevorstand; jedenfalls wussten die meisten genug, um nicht mehr wissen zu wollen. Das größte und wichtigste Sammellager, die Synagoge an der Levetzowstraße, lag an einer belebten Straßenkreuzung direkt neben einem Postamt. Joel König erinnerte sich: »Bei aller geschäftigen Eile konnte den Berlinern nicht entgehen, dass sich die Berliner Juden, jung und alt, in das Gotteshaus schleppten, beladen mit Rucksäcken und Handgepäck.« Später, als er schon untergetaucht war, wagte er sich einmal aus seinem Versteck heraus und ging zur Levetzowstraße: »Ich sah mit eigenen Augen, dass sie es sahen.«[11] Eher Ausnahmen blieben zwar die Fälle, in denen »arische« Berliner die Juden begafften, wenn sie zu Fuß oder mit Lastwagen zur Synagoge oder einem der anderen Sammellager gebracht wurden – aber auch solche Fälle gab es. Von einem berichtete Ruth Abraham: »Neugierige Menschen hatten sich vor dem Gebäude versammelt und weideten sich an dem Elend, das ihre Mitbürger, die Juden, befallen hatte.«[12] Doch die Mehrheit konzentrierte sich auf die eigenen Sorgen. In der letzten Januarwoche 1943 belasteten zwei ganz gegenwärtige Ängste die Menschen in der Reichshauptstadt: In den dürren Meldungen des Oberkommandos der Wehrmacht über die Kämpfe in Stalingrad war immer öfter von »heldenmütigen« Abwehrkämpfen die Rede, von »heroischem

Ringen« mit weit überlegenen Gegnern, vom »leuchtenden Beispiel besten deutschen Soldatentums« und von »aufopferndem Kampf«.[13] Jeder Deutsche wusste solche Formulierungen zu deuten: Der Untergang der einst so mächtigen 6. Armee stand unmittelbar bevor. Einige Tausend Berliner gehörten zu der knappen Viertelmillion Landser, die sich im Zuge der Sommeroffensive bis an die Wolga vorgekämpft hatten – unter anderen in der 3. Infanteriedivision. Auch deshalb war in der Reichshauptstadt »das ganze Volk zurzeit bis ins Tiefste aufgewühlt«. Immer öfter diskutierte man darüber, warum Stalingrad nicht rechtzeitig im Herbst geräumt worden sei: »In der Befürchtung, dass ein ungünstiger Ausgang des Krieges in den Bereich des Möglichen gerückt sei, befassen sich die Volksgenossen ernsthaft mit den Folgen einer Niederlage.«[14]

Noch direkter als die Sorge um die eingeschlossenen Soldaten in der Trümmerwüste von Stalingrad bedrängte viele Berliner, dass der zehnte Jahrestag von Hitlers Machtübernahme bevorstand. Würden die Briten, gar die Amerikaner dieses Datum zum Anlass nehmen für einen besonders schweren Luftangriff auf die Reichshauptstadt? Würden sich die beiden Angriffe von Mitte Januar 1943 als »Tests« für eine Großattacke am 30. Januar erweisen? Ohnehin war klar, die Feiern für das Amtsjubiläum der Regierung Hitler sollten tagsüber stattfinden; bis dahin hatte es noch nie einen Luftangriff auf Berlin bei Tageslicht gegeben. Für 12:00 Uhr war eine Ansprache von Hermann Göring im Reichsluftfahrtministerium geplant, für 16:00 Uhr die Großkundgebung mit Goebbels im Schöneberger Sportpalast – beide Ansprachen sollten reichsweit im Rundfunk übertragen werden.

Die RAF wollte das Programm tatsächlich für sich nutzen, allerdings anders als von der deutschen Führung vermutet: Statt eines massiven Angriffs mit den schweren und bei Tageslicht sehr verwundbaren strategischen Bombern setzte Arthur Harris zwei sehr kleine Verbände mit Schnellbombern vom Typ Mosquito ein. Das erste Mal heulten die Sirenen an diesem Samstag vormittags um 11:05 Uhr; die zweimotorigen britischen Flugzeuge kreisten eine halbe Stunde später kurz über Berlin und warfen ihre Bomben ab. Da mit der Attacke die NS-Führung gedemütigt werden sollte, hatten die Piloten ihren Anflug so berechnet, dass sie die Reichshauptstadt kurz vor Eintreffen des Publikums für Görings Rede erreichten. Der Luftwaffenchef verschob seine Ansprache deswegen auf 13:00 Uhr – eine Entscheidung, die Goebbels noch am selben Abend in seinem Tagebuch verhöhnte: »Leider lässt Göring sich dazu herab, wegen des Erscheinens von drei englischen Flugzeugen seine Rede um eine Stunde zu verschieben, was natürlich den Engländern einen Heidenspaß bereitet.« Tatsächlich hörten wegen der Verspätung nur wenige Deutsche die Übertragung; stattdessen mussten die Radiosprecher das Publikum zur vorgesehenen Zeit vertrösten.

Der Propagandaminister war entschlossen, nicht denselben Fehler zu machen: »Um solchen Auswirkungen nach Möglichkeit zu entgehen, verlege ich in letzter Minute den Anfang der Sportpalast-Veranstaltung von vier auf drei Uhr, lasse sie allerdings erst um vier Uhr über die Sender gehen.« Da das Publikum zum größten Teil aus geladenen Parteigenossen bestand, konnte die Änderung relativ schnell per Telefonkette und Boten verbreitet werden – ohne dass man in England etwas mitbekam. Er hatte richtig kalkuliert: Zum zweiten Mal an diesem Tag näherten sich britische Schnellbomber Berlin just zu der Zeit, zu der das Publikum auf dem Weg zum Veranstaltungsort hätte sein müssen. Doch als um 15:49 Uhr Fliegeralarm gegeben wurde, war die Goebbels-Ansprache in dem dank perfekter Organisation bis auf den letzten Platz gefüllten Saal schon beinahe vorbei. Der Propagandaminister verlas gerade Hitlers Proklamation zum 30. Januar 1943, als dumpf das Jaulen der Sirenen zu hören war. »Es bedeutet für mich eine richtige Nervenmarter, dauernd Zettel auf den Tisch gelegt zu bekommen. Von draußen dringt der Flaklärm in den Sportpalast hinein.«[15] Goebbels spielte va banque: Er setzte die Veranstaltung fort, statt das Publikum in die Schutzräume zu schicken. Niemand der handverlesenen Zuhörer zeigte seine Nervosität offen, alle blieben auf ihren Stühlen sitzen. Der Propagandaminister verbuchte seine Kundgebung als großen Erfolg, weil die Ruhe des Publikums auch bei den Korrespondenten aus dem neutralen Ausland Eindruck gemacht habe. Diese Botschaft aber kam beispielsweise in Schweden nicht an; die Stockholmer Zeitung *Dagens Nyheter* vermeldete, dass »die Berliner Flak von angreifenden Mosquitos überrumpelt« worden sei.[16]

Anfang Februar traf die Berliner die Nachricht, dass die Reste der 6. Armee kapitulieren mussten. »Die Meldung vom Ende des Kampfes in Stalingrad hat im ganzen Volke noch einmal eine tiefe Erschütterung ausgelöst. Die Reden am 30. Januar und die Führerproklamation sind demgegenüber in den Hintergrund getreten und spielen in den ernsten Gesprächen der Volksgenossen eine geringere Rolle«, berichtete der SD.[17] Die knapp 15-jährige Schülerin Lieselotte notierte in ihrem Tagebuch: »Es ist schweres Leid über Deutschland gekommen. Stalingrad. Es ist zum Weinen, aber ich will nicht schwach werden.« Obwohl sie die Tochter eines aus dem Amt gejagten Beamten war, blieb sie ganz gefangen in der Weltanschauung, die ihr im Bund Deutscher Mädel täglich vermittelt wurde: »Ich kann nur beten, dass Gott unser Volk behüten möge, denn wir dürfen nicht unterliegen. Das dürfen wir den Männern nicht antun, die an der Front ihre Pflicht taten, und all dem geflossenen deutschen Blut der Besten unseres Volkes.«[18] Der Schweizer Kaufmann René Juvet beschrieb seinen Eindruck über die Auswirkung der Niederlage folgendermaßen: »Zum ersten Mal in diesem Kriege wurde wirklich der Toten gedacht, die Zeitungen brachten den abschließenden Bericht des Oberkommandos mit Trauerrand, und öffentliche Lustbarkeiten wurden auf einige Zeit untersagt.« Tagelang wurde völlig offen defätistisch gesprochen; die Angst vor Denunzianten war schlagartig wie weggeblasen, registrierte der Schweizer erstaunt. »Man hörte häufig sagen: Wenn Deutschland verliert, werden alle Deutschen umgebracht, also müssen wir auch die kleinste Siegchance ausnutzen, damit wenigstens ein Teil von uns den Krieg überlebt.«[19]

Goebbels bereitete derweil die Umstellung der Wirtschaft auf den totalen Krieg vor. Jede Ressource sollte nur noch dem »Endsieg« dienen, ohne Rücksicht auf Privilegien, lieb gewonnene Gewohnheiten oder Schwächen. Dazu gehörte, dass die verbliebenen Spitzenrestaurants in Berlin geschlossen werden sollten – mit Ausnahme des für die wenigen internationalen Gäste unverzichtbaren Hotels *Adlon*.

Sie hatten ohnehin bei der Bevölkerung für ständige Unzufriedenheit gesorgt. Alle Tische waren stets ausgebucht, trotz enormer Preise. Die Markenpflicht fürs Essen wurde eher formal gehandhabt: Das Personal wusste, wem es keine Abschnitte abzuverlangen hatte. Nun endete die Karriere bekannter Lokale wie des *Neva Grills*, des *Ateliers* oder des *Tusculums*. Obwohl sie kaum mehr anspruchsvolle Küche hatten anbieten können, waren sie doch ihrer angenehmen Räume und des aufmerksamen Personals wegen bei der Oberschicht beliebt. Auch das *Horcher* in Schöneberg, Görings Lieblingsrestaurant, bekam Anfang Februar 1943 eine Schließungsverfügung zugestellt. Bald erzählte man sich, darüber habe es einen Streit bei der täglichen Abteilungsleitersitzung im Propagandaministerium gegeben, weil keiner der anwesenden Herren dafür verantwortlich sein wollte. Schließlich wurde ein Sachbearbeiter ausfindig gemacht, der bekannte, die Schließung angeordnet zu haben. Nach dem Grund gefragt, antwortete der Beamte, sein Gewissen habe ihn dazu getrieben. Als diese Auskunft Görings Adjutanten Karl-Heinrich Bodenschatz erreichte, donnerte der temperamentvolle Fliegergeneral ins Telefon: »Ich pfeife auf Ihr Gewissen, Herr Regierungsrat!«[20] Das *Horcher* konnte wenig später seine Pforten wieder öffnen.

Dauerhafter war eine andere Regelung für den »totalen Kriegseinsatz«. Auch Mütter bis 45 Jahre mit schulpflichtigen Kindern zu Hause wurden zum Arbeitsdienst verpflichtet – nur Frauen mit kleineren Kindern und in festen Anstellungen blieben noch verschont. Da zugleich die Jungen der Jahrgänge 1926 und 1927 klassenweise als Flakhelfer einberufen wurden, lösten sich die ohnehin meist schon vaterlosen Familien nun weitgehend auf. Ab dem 15. Februar 1943 dienten und wohnten die Jugendlichen meistens »heimatnah« am Rande Berlins bei ihren Batterien. Hier bekamen die Gymnasiasten, die den Großteil der offiziell Luftwaffenhelfer genannten Flakhelfer stellten, nach einem stark reduzierten Lehrplan 18 Stunden pro Woche Unterricht – nicht einmal zwei Drittel des für ihre Klassenstufe vorgesehenen Pensums. Der 17-jährige Herbert K. gehörte zu den ersten Jugendlichen, die an der Flak ausgebildet wurden. Ihr Batteriechef begrüßte die Jungen: »Das ist kein Zuckerschlecken hier!

Ihr seid an der Front.« Die halbwüchsigen Jungs sahen ihren Einsatz anfangs anders: »Wir fanden das ganz toll, denn solange der Feind nicht zurückschießt, macht der Krieg Spaß.«[21] Anders als bei der in Berlin weiterhin unbeliebten Kinderlandverschickung konnten sich die Eltern gegen diese Dienstverpflichtung ihrer Söhne nicht wehren. Dadurch wurden im Reich rund 120 000 Soldaten frei, die bis dahin die Flakbatterien bedient hatten. Sie wurden umgehend den Fronteinheiten der Wehrmacht eingegliedert. Fortan befehligten nur noch wenige, meist ältere Unteroffiziere die einzelnen Geschütze, während die eigentliche Luftverteidigung der Reichshauptstadt von Jugendlichen geleistet wurde.

Trotz aller Schwierigkeiten, in denen das Dritte Reich steckte, hatten manche NSDAP-Funktionäre noch Zeit für Nebensächlichkeiten. So beschwerte sich der Chef des Reichssicherheitshauptamtes (RSHA) Ernst Kaltenbrunner bei Heinrich Himmler über die »fahrlässige Verbreitung verbotener ausländischer Zeitungen«. Gestapo-Beamte hatten in einem Blumengeschäft in Tiergarten zehn Exemplare der *Neuen Zürcher Zeitung* und zwei Ausgaben der Londoner *Times* beschlagnahmt, die als Einwickelpapier für Blumen verwendet werden sollten. »Wie einwandfrei festgestellt werden konnte, wurden diese Zeitungen zusammen mit anderem Zeitungsmaterial durch die Wirtschafterin des Unterstaatssekretärs Woermann dem Blumengeschäft zur Verfügung gestellt.« Nicht mehr ermitteln konnte die Gestapo, wie oft zuvor bereits verbotene Zeitungen aus Woermanns Privatwohnung dorthin gelangt waren. Jedenfalls war man besorgt.

SS-Hauptsturmführer Heinrich Heckenstaller aus Himmlers »Persönlichem Stab« schrieb umgehend an Gustav Adolf Steengracht von Moyland, den stellvertretenden Chef von Ribbentrops Stab: »Ich wäre Ihnen dankbar, wenn Sie Herrn Unterstaatssekretär Woermann auf die Angelegenheit hin ansprechen würden. Der Chef der Sicherheitspolizei und des SD wird in vorliegendem Fall von staatspolizeilichen Maßnahmen absehen und auch den Blumenhändler ungeschoren lassen. Herr Unterstaatssekretär Woermann muss jedoch unbedingt dafür Sorge tragen, dass in Zukunft keine ausländischen

Zeitungen mehr aus seinem Haushalt in fremde Hände – worunter auch die Wirtschafterin zu verstehen ist – gelangen.« Nur zehn Tage später antwortete Steengracht: »Ich habe Herrn Unterstaatssekretär entsprechend Ihrem Schreiben von der Angelegenheit Kenntnis gegeben und auf die besondere Geheimhaltungspflicht aufmerksam gemacht.«[22] Woermann hatte bald keine Gelegenheit mehr, ausländische Zeitungen in Umlauf zu bringen: Im Rahmen eines großen »Diplomaten-Revirements«, wie Goebbels notierte, bekam Ernst Woermann kurz nach der »Zeitungsaffäre« einen Posten als Botschafter – allerdings nicht wie geplant die Schlüsselstellung in der neutralen Türkei, sondern eine völlig bedeutungslose Funktion bei der japanfreundlichen Marionettenregierung Chinas in Nanking.[23]

Auch die Rückschläge hatten Goebbels sein Ziel nicht aus den Augen verlieren lassen, Berlin »judenfrei« zu machen, doch anordnen konnte er weitere Deportationen nicht. Während die SS schnellstens alle Juden »in den Osten« schicken wollte, bestand das Rüstungsministerium darauf, dass den kriegswichtigen Betrieben keinesfalls Arbeitskräfte verloren gehen dürften. Mitte Februar 1943 aber stimmte Albert Speer doch zu, innerhalb von zwei Wochen ganz Deutschland von bestenfalls allen Juden zu »befreien«, an deren Stelle nicht jüdische Zwangsarbeiter und KZ-Häftlinge treten sollten. An der Entscheidung, auf die Goebbels bei Hitler wiederholt erfolglos gedrängt hatte, war der Gauleiter offenbar nicht beteiligt – umso erfreuter schrieb er am 18. Februar 1943 in sein Tagebuch: »Die Juden in Berlin werden nun endgültig abgeschoben werden. Mit dem Stichtag des 28. Februar sollen sie zuerst einmal alle in Lagern zusammengefasst werden und dann schubweise, Tag für Tag bis zu 2000, zur Abschiebung kommen.« Bis Mitte, spätestens Ende März wollte Goebbels die Reichshauptstadt »gänzlich judenfrei« machen. »Ich hoffe und glaube, dass wir damit auch wieder eine große Erleichterung in der psychologischen Lage erreichen werden.«[24]

Unter strikter Geheimhaltung wurde die »Evakuierungsaktion« vorbereitet. Adolf Eichmann erließ eine Richtlinie, der zufolge alle Juden deportiert werden sollten, »abgesehen von vorerst folgenden Ausnahmen: 1. in deutsch-jüdischer Mischehe lebende Juden; 2. Juden, die aufgrund besonderer Erlasse des RSHA, IV B 4 vorläufig von der Evakuierung zurückzustellen sind; 3. Juden im Alter von über 65 Jahren; 4. Inhaber des Verwundetenabzeichens und Träger hoher Tapferkeitsauszeichnungen«. Allerdings sollten jüdische Ehepaare, in denen ein Partner älter als 65 und der andere jünger war, trotzdem sofort »evakuiert« werden dürfen.[25] Durch den Überraschungseffekt und Verhaftungen an den Arbeitsstätten statt wie bisher in den Wohnungen wollte die Gestapo möglichst wenigen Juden die Möglichkeit geben, in letzter Minute unterzutauchen.

Allerdings sickerte durch, dass etwas bevorstand. Zum Beispiel zu Michael Degen und seiner Mutter Anna. Der elfjährige Junge musste, seit alle jüdischen Schulen geschlossen worden waren, als Aushilfe im Jüdischen Krankenhaus arbeiten, unter anderem Leichenbahren schieben. In den letzten Februartagen 1943 erfuhren die beiden Degens von einer »arischen« Freundin, dass die Gestapo »große Aktionen« vorbereite – »wann, wie und wo, wusste man nicht«. Am folgenden Tag sagte der Leichenhallenwärter dem kleinen Michael und einem Leidensgenossen dann: »Hier wird ausgemistet, wie wir das nennen. Das ganze Judenpersonal soll von hier abgeschoben werden. Ihr kommt nicht mehr raus. Wollt ihr euch abschieben lassen?« Er erklärte den beiden Jungen noch, wie sie ungesehen vom Gelände kämen. Michael Degen eilte nach Hause und traf seine Mutter beim Packen an. Als ihr Sohn nach dem Grund fragte, antwortete Anna Degen: »Es kann jeden Moment losgehen.« Am 27. Februar, einem Sonnabend, wachte der Junge durch ganz ungewohnten Lärm auf: »Meine Mutter stand am Fenster und starrte auf den Hof hinunter. Dann drehte sie sich um und sah mich an: ›Sie holen gerade die Leute aus dem Gartenhäuschen heraus.‹ Ich sprang aus dem Bett und lief ans Fenster. Sie standen in voller Uniform, mit Stahlhelm und aufgepflanztem Bajonett und trieben die Leute zur Eile an.«

Instinktiv wusste Michael Degen, was zu tun war: sofort anziehen und die Wohnung möglichst unauffällig verlassen. Er wandte sich zu seiner Mutter um und erschrak: »Sie saß auf dem Bett und weinte lautlos vor sich hin. Sie sah plötzlich ganz mitgenommen aus, ganz alt.« Michael sagte: »Mama, zieh dich an, bitte. Wir müssen weg.« Mit der Reaktion seiner Mutter hatte er nicht gerechnet – bei ihr brach auf einmal die aufgestaute Verzweiflung durch: »Wo sollen wir hin? Weißt du, wo wir hinkönnen?«, schrie Anna Degen »wie eine Tobsüchtige«. So hatte der Junge seine Mutter noch nie gesehen. Sie erschien ihm völlig fremd, beinahe verrückt. Er wusste sich nicht anders zu helfen: »Ich knallte ihr eine. Ich schlug ihr mit aller Kraft ins Gesicht. Ich tat es, ohne zu wissen, was ich tat. Dann schlug ich die Hand vor den Mund und muss sie entsetzt angestarrt haben.« Auf einmal war Anna Degen wieder ganz ruhig. Übergangslos fragte sie ihren Sohn: »Du schlägst deine Mutter?« Dann strich sie ihm kurz über den Kopf. Sie hatte sich wieder gefangen. »Los, anziehen, nichts mitnehmen. Lass alles liegen. Los, los, los! Nur Geld und meinen Schmuck.« Bevor die beiden die Wohnung verließen, riss Anna sich selbst und Michael noch die Judensterne ab, dann bestiegen sie den Aufzug ins Erdgeschoss, während SS-Leute schon die Treppen heraufpolterten. Im Parterre nahm Anna Degen all ihren Mut zusammen und fragte einen Uniformierten: »Was ist denn hier los?« Der Mann sah die scheinbar so ruhige junge Frau kurz an und antwortete: »Gehen Sie weiter!«[26] Das ließen sich Mutter und Sohn nicht zweimal sagen. Nun waren sie, Juden in Berlin ohne Judenstern, illegal und untergetaucht.

Die meisten Verfolgten aber wurden überrascht. Da der Sonnabend für alle jüdischen Zwangsarbeiter ein normaler Arbeitstag war, obwohl es sich um den Sabbat handelte, wurden die meisten an ihren Arbeitsplätzen verhaftet. Ab 07:00 Uhr umstellten uniformierte Männer mit Stahlhelmen und Karabinern alle Betriebe, in denen Juden schuften mussten, insgesamt etwa 100. Siegfried Cohn erlebte die Verhaftungsaktion bei Osram in der Helmstedter Straße: »Plötzlich kommt ein arischer Arbeiter zu mir und flüstert mir zu: ›Du, ihr werdet jetzt alle abgeholt, die Gestapo ist im Hause!‹ Ich erwidere ihm, dass er keinen Quatsch erzählen soll.« Doch dem jüdischen Zwangsarbeiter fiel die Unruhe auf, und so fragte er einen Kollegen, einen früheren Richter, was los sei. Cohn erfuhr, dass alle Juden ihre persönlichen Sachen nehmen und sich unten im Parterre versammeln sollten. »Ich nehme meine Mappe, in der ich mein Frühstück habe, meine Joppe und Mütze und begebe mich in den vorbezeichneten Raum. Dort sitzen an einem Tisch mehrere Herren (Gestapo-Beamte), und eine Anzahl SS-Leute läuft hin und her. Nachdem alle jüdischen Zwangsarbeiter, Frauen und Männer, in diesem Raum versammelt sind, die Zahl beträgt, wenn ich mich recht erinnere, ungefähr 150 bis 200 Personen, wird jeder Einzelne aufgerufen und von der Gestapo leibesvisitiert. Bei dieser Gelegenheit nimmt man mir ein Taschenmesser ab und bringt uns zu zwei großen, auf dem Hof befindlichen Lastkraftwagen, und dann fahren die voll besetzten Wagen, in denen man so dicht gedrängt stehen muss, dass eine Bewegung unmöglich ist, nach einer Kaserne in Moabit.«[27]

Nur ausnahmsweise versuchten Juden, den Häschern im letzten Moment zu entkommen. Bei der Feinmechanikfirma Hellmuth Korth mussten sich die zwei Dutzend Zwangsarbeiter im Hof aufstellen. Als der Gestapo-Mann anhand einer Liste feststellte, dass einer der hier beschäftigten Juden fehlte, schickte der Beamte sofort SS-Leute los, um den Flüchtigen zu stellen. Sie hatten keinen Erfolg – er war wohl an der Fassade aus der Fabrik geklettert. Doch so viel Glück hatten nur wenige, und manche Juden, die spontan wegzulaufen versuchten, bezahlten das bitter. Viele der eingesetzten Soldaten gehörten zur »Leibstandarte Adolf Hitler«, die zu dieser Zeit an der Ostfront bei Charkow eingesetzt war. Allerdings verfügte diese Eliteeinheit der Waffen-SS wie die meisten Fronteinheiten ständig über Ersatz- und Ausbildungszüge an ihrem Heimatstandort, der früheren Hauptkadettenanstalt Lichterfelde. Daher konnte die Gestapo Hunderte überzeugte Nationalsozialisten anfordern, um die Menschenjagd in Berlin zu eröffnen. Die Brutalität, mit der diese Männer vorgingen, sah Michael Degen, als er mit seiner Mutter in höchster Anspannung an einer Razzia in der Schöneberger Rosenheimer Straße vorbeilief. SS-Leuten drängten Männer, Frauen und Kinder grob in einen bereitstehenden Lastwagen – auch ein vielleicht sechs Jahre altes Mädchen, das an der Hand einer älteren Dame aus dem Haus kam. Das Kind riss sich los, begann zu rennen und schrie dabei: »Ich will zu meiner Mutter, ich will zu meinen Eltern!« Die Soldaten scherte die Verzweiflung des Mädchens nicht. »Einer der Uniformierten legte kurz an und schoss. Das Mädchen stolperte und fiel hin. Dann gingen zwei SS-Leute auf sie zu, griffen sie und brachten sie zum Wagen, in den die alte Dame schon eingestiegen war. Sie musste am Bein getroffen worden sein, denn sie griff sich immer wieder ans Knie, ohne einen Laut von sich zu geben. Die Klappe wurde verschlossen, und der Wagen fuhr davon.« Anna Degen reagierte spontan und beschwerte sich laut: »Wie kann denn der Mann auf ein kleines Mädchen schießen? Mit ein paar Schritten hätte er sie doch eingeholt!« Doch eine neben ihr stehende Berlinerin antwortete gleichgültig: »Na, wenn se weglooft.«[28]

Viele Juden wählten angesichts solcher Brutalität den Freitod. Unter der Hand verteilten manche jüdischen Ärzte Tabletten, zusammen mit Hinweisen zur Benutzung. Beinahe jedes starke Medikament konnte, entsprechend dosiert, zur Selbsttötung verwendet werden. Wer an solche Präparate nicht herankam, hatte immer noch andere Möglichkeiten: Man konnte sich aus Fenstern stürzen oder vorsätzlich vor vorbeifahrende Autos springen. Noch im letzten Moment, im Sammellager selbst, gab es Suizide – etwa indem man sich die Pulsadern aufschnitt. Doch die Gestapo hatte »Vorsorge« getroffen, denn jüdische Mediziner standen bereit, deren Aufgabe es war, Selbstmorde zu verhindern: Sie mussten Handgelenke verbinden, sogar Mägen auspumpen, damit sich möglichst kein Jude der Mordmaschinerie entzog. Eine andere Art des selbst gewählten Todes erlebte Siegmund Weltlinger. Als Vorstand der Jüdischen Gemeinde war er zwangsverpflichtet zur »Erfassung der Verhafteten in der Synagoge Levetzowstraße«. Dort stürzten sich mehrfach Frauen von der Empore auf den Marmorboden. Weltlinger war entsetzt: »Eine furchtbarere Entweihung eines Gotteshauses war nicht auszudenken.«[29] Trotzdem verstand er diese Entscheidung. Allein ein einziges Polizeirevier in Schöneberg registrierte in den letzten Februar- und ersten Märztagen 1943 ein Dutzend Selbstmorde – insgesamt waren es in Berlin mehrere Hundert.

Mehrere Tausend Menschen saßen am frühen Nachmittag des 27. Februar 1943 in der Synagoge Levetzowstraße und in kurzfristig eingerichteten Sammellagern fest, darunter eine Großgarage in der Hermann-Göring-Kaserne, Pferdeställe in einer Moabiter Kaserne und das Konzerthaus Clou in der Zimmerstraße, eine frühere Markthalle. Im Vorderhaus hatte die Berliner Dependance des NS-Parteiverlages Franz Eher ihren Sitz; hier arbeiteten die Redaktionen des *Völkischen Beobachters* und der SS-Wochenzeitung *Das Schwarze Korps*. Ausgerechnet einer der beiden verantwortlichen Redakteure dieses Blattes, SS-Hauptsturmführer Rudolf aus den Ruthen, beschwerte sich bei Himmlers Persönlichem Stab, dass die verschleppten Juden im Clou misshandelt wurden: »Als ungefähr die Hälfte der Juden auf dem Wagen war (schneller ging es wirklich nicht), kam ein Zivilist, mit der Zigarette im Mund, eine große Hundepeitsche schwingend, ebenfalls aus dem ›Clou‹ gelaufen und schlug wie ein Wildgewordener auf die zum Einsteigen drängenden Juden ein. Ich muss bemerken, dass sich unter diesen Jüdinnen mit kleinen Kindern auf dem Arm befanden.« Mitarbeiter des Eher-Verlages schauten dieser Szene aus den Fenstern zum Innenhof zu. Das Verhalten des Mannes mit der Peitsche, »offensichtlich der Leiter des gesamten Unternehmens ›Clou‹, augenscheinlich ein Assessor der Geheimen Staatspolizei«, sei politisch reiner »Wahnsinn«. Der Nazi-Journalist legte Wert auf die Feststellung, dass seine Beschwerde »mit Humanität oder Gefühlsduselei aber auch nicht das Geringste zu tun« habe. Aber die Deportation der Juden müsse »unter strengster Wahrung der Form« geschehen, da »wir ja nicht den Anschein blindwütiger Sadisten erwecken wollen«.[30]

Die verschleppten Menschen waren ohne nähere Überprüfung in die Sammellager gebracht worden. Erst hier begannen Gestapo-Leute, sie zu »sortieren«. Angestellte der Jüdischen Gemeinde, die das RSHA noch für die Organisation weiterer Deportationen zu brauchen glaubte, hatten spezielle gelbe Ausweise bei sich, ebenso ihre Angehörigen; sie wurden schon ab dem Abend des 28. Februar einzeln entlassen. Danach wurden alle Juden, die in »arischer Mischehe« lebten, in die geräumte Sozialverwaltung der Jüdischen Gemeinde in der Rosenstraße 2–4 gebracht. Anfang März waren hier etwa 2000 Menschen eingesperrt, unter verheerenden Umständen:

»Wie Sardinen in einer Büchse« lagen sie herum; in einem Raum, der 40 bis 50 Personen aufnehmen musste, gab es gerade einmal zehn Strohsäcke, sodass die meisten auf dem kalten Boden liegen mussten. Hygiene gab es nicht, wie sich Siegfried Cohn erinnerte: »Die Toiletten sind in einem unbeschreiblichen Zustand. Wenn man seine Notdurft befriedigen muss, so muss man sich ungefähr drei Stunden anstellen, und das Entwürdigendste daran ist, dass Männer und Frauen dieselben Toiletten benutzen müssen, ohne dass es möglich ist, die Tür zu diesem Raum zu schließen.«[31]

Ab Montagmorgen, dem 1. März 1943, wurden die Juden aus den Sammellagern außer dem in der Rosenstraße in Lastwagen zum Bahnhof Grunewald gebracht, wo sie Züge nach Auschwitz besteigen mussten. In die ersten Transportwaggons waren laut Gestapo-Liste 1 722 Menschen gepfercht worden. Margarete Sommer schrieb einen Bericht für Kardinal Bertram in Breslau (Wrocław). Sie betonte, dass die Verhafteten weder Kleidung aus ihren Wohnungen hatten mitnehmen dürfen noch von der Jüdischen Gemeinde mit Decken ausgestattet werden konnten. Daraus schloss sie: »Gerade dieser Umstand, dass in keiner Weise für die Zukunft der Tausenden gesorgt werden darf, macht die Sorge, dass sie keine Zukunft haben, zur Gewissheit.«[32] Bis zum 12. März wurden insgesamt rund 7000 Berliner Juden nach Birkenau geschickt, bis auf wenige Hundert wurden sie sofort nach ihrer Ankunft vergast.

Fast alle Berliner hatten etwas mitbekommen über die Verhaftungsaktionen. Die ungewöhnlich starke Präsenz von Soldaten in feldmäßiger Ausstattung in der Stadt, die immer wieder für einige Stunden abgesperrten Straßen in bestimmten Vierteln, in denen besonders viele »Judenhäuser« lagen, und die allgemeine Unruhe waren nicht zu übersehen. Als am Abend des 1. März 1943 um 21:39 Uhr die Luftschutzsirenen heulten, zum ersten Mal seit vier Wochen, konnten sich viele »Arier« sofort einen Reim darauf machen: »In ganz Berlin das Gerücht, dieser Angriff sei die Antwort auf die Judenverschleppungen«, notierte Ursula von Kardorff.[33] Ähnlich sah das Ruth Andreas-Friedrich: »Die Engländer haben diese Untat gerächt!«[34] Zwar lag das nahe, war aber falsch. Wahrscheinlich wurde der Angriff »absichtlich« auf den offiziellen »Tag der Luftwaffe« gelegt, um Göring zu demütigen, wie man sich in Berlin ebenfalls erzählte.[35] Es war der bis dahin mit Abstand größte Einsatz gegen Berlin: 251 viermotorige Flugzeuge warfen weit über 600 Tonnen Brand- und Sprengbomben ab, vor allem auf Charlottenburg und das Stadtzentrum. Mindestens 709 Menschen starben, und über 64000 verloren ihre Wohnungen.

Am Morgen danach schrieb Helene Braun, Chefsekretärin bei Borsig, ihren Verwandten in Falkensee bei Berlin einen Brief als Lebenszeichen: »Diese Nacht war für unsere Gegend die schlimmste, die wir durch Fliegerangriffe erlebten. Rundherum, im Norden, Süden, Osten, Westen: der Himmel glutrot und die schwarzen Stämme und Zweige bis in die kleinsten Äste gegen den Feuerschein sichtbar.« In der nahe ihrer Wohnung gelegenen Großbeerenstraße tobte ein wahres Flammenmeer. Das Zollamt am Güterbahnhof brannte auch am Morgen danach immer noch. Helene Braun hatte trotz des Fliegeralarms ihre Wohnung nicht verlassen, denn sie hatte sich gerade Brotsuppe mit Marmelade gekocht, als die Sirenen heulten. »Ich drehte nur den Gashahn ab und ließ den Topf mit der Suppe auf dem Herd stehen.« Dann wickelte sie sich in Decken ein und hockte sich auf den Boden. Als die ersten Einschläge folgten, schwankte das Haus »wie bei einem leichten Erdbeben«. Der 53-Jährigen wurde flau im Magen: »Ich erinnerte mich der guten Suppe und aß mit dem großartigsten Appetit zwei volle Teller. Danach wurde mir besser.« Doch das gute Gefühl hielt nicht lange vor: »Als ich dann aber ringsherum den hellen Feuerschein sah, durch die Küchenfenster nach Norden und vorn nach Süden, Osten und Westen, und den Brandgeruch bemerkte, der durch das Fenster drang, war die stärkende Wirkung der Suppe wieder dahin.«[36]

Der Friedenauer Bäckermeister Hugo Baucke kam an diesem Abend gerade vom Bäckermeister-Gesangsverein, als Fliegeralarm gegeben wurde. Zwar bot ihm die Bahnbrücke über die Kaiserallee relativ guten Schutz, doch musste er aus einer Entfernung von kaum 100 Metern mit ansehen, wie das Haus zwischen Varziner Straße und Südwestkorso ausbrannte: »Seine Wohnung, sein Backbetrieb, alles in harter Arbeit erworben in vielen Jahren – in wenigen Stunden war es eine rauchende Ruine«, erinnerte sich Jahrzehnte später sein Sohn Gerhard.[37] Der Bäckermeister verfiel nicht in Depressionen, sondern packte an: Schon vier Wochen später eröffnete er eine neue Backstube, ein paar Hundert Meter weiter auf der anderen Seite der S-Bahn. Für Selbstzweifel ebenfalls keine Zeit hatte der erst sechseinhalb Jahre alte Peter Ulrich aus Lichterfelde-Süd. Mit seinem jüngeren Bruder Dieter war Peter allein zu Hause, als die Sirenen heulten; ihre Mutter war unterwegs. »Wir beiden Jungen wussten sofort, was zu tun war. Wir nahmen unsere Sachen und öffneten die Tür, als im gleichen Moment auch die Wohnungsnachbarin herauskam. Sie war

GEWÖHNUNG
Als sei nichts geschehen, zieht das Berliner Wachregiment mit seiner Kapelle an zerstörten Häusern vorbei.

eine patente und vertrauenswürdige Frau.« Von Angst und Sorge erfüllt, erzählten die Jungs, dass sie allein in der Wohnung seien. Gemeinsam gingen sie in den Keller, wo Peter und Dieter Angst um ihre Mutter bekamen, denn inzwischen hatte das Bombardement eingesetzt: »Der Gedanke, es könnte ihr etwas passieren, machte uns fast verrückt.« Alle im Luftschutzkeller hörten die Einschläge großer Sprengbomben, die nicht allzu weit entfernt sein konnten. Plötzlich, noch drang das Brummen der feindlichen Flugzeuge dumpf in den Schutzraum, hörte Peter Ulrich, wie sich die Haustür öffnete und jemand eilig die Treppe herunterkam: »Total aufgelöst fiel ich meiner Mutter, die sich zu uns herunterbeugte, um den Hals und wollte sie überhaupt nicht mehr loslassen.«[38]

Selbst Gauleiter Goebbels, der in dieser Nacht aus Hitlers Alpenresidenz »Berghof« zurückkam, war ernsthaft beeindruckt: »Die ganze Schwere dieses Angriffs kommt mir zu Bewusstsein, als der Zug langsam in Berlin einfährt«, diktierte er seinem Sekretär wenige Stunden später: »Es gibt eine Riesenzahl von Schadensstellen. Auch industrielle Werke und öffentliche Gebäude sind schwer betroffen worden.« Goebbels begab sich sofort auf eine Inspektionstour. In Steglitz besichtigte er einen völlig zerstörten Häuserblock und sprach mit den Ausgebombten. »Die Bevölkerung macht einen etwas schockierten Eindruck, ist aber sonst gut bei Haltung.« Für den Propagandaminister der denkbar beste Beweis für den Erfolg seiner Arbeit: »Man braucht also nicht zu glauben, dass die Berliner Bevölkerung einem solchen Bombenangriff moralisch nicht gewachsen wäre.« Ganz sicher war er sich aber nicht, denn er bestellte gleich die Funktionäre der Berliner NSDAP zu sich, um »ihnen einmal entschieden den Marsch zu blasen«. Vor allem die Ortsgruppenleiter in den »bürgerlichen Vierteln« erzürnten Goebbels, weil sie ihren Aufgaben viel weniger gewachsen seien als ihre Kollegen in Proletariervierteln. »Überhaupt muss ich sagen, dass man im Krieg mit dem Volk am allerbesten fertigwird. Seine höheren Schichten sind untauglich, morbide, angekränkelt und dementsprechend auch inaktiv.« Dennoch musste er sich natürlich auch um diese potenziell regimekritischen Menschen bemühen, zum Beispiel um die Katholiken, deren Bischofskirche St. Hedwig gerade zerstört worden war. Also ließ sich Goebbels im nun offenen Rund der Kathedrale von Kameraleuten der *Wochenschau* aufnehmen und sagte zu, umgehend wenigstens eine Kapelle herrichten zu lassen – aus einem zynischen Grund: »Kleine Geschenke erhalten die Freundschaft.«[39]

Trotz des schweren Bombardements setzte die Gestapo die Deportation der wenige Tage zuvor festgenommenen jüdischen Zwangsarbeiter fort. Doch der Zeitpunkt war schlecht gewählt. Während Zehntausende ausgebombte Berliner mit den wenigen Habseligkeiten, die ihnen geblieben waren, bei klarem, kaltem Vorfrühlingswetter auf den Straßen vor ihren zerstörten Häusern saßen und auf den Transport in Übergangsquartiere warteten, rollte eine scheinbar endlose Kolonne von Lastwagen an ihnen vorbei. Trotz verschlossener Planen wusste bald jeder, der es wissen wollte, dass festgenommene Juden zwischen den verschiedenen Sammellagern oder Bahnhöfen hin- und hergefahren wurden, je nachdem, welches Schicksal ihnen zugedacht war. Ein spanischer Diplomat, der sich zufällig gerade in Berlin aufhielt, hörte, wie sich die Ausgebombten bitter darüber beschwerten: »Einige versuchten, die Lastwagen anzuhalten und sie in Besitz zu nehmen, und die Polizei musste einschreiten.«[40] Dieser Tumult gründete allerdings nicht im Mitleid mit den Juden, sondern entstand aus purem Eigeninteresse.

Anders war das bei einer anderen spontanen Reaktion auf die Massenverhaftung, von der Ursula von Kardorff durch einen Arbeitskollegen erfuhr, einen Schriftsetzer. In dessen Kiez am Rosenthaler Platz hätten sich Dutzende Arbeiterfrauen »zusammengerottet und laut gegen die Judentransporte protestiert«. Als SS-Leute mit aufgepflanzten Bajonetten und Stahlhelmen die »Elendsgestalten aus den Häusern« trieben, »alte Frauen, Kinder und verängstigte Männer auf Lastwagen luden und wegschafften«, habe sich Geschrei erhoben: »Lasst doch die alten Frauen in Ruhe! Geht endlich an die Front, wo ihr hingehört!«[41] Erst als weitere SS-Leute erschienen, endete die Konfrontation. Den protestierenden Frauen sei nichts geschehen, berichtete Kardorffs Kollege. Allerdings hatten sie die festgenommenen Menschen auch nicht vor dem Abtransport retten können. Möglicherweise Ähnliches geschah vor dem Jüdischen Altenheim in der Großen Hamburger Straße, wo sich Goebbels zufolge eine »leider etwas unliebsame Szene« abgespielt habe, »wo die Bevölkerung sich in größerer Menge ansammelte und zum Teil sogar für die Juden etwas Partei ergriff«.[42]

Zur selben Zeit ereignete sich ein weiterer Protest. Bei der »Fabrikaktion« waren alle jüdischen Zwangsarbeiter verhaftet worden, also auch die in »Mischehen« mit »arisch-christlichen Deutschen« lebenden Juden – obwohl das Reichssicherheitshauptamt nur wenige Tage zuvor einem Abgesandten der katholischen Kirche zugesichert hatte, ihre Deportation sei nicht geplant. Niemand außerhalb der SS konnte wissen, dass Eichmanns Erlass diese Juden noch schützte. Deshalb wurden sie, sobald sie in den Sammellagern identifiziert worden waren, in die Rosenstraße 2–4 verlegt. Unter den »arischen« Ehefrauen sprach sich schnell herum, wo die verschleppten Männer eingesperrt waren. Schon am Nachmittag des 27. Februar 1943 versammelten sich einige Frauen in der kaum 150 Meter langen, schmalen Verbindung zwischen Kaiser-Wilhelm- und Neuer Friedrichstraße (heute Nähe Hackescher Markt in Richtung Karl-Liebknecht-Straße). Ab Sonntagmorgen waren es dann fast eine Woche ständig mehrere Dutzend, zeitweise vielleicht sogar deutlich über 100 Frauen, die mehr oder weniger untätig vor dem Hauseingang standen. Vereinzelt riefen sie: »Gebt unsere Männer heraus!«[43] Immer wieder versuchten Polizisten, die Ansammlung zu zerstreuen. Die Frauen gingen dann meist fort, kamen aber nach kurzer Zeit zurück. Im eigentlichen Sinne »demonstriert« wurde in der Rosenstraße nicht, allerdings war selbst eine eher leise fordernde Menschenansammlung für die Gestapo eine Herausforderung. Jenny Rosen, deren Vater festgehalten wurde, hielt am 1. März in ihrem Tagebuch fest, sie sei zwischen dem Sitz der Berliner Gestapo in der Burgstraße und der Rosenstraße »trostlos hin und her gegangen, vor und nach der Arbeit«. Immerhin erfuhr sie am selben Abend, dass es erste Entlassungen aus der Rosenstraße gegeben habe. Am nächsten Morgen, direkt nach der Bombennacht, stand sie wieder vor dem Haus und redete mit den Posten. »Bescheid der Polizisten: Leute würden laufend entlassen.« Abermals einen Tag später fand sie nur noch einen uniformierten Schutzpolizisten als Wache vor dem Haus, ihr Vater allerdings saß weiter fest. Jenny Rosen blieb hartnäckig und kam am Donnerstagabend wieder. »Netter Schupo, aber derselbe Bescheid: Müsste in den nächsten Tagen herauskommen.« Am Sonnabend schließlich war es so weit: Gegen 02:00 Uhr durfte Joseph Rosen das provisorische Sammellager verlassen. »War ich froh«, notierte seine Tochter Jenny. Als Grund für den langen Aufenthalt in der Rosenstraße erfuhr sie: »Andere Arbeit sollen sie alle bekommen.«[44]

Auf Margarete Sommers Bericht hin hatte Kardinal Bertram schon am 2. März 1943 an gleich fünf Reichsminister und das RSHA einen dringenden Brief geschrieben. Darin setzte er sich zwar vordergründig nur für die katholisch getauften Juden unter den Verschleppten der »Fabrikaktion« ein, doch zugleich drohte er kaum verhüllt mit einem öffentlichen Protest: »Das katholische Volk würde, zumal zahllose Mitglieder und Familien unserer Diözesen schuldlos betroffen sind, nicht verstehen, wenn seine Oberhirten dazu schweigen würden.«[45] Auch Theophil Wurm, der evangelische Landesbischof von Württemberg, kündigte dem zuständigen Ministerium schriftlich an, sein einzig verbliebenes Druckmittel einsetzen zu wollen: »Die christlichen Kirchen haben sich im Blick auf die Möglichkeiten einer politischen Ausnutzung eines öffentlichen Protestes durch das feindliche Ausland in dieser Hinsicht große Zurückhaltung auferlegt. Sie können aber unmöglich dazu schweigen, dass neuerdings auch die in Mischehen mit christlichen Deutschen lebenden, teilweise selbst einer christlichen Kirche angehörenden Juden aus Haus und Beruf herausgerissen und in den Osten transportiert werden.«[46] Als Reaktion auf die Intervention Bertrams wurde Heinrich Wienken, der Berliner Vertreter der katholischen Bischofskonferenz, zur Gestapo bestellt. Er berichtete dem Kardinal: »Soeben hatte ich eine Aussprache mit dem Abteilungsleiter des Reichssicherheitshauptamtes für die Judenfragen, Herrn Obersturmbannführer Eichmann. Über das Ergebnis teile ich kurz Folgendes mit: Die nicht arischen Katholiken in rassischen Mischehen werden von der Abwanderungsaktion nicht erfasst.«[47]

Der stumme Protest der Frauen in der Rosenstraße war keine machtvolle Demonstration, vor der Goebbels und die Gestapo eingeknickt wären und derentwegen sie auf die Deportation der Juden aus »Mischehen« verzichtet hätten. Im Gegenteil war nie geplant gewesen, auch diese etwa 8 800 Menschen im Rahmen der »Fabrikaktion« zu deportieren. Vielmehr sollten aus ihren Reihen möglichst viele Funktionen anderer Juden besetzt werden, um deren bisherige Inhaber in den Tod schicken zu können. Allerdings wollte die Gestapo wohl zugleich vorführen, dass sie jederzeit auch zu einem Schlag gegen diese vermeintlich »privilegierten« Juden in der Lage sei. Beide Ziele erreichte sie – allerdings um den Preis sowohl offen gezeigten Widerspruchs wie internen Protestes.

Bald nach dem verheerenden Luftangriff spazierte Friedrich Munding durch die besonders stark getroffenen Stadtteile und berichtete seinem Konstanzer Bekannten darüber: »Am schlimmsten sieht es wohl in Steglitz aus. Ganze Straßenzüge sind da zerstört, und immer wieder trifft man auf neue Brandstellen oder umgeworfene Häuser. Der Anblick ist schauerlich, ähnlich dem, den uns der *Völkische Beobachter* vor zwei Jahren durch Bilder aus London vermittelte.« Etwas erstaunt registrierte der Regimegegner, dass die Berliner nicht sonderlich bewegt seien von dem Anblick ihrer schwer getroffenen Stadt. Immerhin gebe es nun vermehrt »nachdenkliche Mienen, und vor allem hört man kein Wort über die ›englischen Verbrecher‹, von denen in der Zeitung Tag für Tag geschrieben steht«.[48] Den Berliner Blättern glaubte längst niemand mehr, ebenso wenig dem Reichsrundfunk und den *Wochenschauen*. Viel zu oft hatten sich die dort verkündeten Siegesmeldungen als falsch erwiesen. Wenn der Wehrmachtsbericht nun von »Frontverkürzungen« sprach, war den Berlinern klar, dass es sich schlicht um Rückzüge handelte.[49]

Wirklich erregen konnten sich viele von ihnen im Frühjahr 1943 über ein anderes Thema. Gerüchteweise wurde ein dem Umfang nach kleiner, dafür aber umso peinlicherer Fall von Vetternwirtschaft bekannt. Schon seit Beginn der Lebensmittelbewirtschaftung war in Berlin immer wieder über »Diplomatenrationen« gemunkelt worden, in deren Genuss angeblich nicht nur Vertreter anderer Länder kämen, sondern auch Mitglieder der Staats- und Parteielite. Im Mittelpunkt der Gerüchte stand der Steglitzer Feinkosthändler August Nöthling. Weil vor seinem Geschäft regelmäßig Fahrzeuge von Ministerien und Wehrmachtdienststellen gestanden hatten, die fleißige Angestellte mit diskret in Körben und Tüten verpackten Waren füllten, bekam der Aufsteiger einen neuen Spitznamen: »Tüten-August«. Ende Januar 1943 war Nöthling plötzlich festgenommen worden – wegen Verstoßes gegen die Lebensmittelrationierung. Er hatte den Fall sogar selbst ins Rollen gebracht, indem er gegen einen Strafbescheid in Höhe von 5000 Reichsmark Widerspruch eingelegt hatte. Nun überprüfte die Kriminalpolizei den Fall. Mindestens an anderthalb Dutzend spezielle Kunden, darunter fünf Minister und drei Staatssekretäre, zwei Generalfeldmarschälle und der höchste deutsche Admiral, hatte Nöthling seit September 1939 ohne Marken tonnenweise rationierte Lebensmittel geliefert. Die Bestellliste von Reichsinnenminister Wilhelm Frick etwa umfasste 125 Kilo Geflügel, 100 Kilo Obst, je einen Zentner Rehfleisch und Zucker, 25 Kilo Wurst und ebenso viel Schinken sowie Corned Beef, 25 Pfund Pralinen und fünf Pfund echten Bienenhonig – zusätzlich zu den Lebensmittelmarken, die natürlich auch ein Minister bekam.

Berlins Polizeipräsident Wolf Graf von Helldorf zog die Ermittlungen rasch an sich, er wusste genau, warum: Laut Nöthlings Kundenliste hatte er Wein, Sekt und Cognac im Gesamtwert von 3100 Reichsmark geordert und erhalten, abgeholt »durch einen Polizeiwagen«. Also setzte er sich für seinen Lieferanten ein, der nicht als »gemeiner Volksschädling« anzusehen sei. Vielmehr war der Polizeipräsident »der Auffassung, dass die Kunden des Nöthling eine schwerere Strafe treffen muss als Nöthling selbst«, hieß es in seinem Bericht an Goebbels, in dem allerdings kein Wort über seine eigene Rolle stand.[50] Der Gauleiter wütete: »Es ist skandalös, wenn sich die Prominenten in Staat, Partei und Wehrmacht so kriegssabotierend benehmen.« Ihm war klar, dass derlei Korruption auf Dauer kriegsgefährdend wirken müsse: »Vor allem gilt das für meinen Gau; denn alles, was hier unter der Prominenz an Unzuträglichkeiten geduldet wird, das schlägt wieder gegen die Stimmung in der Reichshauptstadt.«[51]

Doch wollte niemand durchgreifen, vor allem nicht der zuständige Reichskanzleichef Hans Heinrich Lammers, der ebenfalls zu den speziellen Nöthling-Kunden gehört hatte. Also entschloss Goebbels sich, Hitler persönlich die Problematik vorzutragen. Der zeigte sich zwar »ziemlich betroffen«, befahl aber, »aus dieser Angelegenheit nicht eine Staatsaktion zu machen«. Vielmehr solle Reichsjustizminister Otto Thierack persönlich die Angelegenheit übernehmen, um »einerseits dem Recht Genüge zu tun, andererseits den Standpunkt der Staatsräson aufrechtzuerhalten«.[52] Der vormalige Präsident des Volksgerichtshofes, sonst nicht für Milde bekannt, berichtete bald, dass die Affäre inzwischen in Berlin »Stadtgespräch« geworden sei und auch die Namen einiger beteiligter Minister offen genannt würden. Der SD musste sogar einen Sonderbericht liefern, worin die Spitzel unter anderem die Frage eines Arbeiters zitierten: »Was wird denn mit den Bonzen, die von Nöthling ihre Schinken und Würste bezogen haben?« Ein anderer empörter Berliner drohte sogar, als ihn ein SD-Mitarbeiter auf die Affäre ansprach: »Wir wollen nun endlich einmal hören, dass diese Bonzen so behandelt werden wie Müller oder Schulze, sonst hagelt es noch einmal ganz anständig in der Bude!« Angesichts dieser Brisanz bot Thierack an, die Beschuldigten persönlich zu befragen, fügte aber hinzu, »ungeachtet des Ergebnisses halte er es angesichts des großen Kreises der Prominenten für politisch untragbar, ein Strafverfahren gegen die genannten Abnehmer oder auch nur gegen ihre Ehefrauen durchzuführen«. Sinnvoller sei es, die Strafverfahren niederzuschlagen und hohe Geldbußen zu verhängen.[53]

Mit Ausnahme des Großadmirals Dönitz jedoch wanden sich alle ehemaligen Vorzugskunden von Nöthling aus der Verantwortung heraus – manche erschienen wegen angeblicher Grippe nicht zum persönlichen Gespräch mit Thierack, andere antworteten »pampig« auf schriftliche Fragen und bestritten alle Vorwürfe oder schoben die Schuld wahlweise auf den Lieferanten oder ihre Angestellten. Lammers berief sich darauf, seine Frau habe die Ware »ausdrücklich angeboten erhalten und daher angenommen, dass sie geliefert werden könne«. Zudem habe er zwar das Hochzeitsessen für seine ältere Tochter von Nöthling ausrichten lassen, die Bestellung für die Vermählung seiner jüngeren Tochter jedoch widerrufen, als er im Februar 1943 von der Festnahme des Feinkosthändlers gehört habe. Schließlich erledigte sich die Affäre durch Nöthlings Selbstmord; nach zwei verhinderten Suizidversuchen erhängte er sich am 9. Mai 1943 im Untersuchungsgefängnis Moabit. Das war für die erlesene Kundschaft die einfachste Lösung, doch Goebbels war unzufrieden: »Diese Tatsache gibt natürlich den üblen Gerüchten Tür und Tor frei.« Einen Monat später stellte er fest, der Fall Nöthling gehe »leider nicht so vor sich, wie ich das eigentlich gewünscht hatte. Die Prominenten werden mit einem Verweis davonkommen.«[54]

Obwohl im Frühjahr 1943 die meisten Berliner Männer im wehrfähigen Alter an den Fronten eingesetzt waren, viele Schüler mit der offiziellen Kinderlandverschickung oder privat organisierten Alternativen in der Provinz wohnten und die männlichen Jugendlichen der Jahrgänge 1926 und 1927 zum größten Teil als Flakhelfer am Rande der Stadt dienten, lebten noch immer mehr als drei Millionen Menschen in der Hauptstadt. Da rund 100 000 von ihnen bis dahin von den Briten ausgebombt worden waren, wurde der Wohnraum in der Stadt knapp – so knapp, dass die Reichspropagandaleitung ein wichtiges Vorhaben zusammenstreichen musste: eine große Schau von Beutewaffen unter freiem Himmel. Geplant war, auf dem gesamten Mittelstreifen des Boulevards Unter den Linden zwischen Zeughaus und Brandenburger Tor eroberte Panzer, Kanonen und anderes Kriegsgerät zu zeigen. »Kleinere Stücke wie Maschinengewehre, Granatwerfer, Gewehre usw. werden in den Schaufenstern links und rechts der Straße untergebracht. Es ist vorgesehen, dass alle Schaufenster Unter den Linden in Dienst dieser Sache gestellt werden sollen«, schrieb Walter Tießler, Goebbels' Verbindungsmann in der NSDAP-Parteikanzlei. Martin Bormann lehnte diese Idee knapp ab:

»Meines Erachtens sollten wir im gesamten Reich die leeren Läden als Notwohnungen einrichten. Schaufenster verkleben – fertig sind die Notwohnräume!« So einfach aber wollte sich Tießler nicht geschlagen geben. Er gestand zwar die Nutzung leer stehender Ladengeschäfte als Notunterkünfte zu, stellte aber zugleich fest: »Im Übrigen sollen für die Waffenschau selbstverständlich nicht in erster Linie nur leere, sondern alle Schaufenster zur Verfügung gestellt werden.«[55] Da jedoch viele davon beim Angriff am 1. März beschädigt wurden, kam es schließlich nicht zu der öffentlichen Präsentation – die Waffenschau fand in reduzierter Form im Zeughaus statt.

MOBILITÄT *Im Krieg wird die S-Bahn das wichtigste Verkehrsmittel. Ihre Züge können, anders als Busse, Autos und normale Waggons, nicht andernorts eingesetzt werden.*

Schon aus Sorge vor möglichen Anschlägen wie im Jahr zuvor auf die antisowjetische Ausstellung im Lustgarten hatten die in Berlin lebenden Ausländer zu dieser Schau keinen Zutritt. Sie stellten einen zunehmenden Anteil der Bevölkerung – im Frühjahr 1943 rund ein Zehntel der Gesamteinwohnerschaft, mit deutlich steigender Tendenz. Um die bei der »Fabrikaktion« festgenommenen jüdischen Zwangsarbeiter zu ersetzen, wurden »alle in der ersten Hälfte des März eintreffenden Westarbeiter ausschließlich hierzu herangezogen«, schrieb der Rüstungschef der Reichshauptstadt in seinem Kriegstagebuch.[56] Teilweise waren sie in verbündeten Staaten wie Italien, Spanien und Bulgarien oder in von den Deutschen besetzten Gebieten angeworben worden, teilweise wurden sie verschleppt oder aus Kriegsgefangenenlagern und KZs nach Berlin gebracht. Die SS zählte rund eine Drittelmillion ausländische Arbeitskräfte aller Kategorien. Die meisten bekamen schlechtere Lebensmittelrationen als die deutsche Bevölkerung, mussten trotzdem aber oft Schichten von zehn bis zwölf Stunden am Tag leisten. Bei den meisten ausländischen Arbeitern handelte es sich um Männer, denn sie sollten in erster Linie die an die Front eingezogenen Deutschen ersetzen. Etwa ein Fünftel waren Frauen, fast ausschließlich aus Polen oder Russland. Etwa 120000 Ausländer lebten in »Privatquartieren«, also als Untermieter und ohne Bewachung. Für diese Unterbringung kamen nur Arbeiter infrage, bei denen die Gestapo eine geringe Neigung zur Flucht annahm. Berliner Wohnungsinhaber waren gern bereit, sie aufzunehmen – oft sogar eher als ausgebombte Einheimische, die es gerade nach dem schweren Angriff vom 1. März 1943 zu Zehntausenden gab. Denn die Vermieter konnten einerseits mit ausländischen Untermietern mehr Geld einnehmen und sie im Falle eines Konfliktes durch Denunziation bei der Gestapo leichter wieder loswerden. Andererseits kamen viele ausländische Zivilarbeiter auf dem Schwarzmarkt an Mangelprodukte wie Seife, Schokolade, echten Kaffee und Alkohol; andere tricksten die NS-Bürokratie aus, indem sie sich offiziell polizeilich anmeldeten und damit Anspruch auf Lebensmittelmarken erhielten, gleichzeitig aber von ihren Arbeitgebern mit speziellen Nahrungskarten ausgestattet wurden. Derlei Doppelversorgung heizte, auch wenn sie angesichts der drohenden harten Strafen wohl kein Massenphänomen war, bei vielen Deutschen die Empörung über die »Fremdarbeiter« an, denen es vermeintlich viel besser ginge als ihnen. Neid war auch im Krieg eines der vorherrschenden Gefühle in Berlin.

Ausländische Arbeiter, die der Gestapo irgendwie auffielen, mussten damit rechnen, in eines der ständig hinzukommenden provisorischen Lager eingewiesen zu werden. Oft handelte es sich um zweckentfremdete Garagen oder Baracken auf den Firmengeländen; drei Viertel dieser Lager wurden von den Unternehmen selbst betrieben und versorgt. Zeitweise gab es in der Reichshauptstadt mehr als 2 000 unterschiedliche Lager, die meisten für 20 bis 200 Arbeiter. Manche davon waren eingezäunt und bewacht, andere glichen mehr den Notunterkünften für Deutsche, deren Häuser zerstört worden waren. Die Lebensbedingungen waren oft katastrophal. Das Rüstungskommando Berlin I registrierte zum Beispiel »Fälle von Arbeitsverweigerung, Streiks und Schlappmachen infolge schlechter Ernährung«.[57] Da die Unternehmen der Rüstungsindustrie ein Interesse hatten, halbwegs leistungsfähige Arbeitskräfte für die oft nicht einfach zu lernende Bedienung komplizierter Maschinen zu haben, und auch das Rüstungsministerium das unterstützte, besserte sich im Verlauf des Krieges die Versorgungslage etwas – was allerdings zu weiteren Konflikten mit den Einheimischen führte.

Noch weitaus schlechter als die ausländischen Arbeiter in Firmenlagern lebten die Insassen der KZ-Außenlager auf Berliner Gebiet. Davon gab es mehrere, meist am Stadtrand. Das größte lag in Lichterfelde und bestand anfangs aus zwei Baracken, zu denen im März 1943 drei weitere hinzukamen – umschlossen war das Areal jeweils mit einem elektrisch geladenen Stacheldrahtzaun. Da der Zaun das Lager zu einer Kleingartenkolonie hin abschloss, wurde er auf dieser Seite mit Schilfmatten gegen Berührung geschützt. Anfangs etwa 500, später bis zu 1400 Häftlinge aus den KZ-Hauptlagern Sachsenhausen und Ravensbrück waren hier eingesperrt, um täglich zu »Arbeitskommandos« auszurücken. Ihre Aufgaben waren ganz unterschiedlich: Viele mussten Bombentrümmer wegräumen, andere Bunker bauen, manche ohne Rücksicht auf Risiken Blindgänger entschärfen. Doch auch zu ihrem ganz persönlichen Vorteil sicherten sich einige NS-Funktionäre die Arbeitskraft von KZ-Häftlingen: RSHA-Chef Ernst Kaltenbrunner ließ sich von Lichterfelder Gefangenen seine Wohnung in der Charlottenburger Giesebrechtstraße renovieren.

Oswald Pohl, als Chef des SS-Wirtschaftsverwaltungshauptamtes oberster Verantwortlicher für alle KZs, beschäftigte für Ausbesserungen an seiner Dahlemer Villa mindestens 15 Mann. Adolf Eichmann ließ von einigen jungen Juden in seiner Dienststelle an der Kurfürstenstraße 115/116 Luftschutzkeller verstärken und Mauerdurchbrüche als Fluchtweg anlegen. Sogar auf der Havelinsel Schwanenwerder, Berlins exklusivster Adresse, waren KZ-Häftlinge für Bauarbeiten eingesetzt. Hier besaß nicht nur die Familie Goebbels ein dem jüdischen Eigentümer weit unter Wert abgepresstes Anwesen. Auch NS-Prominenz wie Hitlers Leibarzt Theo Morell und Albert Speer hatte sich hier Immobilien angeeignet. Ein großes Haus hatte sogar die Reichskanzlei unter der Hand erworben, wahrscheinlich für den Fall, dass Hitler selbst ein Privathaus in der Reichshauptstadt brauchte.

Der seltsamste Arbeitsplatz für KZ-Häftlinge in Berlin war jedoch die Prinz-Albrecht-Straße 8, die zu Recht berüchtigte Gestapo-Zentrale. Je nach Bedarf waren hier ständig zwischen 20 und 50 Gefangene aus dem KZ Lichterfelde eingesetzt, die täglich mit Lastwagen zur Arbeit gebracht wurden. Die meisten von ihnen waren handwerklich qualifizierte Deutsche. Ihre Aufgaben lagen unter anderem im Bau eines Bunkers auf der Hofseite der vormaligen Kunstgewerbeschule, im Ausheben von Splittergräben und allen Arten von Reparaturen. Auch einige Niederländer mussten hier arbeiten, etwa der Seemann Gerard de Ruiter. Er flickte Splitterschäden an Dächern, auch im beschädigten Prinz-Albrecht-Palais, dem herrschaftlichen Sitz des Reichssicherheitshauptamtes. Hier entwendete de Ruiter sogar aus einem Büro einen Brief des belgischen Königs Leopold III., den die SS in einem Schloss bei Brüssel in Hausarrest hielt. Er wusste, dass er bei der Rückkehr ins KZ Lichterfelde durchsucht werden würde – und nahm das Schreiben trotzdem an sich.[58] Während des Arbeitstages durften sich die Gefangenen innerhalb des Gebäudes frei bewegen, was einige zur »Beschaffung von Informationen, Lebensmitteln und Kleidungsstücken« nutzten.[59] Manche knüpften Kontakte zu Putzfrauen oder anderen Angestellten der Gestapo, und mindestens einem KZ-Insassen gelang auf diese Weise die Flucht.

Doch wie alle anderen »Illegalen« standen auch entflohene KZ-Häftlinge vor beinahe unüberwindlichen Schwierigkeiten. Jederzeit konnten sie auf der Straße kontrolliert werden. Um solche Kontrollen zu überstehen, brauchten sie gefälschte oder besser noch echte Ausweise. Sie hatten keine Lebensmittelkarten, kamen also auf üblichem Weg nicht an Nahrung. Und sie brauchten ein Dach über dem Kopf. Ohne zahlreiche »arische« Helfer war nichts davon zu bekommen. Im Verlauf der andauernden Massendeportationen 1942 und besonders nach der »Fabrikaktion« waren wahrscheinlich zwischen 6000 und 7000 Juden in der Reichshauptstadt untergetaucht. Die meisten von ihnen versuchten, mit falschen Identitäten ein halbwegs normales Leben als »Arier« zu führen. Inge Deutschkron etwa kaufte für 50 Reichsmark das »Arbeitsbuch« einer jungen Prostituierten namens Gertrud Dereszweski, die im Gegenzug einen Betriebsausweis der Bürstenwerkstatt Otto Weidt bekam, der sie vor der Einziehung zur Dienstpflicht bewahrte; die illegale Jüdin arbeitete an ihrer Stelle bei Weidt: »Meine Existenz war durch die Dokumente der Gertrud Dereszewski gewissermaßen legalisiert worden.«[60] Kunden und Vertretern, die sie noch unter ihrem alten Namen kannten, erzählte Otto Weidt, sie habe geheiratet. Er beschaffte Inge Deutschkron sogar einen alten Ehering, den sie an den Ringfinger steckte.

Behilflich bei der Beschaffung der Papiere war die Berlinerin Hedwig Porschütz. Auch sie arbeitete für Weidt, versteckte zugleich in ihrer Anderthalbzimmerwohnung in Schöneberg mehrfach und über längere Zeit bis zu vier untergetauchte Juden. Um sie zu versorgen, betrieb Porschütz einen florierenden Schwarzmarkthandel. Weil sie aber, um an Geld zu kommen, ihre Wohnung gelegentlich Prostituierten und deren Freiern zur Verfügung stellte, mussten die Versteckten regelmäßig hinaus auf die Straße. Als in ihrem Wohnhaus ein ebenfalls untergetauchtes jüdisches Paar von der Gestapo festgenommen wurde, versteckte die Helferin »ihre Illegalen« andernorts, etwa bei ihrer Mutter. »Außerdem versorgte Frau Porschütz noch viele andere versteckt lebende Juden mit Lebensmitteln«, schrieb Marianne Bernstein, die nur dank ihrer Hilfe als »Illegale« in Berlin überlebt hatte: »Selbstlos und unermüdlich verhalf sie uns nach besten Kräften zu Lebensmitteln und bemühte sich, neue Unterkünfte für uns zu finden.«[61]

Ein anderer Judenhelfer aus Überzeugung war Gerd Ramm, ein deutschnational denkender Geschäftsmann. Er hatte sich in den späten Dreißigerjahren bei mehreren Arisierungen günstig ehemals jüdische Firmen angeeignet und war damit zu erheblichem Wohlstand gekommen. Doch zugleich blieb Ramm ein strikter Gegner der nationalsozialistischen Rassenpolitik. Als die Deportationen von Juden begannen, half er den in seinem Betrieb tätigen jüdischen Zwangsarbeitern. Er warnte sie vor drohenden Razzien und versteckte sie, zum Teil in seiner Fabrik oder seiner Wohnung in der Fasanenstraße. Anfangs genügten die von der Reichspost gegen Nachweis eines festen Wohnsitzes ausgestellten Postausweise, um Kontrollen zu überstehen, und Ramm half bei der Ausstellung solcher Papiere. Als die Polizei aber mit diesen Ausweisen nicht mehr zufrieden war, beschaffte der Helfer bei einem bestechlichen Büroangestellten im Oberkommando der Wehrmacht falsche Ausweiskarten für angebliche zivile Mitarbeiter der Behörde und verlängerte sie sogar regelmäßig. Pro Person bekam der bestechliche Beamte dafür 6000 Reichsmark, also ein überdurchschnittliches Jahresgehalt. Ramm opferte »einen Teil seines Vermögens«, um illegale Juden zu schützen.[62] Mindestens zehn Menschen bewahrte der Fabrikant auf diese Weise vor der Deportation.

Der ehemalige Börsenhändler Siegmund Weltlinger hatte einen »arischen« Bekannten aus besseren Tagen, der ihn mit »schwarzen« Lebensmittelkarten versorgte. Das Geld dafür stellte diesem Mann sein Chef zur Verfügung, »ein bekannter christlicher Bankier«. Weltlinger lobte etwa zehn Jahre später, dieser sehr wohlhabende Mann habe »aus eigener Tasche etwa 100000 Mark ausgegeben, um damit Lebensmittelkarten für 20 versteckte Juden auf dem schwarzen Markt zu kaufen. Dies besorgte mein Freund.« Jedoch geriet der in die Hände der Gestapo, wurde gefoltert und aufgefordert, die Namen und Verstecke der untergetauchten Juden zu offenbaren. Weltlingers Freund weigerte sich, »blieb trotz aller Martern standhaft und starb bald darauf im Zuchthaus«. Erst nach 1945 erfuhr der Überlebende davon – »durch den Bankier, bei dem ich mich nach ihm erkundigte. Dieser vortreffliche Mann wollte nicht, dass jemand von seiner Handlungsweise erfuhr.«[63] Weltlinger verriet den Namen nie.

Auch einige Berliner Polizisten untergruben die offizielle Verfolgungspolitik. Teilweise hatten sie Zugriff auf echte Blankoausweise, mit denen sie helfen konnten. Hauptwachtmeister Wilhelm Monnheimer vom Polizeirevier am Wittenbergplatz zum Beispiel ließ Juden »verschwinden«, indem er sie aus der entsprechenden Kartei strich und ihnen Kennkarten auf falsche »arische« Namen ausstellte. Als die Zahl der ausgebombten Berliner anstieg, bestätigte er hilfesuchenden Juden auf sogenannten Bombenscheinen, dass sie alle ihre Papiere bei einem Luftangriff verloren hatten. Damit konnten sie sich neue und vor allem echte Ausweise auf den von Monnheimer ausgesuchten falschen Namen beschaffen; insgesamt half der uniformierte Beamte damit rund 100 Menschen. Auch der Leiter der Meldestelle im Polizeirevier am Hackeschen Markt und ein Untergebener stempelten wissentlich eine unbekannte Anzahl echter Ausweise, die auf falsche Namen ausgestellt waren, und warnten außerdem bei bevorstehenden Deportationen.[64] Allerdings handelte es sich bei diesen unangepassten Polizisten um ganz seltene Ausnahmen.

Wer sich keine echten, aber auf falsche Identitäten ausgestellte Papiere beschaffen konnte, brauchte gefälschte Ausweise. Theodor Görner, bis 1933 Mitglied der SPD und Besitzer einer Buchdruckerei in Mitte, stellte solche Papiere her, wohl für mehr als 100 Menschen. Görners Verhalten fiel seinen Nachbarn allerdings auf – er wurde als »Judenfreund« denunziert, festgenommen und von der Gestapo verhört. Weil sie ihm allerdings nichts nachweisen konnte, wurde er wieder freigelassen, nicht jedoch ohne die Drohung, er werde in ein KZ kommen, falls ihm noch einmal »judenfreundliches Verhalten zur Last gelegt« werden müsse.[65] Gleichzeitig sich selbst und anderen half der junge jüdische Grafiker Samson Schönhaus, genannt »Cioma«. Seit im Sommer 1942 seine Eltern ins Vernichtungslager Sobibór deportiert worden waren, hatte er sich auf ein Leben im Untergrund vorbereitet. Bald darauf fälschte er seinen ersten Ausweis, indem er das Foto austauschte und den Stempelabdruck geschickt auf das neue Bild übertrug. Als er im Herbst 1942 untertauchte, half ihm diese Fähigkeit sehr: Cioma Schönhaus richtete sich sogar eine eigene Fälscherwerkstatt ein, für die er eigens bei einem Schuster eine Ösenstanzmaschine besorgte. Pro Woche manipulierte Schönhaus zehn bis zwölf Ausweise, manchmal auch mehr. Sie halfen vielen untergetauchten Juden, der Deportation wenigstens einige Monate zu entgehen. Besonders schwierig zu organisieren waren falsche Identitäten für Männer im wehrfähigen Alter, denn Polizei und Gestapo, aber auch die Wehrverwaltungen achteten besonders auf potenzielle Deserteure. Hier halfen eigentlich nur Ausweise für ausländische zivile Arbeitskräfte, da ein Auftreten in zusammengestohlenen Uniformen und mit gefälschten Urlaubsscheinen in einer Gesellschaft im Krieg kaum zu bewältigen war. Trotzdem wurde auch dieser Weg ausprobiert.

Glaubhafte Papiere und Lebensmittelkarten waren nur zwei von vielen Voraussetzungen, um illegal in Berlin überleben zu können. Genauso wichtig waren Verstecke bei »Ariern«. Es gab mehrere Tausend, wahrscheinlich sogar deutlich über 10000 Berliner, die das Risiko eingingen, Juden aufzunehmen. Allerdings waren längst nicht alle vertrauenswürdig oder uneigennützig. Viele ließen sich von den Verfolgten üppig bezahlen, oft mit Schmuck und bis dahin verstecktem Bargeld. Besonders unangenehm konnte das Verstecken bei unbekannten Menschen für junge Frauen sein. Margot Bendheim hatte mithilfe des Adressbüchleins ihrer deportierten Mutter die ersten Wochen im Untergrund bei wechselnden Helfern überstanden, bei einfachen Leuten in einem verwanzten Bett, als Gast bei einem »Halbjuden«, der mit einer »arischen« Christin verheiratet und deshalb geschützt war, oder als Putzhilfe bei Vater und Sohn, die zusammen mit einem riesigen Hund in einer völlig verdreckten Wohnung hausten. Doch als sie eines Tages im März 1943 knapp einer Hausdurchsuchung entging, musste sie auf eine Adresse für den Notfall zurückgreifen, in Siemensstadt. Die Helferin stellte sich als Frau Mitte 30 heraus, die gar nicht erstaunt war, als Margot vor ihrer Wohnungstür stand. »›Ich zeige dir dein Zimmer‹, sagte sie sofort: ›Ich darf doch du sagen?‹« Die verfolgte Jüdin fühlte sich spontan gut aufgehoben: Sie bekam ein eigenes Zimmer mit richtigem Bett, einer

Spiegelkommode und allem, was ein Gast sich wünscht. Margot solle die Tür nicht öffnen und im Übrigen leise sein, aber mehr brauche sie nicht zu tun. Nicht einmal besonders viel zu putzen: »Die Wohnung ist sauber, ordentlich und still.« Auf einmal hatte sie wieder so etwas wie ein normales Leben. Ihre Helferin lebte allein, ging nur manchmal spätabends aus, kam dann oft erst nach Mitternacht nach Hause. Eines Abends jedoch kam jemand mit ihr nach Hause. Margot zog sich zurück: »Ich beschließe, in meinem Zimmer zu bleiben. Wer immer dieser Mann ist, ich will ihm lieber nicht begegnen.« Sie ging ins Bett, löschte das Licht und dachte noch: »Ein fremder Mann in der Wohnung – das macht mir mehr Angst als Sirenen und Fliegeralarm.« Plötzlich, sie war gerade eingeschlafen, klopfte es, und ihre Helferin forderte sie auf: »Steh auf und komm mit. Ich zeige dir etwas.« Benommen folgte sie, ging ins Schlafzimmer – und sah den unbekannten Besucher im Bett liegen. »›Mach es dir bequem‹, sagt meine Helferin sanft. Ich bin hellwach. Bisher hat sie nie etwas von mir verlangt. Das soll also die Bezahlung sein für ihre Hilfe. Meine Gegenleistung. Ich stehe vor dem Bett und weiß, dass ich mich entscheiden muss. Bleiben oder gehen.« Margot drehte sich um, zog sich an und verließ noch in derselben Nacht die Wohnung. »Allmählich begreife ich: Meine Helfer werden immer irgendeine Gegenleistung erwarten, Arbeit, Geld – oder mehr. Ich weiß, dass ich hübsch bin. Aber ich habe noch nie darüber nachgedacht, wie ich auf meine Helfer wirke: ein junges Mädchen, das ganz in ihrer Hand ist.«[66]

Ende März 1943 bekam Ruth Andreas-Friedrich ein Flugblatt zugespielt. Mit ihrer Tochter, ihrem Lebensgefährten und einigen wenigen Freunden las sie es leise in ihrer Wohnung: »Kommilitoninnen! Kommilitonen! Erschüttert steht unser Volk vor dem Untergang der Männer von Stalingrad. Dreihundertdreißigtausend deutsche Männer hat die geniale Strategie des Weltkriegsgefreiten sinn- und verantwortungslos in Tod und Verderben gehetzt. Führer, wir danken dir!«[67] Nachdem sie die beiden Seiten komplett gelesen hatten, sprang einer der Freunde auf: »Wo ist die Schreibmaschine? Wer tippt? Wer diktiert? Wenn wir dieses Flugblatt nicht weiterverbreiten, sind wir nicht wert, es gelesen zu haben.«[68] Karin Friedrich begann zu schreiben, mit so viel Durchschlägen wie möglich. Gleich am ersten Abend stellten sie 50 Abschriften her, am folgenden Tag noch mehr, insgesamt 250 Stück, einschließlich eines Berichtes über die Folgen für die Urheber des Flugblattes, von denen drei wenige Tage nach ihrer Verhaftung hingerichtet worden waren. Zwei Exemplare schmuggelten die Freunde über die Schweiz und Schweden nach England, die anderen reichten sie an vertrauenswürdige Bekannte weiter oder verschickten sie anonym per Post. Sogar in ein Luftwaffenausbildungslager schleuste die Abiturientin Karin über einen befreundeten Mitschüler einen Durchschlag ein.[69]

Unter den Bedingungen einer Diktatur dauerte es mitunter mehrere Wochen, bis ein solches Flugblatt die Runde machte. Anfang Mai bekam Ursula von Kardorff einen der Durchschläge in die Hand: »Beim Abenddienst gab mir heute Fiedler ein Flugblatt aus München von Studenten, die verhaftet und hingerichtet worden sind. Bin tief beeindruckt. Endlich wieder die Sprache, die das Wort ›Vaterland‹ mit einem neuen Klang erfüllt. Auf einem zweiten Blatt stand zu lesen, wie diese beiden jungen Menschen, ein Geschwisterpaar Scholl, gestorben sind. Mit überlegener Haltung dem geifernden Freisler gegenüber.« Die Journalistin, die sich meist erfolgreich drückte, propagandistische Texte zu verfassen, handelte rasch: »Schrieb beide Blätter in großer Eile mit acht Durchschlägen ab. Gab einen Durchschlag einem befreundeten Redakteur, der ihn vervielfältigen lassen will, um ihn an die Front zu schicken. Möchte mich mehr an solchen Dingen beteiligen, obwohl bei der Vorstellung KZ mein ganzer Mut auf ein Häuflein Feigheit zusammensinkt.«[70] Die hoch riskante Vervielfältigung war dann nicht mehr nötig, denn ab Sommer 1943 übernahm die Royal Air Force die Verbreitung. Hunderttausende Exemplare des nach England geschmuggelten Textes schwebten vom Himmel, versehen mit dem neuen Titel »Manifest der Münchner Studenten«.[71]

Doch es blieb nicht bei Flugblättern. Am 24. Juli 1943 begannen die RAF sowie US-Bomber eine Serie vernichtender Großangriffe auf

Hamburg. Noch während die erste dieser Attacken lief, erreichten erste Nachrichten darüber die Reichshauptstadt. Ursula von Kardorff hörte von dem Bombardement im Krankenhaus, wo sie sich von einer Operation erholte: »Meine Nachtschwester lief dauernd auf das Dach des Krankenhauses, von wo aus man den roten Schimmer der brennenden Hansestadt angeblich sehen konnte.«[72] Unmittelbar nach dem ersten Angriff auf Hamburg verbreitete sich in Berlin ein »Gefühl der Unsicherheit und der Ausweglosigkeit«.[73] Nach der zweiten, schlimmsten Attacke der Serie in der Nacht vom 27. auf den 28. Juli schrieb »Missie« Wassiltschikow düster nieder: »Es hat unzählige Opfer gegeben, und die Stadt ist inzwischen so schwer beschädigt, dass sie fast ganz evakuiert werden soll.«[74] Der SD teilte mit, die Angriffe hätten eine »ausgesprochene Schockwirkung ausgelöst«.[75] Das war noch untertrieben.

Am 1. August 1943 brach in der Reichshauptstadt offene Panik aus. Gleichzeitig hatten zwei Informationen die Einwohner erreicht: Einerseits hätten britische Schnellbomber drohende Botschaften vom Himmel regnen lassen: »Gestern Nacht haben die Alliierten Flugblätter abgeworfen, die alle Frauen und Kinder aufforderten, Berlin sofort zu verlassen. Das Gleiche war vor den Angriffen auf Hamburg geschehen«, schrieb Wassiltschikow.[76] Solche Flugblätter hatte es allerdings nicht gegeben, weder in Berlin noch zuvor in Hamburg – es handelte sich um Gerüchte. Dagegen existierte ein Handzettel, den die meisten Berliner morgens in ihren Briefkästen fanden. Unterzeichnet war er von Goebbels, allerdings in seiner Funktion als »Reichsverteidigungskommissar für den Reichsverteidigungsbezirk Berlin«. Das war kein neuer, aber doch ein bisher selten verwendeter Titel. Viele Berliner sahen darin ein böses Vorzeichen: War ihre Stadt nun also Teil der »Reichsverteidigung«? Der Handzettel klang bedrohlich: »Berliner! Berlinerinnen! Der Feind setzt den Luftterror gegen die deutsche Zivilbevölkerung rücksichtslos fort. Es ist dringend erwünscht und liegt im Interesse jedes Einzelnen, der nicht aus beruflichen oder sonstigen Gründen zum Verbleiben in Berlin verpflichtet ist (Frauen, Kinder, Pensionäre, Rentner usw.), sich in weniger luftgefährdete Gebiete zu begeben.« Aber alles sollte organisert stattfinden, denn: »Wer planlos reist, läuft Gefahr, am Zielort kein Quartier zu finden (...).«[77]

Goebbels selbst hatte den Text konzipiert. »Die Flugblätter sind bereits verteilt. In den Arbeitervororten sind sie mit Ruhe und Gelassenheit entgegengenommen worden, in den bürgerlichen Vororten haben sie sehr große Unruhe und Besorgnis ausgelöst.«[78] In Wirklichkeit löste der »Evakuierungsbefehl« überall völliges Chaos aus. Hans-Georg von Studnitz notierte: »Ein Riesenansturm auf die Bahnhöfe hat eingesetzt. Das heiße Wetter mit Temperaturen bis zu 35 Grad erhöht die Furcht vor Brandbomben. Weltuntergangsstimmung greift um sich.«[79] Allerdings hatte Goebbels' Stab es unterlassen, das Verkehrsministerium rechtzeitig zu informieren – obwohl diese Dienststelle gerade 150 Meter von seinem Büro auf der anderen Seite des Wilhelmplatzes und der Voßstraße amtierte. Also gab es keine ausreichenden Vorbereitungen der Reichsbahn, was umso schlimmer war, weil gleichzeitig mehrere Hunderttausend in Hamburg ausgebombte Zivilisten über den Knotenpunkt Berlin in Notquartiere im Osten und im Südosten gebracht wurden. Teilweise kam es zu Rangeleien auf den Bahnsteigen, weil viel zu viele Menschen in die Züge drängten, die in die Provinz fuhren. »Die Menschen müssen stundenlang auf den Bahnsteigen warten, bis sie ein Zug mitnehmen kann«, erinnerte sich die Kreuzbergerin Hannelore Rosenthal: »Das ist schlimm, denn gerade die Bahnhöfe sind die Hauptziele bei Luftangriffen.«[80] Doch selbst das war noch zu steigern: »Panik auf dem Siedepunkt«, registrierte Ursula von Kardorff am 2. August: »Alle Krankenhäuser müssen sofort geräumt werden. Tausende von Bahren.«[81] Und nicht einmal in dieser Situation verzichtete die Gestapo auf weitere Judendeportationen: Nur wenige Tage später, die Situation hatte sich kaum entspannt, verließen zwei kleine Transporte mit insgesamt 150 Menschen die Reichshauptstadt. Beide wurden als Sonderwaggons an reguläre Züge angehängt – ihre Ziele waren einmal Birkenau, einmal Theresienstadt.

Die Lage wurde durch Gerüchte weiter verschärft, denen zufolge mehrere Reichsministerien aus der Hauptstadt verlegt würden, und vor fast jeder offiziellen Dienststelle sah man Lastwagen, auf die Möbel und Koffer geladen wurden. Studnitz hielt fest: »Überall stößt man auf Militärfahrzeuge, die Privattransporte meist mit Hausrat ausführen. Kulturhistorisch wertvolles Gut kann dagegen nicht aus der Stadt geschafft werden, weil es angeblich an fahrbaren Untersätzen und Benzin fehlt.«[82] Zu den Mitgliedern der braunen Elite, die ihr Eigentum in Sicherheit brachten, gehörte auch Goebbels: »Nachmittags fahre ich mit Magda nach Schwanenwerder hinaus. Wir räumen die beiden Häuser von Kunstgegenständen und wertvollen Möbeln. Alles soll nach Lanke transportiert werden.«[83] Dort, etwa 40 Kilometer nördlich des Regierungsviertels, besaß die Familie Goebbels ein riesiges Landhaus mit 30 Zimmern und 1 500 Quadratmetern Wohnfläche; seine sechs Kinder besuchten fortan die Dorfschule.

Die immer noch mehr als drei Millionen Menschen in Berlin behalfen sich auf ihre Weise. Eine eigene Stimmung etablierte sich in der Reichshauptstadt, eine Mischung aus Todesangst und dem unbedingten Willen, sich davon abzulenken. »Schnell noch Feste feiern. Man muss die schöne Wohnung ausnutzen, bald wird sie nicht mehr sein. Möbel in Sicherheit bringen? Wohin?«, waren einige der umlaufenden Parolen. Ein »allgemeiner Vergnügungstaumel« brach aus, »ständig wird man eingeladen«, notierte Ursula von Kardorff. »Eigentlich ein bisschen unsympathisch, so ein Tanz auf dem Vulkan.«[84] Während unzählige Lastwagen mit wertvollem Hausrat über die Straßen ratterten, strebten »wahre Riesenprozessionen von Menschen durch die Straßen von und zum Strandbad«. Das war allerdings kein Zeichen dafür, wie Goebbels glaubte, dass die Berliner »nicht nervös« seien.[85] Im Gegenteil: Sie waren über reine Nervosität schon hinaus, fügten sich zunehmend fatalistisch in die Katastrophen, denen sie doch nicht mehr entkommen konnten.

Das zeigte sich am Abend des 23. August 1943: Über 600 schwere Bomber flogen Berlin an, fast 2 000 Tonnen Brand- und Sprengsätze warfen sie auf die Stadt ab. »Bisher waren wir bei Luftangriffen meist nur durchgepustet worden. Fensterscheiben zu Bruch, Risse in der Wand. Nichts Ernstes«, erinnerte sich Karin Friedrich. Dann wurde alles anders. Um 23:41 Uhr heulten die Sirenen, ganz Berlin strebte in Bunker und Luftschutzkeller. »Jeder lauscht. Kommen sie zu uns? Kommen sie nicht?« Die 18-Jährige aß die Kekse aus der Notration und ärgerte damit ihre angespannte Mutter. »Plötzlich fliege ich gegen die Wand. Wir sind dran. Das Inferno bricht los. Gellende Schreie, beißender Qualm. Es prasselt und birst und kracht, als stürzten Geröllhalden nieder.« Als knapp drei Stunden die Entwarnung kam, stolperte Karin Friedrich aus dem Keller an die Luft und klappte erst einmal zusammen – mit einer Rauchvergiftung. Am folgenden Morgen versteckte sich die Sonne über der Reichshauptstadt fahlgelb hinter Schleiern aus Rauch und Staub. »Von ganzen Straßenzügen standen nur noch Gerippe. Die Wüste schien endlos. Bombentrichter, zersplitterte Bäume, brennende Häuser«, sah die Abiturientin: »Und überall weinende, schreiende, verstörte Menschen.« Doch zugleich stellte sie an sich selbst eine überraschende Veränderung fest: »Nach dieser Bombennacht hatte ich für mich selbst nie wieder Angst im Krieg. Warum, weiß ich nicht.«[86]

LEBEN MIT DEM TOD

MANCHMAL IST NICHTWISSEN BESSER ALS WISSEN. KEIN Berliner erfuhr, was Arthur Harris am 3. November 1943 in einem Brief an Winston Churchill vorschlug: »Wir können Berlin von einem Ende bis zum anderen verwüsten, wenn sich die Amerikaner daran beteiligen. Es wird uns 400 oder 500 Flugzeuge kosten, Deutschland aber wird es den Krieg kosten.« Ähnlich dachte Harris' Vorgesetzter, Stabschef Sir Charles Portal: »Ohne Harris drängen zu wollen, würde ich mich freuen, ein genaues Datum zu erfahren, ab dem schwere Luftangriffe auf Berlin möglich sind.« Portal war sich sicher: »In der gegenwärtigen Kriegslage würden Angriffe auf Berlin wie jene auf Hamburg enorme Auswirkungen auf Deutschland als Ganzes haben.«[1] Der deutsche Rüstungsminister Albert Speer sah die Lage kaum anders: »Wenn die Fliegerangriffe im jetzigen Ausmaß weitergehen, sind wir nach zwölf Wochen einer Menge Fragen enthoben, über die wir uns zurzeit noch unterhalten.«[2]

Berlin stand nach der weitgehenden Zerstörung Hamburgs auf der Liste der britischen und bald auch der US-Bomber ganz oben. Als Industrie- und Verkehrszentrum war die Reichshauptstadt ein legitimes militärisches Ziel. Knapp ein Zehntel der deutschen Arbeitskräfte war hier beschäftigt, die rund 14 Prozent der gesamten Wirtschaftsleistung erbrachten. Sämtliche Elektromotoren für U-Boote stammten aus Berlin, 95 Prozent der Funkgeräte und 60 Prozent aller Kabel, außerdem zwei Drittel der deutschen Torpedos, die Hälfte aller Flugzeugmotoren und jeder vierte Panzer. Die großen Firmen lagen am Rande der Metropole oder in innerstädtischen Industriegebieten wie Siemensstadt, doch eine Fülle von kleineren Unternehmen produzierte Rüstungsgüter in der Innenstadt – allein im Bezirk Kreuzberg mehr als 170 Betriebe. Über 1 000 größere und kleinere Zwangsarbeiterlager waren in ganz Berlin verteilt. Ähnlich wichtig war die Stadt als Verkehrsknotenpunkt. Seit der Kaiserzeit dienten die Gleisanlagen in Berlin als zentrales Drehkreuz. Die Versorgung der Ostfront mit Material und Mannschaften lief ebenso zum großen Teil über die Reichshauptstadt wie der Urlauberverkehr der Wehrmacht aus der Sowjetunion.

Als militärisches Ziel war Berlin auch deshalb legitim, weil hier die Regierung Hitler amtierte. Für die NS-Spitze war die größte zugleich die wichtigste Metropole des Reiches. Deshalb nahm Göring größere RAF-Angriffe gegen die Reichshauptstadt oft zum Anlass für Luftschläge auf London. Psychologisch hatte das jedoch negative Folgen: Die Luftkriegsgeschädigten in anderen Städten äußerten sich zunehmend enttäuscht, dass ihr Leiden den Briten nicht ähnlich massiv »heimgezahlt« würde. Das zeigte sich in einem Spottgedicht, das auf die Goebbels-Rede im Sportpalast nach dem Untergang der 6. Armee in Stalingrad zielte. Der Propagandaminister hatte dabei rhetorisch gefragt: »Wollt ihr den totalen Krieg?«, und tosende Zustimmung geerntet. Eine »gewisse Animosität der Volksgenossen gegen die Reichshauptstadt« war die Folge, berichtete der SD, die sich im Ruhrgebiet in einem Vierzeiler ausdrückte:

Lieber Tommy, fliege weiter,
wir sind alle Ruhrarbeiter.
Fliege weiter nach Berlin,
die haben alle »Ja« geschrien.[3]

Fragwürdig war dagegen der vierte Grund für die Angriffe der Royal Air Force auf Berlin. Die Stadt war das mit Abstand größte zivile Ziel in Deutschland, mit immer noch mehr als drei Millionen Einwohnern. Arthur Harris hatte sich längst verabschiedet von der Fiktion, seine Besatzungen würden nur rein militärische und strategische, äußerstenfalls politisch-symbolische Ziele attackieren. Am 25. Oktober 1943 forderte er ein öffentliches Bekenntnis zur »Zerstörung der deutschen Städte, Tötung deutscher Arbeiter und Zerschlagung des gesamten zivilisierten Lebens in ganz Deutschland«. Harris verlangte radikale Ehrlichkeit: »Es sollte unterstrichen werden, dass die Zerstörung von Gebäuden, öffentlichen Einrichtungen, Transportmitteln und Leben, die Schaffung eines Flüchtlingsproblems von bislang unbekanntem Ausmaß und der Zusammenbruch der Moral an der Heimat- wie der Kriegsfront durch die Furcht vor noch umfassenderen und heftigeren Bombenangriffen akzeptierte und beabsichtigte Ziele unserer Bombenpolitik sind. Keinesfalls sind sie Nebeneffekte von Versuchen, Fabriken zu treffen.«[4] Allerdings weigerten sich Harris' Vorgesetzte, dieser Empfehlung nachzukommen.

Die RAF erwartete, die Berliner würden angesichts ihrer bis 1932 bei Wahlen vergleichsweise geringen Zustimmung zur NSDAP unter zunehmendem Druck durch Luftangriffe gegen das Hitler-Regime aufbegehren. Berlin sollte also in einen Aufstand hineingebombt werden. »Die Aufrechterhaltung der Moral ist zum größten Problem der inneren Machthaber Deutschlands geworden«, urteilte am 4. November 1943 die Nachrichtenabteilung des Londoner Luftfahrtministeriums. Immer mehr Deutsche seien für einen »Frieden um jeden Preis«, um die totale Zerstörung weiterer Städte zu verhindern.[5] Diese Erwartung beruhte jedoch auf falschen Annahmen. Berlin war auch vor Hitlers Machtübernahme nicht besonders »antinazistisch«. Gemessen an der Zustimmung zur NSDAP in den 15 größten Großstädten bei den Wahlen 1925 bis 1932, hatte die Reichshauptstadt stets im Mittelfeld gelegen – mit niedrigeren Werten als etwa Königsberg, Frankfurt am Main oder Hamburg, aber mit höheren Ergebnissen als Dortmund, Duisburg, Essen und Köln. Durchschnittlich lagen die »Hauptstadt der Bewegung« München und die Reichshauptstadt Berlin gleichauf.[6] Jede Hoffnung auf eine besonders oppositionelle Haltung der Berliner war Illusion, das Konzept des *moral bombing* von vornherein verfehlt. Statt Opposition durch Bomben zu fördern, führte das unterschiedslose Bombardement glühender Hitler-Befürworter, Gleichgültiger und Skeptiker zu einer Solidarisierung. Joseph Goebbels beurteilte die Lage weitaus treffender als das Ministerium in London: »Die Engländer werden sich sehr in die Finger schneiden, wenn sie glauben, die deutsche Kampfmoral durch den Luftkrieg oder durch eine Propagandakampagne zu brechen. Davon kann überhaupt keine Rede sein. An der Haltung des deutschen Volkes in der Heimat ist der Krieg unmöglich zu verlieren.«[7]

WARTEN *Während des Luftalarms sitzen Berliner in einem Schutzraum. Immer hoffen sie, dass die Bomben nicht ihr Haus und ihr Leben zerstören werden.*

Die Berliner ahnten nichts von den Plänen der RAF, doch sie erwarteten abermals schwerere Angriffe. Am 7. September 1943 hatte die Stadtverwaltung die schrittweise Verlegung der meisten Schulen verfügt. Doch längst nicht alle Eltern übergaben ihre Söhne und Töchter der Kinderlandverschickung. Von den 445 Schülern einer Volksschule in Mitte verließen nur 39 mit den Lehrern die Stadt, 228 dagegen wurden von ihren Müttern »zurückgehalten«, weitere 178 privat in der Provinz untergebracht. Ähnlich schwach war die Akzeptanz in einer anderen Volksschule in Prenzlauer Berg: 22 Schüler gingen, 207 aber blieben. Bei einem Elternabend der 86. Volksschule in Anwesenheit des Ortsgruppenleiters der NSDAP ging es »sehr erregt« zu, und trotzdem folgten nur 65 Kinder dieser Schule der Aufforderung zur Verlegung.[8] Viele Eltern meldeten ihre Kinder um zu Verwandten, die außerhalb der Stadtgrenzen wohnten, sodass sie dort weiterhin zur Schule gehen konnten. Kinder, die auf Wunsch der Eltern in Berlin bleiben sollten, bekamen ein Schulentlassungszeugnis, etwa der zwölfjährige Herbert Glaeser. Ihm bescheinigte die 16. Volksschule des Bezirks Wedding rückwirkend: »H. Glaeser hat in den beiden letzten Schuljahren an keinem Unterricht teilgenommen, da infolge feindlicher Fliegerangriffe in Berlin kein Unterricht stattgefunden hat.«[9] Für den weiteren Unterricht waren die Eltern selbst verantwortlich. Die NSDAP versuchte, möglichst viele doch noch umzustimmen. In einem Flugblatt »An die Eltern, deren Kinder noch in Berlin wohnen« hieß es: »Der Schulunterricht in Berlin wird in keinem Fall wieder aufgenommen. Die Schulunterrichtsmöglichkeit in den Randgebieten des Gaus Mark Brandenburg für Berliner Kinder wird es in absehbarer Zeit nicht mehr geben. Alle die Schulpflichtigen, die von Berlin noch nicht umquartiert sind, bleiben somit in ihren schulischen Leistungen zurück und haben auch nicht mehr mit einer Versetzung zu rechnen, während die umquartierten Schulpflichtigen normalen Unterricht mit Versetzung in die nächsthöhere Klasse haben.«[10] Doch auch das konnte viele Eltern nicht dazu bringen, ihre Kinder der Aufsicht von Hitler-Jugend oder BDM zu übergeben. Die Mutter von Rosemarie Biesel gab dem Drängen ihrer elfjährigen Tochter sogar nach und erlaubte ihr Ende 1943, aus der Kinderlandverschickung zurück nach Berlin zu kommen, »um bei ihr zu sein«.[11]

Mütter mit mehreren kleinen Kindern bekamen Ausweise, die ihnen einen bevorzugten Zugang zu reservierten Bereichen in Bunkern erlaubten, ob nun Fliegeralarm gegeben wurde oder nicht. Der Weddinger Günter Schubbel kam mit seiner Mutter und den beiden älteren Geschwistern im Flakturm Humboldthain unter. Sie hatten dort eine Schlafkammer mit drei Klappbetten übereinander. Der Vierjährige schlief oben, seine Schwester und sein Bruder darunter. Ihre Mutter saß jede Nacht vor der Schlafkammer, auf Bänken im Gang, wie Tausende andere Berliner Mütter auch. Geschützt von drei bis fünf Meter starkem Stahlbeton war dieser Platz absolut bombensicher. Gleichwohl hatten die Erwachsenen Angst, wovon der Junge aber wenig mitbekam: Günter spielte im Flakturm, als handele es sich um eine normale Wohnung – allerdings der allgemeinen Stimmung entsprechend »ganz ruhig, ohne herumzutoben«.[12] Am Morgen musste die Schlafkammer gesäubert werden, dann ging die Familie zurück zu ihrer Wohnung, von der Mutter Schubbel nie wusste, ob sie noch stand.

Als Ursula von Kardorff am 6. Oktober 1943 nach mehr als zwei Monaten Rekonvaleszenz in Neuhardenberg heimkehrte, fielen ihr Veränderungen durch die drei schweren Luftangriffe auf die Reichshauptstadt Ende August und Anfang September ins Auge: »Dieses Berlin! Die früher so sauberen Straßen verkommen. Die Menschen wie in einem Schiff, in dem sie gemeinsam einer Gefahr entgegentreiben, sind höflicher zueinander. Ergeben in ihr Schicksal.« Kardorff wunderte besonders die Äußerung einer ihr unbekannten Frau, die in der Straßenbahn einfach sagte: »Ich bin jetzt ganz ruhig. Wenn Alarm kommt, gehe ich in den Keller. Zu Anfang bin ich in den Wald hinaus und habe dort übernachtet – jetzt sage ich mir, wen es treffen soll, den trifft es eben. Seinem Schicksal kann man nicht entgehen.«[13] Solch persönlichen Fatalismus bestrafte nicht einmal die NS-Justiz.

Ansonsten aber zogen Partei, Polizei und Sondergerichte die Zügel an. Skeptische Äußerungen, wie sie nach Stalingrad allgegenwärtig waren, führten nun wieder zu hohen Strafen – wenn die Behörden davon erfuhren. Die Gestapo verfügte zwar über »V-Leute«, oft zu Spitzeldiensten gezwungene Fremdarbeiter. Außerdem gab es die Informanten, die für den SD Eindrücke sammelten; allein in Berlin dürften einige Tausend Zuträger tätig gewesen sein, darunter viele untere Funktionsträger der NSDAP. Über ein enges Agentennetz zur Überwachung von Regimekritikern gebot der SS-Inlandsgeheimdienst aber nicht. Das war allerdings auch unnötig, denn in Berlin wie im ganzen Reich waren Denunziationen alltäglich. Die Motive dafür reichten von ideologischer Überzeugung über Rache für erlittene oder eingebildete Schmähungen bis hin zu Neid: »Denunziert wurde, was dem gesunden Volksempfinden nicht geheuer war.«[14] Das Anschwärzen von Nachbarn, Kollegen, sogar Freunden und Verwandten war leicht, denn es gab eine Fülle von Stellen, an die man sich wenden konnte. Alle Parteidienststellen, vom Blockwart bis zum zufällig bekannten höheren NSDAP-Funktionär, hatten dafür ein offenes Ohr. Meist folgten Denunziationen einem einfachen Muster: Irgendjemand verstieß gegen das, was als zuträglich für die »Volksgemeinschaft« galt. Das konnten echter oder angeblicher Schwarzhandel sein, defätistische Äußerungen, eine freundschaftliche oder gar Liebesbeziehung zu einem Fremd- oder Zivilarbeiter und das Abhören verbotener Radiosender. Wenn die zufälligen Zeugen einen Grund fanden, schwärzten sie unangepasste Menschen an. Oft passierte wenig oder nichts, viele Anzeigen wurden schlicht ignoriert. In anderen Fällen bestellte der örtliche NS-Funktionär den denunzierten Berliner ein, führte eine Befragung durch und beließ es bei einem mehr oder weniger scharfen Verweis. Riskant, ja lebensgefährlich wurde es, wenn die Gestapo eingeschaltet wurde. Eine Pflicht, Verstöße gegen das »gesunde Volksempfinden« anzuzeigen, hatte deren Chef Reinhard Heydrich zwar schon 1939 einführen wollen, doch er setzte sich damit nicht durch, weil eine »so weitgehende Anzeigepflicht den nicht rechtskundigen Volksgenossen bei der Beurteilung der Frage, ob sein eigenes Tun oder das Tun eines Dritten einen anzeigepflichtigen Tatbestand darstelle, in ernste Gewissensnot bringe«, warnte das Reichswirtschaftsministerium: »Gerade hierdurch werde ein seelischer Druck erzeugt, der geeignet sei, die Widerstandskraft des deutschen Volkes zu schwächen.«[15] Stattdessen blieb es der Eigeninitiative überlassen, ob und was die Menschen anzeigten.

Allein in Berlin gab es mehrere Hunderttausend Denunziationen und Zehntausende Sanktionen. Zeitweise bis zu neun Sondergerichte verurteilten in der Reichshauptstadt während des Krieges etwa 12 000 Angeklagte in ungefähr 9 000 Verfahren, davon gut 1 000 zum Tode – die Urteile wurden zum allergrößten Teil vollstreckt. Doch die weit überwiegende Zahl von Strafen bestand aus Haft. Ein Reim wie »Lieber einen Kaiser von Gottes Gnaden als einen Verbrecher aus Berchtesgaden« konnte zu acht Monaten Gefängnis führen. Dreieinhalb Jahre Zuchthaus bekam ein Arbeiter, der »des Nachts mehrfach einem Juden beim Herausschaffen von Sachen aus seiner amtlich versiegelten Wohnung geholfen« hatte. Fünf Jahre Zuchthaus sogar gab es für einen Betrüger, der »in zahlreichen Fällen Juden vortäuschte, er könne mithilfe amtlicher Stelle ihre Zurückstellung von der Evakuierung erreichen und ihnen falsche Pässe zur Ausreise besorgen«. Der Kaufmann wurde als »Volksschädling« verurteilt – das Schicksal der betrogenen Juden spielte keine Rolle. Für todeswürdig hielt das Sondergericht II das Vergehen eines französischen Zivilarbeiters, der »nach einem feindlichen Terrorangriff aus einem brandgefährdeten Laden sechs Päckchen Tabak gestohlen« hatte. Zwei Passanten hatten den 19-Jährigen verfolgt, festgenommen und der Polizei übergeben. Die Höchststrafe wurde wegen »Plünderns« verhängt.[16]

Denunziert wurde auch der junge Pianist Karlrobert Kreiten. Er wohnte in der zweiten Märzhälfte 1943 bei einer Jugendfreundin seiner Mutter, um sich in Ruhe auf ein bevorstehendes Konzert vorzubereiten. Allerdings war Ellen Ott-Monecke eine überzeugte Nationalsozialistin. Der 26-Jährige, der sich selbst als »unpolitisch« empfand, äußerte sich mehrfach »staatsabträglich« über die Lage des Dritten Reiches. So stellte er fest, »dass Deutschland zuerst London angegriffen und damit die Schuld am Luftkrieg habe«. Als Ott-Monecke den *Völkischen Beobachter* las, bemerkte Kreiten: »Was lesen Sie denn da für einen Mist.« Er erwarte, dass »in zwei bis drei Monaten« die »Revolution« ausbreche, denn: »Der Krieg ist ja längst verloren.«[17] Ellen Ott-Monecke war empört und sprach mit ihrer Nachbarin Annemarie Windmöller, die wiederum eine Freundin aus der NS-Frauenschaft »einweihte«, Tiny von Passavent. Wer die treibende Kraft beim Verrat Kreitens war, stellten die drei Frauen nach dem Krieg unterschiedlich dar. Seiner geschwätzigen Gastgeberin zufolge hätten die beiden Freundinnen »keine Ruhe« gelassen: »Sie haben mir die Pistole auf die Brust gesetzt.« Offenbar schrieb Annemarie Windmöller die Anzeige, gestützt auf die Erinnerungen Ellen Ott-Moneckes, die zunächst bei der Reichskulturkammer eingereicht, dort allerdings nicht beachtet wurde. Ende April 1943 unternahmen die drei Denunziantinnen einen neuen Anlauf, diesmal über das Propagandaministerium. Jetzt erreichte die Anzeige die Gestapo, und damit war das Schicksal des Pianisten besiegelt. Kurz vor einem Konzertauftritt an der Heidelberger Universität nahmen Polizeibeamte ihn im Künstlerraum der Aula fest – er trug bereits Lackschuhe. Umgehend wurde Kreiten in die Prinz-Albrecht-Straße verlegt. »Während zweier Monate durchlitt er hier, wie ein Schwerverbrecher in einer Einzelzelle eingesperrt, alle psychischen und physischen Qualen, die bei solchen Anlässen die hinlänglich bekannten Untersuchungsmethoden der Gestapo dem Häftling auferlegten«, stellte Kreitens Vater später fest.[18]

In seinen Vernehmungen bestritt der Häftling nicht, sich kritisch geäußert zu haben – allerdings habe er das nur getan, um seine Gastgeberin zu »ärgern«. Obwohl sie NSDAP-Mitglied war, sei sie »politisch so unwissend«. Es war Kreitens verzweifelter Versuch, eine milde Bestrafung zu erreichen, denn ein offenes Bestreiten der Vorwürfe hätte das Gericht zu sehr gereizt. Zuständig war der Volksgerichtshof unter Roland Freisler: wegen der Prominenz des Angeklagten, der Schwere der Vorwürfe und auch weil Kreiten einen niederländischen Pass hatte. Am 1. September 1943 erhob der Oberreichsanwalt Anklage, die sich auf die Zeugenaussagen von Ellen Ott-Monecke und auf die Ausführungen des Angeklagten stützte. Das Verfahren zwei Tage später war ein kurzer Prozess, eine Beweiswürdigung fand nicht statt. Das Urteil stellte fest, der Angeklagte habe »die unglaublichsten Äußerungen« gemacht, »die ein schwerer Angriff auf die Gläubigkeit seiner Gastgeberin waren«. Den Erklärungsversuch Kreitens wischte der Gerichtsvorsitzende beiseite: »Er will sich damit entschuldigen, er habe all dies nur als Gerücht gesagt und um Frau Ott-Monecke als Parteigenossin, weil sie politisch so unwissend sei und gar nichts von den Gerüchten wisse, die man so auf der Bahn höre, zu ärgern. Als ob ein Unterschied zwischen solch massierter Behauptung derartiger Gerüchte und ihrer Aufstellung als Tatsachenbehauptung wäre!« Was der Pianist getan habe, sei ein »schmutziger Angriff auf die Gläubigkeit einer deutschen Volksgenossin. Er hat damit öffentlich unsere Kraft zu mannhafter Selbstbehauptung in unserem Schicksalskampf angegriffen.« Um allerdings aus der unter vier Augen geäußerten Kritik ein nach der Kriegssonderstrafverordnung strafbares »öffentlich« begangenes Vergehen zu machen, stützte sich Freisler auf eine gewagte Rechtsauslegung: »Jeder muss damit rechnen, dass ein deutscher Volksgenosse, der so etwas hört, das, wie es Frau Ott-Monecke auch getan hat, der nächsten zuständigen Stelle in Partei und Staat weitergibt.« Wer so wie Kreiten handele, tue zudem gerade das, was die Feinde Hitler-Deutschlands wollten: »Er macht sich zu ihrem Handlanger in ihrem Nervenkrieg gegen die Haltung unseres Volkes.«[19] Der Volksgerichtshof verurteilte den Angeklagten zum Tode. Nur vier Tage später wurde er bei einer Massenhinrichtung während eines britischen Luftangriffes in der Haftanstalt Plötzensee gehenkt – zusammen mit 185 anderen Menschen in einer einzigen Nacht. Darunter waren auch sechs Gefangene, deren Hinrichtung noch gar nicht angeordnet war, die also »versehentlich« sterben mussten.

Eine Woche nach der Hinrichtung verbreitete das Deutsche Nachrichtenbüro eine kurze Meldung: »Am 7. September 1943 ist der 27 Jahre alte Pianist Karlrobert Kreiten aus Düsseldorf hingerichtet worden, den der Volksgerichtshof wegen Feindbegünstigung und Wehrkraftzersetzung zum Tode verurteilt hat. Kreiten hat durch übelste Hetzereien, Verleumdungen und Übertreibungen eine Volksgenossin in ihrer treuen und zuversichtlichen Haltung zu beeinflussen versucht.«[20] So eine Mitteilung konnte nur der Abschreckung dienen. So dürfte die Nachricht auch ein freier Journalist namens Werner Höfer verstanden haben, der wöchentlich ein Feuilleton im *12 Uhr Blatt* schrieb. Seine nächste Kolumne, die sechs Tage nach der Meldung über Kreitens Hinrichtung erschien, widmete er dem Thema: »Künstler – Beispiel und Vorbild«. Höfer beschrieb einen Arbeiter, der von früh bis spät seine Verpflichtungen im Krieg erfülle. Dagegen stellte der Feuilletonist ein nicht namentlich genanntes »Künstlerleben 1943«. Von keinem Künstler würden »Volksreden« erwartet, »wohl aber, dass er dort, wo er sich durch Worte oder Taten bemerkbar macht und aufgrund seines Ansehens doppelt auffällig bemerkbar machen muss, es mit politischem Erfolg tut: durch Worte, die bei seinen ›Zuhörern‹ – und seien es nur ein paar Beleuchter im Atelier – einen Zuwachs an aufrechter Gesinnung bewirken, durch Taten, die bei seinen ›Zuschauern‹ – und seien es nur die Nachbarn seines bombardierten Hauses – einen Gewinn an unverdrossener

Hoffnung wecken«. Wer sich daran halte, habe nichts zu befürchten. Dann fuhr der Artikel fort: »Wie unnachsichtig jedoch mit einem Künstler verfahren wird, der statt Glauben Zweifel, statt Zuversicht Verleumdung und statt Haltung Verzweiflung stiftet, ging aus einer Meldung der letzten Tage hervor, die von der strengen Bestrafung eines ehrvergessenen Künstlers berichtete. Es dürfte heute niemand Verständnis dafür haben, wenn einem Künstler, der fehlte, eher verziehen würde als dem letzten gestrauchelten Volksgenossen. Das Volk fordert vielmehr, dass gerade der Künstler mit seiner verfeinerten Sensibilität und seiner weithin wirkenden Autorität so ehrlich und tapfer seine Pflicht tut wie jeder seiner unbekannten Kameraden aus anderen Gebieten der Arbeit. Denn gerade Prominenz verpflichtet!«[21] Da es im ganzen Jahr 1943 nur eine einzige Meldung über einen streng bestraften prominenten Künstler gab, konnte sich dieser Artikel nur auf Karlrobert Kreiten beziehen. Die Botschaft kam an. Ulrich von Hassell, Spitzendiplomat im vorzeitigen Ruhestand und überzeugter Hitler-Gegner, notierte: »Es herrscht oben große Nervosität, beinahe schon Verfolgungswahn. Jede halbwegs ›defätistische‹ Äußerung wird verfolgt, unter Umständen folgt sofortige Todesstrafe.«[22]

Die Menschen in Berlin standen mehr denn je unter Druck. Es fehlte an Nahrung, denn die Lieferung von Winterkartoffeln geriet allein für die Reichshauptstadt um 80000 Tonnen in Rückstand. In Neukölln, Siemensstadt und Weißensee bekamen die Händler nicht einmal genug Ware, um die laufende Versorgung zu gewährleisten. Die Bevölkerung sei »sehr bedrückt«, registrierte der SD: »Es seien auf den Straßen verschiedentlich weinende Frauen angetroffen worden, die erklärt hätten, dass sie nicht wüssten, wie sie ihre Angehörigen satt bekommen sollten.«[23] Hinzu kam die Sorge um die Männer, die an den verschiedenen Fronten kämpfen mussten. Im inzwischen ebenfalls von der Wehrmacht besetzten Italien rückten britische und US-Soldaten langsam, aber stetig vor. An der Ostfront hatte die Rote Armee im Sommer den letzten deutschen Großangriff zurückgeschlagen und war im Gegenzug weit über 100 Kilometer nach

Westen vorgestoßen. Anfang November 1943 musste die Wehrmacht die ukrainische Hauptstadt Kiew räumen. Im Westen stand eine Invasion in Frankreich bevor. All das erfuhren die Berliner aus den Zeitungen und dem deutschen Rundfunk zwar nur verklausuliert, doch füllten Andeutungen in Feldpostbriefen sowie heimlich abgehörte Berichte der BBC und britische Flugblätter die Informationslücken. Ab Ende Oktober 1943 warf die RAF bei Überflügen von Mosquito-Schnellbombern über Berlin ein eindeutiges Flugblatt ab: »Deutschland hat den Krieg verloren. Wir wissen es. Hitler weiß es. Er führt den aussichtslosen Krieg weiter, weil er auch weiß, dass das Ende des Krieges sein eigenes Ende bedeutet. Darum will er dem deutschen Volk einreden, dass es mit ihm durchhalten oder untergehen müsse. Aber: Hitlers Untergang bedeutet nicht den Untergang des deutschen Volkes.«[24] Die Berliner verstanden dieses Flugblatt als unmittelbare Drohung. Gerüchte verbreiteten sich, dass außerhalb Berlins große Bestände an gebrauchten und auch neuen Kleidungsstücken eingelagert würden. Offenbar handelte es sich um Vorbereitungen für Massenevakuierungen nach einem verheerenden Bombenangriff.

Im Spätherbst 1943 konnte jeder Alarm den Beginn der befürchteten Großoffensive gegen die Reichshauptstadt bedeuten. Mit unregelmäßigen Schnellbomber-Angriffen steigerte die RAF diesen Druck – immerhin konnten auch die zweimotorigen Mosquitos Luftminen von 1800 Kilogramm Gewicht abwerfen, die »Wohnblockknacker«. Sie fegten Dächer von den Häusern und ließen Fensterscheiben noch in Hunderten Meter Entfernung bersten. Seit den Angriffen auf Hamburg war bekannt, dass abgedeckte Dachstühle ideale Bedingungen boten, um mit Brandbomben einen Feuersturm zu verursachen. Trotzdem nahmen viele Berliner die drohende Gefahr fatalistisch auf die leichte Schulter. »Jetzt haben wir jede Nacht Luftangriffe«, notierte »Missie« Wassiltschikow: »Aber sie sind recht harmlos. Meistens erwischen sie mich gerade in der Badewanne.«[25] Ihr Kollege im Auswärtigen Amt, Hans-Georg von Studnitz, sah das ähnlich: »Die Luftalarme beginnen jetzt in der Regel zwischen 19:30 und 20:00 Uhr und dauern meist eine Stunde. Geschossen wird wenig. Die frühe Stunde der Angriffe ist angenehm, da man hinterher in

Ruhe essen und sich in dem Gefühl zu Bett legen kann, für den Rest der Nacht nicht mehr gestört zu werden.«[26]

Am 18. November 1943 flogen dann doch mehrere Hundert schwere Bomber auf die Reichshauptstadt zu, bei geschlossener Wolkendecke. Um 20:11 Uhr heulten die Sirenen, eine knappe halbe Stunde später tauchten die ersten Mosquitos über Berlin auf und warfen Markierungsbomben ab. Jedoch verschwanden die Leuchtkörper rasch im Dunst der Wolken, sodass die nachfolgende Masse der Lancaster-Maschinen ihre explosive Fracht planlos ablud. Vor allem jene Stellen, an denen bereits helle Brände loderten, steuerten die Bombenschützen an. Gemessen an den 1600 Tonnen Spreng- und Brandsätzen, die vom Himmel fielen, blieben die Schäden gering: 143 Tote und 7 326 Obdachlose zählte die Hauptluftschutzstelle bei der Stadtverwaltung. »Heute Nacht also wieder ein richtiger Angriff«, schrieb Erich Alenfeld seiner Ehefrau nach Gießen: »Die Nacht war dunkel, völlig bedeckt. Scheinwerfer waren nicht zu sehen, auch anscheinend keine Nachtflieger.« Alenfeld, der als evangelisch getaufter Jude nur dank seiner Heirat mit der »arischen« Sabine Geppert in »privilegierter Mischehe« in Berlin leben durfte, berichtete der mit beiden Kindern zur Schwester nach Gießen verzogenen Ehefrau weiter: »Das Seltsamste an der Nacht war, dass man nichts sehen konnte, abgesehen von dem Lichtschein der Abschüsse. Sonst spielte sich alles in der Wolkenschicht ab. Woraus man übrigens sieht, dass alle Prophezeiungen anhand des Wetters Unsinn sind. Ich hätte schwören mögen, dass die letzte Nacht für Flieger ganz ungeeignet sein würde.«[27] Joseph Goebbels diktierte seinem Sekretär: »Berlin wird von einem Luftangriff heimgesucht. Allerdings ist er nicht so schwer, wie wir befürchtet hatten.«[28]

Nicht ahnen konnten die Berliner, dass es sich bei diesem Angriff zugleich um einen groß angelegten Test gehandelt hatte. Einerseits wollte Arthur Harris die Berliner Flak- und Nachtjagdverteidigung prüfen, die bei der letzten Reihe großer Angriffe Ende August, Anfang September 1943 fast 10 Prozent der eingesetzten Bomber abgeschossen hatte. Andererseits wurde erstmals bei einem Angriff auf

Berlin die Taktik des »kurzen Bomberstroms« eingesetzt. Dazu verdichteten die RAF-Piloten ihre Formation, sodass die »Zeit über dem Ziel« so kurz wie möglich sein würde. Innerhalb von nur 14 Minuten passierten mehr als 400 schwere Bomber das Stadtgebiet von Westen her – zwei Drittel der Zeit, die eine vergleichbar große Streitmacht Ende August gebraucht hatte. Zwar war die Zielmarkierung misslungen, dafür blieben die Verluste mit nur neun Lancastern gering. Das war das wichtigste Resultat für Harris, und so gab er drei Tage später den Befehl zum bislang größten Angriff auf die Reichshauptstadt. Die Meteorologen der RAF sagten perfektes Angriffswetter voraus: Zwar Wolken über dem Ziel, aber auf dem Hin- und Rückweg über Nordwestdeutschland und den Niederlanden eine dicke geschlossene Wolkendecke. In Berlin hatte am Montag, dem 22. November 1943, kalter Nordostwind zu einem Temperatursturz geführt, Regen und vereinzelte Sturmböen machten den Abend unangenehm. Trotzdem waren viele Menschen ausgegangen, und die Theater, Kinos und Gaststätten waren voll, als die Sirenen um 19:20 Uhr Voralarm gaben. Innerhalb weniger Minuten füllten sich die Straßen, doch viele Berliner standen einfach nur herum, weil sie sich angesichts des Regens nicht vorstellen konnten, dass tatsächlich ein längerer Angriff bevorstehen würde. Nur wer bevorzugten Zugang zu Informationen hatte, der erfuhr, dass die Jägerleitstelle auf dem Luftwaffenstützpunkt Döberitz westlich von Spandau »Luftgefahr 15« ausgerufen hatte, die höchste Alarmstufe. Das bedeutete, es befänden sich 1 000 oder mehr Feindmaschinen im Anflug. Ganz so viele waren es zwar nicht, sondern etwa 700 – doch praktisch die gesamte Flotte an schweren Bombern der RAF auf einmal. Um 19:58 Uhr waren die ersten von ihnen über dem Ziel.

Die Familie von Peter Jung ging wie üblich in den Schutzraum im Haus Niebuhrstraße 56 in Charlottenburg. »Aber irgendwie war es in dieser Nacht anders. Mein Vater hatte sich wie sonst häufig mit einigen anderen männlichen Hausbewohnern im Vorraum zum Kellereingang aufgehalten. Er kam dann in den eigentlichen Luftschutzkeller und sagte, dass wohl diesmal Charlottenburg dran sei.« Auch der zehnjährige Peter spürte, das Brummen der Bomber und das

Flakfeuer klangen anders als bei vorangegangenen Angriffen. »Man hörte plötzlich auch das Heulen der fallenden Bomben, ein sicheres Zeichen, dass sie näher kamen. Plötzlich ein furchtbarer Knall, gefolgt von einem zischenden Geräusch, als wenn die Luft herausgesaugt wird. Das Licht ging aus, und die Menschen schrien durcheinander.« Als Kerzen wieder Licht spendeten, war es im Keller grau von Mörtelstaub. Die Tür des Luftschutzraumes war verschüttet, also drängten alle Hausbewohner durch den Notausgang hinaus, obwohl der Alarm noch nicht aufgehoben war. »Als ich aus dem Luftschutzkeller hochkam, sah ich, dass unser Vorderhaus in hellen Flammen stand.« Die meisten Hausbewohner versuchten zu retten, was noch zu retten war. Da die Familie Jung im rechten Seitenflügel wohnte, der nicht brannte, hatten seine Eltern es noch relativ leicht: »Meine Mutter füllte einen Wäschekorb mit Bekleidungsstücken, mein Vater warf den Rundfunkempfänger aus dem Fenster in ebendiesen Wäschekorb.«[29]

HAUSRAT *Nach einem nächtlichen Luftangriff tragen ausgebombte Berliner die Reste ihres Besitzes für den Abtransport auf den Mittelstreifen Unter den Linden.*

Als die Sirenen heulten, brachen die 15-jährige Luzie Kannewischer und ihre Mutter auf zum Reichsbahnbunker am Anhalter Bahnhof. »Dort fanden wir nur noch Platz im 4. Stock, über der Erde. Dicht an dicht standen die Menschen dort, und unter dem gewaltigen Luftdruck der Bomben schwankte der Bunker wie ein Schiff auf dem Meer. Alle Menschen fürchteten sich sehr, und sogar die im Bunker anwesenden Soldaten sagten, dass sie lieber an der Front wären, als hier so hilflos ausgeliefert zu sein.«[30] Genau dieses Gefühl hatte Paul Tollmann, Soldat in der wesentlich aus Berlinern bestehenden 3. Panzerdivision, die im Süden der Ostfront eingesetzt war. Sein Heimaturlaub fiel zufällig zusammen mit den Angriffen der dritten Novemberwoche 1943: »Während ich in den vier, fünf Tagen meines Urlaubes im Bombenkrieg jede Nacht mit den gefährlichsten Angriffen rechnen musste, war es im Krieg ganz anders. Da waren wir mal zwei, drei Tage im Einsatz, dann wieder wochenlang in der Etappe.« Besonders belastend war für den 28-Jährigen, dass man nichts tun konnte gegen die Gefahr aus der Luft: »An der Front hatten wir so starke Waffen, dass wir uns, wenn wir es nicht zu dumm anstellten, jederzeit schützen konnten. Aber in der Heimat und als Zivilist hat man keine Möglichkeit, sich selbst zu schützen.«[31]

Besonders hart getroffen wurde in dieser Nacht der Berliner Westen. Willibald Ottmann, elf Jahre alt, erlebte den Angriff im Zentrum Charlottenburgs. Zehntausende Stabbrandbomben aus Thermit, vermischt mit Sprengbomben, verwüsteten ganze Straßenzüge. »Der Kellerboden bebte, das Licht flackerte, bis es auf einmal gänzlich erlosch. Wir Kinder drückten uns ängstlich an die Erwachsenen«, erinnerte sich Ottmann: »Unsere Nachbarhäuser standen in Brand, und alle verfügbaren Leute waren auf dem Dach und Boden damit beschäftigt, ein Übergreifen der Flammen zu verhindern. Der unermüdliche Einsatz lohnte sich, unser Haus blieb als eines der wenigen stehen.« Während sich die wenigen Männer um die Rettung der noch nicht brennenden Häuser kümmerten und die meisten Frauen aus verwüsteten Wohnungen holten, was noch zu holen war, brachten einige Mütter die Kleinen fort. »Wir Kinder des Hauses waren alle in einer Wohnung zusammen. Wir spielten dort und wurden getröstet. Wenn man aus dem Fenster schaute, sah es aus, als wenn es schneite, aber nein, es war der enorme Funkenflug.«[32]

Ursula von Kardorff hatte für diesen Montagabend Freunde in die Wohnung ihrer Eltern in der Rankestraße 21 in Charlottenburg eingeladen, denn sie hatte ein Kaninchen »organisiert«. Der letzte Gast war noch nicht eingetroffen, als der »übliche Abendalarm« begann. Eigentlich wollte Kardorff den Braten nicht verkommen lassen, doch ihre Nachbarn, die Kontakt zum Oberkommando der Wehrmacht (OKW) hatten, beschworen sie, in den Luftschutzkeller zu gehen: »Kaum waren wir unten, ging die Hölle los, es krachte, schepperte, rollte dumpf und barst mit Geklirr und Gesplitter, Windstöße fegten herein, die Mauern gerieten ins Schwanken, und wir alle dachten nur: Dies ist das Ende.« Als das Krachen aufgehört hatte, eilte sie zusammen mit ihrem Bruder in die Wohnung hinauf: »Sie sah aus, als hätten Furien dort einen Ball gegeben. Alle Türen aus den Angeln, von den Fensterscheiben nur noch klirrende Scherben übrig, die den Fußboden dicht bedeckten, die Möbel herumgewirbelt. Wie nach einem Tornado, überall Kalk und Risse in den Wänden, das Ganze in glutrote, böse Helligkeit getaucht.«[33] Ähnliches erlebte Ursula Gebel: »Der Feuersturm tobte, nachdem die Air Force abgeflogen war, mit solcher Gewalt, dass man nicht auf den Straßen laufen konnte, um zu versuchen, die Freunde und Bekannten zu suchen, die um die Ecke gewohnt haben.« Dabei hatte die 22 Jahre junge Frau noch Glück: »Unser Haus war verschont geblieben. Wir Jüngeren hatten nämlich die Stabbrandbomben aus dem Dachgebälk mit Beilen herausgeschlagen und auf den Hof geworfen.« Bald standen zwei Familien, deren Haus niedergebrannt war, die aber überlebt hatten, bei Gebels vor der Tür. »Sie konnten mit einem Koffer zu uns kommen, und wir nahmen die acht Ausgebombten bei uns auf.«[34]

Noch schlimmer als Charlottenburg traf es die eleganten Straßenzüge zwischen Tiergarten und Spree. »Das ganze Hansaviertel steht in Brand. Ich muss nach Hause, um zu sehen, ob irgendetwas gerettet werden kann«, notierte der norwegische Korrespondent Theo Findahl am Abend des 22. November 1943. »In der Altonaer Straße ist die Wasserleitung geborsten, die Straße gleicht einem Binnensee.

Unmöglich, auf diesem Weg zum Hansaplatz vorwärtszukommen. Der Tiergarten ist wie ein Dschungel. Zweige und Stängel stechen einem ins Gesicht, während man sich über die umgestürzten Baumstämme vorwärtstastet. Die Händelallee – ein Feuermeer. Ich gehe weiter, biege in die Klopstockstraße ein. Die Straße ist so heiß wie ein Backofen.« Glühender Wind peitschte durch die Straßen. Findahl drehte um: »Das Beste ist, so schnell wie möglich kehrtzumachen und wieder in den Park zurückzukommen, wo die Luft nicht ganz so beißend ist von Ruß und Rauch wie hier – schnell weg von dieser Stelle, die drei Jahre lang unser Zuhause gewesen ist!«[35]

Auch Hans-Georg von Studnitz hatte bis zum 22. November 1943 im Hansaviertel gelebt. Er war am Montagabend gerade auf dem Rückweg von einem verlängerten Wochenende in Pommern, als der Angriff begann. Seine Frau und er saßen bis um 02:00 Uhr in Pankow fest und wussten nicht, wie sie weiterkommen sollten, denn in ganz Berlin verkehrte kein Zug mehr. »Die Luft ist von beißendem Qualm erfüllt. Wir geben uns der Hoffnung hin, dass der Angriff dem Osten der Stadt gegolten hat, und machen uns, so gut es geht, mit unseren Sachen zu Fuß auf, um über die Schönhauser Allee der Stadt näher zu kommen. Das Gepäck lassen wir in einem Notspital, in dem ständig Verletzte eingeliefert werden.« Den Versuch, das östliche Stadtzentrum um den Alexanderplatz zu erreichen, gaben beide rasch auf. »Die von Brandgeruch und ausströmendem Leuchtgas geschwängerte Luft wird so unerträglich, die Finsternis so undurchdringlich, der Regenschauer vor sich herjagende Sturm so stark, dass unsere Kräfte erlahmen. Dazu versperren umgestürzte Bäume und Leitungsmasten, zerrissene Hochspannungskabel, verkohlte Straßenbahnwagen, Trichter, Gesteinstrümmer und Glasscherben den Weg. Alle Augenblicke reißt der Wind von den Ruinen Fensterrahmen, Dachziegel und Regenrinnen auf die Straße.« Gegen 04:00 Uhr fanden die beiden ein Lokal, in dem sich Zeitungsausträgerinnen versammelt hatten, um ihre Blätter in Empfang zu nehmen. »Von ihnen erfahren wir, dass die Katastrophe sich nicht auf die östlichen Stadtteile beschränkt, sondern auch das Zentrum und der Westen schwer getroffen sind.« Studnitz beeindruckten die Frauen: »Jede von ihnen ist ausgebombt oder hat in dieser Nacht irgendeinen schweren Schaden erlitten. Keine macht ein Aufhebens davon. Alle finden sich zur gewohnten Stunde ein, ruhig, tapfer und gefasst, um die Bevölkerung mit den Morgenzeitungen zu versorgen.« Das Leben musste weitergehen.

Erst als der Morgen graute, am 23. November 1943 gegen 07:30 Uhr, standen Hans-Georg und Marietta von Studnitz auf dem Pariser Platz. »Jenseits des Tores gleicht der Tiergarten einer Waldlandschaft aus dem Ersten Weltkrieg. Zwischen Bataillonen gefällter Parkbäume ragen die Stümpfe ihrer Kronen beraubter Eichen und Buchen. Die Charlottenburger Chaussee bedecken zerrissene Tarnnetze, versackte Autos, ausgebrannte Lastzüge, zwischen denen eine Völkerwanderung von Obdachlosen verstört dem Großen Stern zustolpert, über dem sich, ungerührt von den Schrecken der Nacht, die Siegessäule erhebt.« Das Ehepaar reihte sich ein, bis es nördlich der Ost-West-Achse einen Turmstumpf aus dem Rauch ragen sah: die Ruine der Kaiser-Friedrich-Kirche. Die vierstöckigen Häuser dahinter waren nur noch eine Zeile verkohlter Fassaden: »Unser Haus Händelallee 12 hatte den Angriff überstanden und ist erst durch den Brand der Nachbarbauten der Zerstörung anheimgefallen.« Ihre Köchin hatte ein paar Kleider und etwas Wäsche aus dem brennenden Haus gerettet und auf der anderen Straßenseite abgelegt. »Alles andere ist unwiederbringlich dahin. Lebensmittelvorräte, die wir Jahre hindurch aufgebaut haben, 300 Flaschen Wein, alle Möbel.«[36] Von den 343 Häusern des Hansaviertels überstanden lediglich 70 den Feuersturm dieser Nacht.

Bis in die Abendstunden des 24. November 1943 arbeiteten die Feuerwehr und ihre Helfer, darunter viele Hitler-Jungen, um die Flammen zu löschen – vor allem, damit bei einem erneuten Angriff die brennende Stadt der Royal Air Force nicht selbst den Weg wies. Es gelang ihnen, fast alle Brände zu löschen. Doch änderte das nichts daran, dass wie Ende Juli in Hamburg dem ersten Großangriff gleich in der nächsten Nacht ein zweiter folgte. Gegen 19:26 Uhr heulten die Sirenen, 32 Minuten später warfen mehr als 340 britische Flugzeuge 1 377 Tonnen Spreng- und Brandsätze ab. Es war nur gut die Hälfte der Bombenlast der vorangegangenen Nacht, doch sie traf eine vom Chaos erfasste Stadt, deren Straßen von Trümmern blockiert und deren Einwohner geschockt waren. Die achtjährige Barbara Graff war mit ihren beiden Geschwistern und ihrer Mutter nach Ostpreußen evakuiert worden, doch die primitiven Bedingungen dort hatte die Familie nicht lange ausgehalten. »Wir fuhren am 20. November wieder nach Berlin«, in die Isländische Straße 5 in Prenzlauer Berg, wo es nur einen provisorischen Luftschutzkeller gab. »Am 23. November gab es einen Mordsbums, es staubte fürchterlich, Angst und Schrecken breiteten sich aus, da auch die Beleuchtung ausfiel. Nun wussten die Erwachsenen, was das bedeutete, doch wir Kinder hatten nur Angst«, schrieb Barbara Graff später: »Als der Staub sich gelegt hatte, gingen einige mutige Männer hinaus, um die Lage zu peilen. Unser Haus stand zwar, war aber durch den Luftdruck einer ins Nachbarhaus eingeschlagenen Sprengbombe eine halbe Ruine.« Die für das kleine Mädchen »herrliche« Drei-Zimmer-Wohnung war nicht mehr nutzbar: »Das bedeutete nun Notunterkunft in einer Schule bis zur erneuten Evakuierung.«[37]

Auch Wedding traf es hart. Der achtjährige Horst Rückert erlebte, wie die Häuser in der Prinzenallee 9 und 11 lichterloh brannten. »Vom Dach des Hauses Nummer 10, wo wir wohnten, versuchten die Bewohner ein Übergreifen der Brände zu verhindern«, erinnerte er sich. Jedoch hatte eine Brandbombe das Dach bis zur Küche der Wohnung im vierten Stock durchschlagen. Zum Glück waren Zierfische das Hobby des Bewohners: »Wie durch ein Wunder traf die Bombe die Kochmaschine, prallte von ihr ab und zerschlug auf der gegenüberliegenden Seite die Glasscheibe eines Aquariums, fiel auf den Boden und wurde vom ausfließenden Wasser gelöscht.«[38] Die Familie Schubbel hatte ihren sicheren Platz im Flakturm Humboldthain aufgegeben, weil Günters ältester Bruder dort nicht erfuhr, ob er am nächsten Morgen pünktlich zur Arbeit erscheinen musste oder später. Nun gingen die drei Kinder und ihre Mutter nur noch bei Fliegeralarm in einen der allgemeinen öffentlichen Schutzräume: »Wir schliefen angezogen ohne Schuhe in der Wohnung, damit wir bei Alarm schnell loskonnten.«[39] Am Abend des 23. November 1943 schafften es die Schubbels gerade noch in den Tiefbunker an der Bernauer Straße. Ihr Kiez wurde schwer getroffen, auch die Stralsunder Straße. Ein Nachbarhaus brannte, in ihrer Parterrewohnung hatten Gardinen Feuer gefangen. Dennoch existierte ihre Wohnung am Morgen danach noch.

So viel Glück hatten viele Berliner nicht. Die Hauptluftschutzstelle erstellte am Mittwoch, dem 24. November 1943, eine »vorläufige Übersicht über die Zahl der Obdachlosen«. Danach hatte es die schlimmsten Verluste im Bezirk Tiergarten gegeben, wo mindestens 75 000 Menschen durch die beiden Großangriffe ihr Dach über dem Kopf verloren hatten. In Wedding standen 60 000 und im weniger dicht besiedelten Charlottenburg immer noch 40 800 Berliner ohne Zuhause da. Allein bei diesen beiden Angriffen hatten den ersten Schätzungen zufolge 362 150 Menschen praktisch alles verloren – anderthalbmal so viele wie bei allen bisherigen Luftangriffen zusammen. Der Leiter der Hauptluftschutzstelle, Erich Lohbauer, rechnete mit 6 000 Toten und Vermissten sowie 20 000 Verletzten.[40] Auf der Suche nach Verschütteten arbeiteten sich Rettungstrupps durch die Trümmer, darunter oft Soldaten auf Urlaub. Einem Feldwebel der Nachrichtentruppe prägte sich ein, was er beim Öffnen eines verschütteten Schutzraumes erlebte: »Beim Vordringen in die Kellerräume waren wir auf alles gefasst. Wir bereiteten uns auf das Schlimmste vor. In einem der nahezu intakten Luftschutzräume saßen die bedauernswerten Menschen, scheinbar als wenn nichts geschehen wäre, um einen Tisch. Ihre Körper waren nur etwas zusammengesunken. Auf einem der doppelstöckigen Betten in der Ecke saß ein Mann an einen Pfosten gelehnt. Ich hatte das Gefühl, dass er jeden Augenblick aufstehen müsste, genau wie die anderen am Tisch auch. Doch sie waren alle tot. Der Luftdruck der explodierenden Luftminen hatte ihre Lungen zerreißen lassen.«[41]

Die Briten hatten nicht vor, es bei zwei Großangriffen zu belassen. Am Mittwochabend und dem folgenden Donnerstag unternahmen sie zwar nur kleinere Angriff mit Mosquitos, aber am Freitagabend flogen wieder mehr als 400 Lancasters auf Berlin zu. Abermals die Innenstadt, aber auch der Norden waren diesmal das Ziel. Anders als in den vorangegangenen Nächten war es klar, nicht bewölkt, und die Besatzungen der RAF erwartete ein Höllenfeuer der Flak. Allerdings hatten die Kanoniere die Höhenzünder ihrer Granaten konsequent auf maximal 6000 Meter über Grund eingestellt, 400 Meter über der üblichen Einsatzflughöhe der Lancasters. Doch die schweren Bomber konnten höher fliegen, und kaum hatten die Piloten verstanden, dass die Flak in dieser Nacht eine Obergrenze einhalten musste, empfahlen sie ihren Kameraden in den nachfolgenden Maschinen, auf 6300 Meter zu steigen – und gleichzeitig auf Jagdflugzeuge zu achten, die aus der Höhe herabstoßen würden. Denn einen anderen Grund als eigene Maschinen in der Luft konnte es für die strikte Beschränkung der Flak nicht geben. Insgesamt 28 schwere Bomber gingen in dieser Nacht verloren, ein Viertel davon durch die Flak, der Rest durch Nachtjäger.

In der Reichshauptstadt interessierte sich kaum jemand für diesen »Erfolg«. Weite Teile der Stadt rauchten auch am Wochenende noch vor sich hin, erst einsetzender Eisregen änderte das. Nach fünf Tagen wie in der Hölle mussten die Menschen ihr Weiterleben organisieren. Erschüttert nahmen sie die ungeheuren Schäden zur Kenntnis. Zwar hatte der Feuersturm, der im Hansaviertel und in Teilen Charlottenburgs gewütet hatte, nicht den Rest der Stadt erfasst. Entscheidend dafür war die massive Bauweise der Gründerzeitbauten, die fast alle starke Brandmauern hatten, sodass Flammen nur von Dachstuhl zu Dachstuhl überspringen konnten, nicht aber in den unteren Stockwerken. Auch die breiten Straßen, Parks und Kanäle hatten dazu beigetragen. Außerdem fand der Angriff bei Luftfrost und teilweise Regen statt, während über Hamburg Ende Juli 1943 nach wochenlangem Hochsommer eine Warmluftglocke gelegen hatte. Nach der Katastrophe der zweitgrößten Stadt des Reiches hatte man in der Hauptstadt konsequent die Dachböden geräumt. Weil Berlin, anders als von der RAF geplant, nicht eingeäschert wurde, lag die Zahl der Toten mit offiziell 3756 deutlich unter der ersten Schätzung – und bei rund einem Zehntel der Opfer in Hamburg.

Allerdings waren die Sachschäden in der Stadt ungeheuer. Neben

104 613 total zerstörten Wohnungen zählte die Hauptluftschutzstelle weitere 87 149 schwer oder mittelschwer beschädigte Unterkünfte. Zu den verwüsteten Gebäuden zählten im Westen der Stadt das ausgebrannte Schloss Charlottenburg, die Kaiser-Wilhelm-Gedächtniskirche und das berühmte *Romanische Café* gegenüber sowie das Deutsche Opernhaus an der Bismarckstraße. Neben dem Hansaviertel hatten die Bomben auch das Diplomatenviertel zwischen Lützowplatz und Potsdamer Platz sowie das Schloss Bellevue verwüstet. Im Regierungsviertel hatten Bomben das renommierte Hotel *Kaiserhof* am Wilhelmplatz zerstört, und auch Hitlers Reichskanzlei genau gegenüber bekam einen ersten Treffer ab.

Schwer getroffen hatten die Bomben den Zoologischen Garten. Zwar waren im September 1943 viele Tiere ausgelagert worden, zum Beispiel nach Wien, doch von den verbliebenen fast 1 000 Säugetieren kam ein Drittel um. Besonders schlimm traf es das Aquarium, das in der Nacht vom 23. auf den 24. November 1943 direkt von einer schweren Sprengbombe getroffen wurde. Am folgenden Morgen entdeckte eine Tierärztin, dass vor dem Eingang zum Aquarium vier leblose Krokodile lagen. Wahrscheinlich waren sie durch den Luftdruck herausgeschleudert worden und dort bei Luftfrost schnell erfroren. Dennoch verbreiteten sich umgehend Gerüchte in Berlin, denen zufolge Krokodile und Riesenschlangen in den Landwehrkanal geflüchtet wären. »Missie« Wassiltschikow hörte, die Tiere seien »gerade noch rechtzeitig herausgefischt und erschossen« worden: »Welch ein Anblick muss das gewesen sein!«[42] Allgemein nahm man an, die ausgebombten Tiere seien getötet worden. In Wirklichkeit bemühten sich die verbliebenen Zoomitarbeiter aufopfernd um ihre Schützlinge. Die Zwergflusspferde wurden zeitweise in der Herrentoilette im Bahnhof Zoo untergebracht – hier war es einigermaßen warm. Der einzige überlebende Elefantenbulle »Siam« bekam ein rasch mit Ziegeln repariertes Quartier, der Gorilla »Pongo« und die Orang-Utan-Dame »Buschi« zogen um in Gehege, die mit Holz behelfsmäßig abgedichtet wurden. Am ersten Tag der Aufräumarbeiten arbeiteten die Tierpfleger rund um die Uhr und konnten nicht an Essen denken, ab dem zweiten Tag aber fanden sie eine pragmatische

Lösung ihres Versorgungsproblems: Das Fleisch der toten Tiere war dank leichtem Frost noch frisch. So wurde zwei Tage lang eine »sehr wohlschmeckende Krokodilschwanzsuppe für die gesamte Belegschaft ausgegeben«.[43]

TOD *Während der Luftschlacht um Berlin 1943/44 müssen die Opfer der Großangriffe oft in Hallen zur Identifizierung aufgebahrt werden.*

Selbst Joseph Goebbels war von dem Schaden beeindruckt: »Man fühlt sich richtig im Kriegsgebiet.«[44] Angesichts dessen war der Gauleiter zufrieden mit der Reaktion der Berliner. Die Stimmung sei »ruhig und gefasst«, meldeten Spitzel dem SD, ihre Haltung sei »vorbildlich«. Eine längere Meldung hielt fest: »Man hört beinahe weniger Geschimpfe als in normalen Zeiten. Die Volksgemeinschaft ist jetzt endlich keine Phrase mehr, sondern Tatsache. Man hilft sich gegenseitig, wo man kann. Das Volk hilft sich selbst, ohne irgendwie geleitet oder bevormundet zu werden.« Mit Lokalstolz fügte der Berichterstatter hinzu: »Berlin hat bewiesen, dass es sein Schicksal ebenso zu tragen vermag wie Hamburg.« Aber natürlich gab es auch defätistische Reden oder Taten. So berichtete ein Fronturlauber, der die Angriffsserie in Charlottenburg erlebt hatte, dass dort »Leute, deren Häuser abbrannten, Führerbilder ostentativ ins Feuer warfen und auch sonst in der Erregung auf den Führer schimpften«.[45]

Die Großangriffe vernichteten nicht nur Leben, sie retteten auch Menschen, wenigstens einige wenige. Der junge jüdische Musiker Konrad Latte hatte sich seit dem 1. März 1943 in Berlin versteckt, unterstützt unter anderem von Ruth Andreas-Friedrich und Leo Borchard. Doch im September 1943 wurde er verhaftet. Mit dem 44. »Osttransport« hätte er nach Auschwitz gebracht werden sollen, doch im letzten Moment wurde ihm befohlen, im Sammellager Große Hamburger Straße zu bleiben. Der 21-jährige Konrad war fest entschlossen, bei nächster Gelegenheit zu flüchten, zusammen mit einem Leidensgenossen. Gemeinsam entwickelten sie einen Plan: Beim nächsten Großalarm wollten sie im Keller die Hauptsicherung außer Betrieb setzen und dann durch den Hinterausgang flüchten. Als am 23. November 1943 die Sirenen Voralarm gaben, schlichen sich Konrad und sein Freund ins abends unbesetzte Wachzimmer des Sammellagers, stahlen den Hauptschlüssel und gingen zum Stromverteiler. Sie schlossen die Türen hinter sich ab und drehten dann die Sicherung heraus. Nun war es nur noch ein kurzer Weg. »Kellertür auf, Haustür auf, Hoftor auf«, schilderte er die Flucht am nächsten Tag: »Hinter uns schreit man nach Licht, kreischt und rennt durcheinander.«[46] Die beiden kletterten über die Mauer des Friedhofs und trennten sich. Konrad Latte machte sich auf zu seinen Helfern, getarnt mit einem ans Revers gehefteten NSDAP-Abzeichen. »Jesses, Konrad!«, begrüßte Ruth Andreas-Friedrich ihren verloren geglaubten Schützling und kochte ihm erst einmal eine Suppe. Dann begann sie, neue Verstecke für ihn zu organisieren.[47]

Zwischen den Großangriffen machten gleich mehrere Berliner Funde, die selbst im Chaos grausam waren. Ottilie Schulze fiel im Hausflur neben ihrer Parterrewohnung in der Potsdamer Straße 165 ein Paket auf, in dem sich der Oberschenkel einer Frau befand. Der Schuster August Heisig entdeckte in der Alvenslebenstraße 4 ein Paket, aus dem eine menschliche Hand ragte. Einem Opfer der

Luftangriffe gehörte sie nicht. Die Mordkommission übernahm die Ermittlungen und erhielt bald ein Telegramm, dem zufolge an der deutsch-schweizerischen Grenze in Weil am Rhein im D-Zug aus Berlin ein Koffer mit Leichenteilen einer Frau und eines Mädchens aufgetaucht sei. Am Abend des 25. November 1943 hielt ein erster Polizeibericht fest: »Nach dem Auffinden dieser Leichenteile fehlen noch ein Oberschenkel und die Hände der Frau sowie die Köpfe von Frau und Kind.«[48] Doch die Ermittlungen stockten. Erst nach acht Wochen gab es eine heiße Spur: Herbert Hirsch, ein »in privilegierter Mischehe« lebender Jude, vermisste seine Bekannte Vera Korn, ebenfalls eine Jüdin, und deren achtjährige Tochter Eva. Deren »arischer« Ehemann hatte sich scheiden lassen, und seither konnte jederzeit der Deportationsbefehl kommen. Die Ermittlungen führten nun zum Erfolg: Als Mörder kam Vera Korns ehemaliger Liebhaber August Eckert infrage, und die Ermittler nahmen ihn fest. Bald gestand er, sie und ihre Tochter am 21. November 1943 ermordet und zerstückelt zu haben. Das Motiv: Die Frau wollte sich von ihm trennen und forderte ihr bei ihm untergestelltes Eigentum zurück. Ende März 1944 wurde der Täter zum Tode verurteilt, die Strafe einen Tag später vollstreckt. August Eckert war der wohl einzige Judenmörder, der während des Dritten Reiches hingerichtet wurde.

Das Leben in Berlin ging weiter, genau wie die Bombardements. Im Dezember 1943 gab es vier schwere Angriffe, jeweils mit 400 bis 600 Maschinen, darunter einen am frühen Morgen des 24. Dezember. Statt gewöhnlicher Festtagspost bekam »Missie« Wassiltschikow von ihrer Freundin Maria von Gersdorff ein Telegramm: »Alle unversehrt. Schreckliche Nacht. Brief folgt.« Sie freute sich ungeheuer, zugleich aber war sie skeptisch. »Es sieht fast so aus, als würde mit diesen entsetzlichen Luftangriffen beabsichtigt, das alliierte Vordringen zu fördern, indem sie die Kampfmoral der Deutschen brechen«, notierte die Exilrussin: »Ich glaube aber nicht, dass sich auf diese Weise viel erreichen lassen wird. Im Gegenteil zeitigen die Angriffe die genau entgegengesetzte Wirkung. Denn angesichts derartiger Leiden und Schrecknisse rücken politische Betrachtungen an die zweite Stelle.« Die weltläufige Hochadlige stellte fest, dass »in solchen Zeiten die heroische Seite des menschlichen Charakters zum Vorschein« komme: »Alle zeigen sich erstaunlich freundlich und hilfsbereit – compagnons de malheur.«[49]

»Seltsam ist das Leben. Auf und ab, böse und dann wieder gut«, schrieb Ursula von Kardorff in ihr Tagebuch: »Gestern ein Abend in Zehlendorf, bei dem auf eine hemmungslose, fast verbissene Art getrunken wurde. Jeder flirtete mit jedem, auch ich unterlag der allgemeinen Auflösung. Ein schillernder Sumpf.«[50] Trotz der enormen Zerstörungen erschienen innerhalb weniger Tage mehr als 80 Prozent der Berliner an ihren Arbeitsplätzen. Die wenigen U- und S-Bahnen, die bald wieder verkehrten, waren zwar überfüllt, aber mit Humor gelang es den meisten Einwohnern, kritische Situationen in den Griff zu bekommen. Aufgeben kam nicht infrage, auch nicht für Hugo Baucke, dessen im April 1943 nach der Zerstörung seines alten Geschäftes eröffnete neue Backstube an der Innsbrucker Straße bei den Großangriffen auch ausgebrannt war. Der Bäckermeister zögerte nicht lange, sondern übernahm in Charlottenburg das Geschäft eines an der Ostfront gefallenen Kollegen.

Die fünfte Kriegsweihnacht brachte den Berlinern zwar Sonderzuteilungen, aber keine Hoffnung auf ein Ende des Luftkrieges. Hilflos registrierte der SD regimekritische Witze. So erzählte man sich, die RAF habe beim letzten Großangriff »Heu abgeworfen für die Esel, die noch an Vergeltung glauben«. Ein Flüsterwitz erboste den Gauleiter besonders: »Dr. Goebbels wurde in Berlin ausgebombt. Er rettet zwei Koffer auf die Straße und geht nochmals ins Haus, um andere Sachen zu holen. Als er wieder herauskommt, sind die beiden Koffer gestohlen. Dr. Goebbels ist sehr unglücklich, weint und klagt. Als man ihn fragt, was denn so Wertvolles in den Koffern gewesen sei, antwortet er: ›In dem einen war die Vergeltung und in dem anderen der Endsieg.‹«[51]

Wer sich etwas Besonderes wünschte zu den Festtagen, war auf den Schwarzmarkt angewiesen. Hier ließ sich, für stetig steigende Preise, fast alles organisieren. Margot Bendheim, die bei Schwarzmarkthändlern untergekommen war, traute ihren Augen kaum, als sie eines Abends in die Küche der Wohnung von Hugo und Irmgard Camplair in der Fasanenstraße kam: »Der Küchentisch ist beladen mit Fleisch, Butter und Käse, auf der Anrichte stapeln sich Pakete mit Kaffee. Solche Berge von Essen habe ich in meinem ganzen Leben noch nicht gesehen.« Einmal im Monat brachte der Lieferant der Camplairs körbeweise Nahrung in die Wohnung, die hier in verkaufbare Portionen aufgeteilt wurde. »Dann wird unsere Küche zur Fleischerei. Meist sind die Fleischbrocken riesig, manchmal haben wir sogar ein halbes Schwein oder eine Viertelkuh auf dem Küchentisch.« Zusammen mit Gretchen, der Nichte von Irmgard Camplair, machte Margot die Lieferungen fortan verkaufsfertig: »Wir stehen da, mit blutigen Schürzen, und zerteilen das Fleisch, so gut es geht, hacken und schneiden, sägen und brechen mit allen Kräften. Dabei versuchen wir, nicht zu viele Geräusche zu machen, damit die Nachbarn keinen Verdacht schöpfen.« Das Fleisch kam in Päckchen zu je einem Pfund; was übrig blieb an Knochen, Sehnen und Verschnitt, kochten die jungen Frauen zu einer kräftigen Brühe ein, die sich ebenfalls gut verkaufen ließ. Waren sie damit fertig, gingen sie los, um die Ware zu Camplairs Abnehmern zu bringen. »Offenbar hat Hugo schon lange einen festen Kundenstamm.«

Für die illegale Jüdin war die Beteiligung an Schwarzmarktgeschäften lebensgefährlich. Sollte sie auffliegen, würde sie nichts vor dem KZ retten. Andererseits konnten die Camplairs sie ebenso wenig verraten wie umgekehrt. Einige Monate lebte Margot, ausgestattet mit einem gefälschten Postausweis, relativ unbesorgt. In den Luftschutzkeller ging sie nicht, sondern blieb bei Angriffen mit Hugo Camplair in der Wohnung. »Wir hören die Einschläge, die Detonationen. Die Bomben zerstören Berlin. Sie bedrohen das Leben aller Menschen hier, auch mein Leben, obwohl es mich offiziell nicht mehr gibt. Wenn ich sterbe, wird es niemand erfahren«, dachte sie. »Jede dieser Bomben bringt uns dem Kriegsende ein Stückchen näher. Aber um welchen Preis?« Schließlich überwand Margot sich, mit Irmgard und Gretchen Camplair bei Alarm im Flakturm Zoo Unterschlupf zu suchen: »Für mich ist es in einem öffentlichen Luftschutzraum längst nicht so gefährlich wie in einem privaten Keller, wo sich alle kennen.«[52]

Anfang 1944 setzte die RAF ihre Großangriffe fort. Bei sechs Attacken, davon vier allein zwischen dem 20. und dem 30. Januar 1944, verloren weitere rund 200 000 Berliner ihr Quartier – darunter Zehntausende, die bereits in Notunterkünften hausen mussten. Da zudem viele Wohnungen überbelegt waren, manchmal mit zwei und mehr Personen pro Zimmer, verschärfte sich die Lage weiter. Die Familie von Renate Knispel hatte bis dahin Glück gehabt, doch in den frühen Morgenstunden des 29. Januar 1944 »erwischte« das Schicksal auch sie. »Den Alarm um Mitternacht hatten wir gut überstanden, aber dann ging es eben noch einmal los, so gegen drei Uhr.« Tatsächlich heulten um 02:50 Uhr die Sirenen erneut, um die Berliner vor fast 600 britischen Bombern zu warnen. »Wir waren kaum im Keller, da hat es uns erwischt, ein sogenannter Volltreffer. Man hat ein Gefühl, als würde einem der Kopf abgerissen. Wir waren bis zur Taille verschüttet. Unter dem Geröll drückte ich die Hand meiner Mutter. Sie drückte zurück, also lebte sie. Wir warteten auf die Rettung. Endlich klopften die Bewohner des angrenzenden Hauses an die Mauer, und irgendjemand von uns klopfte zurück. Danach schlugen sie ein Loch in die Wand und zogen einen nach dem anderen von uns da durch. Wir wurden in den Luftschutzkeller geführt, wo erstaunlicherweise noch das elektrische Licht funktionierte. Als die anderen Hausbewohner uns sahen, fingen sie an zu lachen. Für uns unerklärlich, aber dann zeigte uns jemand einen Spiegel. Wir waren mit einer dicken Schicht grauen Staubes total überzogen.«[53]

Man versuchte zu retten, was immer man noch erreichen konnte. »Mit abenteuerlichem Drang, weil ich als junger Pimpf die Gefahren nicht richtig einzuschätzen wusste, stürzte ich mich gemeinsam mit Schulfreunden heldenhaft in brennende Häuser und half wildfremden Menschen zu retten, was an Mobiliar noch greifbar war«, erinnerte sich Erich Nieswandt, der Anfang 1944 gerade 13 Jahre alt war: »So turnten wir über nur noch hängende, brennende Treppenhäuser in die oberen Etagen, um zum Beispiel in der Kantstraße Ecke Leibnizstraße einer Frau zu helfen, den geliebten Gasherd aus der vierten Etage auf die Straße zu schleppen.« Wenige Tage später traf eine Bombe sein Zuhause: »Als Anfang Februar 1944 alles in Flammen stand – unsere Wohnung in der Pestalozzistraße und gleich um die Ecke in der Leibnizstraße unsere Kneipe –, zerrte meine Mutter vorbei an lodernden Tischen und Stühlen einen Kasten mit Bierflaschen auf die Straße. Den immer parat stehenden Koffer mit den wichtigsten persönlichen Unterlagen ergriff sie zum Glück auch noch. Hund, Bierkasten und Koffer waren so ziemlich alles, was sie retten konnte, bevor das Haus zusammenkrachte.«[54]

DAVONGEKOMMEN *Auf der Kantstraße in Charlottenburg liegen am Morgen nach einer RAF-Attacke Trümmer. Aber die Häuser stehen noch.*

Manche Berliner eigneten sich während der Luftschlacht ungeahnte Fähigkeiten an. Michael Degen etwa wurde zum Bombenexperten. Als der frühere Kommunist Karl Hotze, der seine Mutter und ihn versteckte, die eigene Angst vor den Bomben mit nüchternen Ausführungen bekämpften wollte, ging er dem Jungen »fürchterlich auf die Nerven«. Wenn Hotze von »20-Kilo-Bomben« sprach, wusste Michael doch, dass es sich nur um deutsche Flakgranaten handelte – das Pfeifen, das sein Beschützer als »Luftminen« deutete, stammte in Wirklichkeit von Stabbrandbomben. »Eine echte Luftmine hört man entweder gar nicht, und dann hört man nie wieder etwas, oder das Ding pfeift wie ein abgeschossener Flieger«, erklärte der 13-Jährige. Hotze fragte nach: »Woher weißt du denn das?« Michael Degen gab eine einfache Erklärung. Die Angriffe vom November 1943 erlebten seine Mutter und er in der Wohnung der Exilrussin Ludmilla Dimitreffa, in der Bayerischen Straße. Während der Angriffe konnten sie den Luftschutzkeller nicht aufsuchen, also blieben sie im vierten Stock und wären »bei jedem Treffer auf alle Fälle dran gewesen«. Gingen Bomben in der Nähe nieder, »wackelten die Wände wie Pudding. Aber jeder Explosivkörper verursachte ein anderes Wanken.«[55]

Seit Mitte November 1943 hatte das Bomber Command insgesamt 14 Großattacken auf Berlin geflogen und zusätzlich zahlreiche Störangriffe mit Mosquitos. Doch hatten weder die Amerikaner mit ihren Tagesbombern eingegriffen, noch war die Reichshauptstadt »von einem Ende bis zum anderen verwüstet« worden. Nur mit der Voraussage bei den Verlusten behielt Air Marshal Arthur Harris annähernd recht: Nach zehn Wochen hatten seine Geschwader 384 viermotorige Maschinen bei Angriffen auf Berlin verloren, über 4 000 Männer waren gestorben oder vermisst. Das war mehr als ein Drittel der gleichzeitig einsatzbereiten Einheiten – ein enormer Blutzoll. Für die Menschen in Berlin waren diese Verluste allerdings kein Trost. Mitten während der Angriffsserie Ende November hatte Hitler befohlen, dass die Ministerien ihre Dienststellen nicht aus der Reichshauptstadt in vorbereitete Ausweichquartiere verlegen durften – es sei denn, ihre Gebäude waren tatsächlich zerstört und Ersatzbüros im Regierungsviertel standen nicht zur Verfügung. Martin Bormann schickte eine entsprechende Anordnung für die NSDAP hinterher: »Diese Führerweisung gilt selbstverständlich erst recht für die Dienststellen der Partei.« Zugleich allerdings ließ Bormann eine Ausnahme zu: »Gegen die Verlegung von Parteidienststellen, die nicht mit Führungsaufgaben betraut sind, bestehen im Falle einer Zerstörung ihrer Diensträume keine Bedenken.«[56] Gerüchten zufolge betonten bald auffallend viele NSDAP-Einrichtungen, keine »Führungsaufgaben« zu haben. Ähnliches geschah auch bei verschiedenen Ministerien. Das Auswärtige Amt etwa verlegte fast 500 Mitarbeiter ins niederschlesische Krummhübel (Karpacz); mit dabei war »Missie« Wassiltschikow, die erleichtert in ihr Tagebuch schrieb: »Das Dorf ist recht hübsch. Es liegt an einem steilen Hang, die Häuser stehen weit verstreut und sind von Gärten mit vielen Fichten umgeben. Meine Angst vor Luftangriffen ebbt langsam ab.« Doch nur drei Wochen später war sie wieder zurück und notierte: »Der Eindruck, den ich mir bisher von Berlin verschafft habe, ist schrecklich deprimierend. Seit dem Angriff am 30. Januar scheint nichts mehr zu funktionieren.«[57]

Immer öfter setzten die britischen Flieger nun überschwere Bomben ein, durch die auch jene Luftschutzkeller zu Todesfallen wurden, die bis dahin noch einigermaßen geschützt hatten. Der knapp fünfjährige Leopold Deutsch war wie stets bei Fliegeralarm in den Keller des Hauses Oranienstraße 6 in Kreuzberg geeilt. Der Raum war etwa 40 Quadratmeter groß, und gegenüber dem Eingang war mit weißer Farbe ein Halbkreis von anderthalb Metern Höhe auf die Wand gemalt. Hier hatte der Luftschutzwart die Brandmauer zum Nachbarhaus durchbrochen und mit nur einer Lage Ziegel wieder geschlossen – als Notausgang. Da diesen Keller immer dieselben Leute bei Alarm aufsuchten, gab es eine feste Sitzordnung. »Meine Mutter und ich saßen immer auf der Bank an der Wand in der Nähe des markierten Durchbruchs«, erinnerte sich Deutsch. Doch an diesem Tag saß dort eine fremde Frau mit einem Baby im Arm: »Mit dem Argument, wir würden immer diesen Platz belegen, redete meine Mutter mit eindringlicher Stimme so lange auf die Frau ein, bis diese sich mit ihrem Baby etwa einen Meter weiter an einen der wuchtigen Tische setzte.« Dann begann das Bombardement: »Plötzlich, nach einem besonders harten und lauten Rumms, erlosch die spärliche elektrische Beleuchtung.« Die Hausbewohner zündeten Notkerzen an. »Kurz danach wieder eine Detonation. Ich sah, wie die Kellerdecke am Eingangsbereich einriss und wie eine Falltür im Zeitlupentempo nach unten klappte.« Der Junge hörte nur noch das Gepolter fallender Steine und Gerölls, dann verlor er das Bewusstsein. »Ich erwachte, eingeklemmt bis zum Kinn im Schutt. Am Durchbruch konnte ich einen Lichtschein erkennen und Stimmen vernehmen. Meine Mutter und ich wurden von Rettungskräften ausgegraben und auf Tragen auf dem Hof abgelegt. Alle Personen, die an den Tischen gesessen hatten, waren von den herabgestürzten Eisenträgern und den Geröllmassen erschlagen worden. Auch die junge Mutter mit dem Baby.«[58] Leopold Deutsch und seine Mutter hatten überlebt – nur ein Meter bewahrte sie vor dem Tod.

Nach solchen Erlebnissen nahmen defätistische Äußerungen wieder zu. In einem Bericht an die NSDAP-Parteikanzlei hielt der SD allerdings fest, meistens seien »die gleichen Volksgenossen, die in der Nacht derartige Äußerungen machten, am Morgen wieder vernünftig geworden«. Gerade sie gingen mit Eifer daran, ihr eigenes Hab und Gut zu bergen oder der Hausgemeinschaft zu helfen. Doch es gab auch weniger positive Feststellungen: »Unter den Frauen habe die Nervosität sichtlich zugenommen, bei diesen sei ebenfalls noch mehr als früher die Ansicht zu hören, man habe nun bald genug vom Kriege. Es solle endlich dieser sinnlosen Zerstörung ein Ende gemacht werden.«[59] In dieser Situation bat Martin Bormann das Reichsjustizministerium, nicht mehr zu oft Todesurteile des Volksgerichtshofes bekannt zu geben. Zwar sei es »den Zielen der NSDAP nur förderlich«, wenn »Verständnis für die Rechtspflege geweckt« werde. »Für bedenklich halte ich es aber, auf die Dauer nur Todesurteile des Volksgerichtshofes zu veröffentlichen. Denn das muss den irreführenden Eindruck erwecken, als ob jeder, der einmal meckert – und sei es auch nur in einem Zustand augenblicklicher Verzagtheit –, vor den Volksgerichtshof kommt und dieser gegen ihn in aller Regel die härteste überhaupt denkbare Strafe, nämlich die Todesstrafe, festsetzt.« Der Chef der Parteikanzlei warnte: »Der Erfolg kann allenfalls ein äußerliches Wohlverhalten aus Angst vor Strafe sein, nicht aber das von der NSDAP stets angestrebte Ziel eines frei überzeugten anständigen Handelns.«[60]

Eine neue Qualität erreichte der Luftkrieg gegen Berlin Anfang März 1944, denn nun griffen die Bomber der 8. US-Luftflotte ein. Anfangs waren es nur zwei kleinere Attacken, die Joseph Goebbels frohlocken ließen: »Die USA-Zeitungen prahlen mit ihren erfolglosen Tagesangriffen auf Berlin.« Er erregte sich, dass das Auswärtige Amt schwere Auswirkungen dementierte: »Je stärker die Amerikaner und Engländer davon überzeugt sind, dass ihre Luftangriffe Berlin völlig zerstören, desto besser für uns.« Keine zwölf Stunden nach dieser zynischen Bemerkung waren es dann nicht mehr ein paar Dutzend, sondern mehr als 500 Flugzeuge, die tagsüber die Reichshauptstadt angriffen. Der Gauleiter blieb trotzdem bei seiner Linie: »Die Engländer und Amerikaner sprechen fast nur von dem amerikanischen Tagesangriff auf die Reichshauptstadt. Sie dramatisieren ihn in einer Art und Weise, die geradezu lächerlich wirkt.« Die Berichte etwa in der *New York Times* und der *Chicago Tribune*, die auf Aussagen der heimgekehrten Flugzeugbesatzungen basierten, waren tatsächlich übertrieben, denn mit 86 Toten, 57 Verwundeten und 2 245 Ausgebombten reichte der erste große US-Luftschlag nicht annähernd an die jüngeren Attacken der RAF heran. Instinktiv suchte Goebbels sofort eine Sollbruchstelle: »Die Amerikaner prahlen so stark, dass sie damit sicherlich den Engländern, insbesondere den Royal-Air-Force-Piloten, auf die Nerven fallen werden. Sie tun so, als hätten die bisherigen britischen Angriffe auf die Reichshauptstadt überhaupt nichts bedeutet und als sei Berlin jetzt zum ersten Mal ernstlich bombardiert worden. Dabei ist der Angriff auf Berlin von ganz untergeordneter Bedeutung.«[61]

Rein statistisch war das richtig, psychologisch aber sah die Lage anders aus. Zusätzlich zu den bereits bisher jederzeit möglichen Nadelstichen britischer Schnellbomber mussten die Berliner nun auch mit Großattacken bei Tageslicht rechnen. »Amerikaner-Alarm wird meistens um 13:00 Uhr gegeben«, notierte Hans-Georg von Studnitz am dritten Tag der Angriffsserie. Als Mitarbeiter des Auswärtigen Amtes privilegiert, ärgerte er sich besonders über eine Nebenwirkung: »Eben – es ist 12:40 Uhr – gibt es wieder Vorwarnung. Wir verbringen zwei Stunden im Bunker. Getroffen wurde der Osten der

Stadt. Der Aufenthalt im *Adlon*-Bunker ist alles andere als angenehm, die Luft schlecht, das Gedränge groß. Da die Alarme in die Mittagszeit fallen und nach der Entwarnung der Speisesaal des Hotels geschlossen bleibt, geht man meist ›ungegessen‹ ins Büro zurück.«[62]

Viermal innerhalb von zwei Wochen bombardierten jeweils mehrere Hundert viermotorige US-Flugzeuge die Reichshauptstadt. Nun konnten die Berliner genau verfolgen, wie die Zerstörung über sie kam, denn obwohl die »Fliegenden Festungen« und Liberators höher flogen als ihre britischen Kameraden nachts, konnte man sie wegen der Kondensstreifen in der eiskalten Luft klar erkennen. Wenn die Bewölkung aufriss, sahen die hell lackierten Maschinen am Himmel unwirklich aus: »Große Silbervögel in der Sonne«, notierte Renate Holtz: »Ungestört zogen sie ihre Bahn. Kaum Gegenwehr, nur die weißen Tupfen Flakgeschosse.«[63] Einen ähnlichen Eindruck hatte Eva Schliep: »Riesige Verbände feindlicher Bomber zogen heran, sie sahen aus wie Schwärme silberner Vögel am blauen Himmel.«[64] Der 13-jährige Manfred Woge fühlte sich von dem neuen Anblick angezogen: »Als Kinder besaßen wir noch nicht das Gespür für die Gefahr.« Als die Tagesangriffe begannen, standen seine Freunde und er einige Male auf der Straße und verfolgten das Schauspiel, das sich ihnen bot: »Wie Silberfische flimmerte es am Himmel.«[65] Die deutschen Zeitungen versuchten, mit Siegesmeldungen gegenzusteuern. Vom »Bombersterben über Berlin« berichtete der *Völkische Beobachter*, 140 »Terrorflugzeuge« seien abgeschossen worden.[66] Die gleichgeschalteten Redaktionen steckten in einem Dilemma: Gaben sie die gemeldeten Abschüsse ungeprüft weiter, musste die Bevölkerung den Eindruck gewinnen, der Nachschub der Tag für Tag aufs Neue mit Hunderten Flugzeugen angreifenden Amerikaner sei unerschöpflich. Noch schlimmer waren die Folgen für die Stimmung, wenn sie Abwehrerfolge zurückhaltend verbreiteten – dann kamen sich die Hauptstädter schutzlos vor.

Um einen völligen Zusammenbruch des öffentlichen Lebens zu verhindern, griff die NSDAP zu einer radikalen Maßnahme: »Im Verlag ist jetzt die Weisung ergangen, dass vor einem Alarm niemand mehr das Haus verlassen darf. Auch Frauen und Mädchen wird auf

ZIELANFLUG *Amerikanische Tagbomber gehören seit 1944 zu den ständig drohenden Gefahren. Viele Berliner lernen, ihre Kondensstreifen zu fürchten.*

diese Weise der Weg in den Bunker verwehrt. Sie werden genau wie die Männer behandelt«, notierte Ursula von Kardorff.[67] Bis dahin hatten Berlinerinnen ihre Arbeitsplätze bereits bei Voralarm verlassen dürfen, im Gegensatz zu den Männern, die bis zum Hauptalarm weiterzuarbeiten hatten. Solange die Angriffe vor allem nachts stattgefunden hatten, war diese Regelung meist unproblematisch gewesen. Doch mit der neuen Gefahr schwerer Tagesangriffe nahm die Sorge zu, die Stadt könnte völlig paralysiert werden. In den meisten Krankenhäusern fanden Operationen nur noch in speziellen OP-Bunkern statt, da man einen Patienten in Narkose und mit geöffnetem Körper nicht aus einem sterilen Saal in einen Bunker verlegen konnte. In mehreren Bunkern, darunter dem Tiefbunker Chausseestraße, wurden Geburtsstationen eingerichtet, im Flakturm Humboldthain taten Hebammen Dienst. Den dort zur Welt gekommenen Kindern gaben sie ein Erinnerungsblatt mit, auf dem es hieß: »Deinen ersten Schrei tatest du im Geschütztturm Humboldthain, in einer schweren, aber großen Zeit.« Den Charité-Schutzraum in der Invalidenstraße nannte man »Kreiß-Bunker«, weil dort so viele Kinder geboren wurden.[68] Der Tod aus der Luft drohte nun jederzeit.

Den untergetaucht lebenden Juden boten die schweren Attacken neue Chancen und neue Gefahren. Zwar konnten einige Hundert von ihnen im Heer der ausgebombten Berliner verschwinden. Sie behaupteten, verschüttet worden zu sein und dabei auch alle Papiere verloren zu haben. Wer noch die Kraft dazu hatte, konnte dem Verfolgungsdruck so wenigstens für einige Zeit entgehen. Andererseits gehörten zu denjenigen, die ihr Dach über dem Kopf verloren hatten, viele Judenhelfer – und dann mussten neue Quartiere gefunden werden. Beides erlebte Konrad Latte. Er hatte nach seiner Flucht aus dem Sammellager eine vorübergehende Anstellung als Nachtwächter und Luftschutzwart in einer Bank in der Klosterstraße gefunden. Hier konnte er relativ ungefährdet schlafen, weil er allein war, und im Falle eines Angriffs ging er in den Keller. Doch ein RAF-Angriff Mitte Februar 1944 zerstörte dieses nahezu perfekte Versteck: »Konrads Bankhaus hat beim letzten Großangriff auf Stadtmitte einen Volltreffer erhalten«, notierte Ruth Andreas-Friedrich: »Konrad ist wieder einmal arbeits- und obdachlos. Er ›schläft sich herum‹ in der Bekanntschaft, speist mal hier und mal dort, doch für die Dauer ist das ein unhaltbarer Zustand.«

Die Freunde um Andreas-Friedrich und Leo Borchard versuchten, das zu ändern – und fanden Unterstützung bei Gottfried von Einem, der an der Staatsoper arbeitete: »Der hat Beziehungen zur Musikkammer. Auch die Musikkammer ist ausgebombt. Beitragskonten, Mitgliedslisten, alles liegt in unentwirrbaren Haufen nebeneinander.« Von Einem, Sohn eines österreichischen Generals, ging zum Ausweichsitz der Reichsmusikkammer. Er und sein Freund Bauer seien ausgebombt. »Jawohl, ausgebombt! Totalgeschädigt gewissermaßen«, herrschte Gottfried von Einem die Angestellte an: »Alles verloren, sogar die Kammerausweise.« Dann bat er, »der Ordnung halber«, um die Neuausstellung von zwei Mitgliedskarten, die Voraussetzung für jeden öffentlichen Auftritt als Musiker waren. »Gottfried von Einem lächelt gewinnend. ›Unsere Daten dürften bekannt sein. Gottfried von Einem, Mitgliedsnummer 2045. Konrad Bauer, Sie wissen, der Korrepetitor‹, wieder lächelt er betörend, ›Mitgliedsnummer 3627. Unsere Bilder habe ich gleich mitgebracht. Wenn Sie so freundlich sein würden?‹«[69] Es gab allerdings ein Problem, denn ausgerechnet die Karteikästen zum Buchstaben B hatten den Brand überstanden – und darin war ein »Konrad Bauer« nicht zu finden. Also donnerte von Einem los und beschwerte sich über die Schlamperei. Er müsse nun zur Probe, Bauer sei sein Assistent, der Beamte solle den Ausweis umgehend ausstellen. Der fragte noch einmal nach, ob denn der Assistent »arisch« sei. Von Einem beschied ihm: »Wie Sie und ich.«[70] Konrad Latte bekam einen korrekt ausgestellten Ausweis der Reichsmusikkammer, wenn auch auf einen falschen Namen.

Lebensgefährlich blieb Berlin für Konrad Latte dennoch. Während er eines Nachts U-Bahn fuhr, stellte er plötzlich fest, dass ihm ein bekanntes Gesicht gegenübersaß – ein Wachmann aus dem Sammellager in der Großen Hamburger Straße. Beide erkannten einander, und Konrad spürte panische Angst. An der nächsten Station verließ er den Zug, doch der Wachmann folgte ihm. Der junge Musiker fürchtete, enttarnt worden zu sein, festgenommen und dem nächsten Polizeirevier überstellt zu werden. Er hastete die Treppe des Bahnhofs hinauf, doch der Verfolger holte ihn ein und packte ihn am Arm. »Mensch, pass doch auf«, raunte er ihm zu, drehte sich um und verließ das Zwischengeschoss durch den anderen Ausgang.[71] Es war noch einmal gut gegangen.

Ähnlich knapp entkam Walter Frankenstein der Verhaftung. Er gehörte zu jenen Illegalen, die kein festes Versteck hatten. Tagsüber fuhr er oft mit U- und S-Bahnen durch die Stadt, hoffte immer, keinem Kontrolleur über den Weg zu laufen. Wurde er doch einmal gefragt, was er als großer junger Mann von gerade 20 Jahren in Berlin tue statt an der Front, sprach er vage über die Tuberkulose, die ihn am Dienst für »Führer und Vaterland« hindere. Er übernahm Gelegenheitsarbeiten, klebte Plakate und trug aushilfsweise Zeitungen aus. Dann bekam er die Gelegenheit, als Filmvorführer in einem Kino an der Friedrichstraße unterzukommen. Doch als er auf einmal brüllendes Gelächter aus dem Zuschauerraum vernahm, schaute er durch die Beobachtungsluke – und stellte fest: »In meinem Kino liefen die Soldaten der Wehrmacht alle rückwärts statt vorwärts! Anstatt aus den Gräben zu springen und im Sturmangriff russische Stellungen zu nehmen, liefen die rückwärts.« Frankenstein hatte die Filmrolle nach der vorherigen Vorführung nicht zurückgespult. Augenblicklich machte er sich aus dem Staub, um nicht der Sabotage bezichtigt und polizeilich überprüft zu werden. Wenig später schlief er einmal ein, als er in der träge vor sich hin ratternden U-Bahn saß. Normalerweise schaute er immer genau auf Männer, die auf dem Bahnsteig standen und einstiegen. Waren Uniformierte mit dem Blechschild »Feldgendarmerie« um den Hals dabei, stieg er aus. Doch nun hatte ihn der Schlaf übermannt, und auf einmal stand ein Feldwebel der Wehrmachtspolizei vor ihm und verlangte seinen Ausweis. Walter Frankenstein tat so, als sei er ein Fremdarbeiter und spreche nur sehr gebrochen Deutsch. Er käme von der Nachtschicht bei Siemens und habe seine Papiere wohl in der Arbeitskleidung stecken. Der Soldat hatte kein Einsehen: Er zwang Frankenstein, am Bahnhof Friedrichstraße mit ihm auszusteigen, um zum nächsten Polizeirevier zu gehen. Nun hatte der Untergetauchte nur noch eine Chance. »Unten an der Rolltreppe hielt ich ihn an und sagte: ›Jetzt hören Sie einmal zu. Ich bin Jude. Ich lebe illegal in Berlin.‹« Wenn er ihn mit zur Polizei nähme, würde er deportiert. Der Feldgendarm fragte, ob Frankenstein seine Behauptung beweisen könne. Nun rettete ihn seine Geburtsurkunde, ausgestellt auf einen echten Namen. Der Feldwebel zögerte, dann sagte er: »Verschwinde! Ich suche keine Juden, ich suche Deserteure!«[72]

Weniger Glück hatte Margot Bendheim. Sie kam eines Mittags mit Irmgard und Gretchen Camplair aus dem Flakturm Zoo: »Wir haben fast das Ende der Joachimsthaler Straße erreicht, als uns zwei junge Männer entgegenkommen. Sie gehen langsam und machen keinerlei Anstalten auszuweichen. Einer von ihnen ist mir sogleich aufgefallen, weil er so gut aussieht, dunkel, groß, mit schwarzen, lebendigen Augen. Ich kann nicht anders, ich muss ihn ansehen.« Doch dann blieben die beiden Männer direkt vor ihr stehen und verstellten den Weg. »Ihre Papiere, bitte«, sagte der Gutaussehende. »Ich ziehe meinen Postausweis aus der Tasche, ein lächerlich kleines Papierrechteck ohne Foto.« Sie hatte ihn vor einiger Zeit mithilfe der Geburtsurkunde einer anderen Frau ausstellen lassen. Das Papier reichte den beiden Polizisten nicht: »Wir müssen Sie mit zur Wache nehmen, zur Überprüfung.« Nun wandte sich der Gutaussehende den beiden Camplairs zu: »Eine Freundin von Ihnen?« Eine tückische Frage, wie Irmgard instinktiv erkannte und kopfschüttelnd antwortete: »Wir haben uns gerade erst kennengelernt, im Bunker am Zoo. Wir sind nur ein Stück miteinander gegangen.« Als sie das sagte, sah sie Margot Bendheim kurz und fest in die Augen, als ob sie sich für das Verleugnen entschuldigen wollte. Dann drehten Gretchen und sie sich um, um ruhig davonzugehen. Die enttarnte »Illegale« dagegen folgte den beiden Polizisten. »Noch auf dem Weg zur Wache entschließe ich mich, die Wahrheit zu sagen: ›Ich bin jüdisch.‹«[73] 15 Monate des Versteckens in Berlin waren vorbei, nun wartete die Deportation auf sie. Am 26. Mai 1944 bestieg sie den Zug nach Theresienstadt.

Bei der Jagd nach untergetauchten Juden beschränkte sich die Gestapo nicht auf Zufälle. Mit großer Energie arbeiteten die Beamten vielmehr daran, möglichst alle noch nicht deportierten und nicht privilegierten, also nicht mit Christen verheirateten »Nicht-Arier« aufzuspüren. Fast jeder Hinweis auf untergetauchte Juden führte zu Ermittlungen. Oft setzte SS-Hauptsturmführer Walter Dobberke, der Leiter des Sammellagers Große Hamburger Straße, seinen »Jüdischen Fahndungsdienst« ein. Ungefähr 20 Berliner Juden hatten sich unter Druck bereitgefunden, für die SS auf die Jagd zu gehen, was die personell knapp besetzte Gestapo entlastete. Kein »Greifer« war erfolgreicher als die blonde und auffallend schöne Stella Kübler, geborene Goldschlag. Sie hatte selbst als Jüdin Zwangsarbeit leisten müssen, war dann nach der »Fabrikaktion« in Berlin untergetaucht, mit einem von Cioma Schönhaus gefälschten Ausweis. Doch am 2. Juli 1943 hatten Gestapo-Männer Stella festgenommen. Sie ließ sich, nach tage- und nächtelangen Verhören und Folterungen, auf einen »Pakt mit dem Teufel« ein: Fortan jagte sie untergetauchte Juden – im Gegenzug sollten ihre Eltern und sie von der Deportation verschont bleiben. Mit dem Instinkt, den sie in den Monaten ihres eigenen illegalen Lebens entwickelt hatte, mit ihren Kontakten und ihrem selbstsicheren Auftreten entwickelte sie sich in den folgenden Monaten zur idealen Jägerin, wenngleich der Seitenwechsel durchsickerte. »Stellas Verrat verbreitete sich schnell, jedenfalls unter den ›U-Booten‹, die nicht aus Sicherheitsgründen alle Kontakte zu anderen Juden abgebrochen hatten.«[74] Walter Frankenstein hörte den Namen von seiner Helferin Edith Berlow. Stella galt schon als »das blonde Gift« und »der Schrecken vom Kurfürstendamm«. Denn vor allem im ehemals eleganten Westen sowie in Mitte ging sie auf die Jagd nach illegalen Juden.

Aufsehenerregend war eine Festnahme, die Stella am 16. Dezember 1943 in der Staatsoper gelang. Die untergetauchte Familie Zajdmann hatte sich für diesen Abend Opernkarten organisiert, um einen Abend in Wärme und Sicherheit vor Verfolgung zu verbringen. Doch Stella erkannte den Sohn Moritz Zajdmann und packte ihn am Gürtel. Zwar konnte er sich losreißen, doch Stella schrie: »Festhalten, Jude!«, und stürmte zum nächsten Telefon, um die Gestapo zu informieren. Moritz wurde von einigen Berlinern der Weg versperrt, sein Vater Abraham stellte sich vor die Kollaborateurin und rief: »Wir sind Juden, keine Verbrecher.«[75] Dobberke kam, nahm die beiden Zajdmanns fest und schickte sie mit dem nächsten Zug Richtung Auschwitz. Doch konnten beide unterwegs abspringen und überlebten.

Normalerweise gingen Stella und ihresgleichen aber anders vor. Sie verfügten zwar über amtliche Ausweise mit Foto, die sie berechtigten, »Maßnahmen in Judenangelegenheiten« vorzunehmen. Doch erfolgversprechender war es, sich selbst als »Illegale« zu tarnen. Eva Ronsfeld arbeitete als »Mischling 1. Grades« im Sammellager: »Mit der Stella hatte ich mich quasi angefreundet. Diese Art Freundschaft nutzte ich aus, um von ihr über ihre Spitzeltätigkeit Näheres zu erfahren. Sie hat sich mir gegenüber oftmals damit gebrüstet, diesen oder jenen abgeholt beziehungsweise abgefangen zu haben«, berichtete Ronsfeld später während der Ermittlungen gegen Stella Kübler: »Ihre Methode, diese Personen abzufangen, bestand darin, dass sie illegal lebende Juden ansprach und diesen anbot, für sie Lebensmittel etc. zu beschaffen. Diese Personen, die die Kübler nicht näher kannten, gingen auf ihr Anerbieten ein und trafen dann am Tage darauf oder etwas später an einem vorher verabredeten Ort zusammen, wo sie dann entweder durch die Kübler selbst oder durch Angehörige der Gestapo festgehalten und in das Lager gebracht wurden.«

Allerdings gab es auch »Greifer«, die versteckt lebende Juden warnten. Kurt Zwirn etwa, der selbst in »Mischehe« lebte, half einer Frau Leske und ihrer Tochter Frau Ehrlich, rund drei Jahre »Illegalität« in Berlin zu überstehen. Zwirn versorgte sie mit Nahrung und meldete sie nicht, wenn er sie irgendwo antraf. Mindestens einmal verstieß Zwirn sogar klar gegen den ihm erteilten Auftrag. Er sollte die in einer Fabrik arbeitende Frau von Delft abholen und in die Große Hamburger Straße bringen. Tatsächlich ging er zur Fabrik, unterrichtete die Jüdin dort aber über ihre geplante Deportation. Dann fuhren sie zusammen zu ihrer Wohnung. Dort gab sie an, sich krank zu fühlen, woraufhin Zwirn ihr riet, sich ins Bett zu legen, und ohne sie ins Lager zurückkehrte. Er erklärte Dobberke, Frau von Delft habe einen Herzanfall erlitten. Als daraufhin ein Wagen losgeschickt werden sollte, um sie abzuholen, informierte er sie. In ihrer darauf folgenden »illegalen« Zeit traf er sich einige Male mit ihr, ohne sie zu verraten oder irgendwie zu schädigen. Selbst Stella Kübler half einzelnen Verfolgten, trotz ihres sonst vielfach belegten Fahndungseifers. »Für ihren ehemaligen Kinderarzt Fritz Gottschalk und dessen Ehefrau Margarete war sie ›der gute Stern‹. Sie warnte beide, sobald ihr bekannt wurde, dass sie abgeholt werden sollten. Auf ein bestimmtes Stichwort hin verließen sie die Wohnung und hielten sich verborgen, sodass sie mit der Gestapo nicht zusammentrafen.«[76] Dem untergetauchten Robert Zeiler gab sie den Tipp, schnell zu verschwinden, damit er nicht bei einer bevorstehenden Razzia verhaftet werden würde.

Wer als »Illegaler« nicht Gefahr laufen wollte, von »Greifern« entdeckt zu werden, durfte sein Versteck entweder nicht verlassen oder brauchte ein Quartier, das geschützt war vor Spitzeln. Siegmund Weltlinger und seine Frau lebten fast zwei Jahre lang in einer kleinen

Zweizimmerwohnung in Pankow, zusammen mit den Mietern – also vier Personen auf nicht einmal 60 Quadratmeter. »Niemals verließen wir das kleine Zimmer, auch nicht bei Luftangriffen; denn es wohnten manche scharfe Nazis im Häuserblock, und wir durften unsere Wohltäter nicht in Gefahr bringen.« Die Helfer gehörten der Freikirche Christliche Wissenschaft an und fürchteten sich in ihrem unendlichen Gottvertrauen nie vor Entdeckung. Weltlinger las im Versteck oft in der Bibel und begann, sich mit religiösen Fragen zu befassen. Doch das konnte die Belastungen des Verstecks nur zum Teil wettmachen: »Wir lebten schlimmer als Gefangene, die sich doch manchmal Bewegung in freier Luft machen dürfen.«[77] Ähnliches erlebte Hans Rosenthal. Nach der Deportation seines kleinen Bruders war er zu einer Bekannten seiner verstorbenen Eltern in die Kleingartenkolonie Dreieinigkeit in Lichtenberg gegangen und hatte um Hilfe gebeten. Frau Jauch zögerte keine Sekunde und quartierte den jungen Mann in der Kammer ihrer Laube ein, einem vier Quadratmeter kleinen Verschlag, der mit einer improvisierten Tapetentür vom Wohnraum getrennt war. Hier lebte Rosenthal über ein Jahr, und weil die Toilette ein Häuschen auf der anderen Seite des Kolonieweges war, durfte er dort nicht hingehen. Also bekam er einen Nachttopf, den Frau Jauch für ihn leeren musste. »Der Zwang, ihr das zumuten zu müssen, quälte mich, und ich entschuldigte mich immer wieder dafür.«[78] Die Laubenpieperin versteckte Hans Rosenthal, bis sie selbst im Sommer 1944 starb. Zwei Nachbarinnen übernahmen den Schutz und retteten ihn.

Immerhin acht Wochen konnte Michael Degen in einem fast idealen Versteck die Tage verbringen – ganz offen als Hilfskraft auf einem Geflügelhof in Köpenick, zu dessen Kunden vor allem SS-Leute und Nazi-Bonzen gehörten. Vermittelt hatte ihm diese Tätigkeit Karl Hotze, und hier half der Junge, angeblich ein ausgebombter Zehlendorfer, beim Verkauf von Hühnern. Weil das Geschäft natürlich nicht zulässig, vielen Nutznießern des Regimes aber willkommen war, gab es kaum ein Risiko. Einmal wurde Michael sogar von einem Parteifunktionär gebeten, die Einkäufe nach Hause zu tragen: »Ich durfte in seinen V-170-Mercedes einsteigen und fuhr mit ihm bis nach Erkner. Seine Frau nötigte mich, bis zum Mittagessen zu bleiben, und ich sah mich in der Höhle des Löwen um.« Zu seiner Überraschung gab es Eierkuchen und dazu eine »ganze Batterie von Marmeladengläsern«.[79] Der Junge aß sich satt und wurde dann von einem Chauffeur in SS-Uniform zurück zum Hühnerhof gebracht. Doch nach zwei Monaten musste Michael Degen sein perfektes Versteck aufgeben: Karl Hotze war denunziert worden, weil er Flugblätter verteilt hatte. Im letzten Moment hatten Michaels Mutter und er sich noch aus ihrem Zimmer in Hotzes Haus flüchten können. Auf dem Hühnerhof durfte er sich nicht mehr blicken lassen, denn niemand wusste, wie viel die Gestapo aus dem festgenommenen Helfer herausprügeln würde.

AUSGEBOMBT *Wer aus seiner zerstörten Wohnung noch etwas retten kann, stellt es erst einmal auf die ohnehin von Trümmern blockierte Straße.*

Im Frühsommer 1944 hofften unzählige Berliner auf ein baldiges Ende des Hitler-Regimes. Seit der zweiten Juniwoche kämpften britische und US-Soldaten in Frankreich, gut zwei Wochen später zerschlug die Rote Armee mit einer gewaltigen Sommeroffensive die deutsche

Heeresgruppe Mitte. »Eine Art schleichender Panikstimmung« mache sich breit, warnte der SD, insbesondere unter Frauen: »Die erfassten Äußerungen spiegeln überwiegend Bestürzung, Ratlosigkeit und Verzagtheit wider.«[80] Hans-Georg von Studnitz notierte: »Naturgemäß taucht die Frage wieder auf, ob es aus der militärisch so verfahrenen Lage einen politischen Ausweg gibt.« Allerdings musste der Mitarbeiter des Auswärtigen Amtes gleich feststellen: »Im Westen sehe ich keinen Weg, was mir vor wenigen Tagen auch der hiesige irische Geschäftsträger bestätigte. Auf der anderen Seite bezweifele ich, ob Hitler überhaupt mit den Russen verhandeln möchte.«[81]

Ganz ähnlich sahen das auch viele mittlere und höhere Offiziere in den Stäben hinter den verschiedenen Fronten und in den Kommandobehörden in Berlin. Doch nur sehr wenige von ihnen waren bereit, Konsequenzen zu ziehen. Seit Monaten schon bereiteten einige Dutzend Militärs und Zivilisten unter strengster Geheimhaltung einen Staatsstreich vor, dessen Voraussetzung ein erfolgreiches Attentat auf Hitler war. Viele dieser Vorbereitungen fanden in Berlin statt, zum Beispiel im Haus der Brüder Stauffenberg in der Tristanstraße 8–10 in Wannsee. In Grunewald diktierte Henning von Tresckow einer vertrauenswürdigen Sekretärin geheime Befehle für die Zeit nach Hitlers Tod in eine Reiseschreibmaschine. Auch abseits des engsten Kreises um die putschwilligen Offiziere fand Oppositionsarbeit in der Reichshauptstadt statt: In der Wohnung von Peter Graf York von Wartenburg, in der Hortensienstraße 50 in Lichterfelde, trafen sich jahrelang dem Regime gegenüber skeptische Beamte, Geistliche und Offiziere, deren Netzwerk später unter dem Namen »Kreisauer Kreis« bekannt wurde. In der »Mittwochsgesellschaft« trafen sich konservative Intellektuelle, ebenso im »Solf-Kreis« um die Witwe eines ehemaligen deutschen Außenministers. Schon zerschlagen war im Sommer 1944 eine Widerstandszelle in der Abwehr, dem militärischen Geheimdienst, um Hans von Dohnanyi und Hans Oster. Allerdings war Berlin nur als politisches Zentrum des Dritten Reiches die »Hauptstadt des Widerstandes«, denn die meisten Mitglieder der Opposition waren keine Berliner, sondern lebten nur ihrer Funktion wegen hier.

Trotzdem war für ein Gelingen des geplanten Staatsstreichs Berlin entscheidend. In der Reichshauptstadt hatten zugleich die SS und die Ministerialverwaltung ihre Zentren, die ausgeschaltet werden mussten, damit die Opposition die Macht an sich reißen konnte. Der Plan, den vor allem Tresckow und Stauffenberg ausgearbeitet hatten, sah vor, die Ersatz- und Ausbildungseinheiten der Wehrmacht in der Heimat einzusetzen, um SS und Gestapo zu entwaffnen. Dafür war Stauffenbergs Anwesenheit in Berlin unabdingbar, denn als Stabschef des Ersatzheeres war er der einzige Verschwörer, der formal gültige Befehle erlassen und den Befehlshabern vor Ort im Falle eines Falles bestätigen konnte. Zugleich aber fand sich kein höherer Offizier außer ihm, der Zugang zum Führerhauptquartier hatte und dort eine Bombe legen konnte. Diese Doppelfunktion des schwer kriegsversehrten Obersts war das größte Risiko des Putschplanes.

Deshalb schickte Henning von Tresckow einen besonders vertrauenswürdigen Mann als Verbindungsoffizier nach Berlin, der Stauffenberg zur Hand gehen sollte: Hans-Ulrich von Oertzen, trotz seiner erst 29 Jahre Major im Stab der Heeresgruppe Mitte, ein echtes Organisationstalent und erst seit Kurzem mit seiner großen Liebe Ingrid verheiratet. Oertzen und Stauffenberg kannten sich seit dem Spätsommer 1943. Damals war der junge Offizier für Tresckow eingesprungen, der ein neues Kommando an der Ostfront übernehmen musste. Er hatte den ersehnten Urlaub mit seiner Braut abgebrochen und war nach Berlin geeilt, um mit Stauffenberg weiter an den geheimen Staatsstreichplänen zu arbeiten. Zur Tarnung quartierten sich beide im Wehrkreiskommando III am Hohenzollerndamm 144 im Stab des Stellvertretenden Generalkommandos ein. Privat wohnte Oertzen in Berlin bei seinem Schulfreund Hans von Godin, einem Anwalt, der auch politische Gefangene verteidigte. Oertzens Ankunft bei ihm um 00:30 Uhr hätte die Putschpläne fast auffliegen lassen, denn Godin fürchtete, aufgeschreckt vom späten Klingeln, verhaftet werden zu sollen. Also öffnete er mit entsicherter Waffe die Tür und steckte sie, als er den Freund erkannte, verschämt in den Bademantel. Dabei löste sich ein Schuss, der den Anwalt in den Oberschenkel traf, was als Selbstverstümmelung hätte bestraft werden können. Doch zum Glück war ein Vetter Godins Assistenzarzt bei dem berühmten Chirurgen Ferdinand Sauerbruch und operierte ihn noch in der Nacht in der Charité – ohne den Vorfall zu melden.[82]

Anfang Juli 1944 gelang es nur unter größten Schwierigkeiten, Hans-Ulrich von Oertzen erneut in die Reichshauptstadt abzuordnen – immerhin brauchten die Stäbe an der Front angesichts der vorwärtsdrängenden Angriffsspitzen der Roten Armee jeden Mann, der die völlige Auflösung der eigenen Einheiten zu bremsen vermochte. Als »Legende« gab Tresckow seinem Vertrauten die Aufgabe, Ersatz für das zweite Korps der Heeresgruppe zu besorgen. Am 8. Juli erhielt Ingrid von Oertzen einen überraschenden Anruf ihres Mannes, den sie »Baschy« nannte: Er sei dienstlich in Berlin. »Kannst du herkommen, damit wir uns sehen können?« Sofort machte sich die 21-Jährige auf den Weg. Aus Sicherheitsgründen hatte der Major seiner Frau nie etwas erzählt oder geschrieben von dem Vorhaben, an dem er beteiligt war. Ingrid von Oertzen notierte, dass ihr Mann »viel zu viel« arbeiten müsse. Am 16. Juli 1944 konnte Hans-Ulrich »wirklich gegen jede Erwartung« zu Hause bleiben – seine Frau ahnte nicht, dass am Tag zuvor das Putschvorhaben versehentlich ausgelöst worden war, obwohl gar kein Attentat stattgefunden hatte. Sie hoffte, dass die Arbeitsbelastung nun »milder« würde. Doch zwei Tage später musste sie erneut festhalten, dass er »unheimlich zu tun« habe: »Von morgens halb sechs bis nachts halb zwei. Ein unhaltbarer Zustand.« Am folgenden Donnerstag, dem 20. Juli 1944, notierte Ingrid von Oertzen: »Baschy hat angerufen. Kommt heute nicht nach Hause. Attentat.«[83]

Nicht einmal gut in Kreisen von NS-Gegnern vernetzte Berliner wie Ruth Andreas-Friedrich oder »Missie« Wassiltschikow wussten, dass der entscheidende Schlag unmittelbar bevorstand. »Dass ›etwas im Gange‹ war«, schrieb Karin Friedrich rückblickend, hatte ihre Mutter zwar erfahren, »doch hatten wir mit einem Attentat nicht wirklich gerechnet.« Auch in Kreisen der härtesten NS-Gegner herrschte die Überzeugung, »Hitler müsse sich selbst zugrunde richten«.[84] Die Exilrussin erfuhr von dem Anschlag am Nachmittag im Auswärtigen Amt. Zuerst glaubte sie den Gerüchten, der »Führer«

sei tot. Doch um 18:28 Uhr erfuhr sie aus dem Radio, dass Hitler den Anschlag leicht verletzt überstanden hatte. Truppen aus den Kasernen in der Umgebung Berlins waren auf dem Weg in die Reichshauptstadt, die Panzer der Truppenschule Krampitz zum Beispiel rollten durch Potsdam, wo »Missie« sich aufhielt: »Wir lehnten uns aus den Fenstern, sahen ihnen nach und beteten. Auf den Straßen, die praktisch ausgestorben wirkten, schien niemand zu wissen, was vor sich ging.«[85]

Während das Wachregiment »Großdeutschland« befehlsgemäß das Regierungsviertel rund um die Wilhelmstraße absperrte und Maschinengewehre vor den U-Bahnausgängen postierte, landete Stauffenberg auf einem Flugplatz außerhalb Berlins. Er raste zum Bendlerblock, der Zentrale des angelaufenen Staatsstreiches. Zuvor hatte hier unter anderem Hans-Ulrich von Oertzen die Stellung gehalten, sogar selbst in Krampitz angerufen und die schweren Waffen der Truppenschule ins Stadtzentrum beordert. Nun, kurz vor 16:00 Uhr, machte sich der junge Major auf zum Hohenzollerndamm, um die Besetzung von SS- und NSDAP-Dienststellen durch Wehrmachtseinheiten in die Wege zu leiten. Er war in dem großen Kasernenkomplex praktisch auf sich allein gestellt, musste die Abneigung verschiedener Offiziere überwinden, die vorbereiteten Befehle auch tatsächlich auszuführen. Doch Oertzen setzte sich durch, in »beispielhafter Ruhe«, wie der Mitverschwörer und Augenzeuge Carl-Hans Graf von Hardenberg feststellte. Dann wurde zur Gewissheit, dass Hitler das Attentat überlebt hatte; die Voraussetzung für einen erfolgreichen Staatsstreich war damit entfallen. Nun ging es nur noch darum, den einmal eingeschlagenen Weg fortzusetzen, denn ihr Leben hatten alle Mitwisser ohnehin verwirkt. Auch Hardenberg wusste das: »Also zurück zum Hohenzollerndamm, wo Oertzen, ganz auf sich allein gestellt, keinerlei Stützung bedurfte. Ruhig und klar sah er den Schwierigkeiten, die kommen würden, ins Auge und versicherte, dass er seinen Posten nicht lebend verlassen würde.«[86]

Nur wenige Berliner erfuhren schon am späten Nachmittag des 20. Juli 1944 von den dramatischen Ereignissen in der Stadt. Rudolf Bentz etwa, nach einer Verwundung in der Fernschreibstelle des Wehrkreiskommandos tätig, hatte dienstfrei und sich mit seiner Freundin verabredet, um die Nachmittagsvorstellung der Musikkomödie *Der Hofrat Geiger* im Rosetheater an der Großen Frankfurter Straße zu sehen. »Meine Bekannte brachte die Nachricht mit, dass auf Hitler ein Attentat verübt worden sei. Er habe dabei aber nur ein paar kleinere Verletzungen erlitten. Wir nahmen das nicht weiter ernst und gingen ins Theater.« Nach der Vorstellung machte Bentz sich am frühen Abend auf den Weg zurück. In der Innenstadt fiel ihm immer noch nichts Besonderes auf, »auch am Alexanderplatz nicht, wo sich abends oft viele Ausländer aufhielten«. Doch als Bentz am Wehrkreiskommando ankam, merkte er sofort, dass etwas geschehen sein musste. Statt wie üblich von der Wache einfach durchgewinkt zu werden, kontrollierte der Posten seinen Ausweis genau. Bentz ging in den Fernschreibraum, um sich zu erkundigen, was los sei, und half seinen Kameraden, mit der »verworrenen Situation« klarzukommen.[87] Ständig trafen widersprüchliche Befehle per Fernschreiben ein, mal aus dem Bendlerblock, mal aus dem Oberkommando der Wehrmacht in Zossen. Truppeneinheiten wurden in Bewegung gesetzt, dann wieder gestoppt. Erst am späten Abend kam ein Offizier und brachte den Befehl des OKW, alle Ersatzeinheiten in und um Berlin sollten in ihre Kasernen zurückkehren.

Carl-Hans Graf von Hardenberg hatte das Wehrkreiskommando gegen 21:00 Uhr verlassen, um im *Adlon* zu Abend zu essen. Dort, im letzten feinen Restaurant Berlins, drückte Ursula von Kardorff ihm den Fahnenabzug eines Extrablatts der *Deutschen Allgemeinen Zeitung* in die Hand. Die Schlagzeile lautete: »Der Führer lebt«, doch der schwarze Rand um den Text, der ausschließlich technische Gründe hatte, sorgte für Aufsehen: »Die Leute von den Nachbartischen stürzten von ihren Plätzen und baten, einsehen zu dürfen, in der Vermutung und unverkennbaren Hoffnung, dass Hitler tot sei.«[88] Für Mitternacht war eine Radioansprache Hitlers angekündigt, doch die Berliner warteten zunächst vergeblich. Noch einmal kamen Gerüchte auf, der Diktator könnte vielleicht doch getötet worden sein. Erst kurz vor 01:00 Uhr zerstob diese Hoffnung, denn unverkennbar verkündete Hitlers Stimme über alle Reichssender: »Eine ganz kleine

Clique ehrgeiziger, gewissenloser und zugleich verbrecherischer, dummer Offiziere hat ein Komplott geschmiedet, um mich zu beseitigen und zugleich mit mir den Stab der deutschen Wehrmachtsführung auszurotten.«[89] Zu diesem Zeitpunkt stand Hans-Ulrich von Oertzen schon über eine Stunde im Wehrkreiskommando unter Arrest, waren die Anführer des Putschversuchs im Bendlerblock bereits standrechtlich erschossen worden und weitere Mitwisser verhaftet.

Oertzen wurde am folgenden Morgen enttarnt. Als er im Vorzimmer des Kommandeurs auf ein weiteres Verhör wartete, erinnerte sich die Vorzimmerdame, den jungen Offizier bereits im Spätsommer 1943 im Wehrkreiskommando III gesehen zu haben, just zur gleichen Zeit, als auch Stauffenberg sich dort befand. Oertzen hatte behauptet, den Hitler-Attentäter nicht zu kennen, und gab nun zu, gelogen zu haben. Noch einmal rief er seine Frau an: »Ich bin jetzt mit dem Attentat in Verbindung gebracht worden, habe damit aber nichts zu tun. Fahre bitte zu deinem Vater.« Zuvor hatte er belastende Papiere unbemerkt in der Toilette verbrannt, nun blieb ihm nur noch, das Versprechen zu erfüllen, das er Carl-Hans Graf von Hardenberg gegeben hatte. Er hatte zwei Gewehrsprenggranaten versteckt. Noch einmal auf dem Weg zur Toilette, holte er eine davon heraus, zog ab und hielt sie an seinen Kopf. Die Detonation verletzte Oertzen und seinen Bewacher schwer, doch tot war der Major noch nicht. Er kroch zum Versteck der zweiten Granate, steckte sie in seinen Mund und zog ab. »Es dürften schätzungsweise 100 Gramm eines militärischen Sprengstoffs zur Detonation gekommen sein«, hielt der Untersuchungsbericht des Reichskriminalpolizeiamtes nüchtern fest.

Seine Frau fuhr derweil zu ihrem Vater ins *Adlon*, doch wartete dort bereits die Polizei auf sie. Sie bekam das Portemonnaie ihres Mannes in die Hand gedrückt und wurde verhört. Erst später erfuhr sie von ihrem Vater, dass ihr Mann tot war – und brach mit einem Schreikrampf zusammen.[90] Im Alltag hinterließ der gescheiterte Staatsstreich »nicht die geringsten Spuren«, wie Theo Findahl am 21. Juli 1944 feststellte: »Alles geht seinen gewohnten Gang. Straßenbahnen, Untergrundbahnen fahren, Läden und Büros sind geöffnet wie sonst, auf Straßen und Märkten benehmen sich die Menschen genau wie an anderen Werktagen.« Gleichgültig, ja apathisch reagierten die meisten Berliner auf die wüsten Beschimpfungen, die Radio und Zeitungen verbreiteten: »Nicht die Spur von Aufruhr ist bei den Massen zu erkennen.«[91]

Zwischen Ende Mai und Anfang Oktober 1944 hatte es nur einen einzigen schweren Luftangriff gegeben. Doch der Druck auf die Berliner nahm deshalb keineswegs ab, denn mehr als drei Dutzend Mal flogen britische Schnellbomber Angriffe, mal nachts, mal tagsüber. Zwar war die Bombenlast viel kleiner als bei den Attacken der Lancasters oder der »Fliegenden Festungen«, doch psychologisch trafen die Luftminen der Mosquitos oft genauso verheerend. »Im Tageslauf passten wir uns dem verdrehten Rhythmus der Luftangriffe an. Wer müde war, legte sich hin und schlief eine Runde. Einer lag immer irgendwo«, erinnerte sich Karin Friederich.[92] Gerüchte liefen um, denen zufolge »zwischen dem Führer und dem Reichsmarschall« eine »Spannung« bestehe, weil die »Luftrüstung vernachlässigt« worden sei. Angeblich, so wurde in Berlin erzählt, stehe Göring unter Hausarrest; manche wussten sogar zu berichten, er sei seines Amtes enthoben. Tatsächlich hatte Hitler dem Luftwaffenchef seine Sympathie entzogen – doch absetzen konnte er ihn nicht, weil das dem Eingeständnis des Versagens gleichgekommen wäre.[93]

Trotzdem gab es immer noch unzählige überzeugte Nationalsozialisten, weshalb eine Denunziation jederzeit drohen konnte: »Man hat mich bei der Gestapo angezeigt«, notierte Ruth Andreas-Friedrich am 31. Juli 1944: »Weil ich im Kaffeehaus während des Radioberichtes über den totalen Kriegseinsatz eine den ›Führer herabsetzende‹ Äußerung gemacht haben soll.« Ein Parteigenosse, der mit dem Rücken zu ihr fünf Meter entfernt gesessen hatte, meldete das »zersetzende Verhalten«. Umgehend wurde sie zum Verhör in die Prinz-Albrecht-Straße bestellt: »Eine peinliche Angelegenheit, denn seit dem 20. Juli sind alle Organe der Nazis geneigt, in jedem deutschen Bürger einen Putschisten zu sehen. Nur mit Mühe ziehe ich mich aus der Affäre.« Andreas-Friedrich musste um jeden Preis eine Hausdurchsuchung vermeiden, weil dann ihre Hilfe für illegale

Juden hätte enttarnt werden können. Also deckte sie den Vernehmer mit Namen aller möglichen Partei- und Staatsdienststellen ein: »Ich gebe so fürchterlich an, dass der verhörende Beamte immer kleinlauter wird. Zu guter Letzt entschuldigt er sich beinahe.«[94] Sie war noch einmal verschont geblieben.

Die meisten der rund drei Millionen in der Stadt verbliebenen Berliner versuchten weiter, wenigstens den Anschein eines normalen Lebens aufrechtzuerhalten. Pfennig für Pfennig führte die Schönebergerin Ursula Kleinmichel Buch über ihre Ausgaben. Am 24. Oktober 1944 ging sie zum Friseur und bezahlte 2,70 Reichsmark inklusive Trinkgeld, eine Woche später gönnte sie sich einen Kinobesuch für 50 Pfennig. Die Theater hatte Joseph Goebbels Ende August schließen lassen, weil Bühnenprogramme nicht zum »totalen Kriegseinsatz« passten. Am 11. November, einem Samstag, besorgte sie in der Innenstadt Geschenke und gönnte sich einen Ersatzkaffee in der Konditorei Schilling. Immerhin 9 Reichsmark kostete der nächste Friseurbesuch, diesmal mit Färben, am 20. November 1944. Im Dezember freute sie sich über eine Weihnachtsgratifikation von 120 Reichsmark, die sie umgehend zur Sparkasse brachte und auf ihr Konto einzahlte.[95] Die 13-jährige Renate Holtz kehrte auf Wunsch ihrer Eltern aus Aussig (Ústí nad Labem) im Sudetenland zurück nach Berlin. Doch Schulunterricht gab es hier nicht mehr, also wurde das Mädchen in Babelsberg angemeldet. »Das hieß, jeden Tag um sechs Uhr aufstehen, um sieben Uhr vom Bahnhof Charlottenburg zur Schule.« Inzwischen kamen die Bomber rund um die Uhr. »Endete der Alarm nach null Uhr, durften wir eine Stunde später zur Schule kommen. Wir hatten in Uniform zu erscheinen, und der Unterricht begann mit einem Fahnenappell und einem markigen Spruch.«[96]

Die gelenkten Zeitungen und Radiosender konnten die Stimmung inzwischen fast nicht mehr beeinflussen, denn kaum ein Berliner vertraute ihnen und ihren Botschaften noch – zu oft hatten sich ihre Versprechungen als leer erwiesen. In dieser Situation kam ein Vorschlag gerade recht, der aus dem Propagandaapparat der Wehrmacht stammte und eigentlich die Moral in der Truppe stützen sollte: »Der Frontsoldat genießt noch volles Vertrauen. Was er sagt, findet Glauben,

VERTRAUEN *Den Frontsoldaten, die in Berlin kurz Station machen, glauben die Berliner 1944 mehr als der NS-Propaganda. Das macht sich Goebbels zunutze.*

denn ›er muss es ja wissen‹. Er darf auch bittere Wahrheiten sagen. Alle sonstige ›Propaganda‹ beziehungsweise die Veröffentlichungen, Vorträge und so weiter, die als ›Propaganda‹ empfunden werden, begegnen nur dem größten Misstrauen oder gänzlicher Ablehnung.« Nach einem vierwöchigen Test in Wien ordnete die Wehrverwaltung zunächst für Berlin die Aufstellung eines »Sondereinsatzes« an, zu dem rund 30 handverlesene Unteroffiziere und Mannschaften abkommandiert wurden; hinzu kamen einige Offiziere, die aus den Einzelmeldungen der Soldaten wöchentliche Berichte zusammenstellten und die Verbindung zu NSDAP-Dienststellen hielten, bei denen die Entscheidung über die Inhalte des »Mundpropaganda-Aktion« genannten Vorhabens lagen. Jeder von ihnen bekam einen speziellen Ausweis, dem zufolge er »jedermann gegenüber Stillschweigen zu bewahren verpflichtet« war. »Alle Wehrmacht-, Partei-, Polizei- und zivilen Dienststellen werden gebeten, ihn bei der Durchführung seiner Aufgabe zu unterstützen.« Sie sollten, oft in Paaren aus einem Uniformierten und einem Mann in Zivil, den Berlinern zuhören, in Gespräche eingreifen, wenn sie defätistische Äußerungen oder Gerüchte wahrnahmen, ihrerseits Informationen im Sinne der NS-Propaganda streuen, dabei aber nicht übertreiben, um ihre Glaubwürdigkeit nicht zu gefährden.

Am 9. Oktober 1944 begann der Einsatz, und der erste Wochenbericht vom 18. Oktober hielt fest: »Die bisherige Erfahrung lehrte, dass die Menschen eigentlich an jedem Ort (Schlangen vor Kinos und in den Warenhäusern, in den Verkehrsmitteln, in Speise- und Unterhaltungslokalen, in Markthallen und auf Wochenmärkten) außerordentlich empfänglich sind, wenn Frontsoldaten ihnen ihren Standpunkt darlegen. Vielfach muss man sogar den Eindruck haben, dass die Menschen für aufklärende oder beruhigende Äußerungen geradezu dankbar sind.« Als besonders geeignet für Mundpropaganda erwiesen sich Luftschutzbunker während Fliegeralarmen und alle Arten von Gaststätten. Ein dankbares Publikum fanden die verdeckt auftretenden Propagandisten bei Berlinerinnen, während die in der Reichshauptstadt verbliebenen, meist älteren Männer oft skeptisch blieben. Bereits im zweiten Bericht vom 25. Oktober 1944 wagte der Leiter des »Sondereinsatzes Berlin«, ein Oberstleutnant namens Wasserfall, eine erste Einschätzung der Gesamtlage: »Die Stimmung in der Bevölkerung ist unterschiedlich, zurzeit in weitem Maße misstrauisch.« Trotzdem gebe es Grund für Zuversicht: »Jedoch zeigt sich, dass nur selten ein Volksgenosse, sofern er richtig angesprochen wird, sich von der soldatischen Einstellung zu den Problemen, die heute die Allgemeinheit bewegen, nicht überzeugen lässt.«[97] Allerdings hatten sowohl der Oberstleutnant als auch seine Männer das größte Interesse, ihren Einsatz als erfolgreich darzustellen, denn nur dann würde er fortgesetzt werden und sie vor der Abkommandierung an die Front schützen. Da die SD-»Meldungen aus dem Reich«, indirekte Vorläufer der Wehrmachtspropaganda-Berichte, vor allem wegen ihres oft recht ehrlichen, von Goebbels jedoch als »irreführend« empfundenen Stils abgeschafft worden waren, vermied Wasserfall zu offene Berichte, die der Propagandaminister als »Stänkereien« hätte empfinden können.[98]

Kurz vor Weihnachten 1944 setzte eine neue Massenwanderung ein: Berliner, die vor den Bomben nach Osten evakuiert worden waren, wurden nun nach Westen transportiert. Das geschah »in sehr vollen Personenzügen, jedoch recht geordnet«, erinnerte sich Klaus Krause: »Es kamen alle Reisenden und Flüchtenden innerhalb der Waggons unter, Kleinkinder schliefen in Gepäcknetzen.«[99] Der Jahreswechsel verlief still in der Reichshauptstadt. Auf nächtliches Knallen hatten die Berliner längst keine Lust mehr, und so blieb es um Mitternacht gespenstisch ruhig. Manche trauten sich nicht einmal, mit den wenigen verbliebenen Gläsern anzustoßen. Ursula von Kardorff begann ein neues Tagebuchheft mit dem verzweifelten Wunsch: »Dieses Jahr muss besser werden!«[100] Ruth Andreas-Friedrich und Leo Borchard traten auf den Balkon ihrer Wohnung hinaus und schauten in die Nacht. »Es sind viele Sterne über uns. Die Stadt liegt dunkel mit tausend verhängten Fenstern.«[101]

Zwölf Tage später begann die Rote Armee mitten im Winter eine Offensive gegen Ostpreußen und Pommern. Selbst Goebbels musste sich eingestehen: »Es ist nicht zu bestreiten, dass die Sowjets in den ersten beiden Tagen beachtliche Erfolge erzielt haben. Die Dinge sind nicht so gelaufen, wie wir das eigentlich erwartet haben.«[102] Fast allen Berlinern war nun klar, dass dem Dritten Reich das Ende bevorstand. Auch Adolf Hitler wusste das. Überraschend für seine gesamte Umgebung entschied er am 15. Januar 1945, das Führerhauptquartier von der Westfront nach Berlin zu verlegen, statt wie vorgesehen auf den Obersalzberg bei Berchtesgaden. Dorthin war schon Martin Bormann vorausgefahren, um alles für die Ankunft des Diktators vorzubereiten. Nun musste er notieren: »Wegen des Großangriffs im Osten nachmittags 16:30 Uhr Abfahrt des Führerzuges nach Berlin.« Drei Tage musste Bormann »auf dem Obersalzberg warten«, bis er selbst in die Reichshauptstadt aufbrechen konnte.[103] Am 16. Januar 1945, einem kalten Winterdienstag, rollte Hitlers Sonderzug zum letzten Mal in Berlin ein – ohne jede Förmlichkeit. Das Ziel war der Bahnhof Grunewald, hier stieg der »Führer« in seine Limousine um und ließ sich zur Reichskanzlei in die Wilhelmstraße fahren. Der Riesenbau in der Voßstraße war gezeichnet von Bombentreffern. Viele Fenster waren geborsten, der Ehrenhof sowie die Marmorgalerie mit Trümmern übersät. Auch die übrigen Gebäude der Regierungszentrale waren getroffen; der 1935/36 zusammen mit dem Festsaal im Garten hinter dem Reichskanzlerpalais errichtete Wintergarten konnte nicht mehr benutzt werden, ebenso wenig das Musikzimmer und das Raucherzimmer des Barockpalais. Dessen rechter Flügel aber hatte die bisherigen Bombardements nahezu unbeschadet überstanden – nur etwas Putz rieselte von den Decken.

Die Berliner erfuhren nicht, dass Hitler wieder in der Hauptstadt weilte. Es interessierte auch fast niemanden mehr. Sofern es das Wetter zuließ, kamen alliierte Bomber nun mehrfach täglich. »Der letzte Mosquito-Angriff auf Berlin hat im Regierungsviertel ziemliche Verwüstungen angerichtet, und zwar durch eine schwere Mine, die am Pariser Platz niederging«, diktierte Goebbels seinem Sekretär am Abend von Hitlers Ankunft in Berlin: »Von der ist auch unser eigenes Haus durchgepustet worden.«[104] Mit 13 Toten, 22 Verletzten und 1 275 Obdachlosen waren die Folgen dieses Angriffs zwar eher unbedeutend, doch ließ der buchstäblich jederzeit drohende Tod aus der Luft das Leben in der Reichshauptstadt inzwischen immer öfter zum Erliegen kommen. Der Kriegslage angemessen, war die Stimmung in Berlin düster. Zahlreiche zynische Witze kursierten, der Überwachung durch Gestapo und SD zum Trotz. Diese Haltung drang sogar bis in die Reichskanzlei vor: »Jemand erklärte, Berlin sei sehr praktisch als Hauptquartier. Man könne bald mit der S-Bahn von der Ostfront zur Westfront fahren«, erinnerte sich Hitlers Sekretärin Traudl Junge.[105] Der gescheiterte Kriegsherr soll darüber sogar gelacht haben.

SCHLACHTFELD

JEDER ÜBERSTANDENE SCHRECKEN IST NOCH ZU STEIgern. Mit dem Beginn der sowjetischen Winteroffensive am 12. Januar 1945 wurde vielen Berlinern klar, ihre Stadt würde bald zum Kampfgebiet von Bodentruppen werden. Gleichzeitig strömten Tag für Tag Zehntausende Menschen nach Berlin hinein: Kinder und Evakuierte aus bis vor Kurzem noch als »sicher« geltenden Gebieten wie Pommern, dem Warthegau oder Oberschlesien, außerdem erste Flüchtlinge aus Ostpreußen. Die zehnjährige Barbara Graff war kurz vor der Offensive mit ihrer Mutter aus Klastawe am Ostrand der Mark Brandenburg nach Berlin zurückgekehrt – mit dem letzten regulären Zug. »Vorbei war es mit Pantinenschule und ländlicher Beschaulichkeit. Hier in Berlin tobte das Leben oder besser Tod und Krieg«, erinnerte sie sich Jahrzehnte später: »Tag und Nacht wurden Bombenangriffe geflogen, der Himmel war tagsüber stickig und rauchig, nachts blutrot von den unsäglichen Brandbomben. Unser Leben spielte sich nun im Luftschutzkeller ab. War dann mal die Luft für zwei oder drei Stunden rein, griff mich meine Mutter, um ein Geschäft zu suchen und etwas Essbares zu ergattern.«[1] Von allen Berlinern verkrafteten kleine Kinder die Situation noch am besten. Zwar litten auch sie Todesängste, wenn Bomben vom Himmel fielen und ganze Straßenzüge in Flammen aufgingen. Im Gegensatz zu den Erwachsenen vermochten sie sich aber nicht auszumalen, was noch auf sie zukommen könnte.

Die allermeisten Berliner sehnten das Ende der Kämpfe herbei – nicht aber den Einmarsch der Russen. »Viele sagen: Kriegsende, ja sofort, aber wenn die Bolschewisten kommen, was dann?«, notierte der 26-jährige Kurt Wafner aus Hohenschönhausen.[2] Die Spitzel der »Mundpropaganda-Aktion« der Wehrmacht meldeten am 23. Januar 1945: »Allgemein wurde die Befürchtung ausgesprochen, dass den Russen doch das oberschlesische Industriegebiet in die Hände fallen könnte, womit der Krieg für Deutschland praktisch verloren sei.« Die Bewohner der Reichshauptstadt wussten genug, um Angst vor der Zukunft zu haben. Ganz offen redeten Berlinerinnen in der Straßenbahn darüber, dass »wir schon genügend Schuld auf uns geladen haben durch die Juden- und Polenbehandlung, die man uns noch heimzahlen wird«.[3] Dagegen hofften versteckt lebende Juden, dass die Rote Armee möglichst schnell käme, damit sie ihr Leben im Untergrund beenden könnten. Hans Rosenthal, der sich immer noch Tag und Nacht in einer Laube der Kleingartenkolonie Dreieinigkeit verbarg und inzwischen von einigen weiteren Nachbarn unterstützt wurde, schraffierte auf einer Landkarte das Vorrücken der Sowjets, über das er aus der BBC erfuhr: Jeder Kilometer Vormarsch brachte ihn der Rettung näher.

Gerüchte dominierten die Wahrnehmung: Angeblich sollten die sowjetischen Panzerspitzen, die gerade auf Posen zurollten, gleich über die Oder nach Berlin vorstoßen. Kaum jemand rechnete damit, dass die Wehrmacht ihren Angriff noch würde stoppen können. Endzeitstimmung kam auf. Mitten in einem abendlichen Großangriff erlebte Hans-Georg von Studnitz eine Party, mit der Bekannte ihre Notbehausung »einweihten«. 20 Gäste hatten sich eingefunden, darunter schwer verletzte Offiziere mit Holzbeinen und Krücken. »Als der Alarm kam, zeigte keiner die geringste Nervosität. Die Flak am Zoo schoss wie besessen, dann krachten Bomben, und es begann die lauteste Kanonade und das schwerste Bombardement, das ich je im Tiergartenviertel erlebt habe.« Doch den feiernden Berlinern war die Gefahr gleichgültig: »Je stärker die Detonationen dröhnten, desto übermütiger wurde die Stimmung. Die Musik verstummte nicht einen Augenblick. Als ein junges Mädchen in einem Anfall von Panik auf die Straße stürzen wollte, brachte sie das allgemeine Gelächter schnell dazu, von ihrem Vorhaben Abstand zu nehmen und weiter mitzumachen.«[4]

Zehn Tage lang gab es in der Reichshauptstadt kaum ein anderes Gesprächsthema als den bevorstehenden Straßenkampf. Man debattierte schon, wie man sich gegenüber einrückenden Sowjetsoldaten verhalten sollte. Die Lebensmitteltransporte aus dem Umland waren eingestellt, ebenso Kohlelieferungen. Ursula von Kardorff, die ans Sterbebett ihres Vaters nach Rostock geeilt war und noch einige Tage bis zur Beerdigung blieb, kehrte am 22. Januar heim: »Kam in ein aufgelöstes, hysterisches Berlin.«[5] Auf Bahnsteigen und manchmal entlang den Gleisen spielten sich chaotische Szenen ab: »Wie rasende Bestien stürzen sich die angstgepeitschten Menschen auf die wenigen Züge, um dann eine Fahrt ins Ungewisse anzutreten. An ein Mitnehmen von Koffern ist meistens nicht zu denken.«[6] Sogar das einwöchige Ausbleiben von Luftangriffen Ende Januar sorgte für neue Verunsicherung, denn dass tatsächlich deutsche Wunderwaffen dafür verantwortlich seien, glaubten nur völlig naive NS-Fanatiker. Die Gerüchteküche bot andere, wahrscheinlichere Erklärungen an: Bereiteten sich die britischen und amerikanischen Bomberbesatzungen vielleicht auf einen besonders schweren Angriff vor, womöglich am 30. Januar? Würden die Alliierten mit einer Attacke auf die Reichshauptstadt just am zwölften Jahrestag von Hitlers Machtantritt den unmittelbaren Untergang seines Regimes einläuten? Das schien wahrscheinlicher zu werden, als ab dem 27. Januar einige kleinere Angriffe stattfanden. Denn die Royal Air Force hatte mehrfach vor Großbombardements die Luftverteidigung »getestet«. Auch solche Attacken konnten schlimme Folgen haben. »Uns traf es am 29. Januar 1945«, erinnerte sich Rita Burgschweiger: »An diesem Tag war es relativ ruhig.« Doch am Abend heulten die Sirenen wieder, genau um 19:08 Uhr: »Wir mussten lange im Keller bleiben. So beschloss mein Vater, zwar wie gewohnt aufzustehen, wollte aber erst später zur Arbeit fahren.« Diese Entscheidung rettete ihm und seiner Frau das Leben: »Es war sieben Uhr zwanzig. Mein Vater saß am Frühstückstisch und wurde plötzlich durch eine starke Detonation durch die Küchentür auf den Korridor geschleudert. Meine Mutter und ich befanden uns noch schlafend im Schlafzimmer. Mein Bett stand dem Bett meiner Eltern gegenüber. Ein lauter Knall ließ mich erwachen, und als ich mich aufsetzte, stand nur noch mein Bett im Raum. Die andere Hälfte mit dem Bett meiner Eltern wurde durch eine Zeitzünderbombe abgerissen.« Mit der längsten üblichen Verzögerung von zwölf Stunden war der vermeintliche Blindgänger explodiert. »Als mein Vater wieder zu sich kam, riss er die Zimmertür auf und mich aus dem Bett. Ich wurde Nachbarn übergeben, die sich bereits eingefunden hatten. Die anderen halfen meinem Vater, mit bloßen Händen meine Mutter auszugraben.«[7]

Obwohl die konzentrierten Attacken 1943/44 die Erwartungen nicht erfüllt hatten, glaubte Arthur Harris weiter, mit einer Serie gewaltiger Luftangriffe auf die Reichshauptstadt Hitler-Deutschland zur bedingungslosen Kapitulation zwingen zu können. Anfang Juli 1944 hatte der britische Generalstab festgehalten, dass »die Zeit kommen kann in nicht allzu ferner Zukunft, zu der ein bisher unvorstellbarer Angriff auf die deutsche Moral beschlossen« werden könnte.[8] Auf diesen Fall sollte sich die RAF vorbereiten. Harris schlug vor, bei sieben Einsätzen der gesamten britischen und amerikanischen Bomberflotte innerhalb von vier Nächten und drei Tagen rund 20 000 Tonnen Bomben über der Reichshauptstadt abzuladen. Doch die USA wiesen diesen Plan zurück: Man wolle weiterhin nicht Wohngebiete in deutschen Städten einäschern, sondern strategische Ziele zerstören, befand General Carl A. Spaatz, Kommandeur der US-Bomber in Europa. Harris sah das anders: Am 18. Januar 1945 legte er seinem Vorgesetzten Sir Charles Portal eine neue Zielliste mit deutschen Städten vor, dic er in den kommenden Wochen bombardieren wollte – darauf stand neben Magdeburg, Leipzig, Dresden, Breslau (Wrocław) und dem von der Roten Armee eingekesselten Posen ausdrücklich der »Rest von Berlin«.[9]

Allerdings galt das Regierungsviertel als strategisches Ziel im Sinne von Spaatz. Die knapp 400 Hektar Innenstadt zwischen Spree und Landwehrkanal, zwischen Tiergarten und Alexanderplatz waren bei Tageslicht und aufgelockerter Bewölkung ein leicht zu treffendes Ziel, denn mit dem runden Belle-Alliance-Platz (heute Mehringplatz) gab es einen unverkennbaren Orientierungspunkt. Alles im Umkreis von anderthalb Kilometer um diesen Platz galt als zerstörungswürdig: die Gleisanlagen des Potsdamer und des Anhalter Bahnhofs, die Ministerien entlang der Wilhelmstraße, das Zeitungsviertel zwischen Leipziger und Kochstraße sowie die kleineren Industriebetriebe, die beiderseits der Ritterstraße Spezialteile für die Rüstungsindustrie produzierten. Kriegsrechtlich waren all das legitime Ziele – jedoch lebten und arbeiteten in diesem Gebiet auch über 200 000 Menschen.

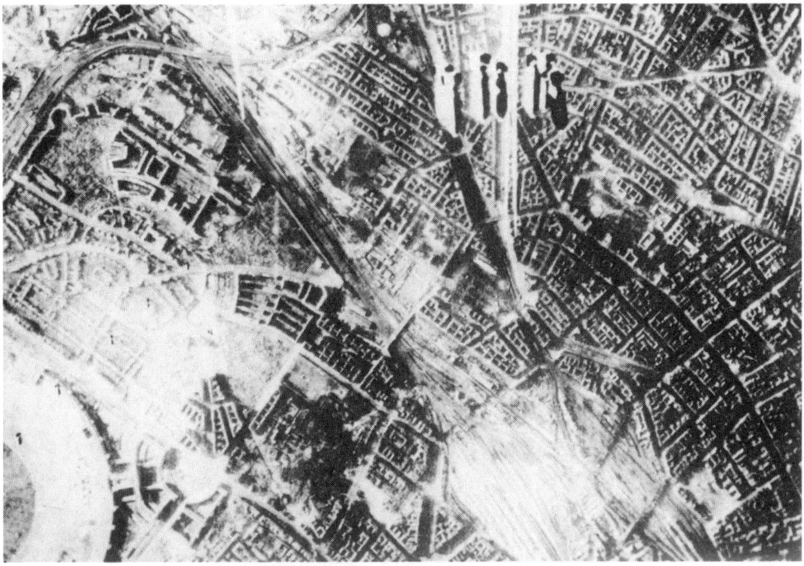

ZIELGEBIET *So sehen die US-Bomberbesatzungen Berlin im Februar 1945. Die meisten Dächer sind offen, ganze Straßenzüge verwüstet.*

Am 3. Februar 1945, einem kalten Samstag, hoben zwischen 07:00 und 08:00 Uhr deutscher Zeit von den US-Basen im Südosten Englands rund 1000 »Fliegende Festungen« ab, dazu 600 Jagdflugzeuge als Geleitschutz; sie flogen Richtung Magdeburg. Schon um 10:27 Uhr hatte die Jägerleitstelle Voralarm gegeben. Zwölf Minuten später war klar, dass der riesige Pulk von Flugzeugen tatsächlich die Reichshauptstadt ansteuerte: Erneut heulten die Sirenen. Über drei Millionen Menschen strebten in die Schutzräume und hofften, dass es sie abermals nicht treffen würde, wie bei Hunderten Luftalarmen zuvor. Die ersten Bomber schwenkten um 10:52 Uhr östlich von Zerbst auf ihren Zielkurs nach Berlin ein. Die Maschinen hatten insgesamt über 2 000 Tonnen Bomben an Bord, überwiegend Sprengkörper – das Ziel war nicht, einen Feuersturm in der Innenstadt zu entfachen, sondern Gebäude und Verkehrsanlagen zu zerstören. Sabine Alenfeld erlebte den Einflug in der Beerenstraße in Zehlendorf und schrieb darüber am selben Abend an ihre Schwester: »Es war unheimlich, welche Massen an Flugzeugen – ganz ungestört, mit geringem Flakbeschuss – über uns hinwegzogen. Wie so eine Schar silberner glänzender Stichlinge im klaren Wasser. Leider nicht so harmlos! Es galt wieder mal der Innenstadt und dem Verkehrsnetz.«[10]

Um 11:02 Uhr begannen die bis dahin schlimmsten 50 Minuten in der Geschichte Berlins. Die 14-jährige Eva Reichel war zusammen mit ihrer Mutter, ihrem sechsjährigen Bruder und dem über alle Probleme hinweg geretteten Neufundländer »Diego« in den Keller ihres Hauses in der Kreuzberger Wassertorstraße 35 geeilt. Wie so oft saßen sie eng beieinander und warteten auf die Entwarnung. Das sonore Geräusch der Flugzeuge wurde lauter, dann kam das Zischen und Pfeifen der Bomben hinzu. »Wir saßen in gebückter Haltung. Und dann dieses Krachen, dieser Knall. Das elektrische Licht fiel aus. Der Staub war unbeschreiblich. Kaum dass man sein Gegenüber sehen konnte. Wir blieben ganz still. Von draußen kam ein Geräusch, als würde eine Wasserleitung laufen. Das Prasseln und Lodern der Flammen. Man war wie gelähmt und wusste nicht, was zu tun war.« Plötzlich hörte Eva Rufe von außen: Die Insassen des getroffenen Kellers sollten herauskommen. Doch Schutt versperrte den Weg. Mit bloßen Händen schafften die Menschen Stein für Stein zur Seite, drangen vor bis zur Tür des Schutzraumes. Der nächste Schreck: Die Treppe war weg. Über die Trümmer krochen Eva Reichel und die anderen auf allen vieren aus dem Keller heraus. Mit Mühe beruhigte das Mädchen ihren panischen Hund. Als sie oben angekommen war, traute sie ihren Augen kaum: »Es war dunkle Nacht, kein Sonnenschein, kein blauer Himmel. Dachstühle brannten. Die Wassertorstraße war ein Kratermeer, aus dem Flammen loderten – meine asphaltierte Straße, auf der ich so gut hatte Rollschuh laufen können. Es war windig, es roch nach Brand, wir hatten Mühe zu atmen.«[11]

In der Hoffnung, dass es sie schon nicht treffen würde, hatte Elisabeth Poschinger gezögert, den Luftschutzraum aufzusuchen. Die Laborantin arbeitete an der Hundeklinik der Friedrich-Wilhelms-Universität, auf dem weitläufigen Klinikgelände in der Luisenstadt, und sie feierte an diesem Sonnabend Geburtstag: »Ich hatte von mehreren Hunden Blut zur Untersuchung abgenommen und mit dem Mikroskopieren begonnen, da kam Fliegeralarm. ›Oh nein!‹, dachte ich. ›Heute ist Sonnabend, um 14 Uhr Feierabend.‹« Sie wollte pünktlich nach Hause gehen. Was sollte schon passieren? »Keiner weiß, wenn ich alleine hierbleibe und weiterarbeite«, sagte sie sich. Doch dann überkam sie Angst: »Ich räumte die Blutproben weg und verwahrte das Mikroskop luftschutzmäßig. Dann rannte ich durch den Park zu dem großen Luftschutzkeller, der sich unter der Pferdeklinik befand. Neben unserer netten Mensaköchin bekam ich einen Sitzplatz.« Elisabeth Poschinger saß noch nicht lange, als das Brummen der Flugzeuge und das Poltern von Einschlägen immer näher kamen. »Plötzlich war da ein lautes Krachen über uns, ein Gepolter und kräftiges Pferdegetrappel. Putzbrocken und Kalkstaub fielen auf uns, das Licht erlosch, und ich dachte nur noch: ›Und dann steht in der Zeitungsanzeige: … an ihrem 20. Geburtstag …‹ In der Dunkelheit umarmte mich die Köchin und schluchzte: ›Kindchen, Kindchen, sind Sie noch da?‹«[12]

Zur Luftschutzwache eingeteilt war an diesem Samstag der zwölfeinhalbjährige Otto Leonhardt, in einem Schulgebäude an der Stallschreiberstraße. Seine Aufgabe war es, unmittelbar nach dem Überflug der feindlichen Flugzeuge den Luftschutzkeller zu verlassen, nach Bränden zu suchen und sie zu löschen. Dafür stand Sand bereit, denn die Flammen der Thermitbomben ließen sich mit Wasser meist nicht ersticken. Kurz vor 11:00 Uhr wurden die Stahltüren zum Luftschutzraum geschlossen. »Wir hofften, dass es keine Gruft für uns werden würde. Obwohl im Keller Schippen und Picken an der Wand hingen, glaubten wir nicht, dass wir uns selbst freibuddeln könnten.« Dann spürte Otto das unheimliche Brummen der Bomber. »Wir hörten es bis in den Keller. Wir hörten die Bomben nicht fallen, aber dafür die Detonationen in der Ferne. Die Flieger waren wohl direkt über uns. Wir spürten ein Vibrieren im Fußboden. Es mussten furchtbare Kaliber sein, die sie über unseren Köpfen ausklinkten.« Die Flak feuerte nicht, das Dröhnen des abfliegenden Bomberpulks wurde leiser, eine gespenstische Stille breitete sich aus, die aber gleich in das Brummen der nächsten Angriffswelle überging. Dann hing plötzlich ein Rauschen in der Luft, das rasch in ein Poltern überging: eine Luftmine, die einzige Bombe, die man wahrnehmen konnte, bevor sie in unmittelbarer Nähe explodierte: »Blitzschnell steckten wir uns die Finger in die Ohren, rissen den Mund weit auf und krümmten uns zusammen. Der Kopf berührte die Knie. Es ist die Embryonalhaltung, und sie sollte ein bisschen Schutz gegen den starken Luftdruck geben, wenn es überhaupt einen gibt. Dann eine gewaltige Detonation. Die Erde bebte, das Schulgebäude wankte in seinen Grundfesten.« Otto Leonhardt fühlte, wie er hochgehoben und gegen eine Frau geschleudert wurde, die gegenüber saß. »Es war dunkel, und ich muss wohl kurzzeitig weggetreten sein.«[13] Alle drei Schutztüren waren aus den Rahmen gerissen, hatten aber den Großteil der Detonation abgefangen. Die Frau, gegen deren Körper der Junge geflogen war, lebte nicht mehr. Mühsam quälte Otto sich aus dem trümmerübersäten Keller.

In der Ritterstraße nahe dem Kottbusser Tor saß Luzie Kannewischer im Luftschutzkeller: »Wir alle glaubten, nicht zu überleben. Als dann endlich gegen Mittag Entwarnung kam, sahen wir, dass wir trotz allem noch Glück gehabt hatten, denn das gesamte Zeitungsviertel war vernichtet, der Tag plötzlich zur Nacht geworden. Es brannte überall, und die Straßen waren übersät von Trümmern.«[14] Mitten im Zielgebiet lag das Verwaltungsgebäude der Allianz, wo die ältere Schwester von Veronika Kandel eine Lehre absolvierte. Am 3. Februar 1945 ging sie wie immer bei Luftalarm mit ihren Kollegen in den Schutzraum der Firma, doch diesmal traf eine Bombe genau diesen Keller. »Mein Vater arbeitete auch dort und versuchte, sie zu retten. Leider glückte es ihm nicht, und er kam mit der traurigen Nachricht nach Hause, wo wir, meine Mutter und ich, auf ihn warteten«, erinnerte sich Veronika, die gerade erst am Tag zuvor aus der Kinderlandverschickung in Böhmen zurückgekehrt war.[15]

»Die Apokalypse hat Einzug in Berlin gehalten«, notierte Hans-Georg von Studnitz. Dabei erlebte er den Angriff geschützt im Tiefbunker unter dem Pariser Platz, der durch einen Gang mit dem Keller des Hotels *Adlon* verbunden war. »Unter den schweren Einschlägen zitterte und schwankte der Bunker wie ein gewöhnlicher Hauskeller. Schließlich erlosch die Beleuchtung, und man wähnte sich lebendig begraben.« Abermals hatte das letzte Luxushotel der Reichshauptstadt Glück: Es überstand den Angriff fast unbeschädigt, auch der Ausgang des Bunkers blieb passierbar. Studnitz trat auf die Straße und sah, dass über der ganzen Innenstadt riesige Rauchwolken hingen. Hell wurde es an diesem Wintersamstag nicht mehr, stattdessen dominierten »blutiges Rot und fahles Gelb«.[16]

Mit bemühter Nüchternheit verzeichnete die Hauptluftschutzstelle die Folgen des Angriffs. Über den Bezirk Mitte hieß es in dem Bericht: »Fast in seiner gesamten Ausdehnung schwer getroffen. Die durch besonders dichte Bombenteppiche betroffenen Gebiete erstrecken sich von der Südwestecke des Bezirks (Gegend Potsdamer Platz – Leipziger Platz – Hermann-Göring-Straße) in breiter Front nach Nordosten über die Gegend Bahnhof Alexanderplatz hinweg mit Ausläufern nach Nordwesten (Gegend Stettiner Bahnhof) und Südosten (Gegend Köpenicker Straße, Melchiorstraße).« Allein in Mitte zählten die Magistratsbeamten 506 Toten und rund 25 000 Obdachlose. Noch mehr Menschen hatten in Kreuzberg ihre Bleibe verloren, etwa 33 000. Hier gab es etwa 190 registrierte Tote; den größten Schaden hatten Brände angerichtet, weniger Sprengbomben. In Wedding war konzentriert ein ganzes Stadtviertel beiderseits der Reinickendorfer Straße bombardiert worden. Schlimmer als bei allen früheren Luftangriffen war Berlins Infrastruktur getroffen worden. »Der Angriff hat in der Innenstadt zahllose Gleis- und Oberleitungsschäden verursacht und dadurch den Straßenbahnverkehr in diesem Gebiet stillgelegt.« Zwar lief die Instandsetzung mit höchstem Tempo, doch sie wurde »durch die zahlreichen Bombentrichter und Trümmermassen in den Straßen der Innenstadt sehr erschwert«. Mindestens 30 »schwere Tunnel- und Viaduktschäden« wurden am U-Bahnnetz in der Innenstadt gezählt, außerdem waren das Gasleitungs- und das Wassernetz massiv beschädigt.[17] Zwei wichtige Umspannwerke in der Mauer- und der Rathausstraße waren zerstört, die

Gegend zwischen Alexanderplatz und Jannowitzbrücke konnte deshalb ebenso wenig mit Strom versorgt werden wie das Exportviertel um die Ritterstraße und die Umgebung des U-Bahnhofs Hallesches Tor. Vergleichbare Schäden hatte eine einzelne Attacke auf Berlin noch nie verursacht, aber ein alles verzehrender Feuersturm war ausgeblieben. »Der schwerste Angriff auf die Innenstadt, den es je gegeben hat. Dass eine Steigerung überhaupt noch möglich war, hätte ich nicht gedacht«, notierte Ursula von Kardorff fassungslos: »Warum stellt sich niemand auf die Straße und schreit ›Genug, genug‹, warum wird niemand irrsinnig? Warum gibt es keine Revolution?«[18] Die Antwort auf diese rhetorische Frage war einfach, und natürlich kannte die Journalistin sie: Die Berliner waren ausschließlich mit dem Überleben beschäftigt.

Die Amerikaner zeigten sich zufrieden. »Noch nie in diesem Krieg wurde ein Zielgebiet mit Bomben derartig gesättigt«, stellte die *Washington Post* fest; »3000-Tonnen-Angriff trifft Berlin«, titelte die *New York Times*.[19] Auf Karten umrissen beide Blätter die verwüsteten Areale recht genau, und ihre Reporter berichteten sogar zutreffend, der Volksgerichtshof habe mitten im Zielgebiet gelegen. Nicht wissen konnten sie, dass dessen gefürchteter Vorsitzender Roland Freisler tatsächlich auf dem Weg in den Luftschutzkeller des vormaligen Königlichen Wilhelms-Gymnasiums von einem Balken erschlagen worden war. In ihrer Begeisterung über die materiellen Schäden überschätzten die US-Militärs die Verluste an Menschenleben allerdings erheblich. Von 20000 bis 25000 Toten war in den offiziellen Berichten der US-Streitkräfte die Rede. Tatsächlich starben zwischen 2541 und 2894 Berliner. Das waren zwar mehr Opfer als bei jedem anderen einzelnen Angriff auf die Reichshauptstadt zuvor, aber nur ein Zehntel der Toten, die der Feuersturm in Hamburg in der Nacht vom 27. auf den 28. Juli 1943 gefordert hatte.

WEITERLEBEN *Obwohl im Frühjahr 1945 die Funktionen der Stadt nach und nach versagen, klammern sich viele Berliner an ihren Alltag.*

Überraschend schnell lief der Alltag in Berlin wieder an. Dabei half, dass sich die Zerstörung fast völlig auf die Innenstadt konzentriert hatte; außerdem waren die Reparaturtrupps aus vor allem Fremd- und Zwangsarbeitern inzwischen erfahren im Beseitigen von Bombenschäden. Innerhalb weniger Tage waren auf fast allen Straßen Gassen durch den Trümmerschutt gebahnt. Am 7. Februar fuhr jede zweite Straßenbahnlinie in der Innenstadt wieder, auch der U-Bahnverkehr kam wieder in Gang. Strom und Wasser standen fünf Tage nach dem Angriff in den meisten noch benutzbaren Häuser wieder zur Verfügung. Selbst die gleichgeschalteten Zeitungen erschienen nach einer kurzen Unterbrechung wieder. Sie wurden nun im früheren Ullsteinhaus in Tempelhof gesetzt und gedruckt, enthielten aber fast nur noch Durchhalteparolen, die kaum ein Leser mehr ernst nahm. Das NSDAP-Abendblatt *Der Angriff* titelte etwa: »Die geballte Kraft von 90 Millionen ist stärker als jede Drohung unserer Feinde.« Die *Morgenpost* verkündete »Wir kämpfen bis zur Entscheidung« und beschwor die »nationalsozialistische Kampfgemeinschaft zwischen dem deutschen Volk und seinem Führer«, die »unerschütterlich« sei.[20]

Ein Bericht des »Sondereinsatzes Berlin« kam der Wirklichkeit näher: »Die Stimmung der Berliner ist – im großen Durchschnitt gesehen – zumal nach dem Terrorangriff vom 3. Februar 1945 ernst und bedrückt. Man möchte den Glauben und die Hoffnung an einen guten Ausgang des Krieges bewahren, findet aber verstandesmäßig vielfach keine Gründe mehr hierfür.« Stattdessen werde »viel geredet und diskutiert, und Zweifler und Pessimisten, die früher nur zu tuscheln wagten, sagen heute ihre Meinung in der Öffentlichkeit vielfach ganz unverhohlen«. Immer neue Gerüchte kamen auf, zum Beispiel dass die Waffen-SS um Berlin einen Sperrriegel gezogen habe, um alle Einwohner am Verlassen der Stadt zu hindern. Die Reichsregierung sei bereits nach Bayreuth verlegt, Gauleiter Goebbels befinde sich auf dem Weg in die Schweiz. Besonders oft gab es Geraune, dem zufolge die Lebensmittelmarken für die kommenden vier Wochen nur noch zur Hälfte oder gar nicht mehr gedeckt seien. Panik kam auf, denn viele Einwohner sahen nun eine Hungersnot auf sich zukommen wie im Ersten Weltkrieg. Das wurde sogar als noch bedrückender angesehen als die »anglo-amerikanischen Luftparaden über Berlin«.[21] Ursula Kleinmichel gab in den zwei Wochen nach dem Angriff gerade 1,70 Reichsmark aus, für eine Kinokarte und einmal Kaffeetrinken.[22]

Die Rote Armee hatte ihren Vormarsch auf Berlin an der Oder gestoppt, just am Tag des US-Luftangriffs. Doch das war nur ein schwacher Trost, denn natürlich würde die Anti-Hitler-Koalition ihre doppelte Angriffsstrategie fortsetzen: Die Amerikaner und Briten würden die Reichshauptstadt aus der Luft mürbe bomben, damit die Rote Armee die Ruinen irgendwann im Handstreich nehmen könnte. Als ab Mitte Februar die verbliebenen deutschen Zeitungen und der Reichsrundfunk die Zerstörung Dresdens wütend anprangerten, führte das in Berlin zu der Befürchtung, Ähnliches stehe auch der Hauptstadt noch bevor. Ruth Andreas-Friedrich fühlte sich tief bedrückt: »Sterben ist Gnade, Sterben ist gut, wenn man wie eine Fackel brennt.« Die weiteren Angriffe schienen ihre schlimmsten Befürchtungen zu bestätigen: »Täglich wandern wir in den Keller. Morgens nach dem Aufstehen und abends vor dem Schlafengehen. Die Amerikaner machen Mitteldeutschland sturmreif, die Engländer sorgen dafür, dass wir auch nachts nicht zur Ruhe kommen.«[23] Am 22. und am 26. Februar sowie am 18. und 28. März folgten vier schwere Tagesangriffe der US-Bomberflotte, abermals gegen die Innenstadt, in der kaum ein Haus mehr stand, das nicht ausgebrannt oder zumindest schwer lädiert war.

Auf eigene Faust hatte sich der 15-jährige Günter Marquardt mit zwei Freunden aus dem Kampfgebiet östlich der Oder nach Berlin durchgeschlagen: »Wir fanden eine Bleibe in einer Laubenkolonie irgendwo in Wedding.« Trotz häufiger Fliegeralarme hatten die drei Jugendlichen bisher noch Glück gehabt, waren allen Bomben entkommen. Das endete am Abend des 15. März 1945. »Das Heulen der Sirenen und das anschwellende Motorengedröhn der sich nähernden Bombergeschwader trieb uns, von Luftschutzwarten zu höchster Eile ermahnt, in einen nahen, mit Holzbohlen ausgekleideten und überdeckten Splittergraben.« Sichere Betonbunker oder wenigstens provisorisch abgestützte Luftschutzkeller gab es in der Nähe ihrer Unterkunft nicht: »Gespannt starrten wir noch auf die unheildrohend über uns stehenden, die Nacht taghell erleuchtenden und das Zielgebiet markierenden Christbäume, als uns der einsetzende Bombenhagel förmlich in den Unterstand hineinschleuderte. Die Luft war erfüllt vom Rauschen abgeworfener schwerer und schwerster Kaliber, unter deren Einschlägen die Erde barst.« Gewaltige Detonationen in unmittelbarer Nähe ließen die Aussteifung des Schutzgrabens schwanken. Sand und Erde rieselten aus den Fugen zwischen den Bohlen, aus denen die Decke bestand. »Kinder schrien, Frauen weinten und beteten, Verletzte stöhnten.« Nach einer knappen Stunde, die den Menschen im Splittergraben viel länger vorkam, breitete sich plötzlich Stille aus: »Wie gelähmt und misstrauisch warteten wir, bis auch das letzte Geräusch der abfliegenden Bomber erstarb. Als sich wieder Leben regte, Bunkerlichter entzündet wurden und einige abgedunkelte Taschenlampen aufleuchteten, sah man in deren fahlem Licht in graue, gezeichnete Gesichter und in das Antlitz derer, die das Bombardement nicht überlebt hatten.« Marquardt und seine beiden Freunde bahnten sich einen Weg nach draußen: »Überall loderten Brände, trieb beißender Qualm zu uns herüber, lagen die Trümmer zerstörter Häuser. Erste Rettungsmannschaften und Angehörige suchten zwischen Hoffnung und Zweifel nach Verschütteten. Wir waren davongekommen. Aber die umgepflügte Erde und Bombentrichter um unseren Schutzgraben machten deutlich, wie nahe wir dem Verderben waren.«[24]

Nur drei Tage später schrieb die ebenfalls 15-jährige Christa Rohnke in ihr Tagebuch: »Eigentlich habe ich geglaubt, ich hätte das Gefühl der Angst längst überwunden, doch heute habe ich um mein Leben gezittert. Fürchterliches Krachen, der Bunker schaukelte, das Licht ging aus, Schreie der Menschen. Zwei Stunden dauerte der Angriff. Als wir rauskamen, lagen zwei Bomben neben dem Bunker. Fahrräder und Kinderwagen zertrümmert, und ein Leiterwagen hing am Baum. Es brannte ringsum, und über Berlin stand eine schwarze Wolke. Ein grauenhafter Anblick!« Nachdem sie auch den nächsten schweren Angriff acht Tage später sowie allabendliche Schnellbomberattacken überstanden hatte, hielt sie fest: »Wie schön muss das Leben sein, wenn das einmal aufhört!« Auf Berlins Straßen herrschte eine eindeutige Stimmung: »Der Kampf ist Wahnsinn. Alle schimpfen auf die Regierung, dass sie endlich kapitulieren soll. Der Krieg ist verloren. Wozu jetzt noch die vielen Opfer, Soldaten und Zivilisten. Viele hören feindliche Sender, ich auch. Wir hoffen so sehr, dass die Amerikaner noch vor den Russen hier sind.«[25]

Inzwischen waren die Berliner schon erfreut, wenn die Sirenen abends einmal nicht heulten. »Nachts ohne Alarm, seit 14. Februar das erste Mal!«, notierte Hedwig Schob Ende März 1945 in Falkensee bei Spandau.[26] Trotz des permanenten Ausnahmezustandes, in dem sie lebten, versuchten viele Berliner, an Gewohnheiten festzuhalten, so weit das noch ging. Dazu gehörte, dass im Frühling das neue Ausbildungsjahr begann. Horst Biesel begann als Dienstanwärter eine Ausbildung beim Bezirksamt Prenzlauer Berg – und wurde vor allem als Brandwache sowie als Nothelfer für Ausgebombte eingesetzt. Auch musste gesät werden, damit wenigstens der eigene kleine Garten etwas Essbares hervorbringen konnte. Doch gerade als Gerhard Bock in Spandau Saatgut kaufen wollte, heulte einmal mehr der Luftalarm. »Ab März 1945 lebten wir nur noch im Keller«, erinnerte sich Edeltraut Ludwig: »Wenn dann die Bomben in unserer Umgebung einschlugen, wurde es sehr still in unserem Keller.« Schließlich traf es auch das Haus, in dem sie und ihre Mutter, selbst Kriegerwitwe, untergekommen waren: »Der Kellerboden bebte, und das Licht erlosch in dem Augenblick, als uns die Bombe traf. Ich schrie ganz fürchterlich, aber unsere Mutter, die uns an den Händen hielt, blieb stumm. Irgendwann wurden Notlichter angezündet, und da sahen wir, dass unser Keller nicht zerstört war, nur wir sahen alle vom Trümmerstaub wie gemehlt aus.«[27]

Bei den Angriffen im Februar und März war die Zentrale der Gestapo in der Prinz-Albrecht-Straße schwer beschädigt worden, ebenso wie bereits zuvor die Berliner Stapo-Leitstelle in der Burgstraße und das ehemalige Altersheim in der Großen Hamburger Straße. Trotzdem fuhr am 27. März 1945 noch ein Deportationstransport mit 42 Berliner Juden nach Theresienstadt ab. Sie kamen aus dem Sammellager in der Pathologie des ehemals Jüdischen Krankenhauses in der Iranischen Straße, wo die Gestapo die verbliebenen Juden in der Reichshauptstadt verwahrte, die nicht »arisch versippt« waren. Nach dem Transport waren noch etwa 160 von ihnen übrig, außerdem etwa viermal so viele, die zwar in »privilegierter Mischehe« lebten, aber dennoch eingesperrt waren. Bei dem aus seinem Beruf verdrängten Rechtsanwalt Bruno Blau hatten die Ärzte Krebs diagnostiziert, weshalb die Gestapo das Interesse an seiner Deportation verlor – doch dank einer Strahlentherapie überwand Blau den Tumor. Mit Hunderten anderen Juden lebte er in der Iranischen Straße auf engstem Raum, ohne jede Möglichkeit, sich zu bewegen, und erwartete den Anbruch einer neuen Zeit. Fast alle beschäftigte die gleiche Frage, erinnerte sich Bruno Blau: »Ist das Ende nahe? Wann wird es kommen? Werde ich es erleben?«[28] Außer diesen 800 Juden lebten in der Reichshauptstadt am 31. März 1945 noch etwa 5 900 aus verschiedenen Gründen »geschützte« Juden sowie etwa 1700 erfolgreich untergetauchte Verfolgte – nicht einmal ein Zehntel der Ende 1939 gezählten Berliner Juden.

Während die Rote Armee an der Oder ihren Vorstoß auf Berlin vorbereitete, drangen im Westen die Briten und Amerikaner fast ungehindert immer tiefer nach Deutschland ein. Fast niemand mehr in der Reichshauptstadt gab sich Illusionen hin. »Die allgemeine Lage wird vor allem im Hinblick auf die Ereignisse im Westen durchweg pessimistisch beurteilt«, musste selbst der bemüht optimistische »Sondereinsatz Berlin« berichten: »Unsere Propaganda sei wie die Kapelle auf einem sinkenden Schiff, die noch eifrig spiele.« Bittere Sprüche machten mehr denn je die Runde: Früher habe die Berliner Flak 100 Schuss pro feindliches Flugzeug abgegeben, inzwischen aber kämen auf eine Flakgranate 100 feindliche Flugzeuge. Arbeitsfähige Berliner wurden zum Bau von Schanzen und Schützengräben am Ostrand und an vermeintlich gut zu verteidigenden Punkten in der Stadt verpflichtet. In »allen Kreisen der Bevölkerung« überwogen »defätistische Äußerungen und solche, die sich gegen Partei und Regierung richten«.[29] Trotzdem drängte sich die arbeitende Bevölkerung in die Bahnen, um pünktlich zur Arbeit zu kommen – man blieb in Berlin, weil man keine Alternative hatte.

Immer mehr Behörden wählten einen anderen Weg: »Die Regierung geht nun doch aus Berlin weg. Von den großen Ämtern werden sechs Zehntel des Personals entlassen«, notierte Hans-Georg von Studnitz: »Die Männer müssen zum Volkssturm, den Frauen wird anheimgestellt, sich zu ›verkrümeln‹. Drei Zehntel gehen sofort in Ausweichquartiere, ein Zehntel, darunter ich, bilden den sogenannten Führungsstab und bleiben in Berlin.«[30] Studnitz dachte aber nicht daran, in der Reichshauptstadt auf die Sowjets zu warten: Er nutzte die nächste Gelegenheit, sich in Richtung Westfalen abzusetzen, und beantragte Urlaub, der ihm genehmigt wurde; wahrscheinlich wusste sein Vorgesetzter genau, was Studnitz vorhatte. Doch ein Massenphänomen wurde die Flucht aus Berlin in den ersten beiden Aprilwochen nicht – allerdings nur »mangels Ziel«, wie ein internes

Papier des SD Berlin-Wilmersdorf feststellte. »Dafür bemühen sich alle möglichen Dienststellen und führenden Leute, sich schleunigst in Sicherheit zu bringen.« Ohnehin werde seit sechs Wochen in den meisten Behörden nicht mehr gearbeitet, beanstandete der Berichterstatter. Für Empörung sorgte das Verhalten zahlreicher NSDAP-Funktionäre: »Die Parteidienststellen verschwinden zumeist nach Bayern, und zwar die besseren nach Landshut und Berchtesgaden.«[31] Ebenso wichen Teile der Wehrmachtsverwaltung, zum Beispiel die Feindanalyseabteilung »Fremde Heere Ost«, und Dienststellen des SS-Imperiums mit ihren Akten Richtung Flensburg oder nach Oberbayern aus. Wer immer sich einen Passierschein ausstellen lassen, erschwindeln oder fälschen konnte, ging Richtung Westen. Zurück blieben mehr als zweieinhalb Millionen Menschen, die nicht rechtzeitig die Hauptstadt hatten verlassen können.

Hinzu kamen Zehntausende, die mit Ausnahme des Westens aus allen Richtungen nach Berlin hereinschwappten. Der 16-jährige Wolfgang Kotsch wollte sich freiwillig melden, um noch seinen Beitrag im Kampf gegen die Rote Armee zu leisten. Ein HJ-Kamerad gab ihm den Tipp, sich als Kurier zur Verfügung zu stellen, um in die Reichshauptstadt zurückzukommen; dort sei es einfacher, sich zu einer Kampfeinheit zu melden. »Mit einem großen Paket für das Innenministerium in Berlin fuhr ich los. Vor Berlin blieb unser Zug stehen, da gerade ein Luftangriff stattfand. Wir konnten von Weitem den Feuerzauber verfolgen. Dann ging es in die zerstörte Stadt.« Den Empfang allerdings hatte sich Kotsch anders vorgestellt: »Als ich in der Nacht zu Hause erschien, waren meine Eltern entsetzt: ›Was willst du denn hier?‹«[32] Sie waren gerade dabei, aus Berlin zu verschwinden. Auch die gleichaltrige Lieselotte war auf eigene Initiative nach Berlin gekommen. »Nun bin ich also zu Hause. Es war doch das einzig Richtige, dass ich gefahren bin«, schrieb die Schülerin Anfang April 1945: »In solcher Zeit sollen die Familien, wenn es irgend geht, zusammenkommen.« Erstaunt registrierte das Mädchen, das von der NS-Ideologie durchdrungen war, obwohl sie aus einem nazikritischen Elternhaus stammte, wie die Reichshauptstadt auf die Verteidigung »vorbereitet« worden war: »Hier ist der ganze Wald durchzogen mit Laufgräben und Panzerlöchern. Alles ist abgeholzt, alle Straßen haben Panzersperren, man kam kaum durch. Die Leute nennen sie ›Lachsperren‹. Die russischen Panzer werden bei der Einnahme Berlins zwei Stunden davorstehen und sich vor Lachen den Bauch halten – und sie dann innerhalb von zwei Minuten überfahren.«[33]

Selbst der stark eingeschränkte Alltag der vergangenen Kriegsjahre schien jetzt unendlich weit weg. Wo immer noch ein Rest davon herübergerettet werden konnte, klammerten sich die Berliner daran. Ursula Kleinmichel ging am 5. April 1945 zum letzten Mal im Zweiten Weltkrieg zum Friseur, sie gönnte sich einen Neuschnitt einschließlich Färben.[34] Auch Elsa Chotzen nahm weiterhin die Dienste ihres Friseurs in Anspruch, und sie besuchte so oft wie möglich den Jüdischen Friedhof Weißensee, wo ihr Mann bestattet war – allein im April dreimal. Praktisch jeder männliche Berliner zwischen 15 und 65 Jahren wurde nun eingezogen, meist zum Volkssturm. Kurt Wafner gehörte zu denen, die dieses »letzte Aufgebot« bilden sollten: »Volkssturm – Vereidigung. Die lächerlichste Phrase, die ich je erlebte«, hielt der 26-jährige Laborant fest: »Wir ließen Reden über uns ergehen, strotzend vor Sieg und Glauben. Dann versickerte die Vereidigungsformel in lautlosem Gemurmel. Nur wenige Münder bewegten sich. Ein paar Führer schrien sie über den Platz hinweg, die meisten schwiegen. Auch bei der Hymne blieb es erschreckend ruhig. Passive Resistenz. Ich glaube nicht, dass diese Männer sich lange verteidigen werden.«[35]

Auch die kampferfahrenen Soldaten, die mit ihren zermürbten Einheiten im Umland Berlins bereitstanden, hatten oft schon mit dem Krieg abgeschlossen. Heinz B. etwa, der zur Versorgungseinheit einer Panzerkompanie gehörte, schrieb seinen Eltern und seiner Freundin in die Reichshauptstadt: »Die Post hat sich ja mächtig angestrengt, um unsere Briefe schnell zu befördern. Na, die wollen vor Kriegsende alles schnell aufarbeiten. Der Postanfall ist ja auch viel geringer geworden, nachdem ja wohl die Hälfte Deutschlands weg ist.« Der Landser nahm kein Blatt vor den Mund, denn eine Zensur fand nicht mehr statt: »Wann macht man mit diesem Wahnsinn endlich Schluss? Es ist doch jetzt alles sinnlos geworden. Man sollte noch versuchen zu retten, was zu retten ist. Aber diese Kriegsverbrecher opfern lieber ganz Deutschland, um ihr Leben um einige Wochen, jetzt sind es vielleicht nur noch Tage, zu verlängern.« Während die letzten funktionierenden Kampfeinheiten der Wehrmacht immer noch bevorzugt versorgt wurden, damit sie nicht ausgehungert in den bevorstehenden letzten Kampf gehen mussten, sah die Lage für Zivilisten schlechter aus, wie Heinz B. auffiel: »Hier kommen täglich viele Berliner vorbei, die alle Kartoffeln kaufen.« Er hatte nicht vor, sein Leben für eine längst verlorene Sache zu opfern: »Ich rechne damit, dass diesen Monat Schluss ist. Macht euch um mich keine Sorgen, ich passe schon auf.«[36]

Unbedingt kämpfen dagegen wollte Hans Müncheberg, Schüler einer Nationalpolitischen Lehranstalt (Napola). Er trat in Potsdam noch zur Musterung bei der Wehrmacht an. Seiner Mutter berichtete er am 10. April 1945: »Als ich im Musterungslokal ankam, ließ ein Feldwebel gerade antreten, erklärte alles Wichtige bei der Musterung und meldete einem Hauptmann, der uns dann dasselbe noch mal erzählte.« Der mit 160 Zentimetern Größe und 45 Kilogramm Gewicht für sein Alter schmächtige Junge wurde vom Oberstabsarzt als »zeitlich untauglich« befunden und vorerst bis zum 1. Juli 1945 vom Einsatz zurückgestellt, einschließlich Reichsarbeitsdienst. Müncheberg war konsterniert: »Man hat uns gleich zu Anfang gesagt, dass vom Jahrgang 1929 grundsätzlich 75 Prozent zurückgestellt werden. Das tröstet mich. Nun Schluss. Hoffentlich hat dich das Ergebnis nicht allzu sehr enttäuscht.« Eingesetzt wurde er trotzdem: Nur wenige Tage nach der vorausschauenden Musterung durch den Wehrmachtsarzt begann Hans Münchebergs Ausbildung am MG und an Panzerfäusten. »Falls die Lage weiterhin so ernst bleibt, ist es möglich, dass wir, wie wir es uns alle wünschen, als Panzerjagdkommandos eingesetzt werden. Nach neuesten Bestimmungen ist es aber auch möglich, dass jede Stunde von der Inspektion der Befehl kommen kann, nach Plön in Holstein abzurücken – auf Deutsch: zu flüchten! Wollen wir das Beste hoffen.«[37] Wenige Tage später bekam der 15-Jährige die Gelegenheit, in Berlin für den »Führer« zu kämpfen – und verlor dabei ein Bein.

ABSTUMPFUNG
Das Leben mit dem ständig drohenden Tod hat die Berliner im April 1945 fest im Griff. Fatalismus macht sich breit.

Nicht einmal Oberst Wasserfall vom »Sondereinsatz Berlin« traute sich noch, die Situation in der Reichshauptstadt schönzureden: »Bei äußerlich meist gelassener Haltung ist die Stimmung der Berliner doch so ziemlich auf den Nullpunkt herabgesunken. Es ist nicht die Art des Berliners, aus irgendeiner Verzagtheit heraus voreilig aufzugeben, aber man sieht im Allgemeinen keinen Ausweg mehr.« Alarmierend war, dass der »Verteidigungswille« als »gering« beurteilt wurde: »Mit einem gewissen von Galgenhumor getragenen Fatalismus, hinter dem sich schon manche innere Verzweiflung verbirgt, sieht man allem Weiteren entgegen. Aus Berlin fortzugehen habe für die Frauen auch keinen Sinn mehr. Wo solle man noch hin?« Es war der 25. und letzte Bericht der »Mundpropaganda-Aktion«. Die abschließende Bemerkung erreichte ihre Adressaten im Führerbunker wahrscheinlich nicht mehr: »In einzelnen Filmtheatern wird jetzt die *Wochenschau* gezeigt, in der Reichsminister Dr. Goebbels nach der Befreiung von Lauban [Lubań] spricht. Wenn er dabei von der kommenden Offensive spricht, die in den nächsten Tagen und Wochen die besetzten Gebiete befreien würde, bricht stets ein großes Hohngelächter aus.«[38]

Im Morgengrauen des 16. April 1945 begann das Finale: Zweieinhalb Millionen Rotarmisten traten mit 14600 Geschützen und 6250 Panzern zum Sturm auf die Reichshauptstadt an. Die völlige Niederlage war nur eine Frage von Tagen. Der Wehrmachtsbericht vermeldete zutreffend »erbitterte Kämpfe an der gesamten Front«.[39] Der 14-jährige Justus Alenfeld, der als Sohn einer »Mischehe« das Ende des NS-Regimes herbeisehnte, begann ein »Tagebuch vom Endkampf Berlins«. Am 17. April schrieb er: »Über die Offensive der Roten Armee noch keine genauen Meldungen. Größte Spannung überall.« Am selben Tag traf Hedwig Luschei in Falkensee bei Spandau eine Entscheidung: »Die Spannung politisch und militärisch ist am äußersten. Was und wie wird alles werden? Parolen gehen hin und her. Die Menschen werden direkt wie von einem wilden Fieber gepackt. Mit jedem Tag wird die Erregung größer. Im Geschäft hört man Gerüchte, die ins Uferlose gehen. Mit Sack und Pack ziehen die Menschen ab in Richtung Westen. Haben sie wirklich solche Angst vor dem Russen? Im Geschäft wird dieses ›Flüchten‹ auch reichlich erörtert. Mein Entschluss steht fest: Ich bleibe, mag kommen, was will.«[40]

Es kamen die Russen. Am 19. April 1945, nach drei Tagen Materialschlacht um die Seelower Höhen, war die letzte deutsche Frontlinie zusammengebrochen. Nun umfassten starke und schnelle sowjetische Truppen die Reichshauptstadt nördlich und südlich, während die Hauptmacht der Roten Armee auf kürzestem Weg gegen die östlichen Stadtbezirke vorrückte. Nur 24 Stunden später nahmen sowjetische Geschütze das Regierungsviertel unter Feuer. Die meisten Berliner verließen die Luftschutzkeller oder Bunker nicht mehr. Die massiven Betonklötze waren drei- bis viermal so stark belegt wie eigentlich vorgesehen. Lebensmittelversorgung und Hygiene kollabierten völlig. Ein 17-jähriges Mädchen trug in seinen Kalender ein: »Alarm! Wenig Wasser, kein Strom, bei Fliegerangriffen ertönen keine Sirenen mehr.« Die etwa gleichaltrige Lieselotte vermerkte: »Wieder im Keller. Heute ist Führergeburtstag, aber keiner hat geflaggt, obwohl Goebbels in seiner Rede darauf hingewiesen hat.« Wahrscheinlich hatte sie mit ihrer Vermutung recht: »Die meisten Leute haben ihre Fahnen schon verbrannt, auch Parteiabzeichen und dergleichen weggeschmissen. Weil alle Angst vor den Russen haben.«[41] Die 21-jährige Friederike Grensemann bekam von ihrem zum Volkssturm einberufenen Vater eine Pistole in die Hand gedrückt: »Es ist aus, mein Kind, verspreche mir, dass du dich erschießt, wenn die Russen kommen, sonst habe ich keine ruhige Minute mehr.«[42]

Vielleicht um den ausgehungerten Berlinern das Sterben zu erleichtern, ließ Gauleiter Joseph Goebbels am 21. April 1945 die letzten Nahrungsreserven freigeben. Oberschwester Norberta Oblöser, die Oberin der Schwestern im Haus des Katholischen Deutschen Frauenbundes in Charlottenburg, hielt fest, woraus ihre »eiserne Ration« bestand: »30 Gramm Bohnenkaffee, eine Dose Gemüsekonserven, 250 Gramm Hülsenfrüchte, 250 Gramm Nährmittel, ein Pfund Fleisch, ein Kilo Zucker und eine kleine Packung Kaffeeersatz.« So viele Lebensmittel auf einmal hatte es schon seit Wochen nicht mehr gegeben.[43] Im letzten noch geöffneten Restaurant der Stadt, dem des Hotels *Adlon*, lockerte das Personal die Sitten: »Im Speisesaal sind die wenigen Gäste überwältigt von der Bereitwilligkeit der Kellner, den Wein in Strömen auszuschenken. Sonst heißt seit Langem die Regel: ein Glas pro Kopf«, fiel dem norwegischen Korrespondenten Theo Findahl auf. Er fand das konsequent: »Nun ja, lieber die letzten Gäste bezahlen lassen, als alles den Russen geben.«[44]

Auf den Straßen stauten sich Flüchtlinge, versprengte Soldaten und die Reste regulärer Einheiten aller Truppengattungen, von Wehrmacht, Waffen-SS und Volkssturm. Kurt Wafner war das Risiko eingegangen, sich von seiner Volkssturm-Einheit abzusetzen, obwohl in ganz Berlin »fliegende Standgerichte« unterwegs waren, die angebliche oder tatsächliche Deserteure jagten und sie häufig kurzerhand aufknüpften oder erschossen. Trotzdem half er seiner Verlobten Bärbel: »Wir müssen jetzt an Lebensmittel denken. Die Geschäfte verkaufen ihre Restbestände. Doch Brot ist nirgends mehr zu haben, was noch in den Läden war, wurde schon gestern verkauft. Wir stehen in langer Reihe bei einem Lebensmittelgeschäft im Hausflur. Ich bin vorne auf der Straße, während sich Bärbel einpacken lässt, was abgegeben wird.« Die beiden schaffen es noch rechtzeitig, im Gegensatz zu einigen Nachbarn, die sich nach ihnen angestellt hatten: »Nicht lange, wir sind schon zu Hause, kommen sie ganz verstört zurück, mit Schrecken in den Gesichtern. Dicht bei dem Geschäft, genau vor dem Hausflur ist eine Granate explodiert. Ein paar Männer waren gleich tot, Frauen wälzten sich auf der Erde, schreiend, stöhnend.«[45]

Kiez für Kiez näherten sich Rotarmisten jetzt der Innenstadt. Am 22. April 1945 hatten sie schon Frohnau im Norden und Lichtenberg im Osten besetzt. Justus Alenfeld, der in Zehlendorf auf das Ende des Dritten Reiches wartete, notierte: »Alle Leute sind verstört, erregt und zum Teil völlig ratlos. Aber was gibt es auch für Gerüchte! Einer macht den anderen noch durchgedrehter, als der ohnehin schon ist. Und da die Partei immer wieder Falschmeldungen ausstreut, wird es natürlich noch schlimmer. Also: Die Patienten in Krankenhäusern würden herausgeworfen, Krankenhäuser würden Hauptverbandsplätze. Truman hätte sich mit Stalin verkracht, Amerika mit Deutschland gegen Russland. Hitler sei wieder in Berlin, und was es da noch mehr an Blödsinn gibt. Aber der Bruch der Alliierten hat es den meisten besonders angetan.«[46] In Friedrichshagen im Südosten der Reichshauptstadt war der Krieg an diesem Sonntag schon vorüber: »Die Russen sind da! Es ist kaum zu glauben, so schnell ist alles gegangen«, schrieb die Schülerin Lieselotte in ihr Tagebuch: »Es war ein erschütternder Augenblick, als wir die ersten Russen leibhaftig vor uns sahen, mit Karabiner angeschlagen, Maschinenpistole und Bajonett. Was hatte uns unsere Propaganda nicht alles von den Sowjets erzählt. Danach mussten alle Meuchelmörder und Mädchenschänder sein. Mit Genickschuss usw. Sie sahen aber alle verhältnismäßig anständig aus, taten uns auch nichts, obwohl wir alle zitterten.«[47]

EINMARSCH *Als die ersten Rotarmisten die Außenbezirke von Berlin erreichen, kommt nur bei sehr wenigen Deutschen ein Gefühl von Befreiung auf.*

So sahen das allerdings nicht viele Berlinerinnen. »Für die Russen waren wir jetzt Freiwild. Vergewaltigung, Erschießung und Plünderung, dazu der grenzenlose Hass auf die Deutschen, die dem russischen Volk so viel Leid zugefügt hatten, machten uns das Leben zur Hölle«, erinnerte sich Eva Schliep. Um dem zu entgehen, hatte sie sich mit einer Verwandten direkt unter dem Dach versteckt, wo niemand sie vermutete: »Wenn die Luft rein war, bekamen wir etwas Wasser und ein Stück Brot durch die Einstiegsluke gereicht. Aber nachts, wenn die Russen plündernd durchs Haus zogen und immer wieder junge Frauen suchten, stand uns oftmals das Herz still vor Angst.«[48] Während sie sich erfolgreich verstecken konnte, hatte Ilse Wolf weniger Glück. Aber immerhin erlebte die Mutter eines gerade dreijährigen Sohnes ihre Vergewaltigung nicht bei Bewusstsein: »Plötzlich bekam ich einen Schlag über den Kopf, und dann weiß ich nichts mehr. Als ich wieder zu mir kam, lag ich auf dem Boden, mein Rock war heruntergerissen, ich hatte eine Platzwunde am Kopf und blutete. Er war weg. Von der Vergewaltigung habe ich nichts mitbekommen.« Nach ihrem Erwachen ergriff Panik Ilse Wolf, und sie flüchtete sich in den Schutz des Hausmeisters. Der hatte ein altes Buffet, in das sie kletterte. Mehrfach kamen noch Rotarmisten in die Parterrewohnung und fragten: »Wo Frau?« Der Hausmeister blieb standhaft: »Hier nix Frau!«[49]

Während die Außenbezirke schon weitgehend erobert waren und sich die Rote Armee dem S-Bahn-Ring näherte, erklärte die Wehrmachtsführung die Innenstadt offiziell zum Kampfgebiet. Am 23. April 1945 um 12:00 Uhr wurde der Zugang dorthin gesperrt: »Die Wache an der Potsdamer Brücke lässt die Leute aus den inneren Stadtteilen hinausschlüpfen, aber keiner darf hinein«, stellte Theo Findahl fest: »Einige sagen, die Russen stünden jetzt nur noch zweieinhalb Kilometer vom Alexanderplatz entfernt, dreieinhalb Kilometer von den Linden. Adolf Hitler hat das Kommando über seine Hauptstadt selbst übernommen, wird gemeldet, aber niemand weiß, wo er sich aufhält, vielleicht im Keller unter der Reichskanzlei, vielleicht in dem großen Bunker am Zoologischen Garten.« Findahl entschied sich, das Stadtzentrum nun doch zu verlassen und nach Dahlem zu flüchten: »Es muss doch vernünftiger sein, in einer Gartenstadt zu wohnen als zwischen den hohen Mietskasernen und Ruinen im Häusermeer.« Eine Viertelstunde später brach der Norweger mit drei Freunden zur letzten Autofahrt durch Berlin auf: »Wir sind zu spät unterwegs. Die Hauptstraßen sind mit Barrikaden versperrt, und der Wagen muss sich auf den wunderlichsten Umwegen vorwärtswinden.« Die vier Männer waren heilfroh, als sie ankamen: »Schiffbrüchige können nicht glücklicher sein, eine selige grüne Insel zu erreichen, als wir, da wir eine Weile später in dem blühenden, lenzfrischen Garten sitzen, der nach all dem Kanonengedröhn drinnen in der grauen Innenstadt doppelt friedlich und schön wirkt.«[50]

Obwohl massenhaft gestorben wurde auf Berlins Straßen an diesem Montag, rückte noch einmal eine Mordkommission zum Einsatz aus, wahrscheinlich zum letzten Mal im Dritten Reich. In der Ruine des Restaurants auf dem Gelände des ehemaligen Universum-Landes-

Ausstellungs-Parks zwischen Spree und Stadtbahn waren acht Leichen entdeckt worden. Das nächste Polizeirevier schickte drei Beamte, die schnell feststellten, dass die mit Genickschüssen getöteten Männer »wahrscheinlich einem politischen Mord« zum Opfer gefallen seien. Also ein Fall für die Kripo, deren Chef Robert Schefe eine Mordkommission unter Kriminalrat Walter Menzel einsetzte. Weil es inzwischen dunkel geworden war, konnte Menzel die Toten erst am folgenden Tag ins Leichenschauhaus der Charité bringen lassen. Doch seine Ermittlungen ergaben schnell, dass der Achtfachmord »eine Sache der Gestapo« war.[51] Alle Spuren wurden verwischt und die Toten einige Tage darauf mit über 60 anderen Leichen in einem Massengrab verscharrt.

Bezirk für Bezirk wurde nun erobert, aus allen vier Himmelsrichtungen: Hohenschönhausen am 23. April, Reinickendorf und Spandau einen Tag später, am 25. April Zehlendorf. Justus Alenfeld sah die ersten russischen Soldaten um 08:20 Uhr: »Plötzlich riefen sie: ›Stoj, stoj!‹ Es waren Russen!« Sofort suchte die Familie Schutz: »Nach einer Stunde, die wir natürlicherweise sehr ängstlich im Keller zubrachten, trauten wir uns auf die Straßen und sahen schon mehrere Zivilisten dort stehen. Sie trugen weiße Armbinden, und aus vielen Fenstern hingen weiße Fahnen, Laken und Handtücher.« Anfangs waren die Rotarmisten noch recht freundlich, sie durchsuchten zwar die Häuser und nahmen Wertsachen an sich, vor allem Uhren und Schmuck. »Nachmittags wurde es aber sehr viel schlimmer. Sie hatten sich zum Teil besoffen und suchten nach Frauen. Fräulein M. entwischte, aber Frau Schaub konnte sich nicht retten.« Weil die Alenfelds als deutsch-jüdische Familie jahrelang verfolgt und drangsaliert worden waren, also als Naziopfer glaubhaft waren, kamen nun »arische« Nachbarn zu ihnen, um Schutz zu suchen – fast ein Dutzend insgesamt. Das half aber nicht allen: »Nachmittags ging die Russki-Schweinerei von vorne los. Leider hatte Frau Schaub das Pech, wieder erwischt zu werden. Sie war völlig aufgelöst.«[52]

In Pankow erlebte Siegmund Weltlinger den Einmarsch der Roten Armee. Zum ersten Mal in den fast zwei Jahren ihres Versteckens waren seine Frau und er in den Luftschutzkeller gegangen. »Wie ein

Erzengel erschien uns der junge russische Leutnant, der als Erster die Kellertreppe herunterstürmte mit dem Ruf: ›Russki sind keine Barbaren, wir sind gut zu euch!‹ Es war ein Student, der auch in Berlin studiert hatte und recht gut Deutsch sprach. Er fragte, ob Soldaten oder Waffen hier versteckt seien.« Die Haubewohner, darunter einige ehemals eifrige Nazis, verneinten. Sie bekamen Brot, das sie ausgehungert zu verschlingen begannen. Doch dann entdeckten einige Rotarmisten in einem Koffer im Keller sechs Revolver. Die eben noch unwirklich gelöste Stimmung drohte zu kippen, alle Bewohner wurden an die Wand gestellt. »Da rief ich in plötzlicher Eingebung dem Leutnant zu, dass wir Juden wären und an allem unschuldig. Er ließ meine Frau und mich vortreten, und ich erklärte ihm alles.« Die Waffen stammten, behauptete Weltlinger, von Volkssturm-Leuten, die sie weggeworfen hätten. Ohnehin könne der Leutnant sie nicht für den Inhalt von Koffern verantwortlich machen, die wahrscheinlich von Evakuierten stammten. Schließlich überwand sich der bis eben noch »Illegale« und sagte: »Die Bewohner des Hauses hätten gewusst, dass wir jahrelang als Juden dort versteckt gelebt hätten, und keiner hätte uns verraten. In Wirklichkeit hatte natürlich keiner etwas von unserer Existenz gewusst. Meine Aussage rettete allen Hausbewohnern das Leben, und wir feierten mit den Soldaten noch die ganze Nacht die unfassbare Befreiung.«[53]

In der Kolonie Dreieinigkeit hielt Hans Rosenthal die Zeit für gekommen, sein Versteck zu verlassen. Er steckte sich den Judenstern an den Mantel und machte sich auf den Weg, den sowjetischen Befreiern entgegen. Nach einer ersten freundlichen Begegnung sah er sich plötzlich umringt von offenkundig wütenden sowjetischen Soldaten. Er zeigte auf seinen Judenstern, doch das brachte die Männer nur noch mehr auf. Sie bedrohten ihn mit ihren Maschinenpistolen: »Ich wurde brutal gegen eine Mauer gestoßen. Dort stand ich mit erhobenen Händen und verstand die Welt nicht mehr.« Zufällig kam in diesem Moment ein Offizier auf einem Fahrrad vorbei. Er stieg ab, um sich ein Bild zu machen. »Der Offizier war Jude. Mir fiel ein Stein vom Herzen. Er fragte mich auf Jiddisch, ob ich auch Jude sei. ›Ja‹, sagte ich, ›ich bin Jude. Kein SS-Mann. Ich war versteckt.‹«

Rosenthal hatte einige der Rotarmisten die gefürchteten beiden Buchstaben murmeln hören. Doch noch hatte der junge Berliner die Russen nicht überzeugt. Wenn er Jude sei, solle er doch das Glaubensbekenntnis auf Hebräisch aufsagen. »Ich sagte es auf, und dabei war mir, als verstünde ich zum ersten Mal den Sinn: ›Schma Jisrael, adonai elohenu, adonai echad – Höre Israel, der Ewige ist unser Gott, der Ewige ist einzig‹.« Nun war der Offizier zufrieden und sagte Rosenthal, er könne gehen, er solle aber den Stern abmachen, denn die Soldaten wussten, dass sich bei der Befreiung des KZ Majdanek einige SS-Leute die Judensterne von Ermordeten angesteckt hatten, um so der Gefangennahme zu entgehen. »Als wir das entdeckten, gab es einen Tagesbefehl: Jeder, der mit einem solchen Stern angetroffen wird, ist sofort zu erschießen.«[54] Beinahe wäre Hans Rosenthal noch nach seiner Befreiung ein Opfer geworden.

Michael Degen und seine Mutter erlebten den Einmarsch im Haus ihrer Helfer. In den letzten Apriltagen 1945 standen plötzlich russische Soldaten vor der Tür, darunter ein auffallend gut aussehender junger Mann, der fließend Deutsch sprach. Er verhörte Mutter und Sohn, glaubte ihnen aber nicht, dass sie Juden seien. »Hitler hat alle Juden umgebracht. Gut organisiert. Sehr gut. Und da wollt ihr mir erzählen, dass ihr als Juden überlebt habt? Hier, mitten in Deutschland, in Berlin?« Der zwölfjährige Michael verstand die Welt nicht mehr: »Wir haben uns versteckt! Wir haben uns über zwei Jahre versteckt. Bei Freunden, Nutten, Emigranten, Kommunisten. Sogar eine Nazifrau hat uns geholfen, und dafür ist sie umgebracht worden. Und ich habe sie sehr gut leiden können, weil sie uns nie so behandelt hat wie du!« Der junge Russe war aber noch nicht überzeugt. Michaels Mutter hatte ihm erklärt, dass ihr jüdischer Mann ermordet worden war. Nun fragte er den Jungen: »Also, was tust du, wenn dein Vater gestorben ist?« Beinahe hätte Michael spontan Vaterunser gesagt, aber er tat es nicht – wahrscheinlich hätte ihn diese Antwort das Leben gekostet. »Das Totengebet«, murmelte er und drehte sich zur Wand. »Kannst du noch Kaddisch sagen?«, fragte der Russe weiter. »Jetzt hatte ich aber genug«, erinnerte sich Michael Degen Jahrzehnte später: »Ich blieb zur Wand gedreht sitzen, ratterte das

Kaddischgebet in rasender Geschwindigkeit herunter und schaukelte dabei mit meinem Oberkörper wie ein alter Jude in der Synagoge. Es war eine ziemlich miese Parodie, aber er merkte es nicht. Als ich fertig war, gab es wieder eine lange Pause.« Nun wollte der Russe noch das Gebet hören, das ein Jude spricht, bevor er stirbt. Michael rezitierte auch Schma Jisrael.[55] Der jüdische Offizier war zufrieden und die Degens nach 26 Monaten Illegalität frei.

ENDKAMPF *Überall, wo deutsche Soldaten verzweifelt Widerstand gegen die vielfach überlegenen Sowjets leisten, wird gnadenlos bis zur letzten Patrone gekämpft.*

Das Dritte Reich, das nur drei Jahre zuvor vom Atlantik bis zur Wolga und vom Polarkreis bis zur Sahara gereicht hatte, bestand am Morgen des 27. April 1945 nur noch aus einem Zehntel des Berliner Stadtgebiets. Doch noch immer lebten mehrere Hunderttausend Menschen auf den knapp 80 Quadratkilometern innerhalb des S-Bahn-Ringes. Die meisten von ihnen saßen in Bunkern oder Luftschutzkellern, viele verkrochen sich auch in den nicht mehr befahrenen Tunneln der U- oder S-Bahn und hofften, dass die sowjetischen Granaten sie hier nicht treffen würden. Günter Lamprecht, seine Mutter und seine Schwester gehörten zu ihnen. Er half den Sanitätern des Hauptverbandsplatzes im Bunkergeschoss der Reichsbank an der Kurstraße, Maria und Uschi Lamprecht befanden sich in einem anderen Teil der weitläufigen Kelleranlage. »Alle Räume und Gänge sind belegt und verstopft mit Schwerverwundeten, mit Sterbenden. Das unaufhörliche Trommelfeuer und die Bombardements der letzten acht Tage, das widerliche Sausen der Stalinorgeln richtete sich jetzt nur noch auf den Kern, Berlin-Mitte.« Von Stunde zu Stunde rückten die Panzer der Roten Armee weiter vor, eroberten eine Straße nach der anderen. An großen Kreuzungen und vor allem an den Brücken über die Spree, den Landwehrkanal und Bahnanlagen konzentrierten sich die Kämpfe. Für die deutschen Soldaten gab es nur noch die Alternative Gefangenschaft oder Tod – was im Bewusstsein der meisten auf das Gleiche hinauslief. Verzweifelt wollten viele, vor allem Männer der Waffen-SS, nur noch so viele Sowjetsoldaten wie möglich umbringen, bevor sie selbst starben. »Der Spittelmarkt ist durch massive Panzersperren blockiert, und eine Kette zerstörter T-34 macht das Durchkommen der russischen Infanterie zur Leipziger und weiter zur Wilhelmstraße in die Reichskanzlei vorerst unmöglich«, erinnerte sich Lamprecht.

Er sollte für einen Unteroffizier der Wehrmacht namens Rudi eine Tasche mit Papieren zu einem »Punkt L« bringen, der auf einer Skizze eingezeichnet war, und bekam dafür eine Parole, die ihm bei Kontrollen den Weg öffnen sollte: »Hasenfuß«. Der 15-Jährige machte sich auf den Weg. Zuerst kam er an den Ausgang des Reichsbankgebäudes hin zum Spreekanal und schaute aus einem MG-Nest auf die romantische Jungfernbrücke. Drei ältere Soldaten saßen in der Stellung, und einer von ihnen gab Günter einen guten Rat: »Verpiss dich hier, Kleiner, mach', dass du wieder runterkommst, sonst kneifst du noch am letzten Tag den Arsch zu.« Doch Lamprecht hatte Rudi versprochen, die Aktentasche am »Punkt L« abzuliefern. Erst jetzt fiel ihm auf, dass die Skizze einen Weg durch die Kellerräume beschrieb, nicht zu ebener Erde. Also stürmte er die Treppen wieder herunter und rannte durch ausgeräumte Vorratslager, die nach Maggi aus Heeresbeständen rochen. »Hier unten hörte man kaum noch etwas von dem Inferno da ganz oben. Die schwache Beleuchtung flackerte und zitterte und drohte bald völlig zu verlöschen.« Mit einer Taschenlampe bahnte sich der junge Kurier dennoch seinen Weg. »Ein noch stärkeres Trommelfeuer musste jetzt da oben eingesetzt haben, noch mehr Bomben, denn die Grundmauern begannen zu vibrieren. Schnell, Günter, ganz schnell, such diesen Scheißpunkt L und nichts wie zurück unter Menschen.« In einem Kasinoraum fand er eine Theke voller Sektflaschen, Schinken, Würste, anderer Delikatessen – und einen Tisch, an dem sieben oder acht Menschen saßen, davon fünf Offiziere der Waffen-SS. »Die Leute lagen vornübergebeugt auf der Tischplatte oder hingen aus den stattlichen Sitzmöbeln seitlich heraus, fast alle Köpfe waren zerschmettert. Hier hatte der Krieg schon sein Ende gefunden.« Lamprecht übergab sich: »So feige Hunde, sich einfach zu verdrücken! Tags zuvor hatten solche noch Fahnenflüchtige, einfache Landser, an den Laternen und Bäumen aufgehängt.« Trotzdem wollte er sein Versprechen halten und die Aktentasche abliefern, also lief er weiter. Am Ziel angelangt, erlebte er eine letzte Enttäuschung: »Punkt L stellte sich heraus als ein kleiner Lichtschacht, in dem zwei Waffen-SSler ein großes Feuer schürten, in dem dann auch Rudis Aktentasche landete.«[56] Wenige Stunden später kapitulierte die Besatzung der Reichsbank und übergab den riesigen Gebäudekomplex der Roten Armee.

Im zerschossenen Reichstagsgebäude wurde derweil noch gekämpft. Mit einer Million Granaten aller Kaliber hatte die Artillerie der sowjetischen 3. Stoßarmee das ehemalige Parlament sturmreif geschossen. Am 29. April 1945 begann der Angriff, blieb aber rasch im Feuer der verzweifelten Verteidiger stecken. Auch weitere Versuche brachten keinen Erfolg: »Als wir am Morgen des 30. April gesehen haben, dass der Reichstag nicht im Handstreich genommen werden kann, hat das Korpskommando die richtige Entscheidung getroffen, den Sturm im Schutz der Nacht zu starten«, erinnerte sich der Soldat Michail Petrowitsch Minin. Doch fehlten plötzlich die Freiwilligen: »Alle haben gedacht: Der Krieg ist zu Ende, und hier konnte man so leicht noch den Tod finden.« Also versprachen die Offiziere, wer als Erster ein rotes Stück Stoff auf dem Reichstag hisse, werde den höchsten Orden, »Held der Sowjetunion«, erhalten. Inzwischen aber hatten sich Minin und die Männer seines kleinen Trupps entschieden, den letzten Vorstoß zu wagen: »Wir gingen nicht wegen der Auszeichnung. Sie war nur eine Art Ermunterung.« Gegen 22:00 Uhr näherten sich Minins Leute und einige weitere kleine Gruppen vorsichtig dem westlichen Portal. Doch das Abwehrfeuer war schwach, die meisten Verteidiger hatten sich ins Innere und in die Keller zurückgezogen. Der 22-jährige Minin suchte einen Weg auf das Dach und hängte hier das mitgebrachte rote Flaggentuch an ein gefundenes Rohr. Es war 22:40 Uhr am 30. April 1945: »Es gab in Berlin viele Brände, und der Feuerschein erhellte die Szenerie.«[57]

Von Mund zu Mund verbreitete sich in Berlin die Nachricht, Hitler sei tot. Am frühen Morgen des 1. Mai 1945 teilte der letzte Generalstabschef der Wehrmacht, General Hans Krebs, in einem ersten Gespräch mit sowjetischen Kommandeuren mit, dass der Diktator nicht mehr lebe. Doch die russischen Generäle lehnten Verhandlungen ab, sie bestanden auf der bedingungslosen Kapitulation aller Verteidiger von Berlin. Eva Schliep hörte von Hitlers Ende zuerst als Gerücht: »Es hieß, der Führer sei bei seinen Soldaten an vorderster Front gefallen. Dass er sich feige durch Selbstmord jeglicher Verantwortung entzogen hatte, erfuhren wir erst viel später.«[58] Der Maifeiertag war heiß und »schrecklich schön«, erinnerte sich Karin Friedrich: »Frei wuchernde Narzissen, Vergissmeinnicht, junges Grün. Dazwischen hingestreckt aufgedunsene tote Soldaten. Russische und deutsche. Mit glasig starrenden Augen. Über allem klebrig süßlicher Verwesungsgeruch, wie nach wildem Honig.«[59] Wo die Verteidiger an diesem Dienstag noch weiterschossen, wurde weiter gestorben, so in Charlottenburg: »Einige fanatische ›Blockwarte‹ in der kleinen Rückertstraße leisteten mit Waffengewalt Widerstand. Das war Grund genug, die eine Seite dieser Straße mit rund acht Häusern noch am letzten Kriegstag in Brand zu stecken«, erinnert sich Edeltraut Ludwig.[60] Insgesamt aber nahm das Artilleriefeuer jetzt stark ab, ebenso die mörderischen MG-Garben von beiden Seiten. Trotzdem breitete sich eine seltsame Stimmung aus, wie Eberhard Beigel festhielt: »In der Nacht vom 1. zum 2. Mai 1945 sah ich mit meinem Vater vom ausgebrannten Dach unseres Hauses auf das brennende Berlin: Götterdämmerung – fünf Minuten nach dem Weltuntergang.«[61]

Im Morgengrauen des 2. Mai kapitulierte der letzte Kampfkommandant von Berlin, General Helmuth Weidling, bedingungslos. Bald darauf rollten sowjetische Lautsprecherwagen durch die Innenstadt, die seinen letzten Befehl verkündeten: »Am 30. April hat sich der Führer selbst entleibt und damit uns, die wir ihm die Treue geschworen hatten, im Stich gelassen. Jede Stunde, die ihr weiterkämpft, verlängert die entsetzlichen Leiden der Zivilbevölkerung Berlins und unserer Verwundeten. Jeder, der jetzt noch im Kampf um Berlin fällt, bringt sein Opfer umsonst.«[62] Der Krieg in Berlin war zu Ende, 2070 Tagen nach dem ersten Luftalarm. Aber das Leben hatte noch nicht wieder begonnen. Die gewissenhafte Ursula Kleinmichel, die schon seit dem 15. April 1945 nichts mehr gekauft hatte, notierte in ihrem Haushaltsbuch für den Monat Mai 1945: »Während der ersten Wochen der russischen Besatzung keine Ausgaben.«[63]

NACH DEM KRIEG

NICHTS DESTABILISIERT EIN BÜNDNIS SO SEHR WIE DAS Ende des gemeinsamen Feindes. Unmittelbar nach dem sowjetischen Sieg in der Schlacht um Berlin offenbarten sich tiefe Risse in der Anti-Hitler-Koalition. Nur die erste Begegnung von sowjetischen und amerikanischen Soldaten in der eroberten Reichshauptstadt folgte noch den Regeln, die zwischen Verbündeten galten. Am frühen Morgen des 4. Mai 1945 hatten sich sechs US-Kriegsberichterstatter, unter ihnen Fotograf Jas F. Kilian, auf den Weg nach Berlin gemacht. Die Reporter gehörten zur 9. US-Armee, die etwa 100 Kilometer westlich von Spandau an der Elbe stand. Mit zwei Jeeps fuhren die sechs an diesem Freitag ohne Befehl in die zertrümmerte Metropole – sie wollten die ersten Amerikaner sein, die über den sowjetischen Sieg in der Schlacht um Berlin aus eigener Anschauung berichteten. Verständnisvolle sowjetische Offiziere gestatteten den Verbündeten die Weiterfahrt bis ins vormalige Regierungsviertel und weiter zum historischen Zentrum. Im Lustgarten erlebten die Reporter die erste Truppenparade in der besetzten Stadt. Zwar lagen nach den Kämpfen noch überall Leichen umher, unzählige tote Deutsche und sogar Hunderte gefallene Rotarmisten. Doch weil feierliche Aufmärsche einfach zum Siegen gehörten und der Tod in den Jahren des Krieges ohnehin allgegenwärtig geworden war, störten die leblosen Körper den neuen Stadtkommandanten Generaloberst Nikolai Bersarin und seine Begleiter nicht. Zwischen den Ruinen von Schinkels Altem Museum, dem Berliner Dom und dem Schloss war das 32. sowjetische Schützenkorps angetreten. Der Kommandant schritt feierlich die Front ab und sprach kurz zu seinen Soldaten. Danach streifte Kilian auf eigene Faust durch die Stadt, fotografierte wirkungslose Barrieren am Brandenburger Tor und ausgebrannte Schützenpanzer auf der Friedrichstraße, die Überreste des letzten verzweifelten Versuchs von SS-Einheiten, aus der eingekesselten Innenstadt auszubrechen.

Am späten Nachmittag verließen die Korrespondenten die Stadt, um zu ihrer Einheit zurückzufahren.

In den Außenbezirken dauerte zur gleichen Zeit das Plündern und Vergewaltigen an. »Ich sah von Weitem johlende Russen Podbielskiallee Ecke Im Dol tanzen und bog schleunigst in eine andere Straße ein«, schrieb die Journalistin Margret Boveri in ihr Tagebuch: »Es kam mir eine alte Frau entgegen, mit blutunterlaufenen Augen und schwarzen Flecken im Gesicht. Nach zwei Sekunden wusste ich: Das ist die Elsbeth. Die Vorderzähne sind ihr eingeschlagen. Es stehen nur noch ausgezackte Stümpfe wie bei einer uralten Bauersfrau. Sie sieht schrecklich aus.« Doch ihre Leiden waren noch nicht vorbei: »Abends kamen die Russen wieder. Elsbeth war dreimal vergewaltigt worden – die Einzelheiten weiß ich nicht. Sie floh ins Haus der befreundeten Familie Giese gegenüber. Dort fielen in einem engen finsteren Gang drei Männer über Elsbeth her.«[1] Ganz Ähnliches erlebte Ruth Andreas-Friedrich zwei Tage später. Mit einem Bekannten wagte sie »den ersten Vorstoß in die umliegenden Vororte« und kam erschüttert zurück: »Panik herrscht in der Stadt. Bestürzung und fassungsloses Entsetzen. Wohin wir kommen, finden wir den gleichen Jammer. Raub, Plünderung, Gewalt. In hemmungsloser Gier hat sich das Heer unserer Sieger auf die Berliner Frauen gestürzt.«[2]

Unzählige der Opfer dachten über Selbstmord nach, ebenso ihre machtlosen männlichen Verwandten. Die schlimmsten Befürchtungen aus den Januartagen 1945 drohten sich zu bestätigen. Viele geschändete Berlinerinnen hielten ein schnelles Ende für besser als das hoffnungslose Warten auf einen sicher scheinenden Tod. Es gab nichts zu essen. Hungernde Menschen schnitten Fleischbrocken aus den Kadavern toter Pferde oder kauten Unkraut, um überhaupt etwas zwischen die Zähne zu bekommen. Wasser gab es nur an den Straßenpumpen, vor denen sich endlose Schlangen bildeten. Am ersten Sonntag nach der Kapitulation Berlins, am 6. Mai 1945, konnten nur wenige Glocken die Gläubigen zum Gottesdienst rufen. Die meisten innerstädtischen Kirchen waren zerstört oder schwer beschädigt, nur in den Außenbezirken gab es Gemeinden, die noch zusammengeläutet werden konnten. Die meisten Berliner sahen in eine düstere

Zukunft. Zwar waren sie vom Krieg erlöst, doch außer befreiten KZ-Häftlingen und Zwangsarbeitern empfand das kaum jemand so.

Für zusätzliche Verwirrung sorgte ein Flugblatt, das sich »An die Bevölkerung Berlins!« richtete:

Im Namen des Arbeiter- und Soldatenrates von Berlin übernehme ich die Macht. Ich befehle:

1. *Alle Mitglieder der Nationalsozialistischen Partei und ihrer Gliederungen sind sofort zu verhaften.*
2. *Über die Verhaftung ist mir laufend persönlich Bericht zu erstatten.*
3. *Die Straßen sind zu säubern, Licht-, Gas- und Wasserversorgung sind sofort in Gang zu setzen, die Verteilung der Lebensmittel ist nach meinen Anordnungen durchzuführen. Bei Nichtausführung meiner Befehle werden Zuwiderhandelnde mit schweren Strafen zu rechnen haben.*

Der Kommandant von Berlin[3]

Unterzeichnet war das Flugblatt mit dem Namen »Spalinger«. Bald sprach man in ganz Berlin über den neuen Kommandanten mit dem deutschen Namen, zuerst in Reinickendorf, dann in Lichtenberg, Treptow und schließlich in Zehlendorf. Während Zehntausende Berliner von sowjetischen Offizieren verpflichtet wurden, die Trümmer von den Straßen zu räumen, während deutsche Fachleute Wasser- und Stromleitungen zu reparieren versuchten und mühsam erste Lebensmitteltransporte aus dem Umland organisiert wurden, befolgten andere Bewohner der Hauptstadt Spalingers Anweisungen und begannen, Namen von NSDAP-Parteigenossen zu sammeln, nahmen sogar erste Verhaftungen vor.

Einige Tage lang wurden die Befehle des tatsächlichen Stadtkommandanten Bersarin und seines vermeintlichen deutschen »Kollegen« parallel befolgt, dann klärten sich die Hintergründe auf: Es handelte sich nicht um einen Versuch übrig gebliebener Nazis, die Arbeit der sowjetischen Besatzer zu unterminieren, und auch nicht um eine perfide Operation westlicher Geheimdienste. Die Lösung war viel einfacher: Spalinger war ein Patient der Irrenanstalt in Wittenau. Als

Rotarmisten das gefängnisartige Gebäude entdeckt hatten, vertrieben sie die Wärter und ließen die geistig verwirrten Menschen frei, denn in ihnen vermuteten sie politische Gefangene. Während andere Verwirrte auf dem Gelände blieben und nichts weiter taten, ging Spalinger los, fand eine noch intakte Druckerei und diktierte, geistig umnachtet, in Erinnerung an die Revolution 1918 seinen »Befehl« als vermeintlicher »Stadtkommandant«, der prompt als Flugblatt gesetzt, gedruckt und verbreitet wurde. Diese Zusammenhänge wurden klar, als einige Rotarmisten Spalinger zufällig festnahmen – danach verlor sich seine Spur.

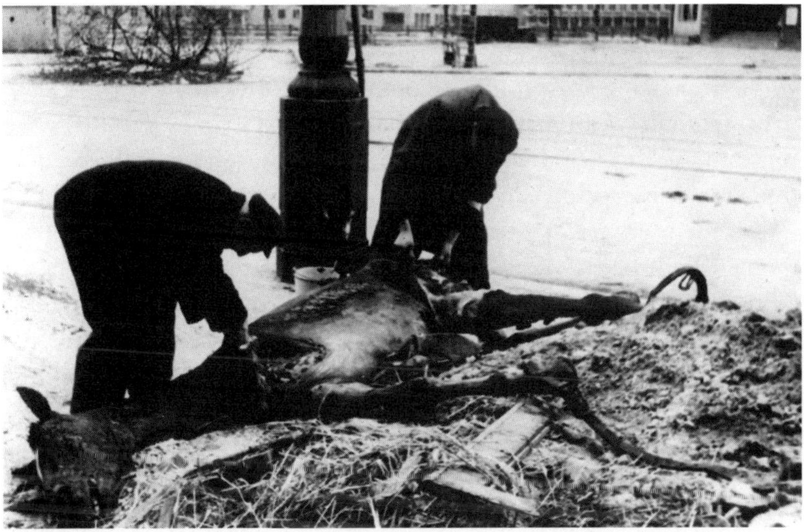

HUNGER *In der letzten Aprilwoche 1945 bricht die Nahrungsversorgung zusammen. Selbst aus Pferdekadavern schneiden sich Berliner Fleischbrocken, um zu überleben.*

Langsam kehrte wieder so etwas wie Alltag in der Stadt ein. Die Übergriffe sowjetischer Soldaten nahmen ab, seit Bersarin einen Befehl erlassen hatte, der Rotarmisten schwere Strafen androhte, so sie plünderten oder auf andere Weise Gewalt anwendeten. Für die noch in der Stadt verbliebenen 2,8 Millionen Deutschen wurden neue Lebensmittelkarten ausgegeben, und bis sich die neue Rationierungsorganisation eingespielt hatte, verteilten sowjetische Soldaten Nahrung von vollgepackten Lastwagen aus an die hungrigen Bewohner. In Tausenden, bald Zehntausenden noch bewohnbaren Häuser funktionierten Wasser- und sogar Stromversorgung wieder. Obwohl große Teile des U- und Straßenbahnnetzes zerstört waren, kam der öffentliche Nahverkehr am 13. Mai 1945 wieder in Gang: Die BVG setzte zunächst in Zehlendorf, bald auch auf weiteren Strecken ihre wenigen nur leicht beschädigten Autobusse ein. Einen Tag später fuhren in Neukölln wieder die ersten U-Bahnen. Mehrere Brauereien nahmen ihre Arbeit wieder auf, erste Fabriken ließen ihre Produktion anlaufen. Für bessere Stimmung allerdings sorgten diese Veränderungen noch nicht. Nachdem die drängendsten Probleme des Überlebens gelöst waren, spekulierten die Einwohner nun wieder vermehrt über die Zukunft. »Kommen die Amerikaner, oder kommen sie nicht? Teilt man Berlin, oder überlässt man es den Russen?«, hinterfragte Ruth Andreas-Friedrich Mitte Mai 1945 die allgegenwärtigen Gerüchte: »So viele Fragen, so viele Meinungen.«[4]

Niemand in der Stadt konnte wissen, dass sich die USA, Großbritannien und die Sowjetunion schon vor Monaten auf der Londoner Konferenz geeinigt hatten, Berlin gemeinsam zu besetzen und zu regieren. Doch nach ihrem Sieg bremsten die Russen. Um schnellstmöglich eine gemeinsame Verwaltung aufbauen zu können, richtete der US-General Floyd L. Parks am 12. Mai 1945 offiziell den »Berlin District« ein, mit Dienstort zunächst allerdings in Bielefeld. Eine Woche später stellte er ein Vorauskommando auf, das die Lage in der Stadt erkunden sollte. Doch die Sowjets sperrten sich: Bevor die Amerikaner mit ihrer Arbeit beginnen könnten, müsse die US-Army zuerst Thüringen und Teile Sachsens räumen, die zur in London festgelegten sowjetischen Besatzungszone gehören sollten. Wochenlang verweigerten Bersarin und sein Vorgesetzter Marschall Georgi Schukow dem Vorauskommando jede Unterstützung. Auch beim ersten persönlichen Treffen der alliierten Oberbefehlshaber blockierte der Russe: Als US-General Dwight D. Eisenhower am 5. Juni 1945 darum bat, einen kleinen Vorbereitungsstab für die Ankunft amerikanischer Besatzungstruppen in Berlin belassen zu dürfen, lehnte Schukow ab.

Derweil schuf die Rote Armee vollendete Tatsachen. Um die Kommunikation mit der sowjetischen Regierung zu vereinfachen, galt in Berlin bereits seit dem 24. Mai Moskauer Zeit, waren alle Uhren um eine Stunde vorgestellt worden. Einschneidender wirkte die Demontage von Maschinen zunächst in den weniger stark zerstörten westlichen Stadtbezirken. Obwohl offiziell nur in Rüstungsbetrieben demontiert werden sollte, beschwerte sich der zweite stellvertretende Oberbürgermeister und Leiter der Ernährungsabteilung Andreas Hermes, dass auch Molkereien und Schlachthöfe »teilweise völlig von Maschinen entblößt worden« seien. Sein Kollege Karl Maron, erster stellvertretender Oberbürgermeister, Kommunist und mit den Sowjets aus Moskau nach Berlin gekommen, warf Kritikern der Demontagen vor, sie bereiteten »den Dritten Weltkrieg vor«.[5] Im Juni erreichten die Abtransporte von Werkzeugmaschinen vor allem aus den großen Industriebetrieben in den künftigen Westsektoren ihren Höhepunkt, die erhaltenen Werke, unter anderem von Siemens, Borsig, Osram und AEG, wurden praktisch leer geräumt.

Die Berliner arrangierten sich rasch mit den neuen Verhältnissen, obwohl der Alltag noch immer schwer zu bewältigen war und die Sorge um verschollene Angehörige viele belastete. Elsa Chotzen vermisste drei ihrer vier Söhne. Nur ihr Ältester, Josef »Eppi«, hatte mit viel Glück in Berlin überlebt und heiratete am 8. Juni 1945 seine langjährige Freundin und Helferin Bozka – wie Dutzende andere Paare, denen die »Nürnberger Gesetze« im Dritten Reich die Eheschließung verweigert hatten. Vielleicht um sich von ihren Sorgen abzulenken, ging Elsa Chotzen nun auf einmal und anders als in all den Jahren zuvor ins Kino, manchmal überdies ins Theater oder ins Kabarett, sogar ein neues Kostüm kaufte sie sich – für immerhin 100 Reichsmark. Auch Ursula Kleinmichel nahm mit Beginn des Monats Juni die detaillierten Eintragungen in ihr Haushaltsbuch wieder auf. Gleich am ersten Tag hielt sie fest: »Kein Gehalt für Mai.« Und schenkte ihrer Freundin Anneliese dennoch Blumen für eine Reichsmark. Am 4. Juni 1945 ging sie zum ersten Mal seit zwei Monaten wieder zum Friseur und gönnte sich eine neue Dauerwelle und Färben. Zehn Tage später folgte dann der erste Besuch in einem wieder eröffneten Kaffeehaus, der Konditorei Alfred Schlenkrich in Schöneberg.[6]

Hinter den Kulissen rangen Sowjets und Amerikaner derweil um die künftige Verwaltung Berlins. Die Zeit drängte, denn ab Mitte Juli sollte in Potsdam das dritte Gipfeltreffen der drei Siegermächte stattfinden. Doch noch immer wehrten Schukow und Bersarin jeden Wunsch der US-Army ab, rasch Quartiere und Büros für die künftigen Besatzungseinheiten bereitzustellen und ihren Einmarsch freizugeben. Erst mit dem formellen Auftrag aus dem Weißen Haus, die Unterbringung von US-Präsident Harry S. Truman in Babelsberg zu organisieren, durfte General Parks am 22. Juni 1945 zum ersten Mal nach Berlin fliegen – drei Wochen nachdem er offiziell zum Chef des »Berlin District« ernannt worden war. Mit massivem Druck und der Zusage, Thüringen und Sachsen zum 1. Juli zu räumen, erreichte Parks sein Ziel: Zur selben Zeit sollten US-Truppen in Berlin einrücken dürfen, 30 000 Mann insgesamt, außerdem 25 000 Briten. Die Rote Armee plante offiziell ebenfalls mit 25 000 Mann in ihrem Sektor Berlins, doch standen zehnmal so viele Soldaten in Brandenburg. Rein militärisch betrachtet, begaben sich die westlichen Alliierten in eine gefährliche Situation. Schukow und seine Offiziere betätigten sich weiter als bürokratische Bedenkenträger. »Die Sowjetregierung scheint nach Belieben formale Gründe finden zu können, um mit ihnen die Verletzung getroffener Übereinkommen – mündlicher oder schriftlicher – zu rechtfertigen«, notierte General Lucius D. Clay ungehalten.[7] Offiziell stellvertretender US-Oberbefehlshaber in Deutschland, war er tatsächlich der eigentliche Kopf der Militärregierung und damit verantwortlich für die künftige Zusammenarbeit der Siegermächte. Clay wusste, dass er eine fast unmögliche Aufgabe vor sich hatte.

Die Berliner ahnten immer noch nichts von den neuen Problemen, die sich zusammenbrauten. Stattdessen freuten sie sich über die frühsommerliche Wärme, die Einzug hielt. »Er war ein Geschenk der Natur, dieser Sommer 1945, wunderschön, ein Bilderbuchsommer«, erinnerte sich Günter Lamprecht: »Er war eine Art Wiedergutmachung des Himmels für das Durchlittene, für das sinnlose Sterben der letzten Jahre.«[8] Der Tod war allgegenwärtig in der Stadt. An den Ufern der Seen und Flüsse legte man sich in die Sonne und ging schwimmen – direkt neben Birkenkreuzen mit Stahlhelmen, die hastig verscharrte Leichen deutscher Gefallener kennzeichneten. Die sommerlichen Temperaturen brachten ein in Berlin seit Jahrzehnten unbekanntes Phänomen mit sich: »Junihitze glüht über der Stadt, brütet auf ihren zahlreichen frisch aufgeworfenen Gräbern. Unter der dünnen Staubdecke regen sich die Toten«, registrierte Ruth Andreas-Friedrich: »Schon faselt man von Leichenpest.« So rasch wie möglich wurden alle provisorisch beerdigten Opfer exhumiert und in großen Grabfeldern auf Friedhöfen begraben. Särge gab es nicht, Holz brauchte man, um beschädigte Häuser bewohnbar zu machen oder um zu kochen: »Wer heute bestattet wird, dem stiftet man im Höchstfall einen Pappkasten. Mit schwarzem Verdunklungspapier beklebt und mit einem Kreuz aus Stanniolstreifen.«[9]

Pünktlich zum 1. Juli 1945 traf das Vorauskommando der US-Militärverwaltung an der Berliner Stadtgrenze ein. Doch die Männer erwartete eine unangenehme Überraschung: »Die Sowjets hielten unseren Konvoi an und verboten uns die Weiterfahrt. Oberst Frank L. Howley, der kommandierende Offizier, schäumte vor Wut. Die Sowjets blieben jedoch hart und behaupteten, dass die Stadt noch nicht vorbereitet sei für unseren Einmarsch.« Außerdem sei die Vorausabteilung größer als verabredet und mit mehr Fahrzeugen als nötig unterwegs. Der Oberst schickte einen Teil seiner Truppe zurück und marschierte dann mit 40 Offizieren und knapp 150 Soldaten in Berlin ein, obwohl auch für sie keine Quartiere bereitstanden. Doch Howley hatte zwei Wochen vor Beginn der Potsdamer Konferenz keine Lust auf Spielchen – und ließ seine Männer kurzerhand in Grunewald Zelte aufschlagen. So begannen die ersten regulären US-Truppen in Berlin ihre Dienstzeit als Camper: »Dies war zweifellos der unscheinbarste Einzug einer Eroberungsmacht in die Hauptstadt einer besiegten Nation«, schrieb Major John L. Maginnis in sein Tagebuch. Zu den zeltenden Soldaten gehörte Corporal Samuel R. Sciullo. Der 23-Jährige beherrschte Deutsch und war deshalb der Militärverwaltung zugeteilt worden. Für seine Kameraden und ihn war der Einmarsch eine Herausforderung: »Wir hatten keine Ahnung, wie die Einwohner in unserem Sektor auf uns reagieren würden, ob es Widerstand oder Ablehnung geben würde.« Doch schnell stellte er fest, dass kein Berliner daran dachte, gegen die Amerikaner gewalttätig zu werden: »Durch den Krieg waren sie regelrecht ausgeblutet. Ihre hauptsächliche Sorge bestand im friedlichen Überleben.«[10]

HOFFNUNG *Für viele Berliner ist das Eintreffen amerikanischer Panzer am 4. Juli 1945 ein gutes Zeichen. Vom Kalten Krieg, der kommen wird, ahnen sie nichts.*

»Die Amerikaner sind da!«, vermerkte Ruth Andreas-Friedrich am 3. Juli 1945 erleichtert: »Sie sind also doch gekommen. Die Sieger aus dem Westen, auf die wir seit Anfang April gewartet hatten. Schon lange ging das Gerücht in der Stadt. Seit sieben Tagen welken an den Laternen der westlichen Ausfallstraße die Tannengirlanden und Begrüßungsarrangements. Bis wir aufhörten, es zu glauben. Nun ist das Märchen Wirklichkeit.«[11] Doch im letzten Moment verzögerte sich der Einzug der US-Truppen noch einmal: Als sich die 2. Panzerdivision, einer der schlagkräftigsten amerikanischen Verbände und deshalb besonders geeignet, Präsident Truman während der Potsdamer Konferenz zu beschützen, bei Dessau die Elbe überqueren wollte, lehnten die Sowjets ab. Die vorher als intakt beurteilte Brücke galt plötzlich als einsturzgefährdet, eine weitere Verbindung nach Berlin war mit angeblich liegen gebliebenen sowjetischen Fahrzeugen blockiert. Die US-Panzer mussten umkehren und einen 140 Kilometer langen Umweg teilweise über Feldwege nehmen. So kamen sie »verspätet« und erst kurz vor der für den US-Nationalfeiertag am 4. Juli 1945 angesetzten feierlichen Übernahme ihres neuen Hauptquartiers in der ehemalige Kaserne der SS-Leibstandarte »Adolf Hitler« an.[12] Die Schlacht um die Reichshauptstadt war gerade erst zwei Monate und zwei Tage vorüber, und schon hatte der Kalte Krieg begonnen – der das Leben in Berlin für die kommenden 45 Jahre beherrschen sollte.

ANHANG

ANMERKUNGEN

VOR DEM KRIEG

1 Los Angeles Times v. 21.9.1937; vgl. Chicago Daily Tribune, New York Times und The Times v. 21.9.1937.
2 Goebbels: Tagebücher, Teil 1, Bd. 4, S. 320.
3 Völkischer Beobachter v. 21.9.1937.
4 New York Times v. 21.9.1937.
5 Akten der Parteikanzlei, Teil 1, Bl. 10122788–10122790.
6 Der Angriff v. 23.9.1937.
7 Goebbels: Tagebücher, Teil 1, Bd. 4, S. 322.
8 New York Times v. 23.9.1937.
9 Zit. n. Lemke: Luftschutz, S. 323.
10 Goebbels: Tagebücher, Teil 1, Bd. 4, S. 320.

AM ANFANG ANGST

1 Klepper: Unter dem Schatten deiner Flügel, S. 467.
2 Domarus: Hitler, Bd. 3, S. 1309.
3 Shirer: This is Berlin, S. 51, ders.: Berlin Diary, S. 155, u. ders.: Aufstieg und Fall, S. 546.
4 Neue Zürcher Zeitung v. 1.9.1939 (Abendausgabe).
5 Dahlerus: Der letzte Versuch, S. 124 f.
6 Goebbels: Tagebücher, Teil 1, Bd. 7, S. 89.
7 Berliner Morgenpost v. 2.9.1939.
8 RGBl Teil I 1939, S. 1563–1613.
9 Reichsluftschutzbund e.V.: Richtlinien für die Durchführung der Verdunkelung v. 1.5.1936 (Sammlung Kellerhoff).
10 Andreas-Friedrich: Der Schattenmann, S. 65. Aus Gründen der Tarnung gab die Autorin ihrem Freund Günther Brandt das Pseudonym »Flamm«, ihren Lebensgefährten Leo Borchard nannte sie »Andrik«. Vgl. Nachwort zu Andreas-Friedrich: Der Schattenmann/Schauplatz Berlin (Neuausgabe), S. 572 f.
11 Rosa Heinrich (geb. Rosga): Brief v. 25.11.2002 (Sammlung Kellerhoff).
12 Offizielle Angaben nach Demps: Die Luftangriffe auf Berlin I, S. 49; Speers Aufzeichnungen in Ortel/Speer: Die Sirenen von Berlin, S. 196; Andreas-Friedrich: Der Schattenmann, S. 65; Deutschkron: Ich trug den gelben Stern, S. 58.
13 Shirer: Berlin Diary, S. 160, u. Shirer: This is Berlin, S. 53.
14 Shirer: This is Berlin, S. 53.
15 BA R 43 II 639, Bl. 112–117.
16 Goebbels: Tagebücher, Teil 1, Bd. 7, S. 90 f.
17 Frankfurter Zeitung v. 2.9.1939; Völkischer Beobachter v. 2.9.1939; Berliner Lokal-Anzeiger v. 2.9.1939; vgl. Der Angriff v. 1.9.1939.
18 Deutschkron: Ich trug den gelben Stern, S. 59 f.
19 RGBl Teil I 1939, S. 1456; Dahlerus: Der letzte Versuch, S. 128 f.
20 Deutschkron: Ich trug den gelben Stern, S. 58 f.
21 Klepper: Unter dem Schatten deiner Flügel, S. 467 f.
22 Berliner Lokalanzeiger v. 2.9.1939; Berliner Morgenpost v. 2.9.1939; BZ am Mittag v. 2.9.1939.
23 Shirer: This is Berlin, S. 54 f.
24 Klepper: Unter dem Schatten deiner Flügel, S. 468.

25 Shirer: Berlin Diary, S. 162.
26 Findahl: Letzter Akt – Berlin, S. 40.
27 New York Times v. 5.9.1939.
28 Völkischer Beobachter v. 4.9.1939.
29 Speer: Erinnerungen, S. 181 f.
30 Sopade: Deutschlandberichte, Bd. 6 (1939), S. 968 u. S. 996.
31 DRZW, Bd. 2, S. 133 u. S. 271 f.
32 Vgl. Sopade: Deutschlandberichte, Bd. 6 (1939), S. 962.
33 Deutschkron: Ich trug den gelben Stern, S. 56.
34 Sopade: Deutschlandberichte, Bd. 6 (1939), S. 987 f.
35 Zit. n. Sandvoß: Die »andere« Reichshauptstadt, S. 448 f.
36 Zit. n. ebd., S. 449 f.
37 Zit. n. Wörmann: Widerstand in Köpenick und Treptow, S. 142 f.
38 Rosenthal: Zwei Leben, S. 39.
39 Andreas-Friedrich: Der Schattenmann, S. 66.
40 Klepper: Unter dem Schatten deiner Flügel, S. 468.
41 Völkischer Beobachter v. 1.9.1939.
42 Shirer: This is Berlin, S. 61.
43 Berliner Morgenpost v. 8.9. u. 13.9.1939.
44 Sopade: Deutschlandberichte, Bd. 6 (1939), S. 981.
45 Berliner Morgenpost v. 9.9.1939.
46 RGBl Teil I 1939, S. 1679.
47 Sopade: Deutschlandberichte, Bd. 6 (1939), S. 984.
48 Goebbels: Tagebücher, Teil 1, Bd. 7, S. 110.
49 Shirer: Berlin Diary, S. 176.
50 Berliner Morgenpost v. 26.9.1939.
51 Goebbels: Tagebücher, Teil 1, Bd. 7, S. 113 u. S. 116.
52 Shirer: Berlin Diary, S. 180.
53 Berliner Morgenpost v. 26.9.1939.
54 Goebbels: Tagebücher, Teil 1, Bd. 7, S. 119.
55 Hammer/zur Nieden (Hrsg.): Sehr selten habe ich geweint, S. 143.
56 Börsen-Zeitung v. 1.10.1939.
57 Boberach (Hrsg.): Meldungen aus dem Reich, Bd. 2, S. 331.
58 Shirer: This is Berlin, S. 90.
59 Boberach (Hrsg.): Meldungen aus dem Reich, Bd. 2, S. 339 f. u. S. 348.
60 Andreas-Friedrich: Der Schattenmann, S. 67.
61 Zit. n. Toland: Hitler, S. 758, u. Washington Post v. 11.10.1939; vgl. Manchester Guardian v. 12.10.1939.
62 Goebbels: Tagebücher, Teil 1, Bd. 7, S. 148.
63 Andreas-Friedrich: Der Schattenmann, S. 67.

ILLUSION DER NORMALITÄT

1 Vgl. Corni/Gies: Brot – Butter – Kanonen, S. 556.
2 RGBl Teil I 1939, S. 1498–1505.
3 RGBl Teil I 1938, S. 451.
4 Sopade: Deutschlandberichte, Bd. 6 (1939), S. 979.
5 New York Times v. 19.9.1939.
6 Sopade: Deutschlandberichte, Bd. 6 (1939), S. 983.
7 Boberach (Hrsg.): Meldungen aus dem Reich, Bd. 2, S. 330.
8 Deutschkron: Ich trug den gelben Stern, S. 62.
9 Chicago Daily Tribune v. 17.9.1939.
10 Goebbels: Tagebücher, Teil 1, Bd. 7, S. 104.
11 Völkischer Beobachter v. 23.9.1939.
12 Sombart: Jugend in Berlin, S. 89.
13 Sopade: Deutschlandberichte, Bd. 7 (1940), S. 176.
14 Boberach (Hrsg.): Meldungen aus dem Reich, Bd. 2, S. 346.
15 Chicago Daily Tribune v. 25.9.1939.
16 Andreas-Friedrich: Der Schattenmann, S. 67.
17 Goebbels: Tagebücher, Teil 1, Bd. 7, S. 152.
18 Wassiltschikow: Berliner Tagebücher, S. 21.
19 RGBl Teil I 1939, S. 1516.
20 Berliner Morgenpost v. 13.12.1939.
21 Michaelis/Schraepler (Hrsg.): Ursachen und Folgen, Bd. 3, S. 215.
22 Völkischer Beobachter v. 15.9.1939.

23 BArch R 43 II 276, Bd. 4, Bl. 127f.
24 Sopade: Deutschlandberichte, Bd. 6 (1939), S. 1049; vgl. Kellerhoff: Ortstermin Mitte, S. 194–203.
25 Findahl: Letzter Akt – Berlin, S. 21f.
26 Boberach (Hrsg.): Meldungen aus dem Reich, Bd. 2, S. 404f.
27 Sopade: Deutschlandberichte, Bd. 6 (1939), S. 1048f.
28 Berliner Morgenpost v. 28.9.1939.
29 Shirer: This is Berlin, S. 96.
30 Kennan: Memoiren eines Diplomaten, S. 113.
31 Berliner Morgenpost v. 15.10.1939.
32 Sopade: Deutschlandberichte, Bd. 6 (1939), S. 1029 u. S. 1044.
33 Klepper: Unter dem Schatten deiner Flügel, S. 474.
34 New York Times v. 16.10.1939.
35 Shirer: This is Berlin, S. 146.
36 Manchester Guardian v. 14.12.1939.
37 Goebbels: Tagebücher, Teil 1, Bd. 7, S. 129.
38 Völkischer Beobachter v. 5.9.1939.
39 Schochow: Bücherschicksale, S. 16–20.
40 Notizblatt des Botanischen Gartens 15 (1941), S. 340–355.
41 Smith: Feind schreibt mit, S. 48.
42 Washington Post v. 28.1.1940.
43 New York Times v. 7.7.1940.
44 Zit. n. Vorländer: Die NSV, S. 395.
45 Zit. n. Poliakov/Wulf: Das Dritte Reich und seine Denker, S. 220–225.
46 New York Times v. 4.7.1940.
47 Chicago Daily Tribune v. 23.2.1940.
48 Sopade: Deutschlandberichte, Bd. 7 (1940), S. 221.
49 Shirer: This is Berlin, S. 203.
50 Berliner Lokalanzeiger v. 22.3.1940.
51 Material zur Volkszählung 1939 (Sammlung Kellerhoff).
52 Zit. n. Bräutigam u. a.: Zwangsarbeit in Berlin, S. 208.
53 RGBl 1939 Teil 1, S. 864f.
54 König: Den Netzen entronnen, S. 120.
55 Zit. n. Poliakov/Wulf: Das Dritte Reich und seine Denker, S. 451.
56 Degen: Nicht alle waren Mörder, S. 5.
57 Rothman: Hitler's Will, S. 163f.
58 Deutschkron: Ich trug den gelben Stern, S. 60.
59 Klepper: Unter dem Schatten deiner Flügel, S. 479.
60 Berliner Lokalanzeiger v. 9.12.1939.
61 Sopade: Deutschlandberichte, Bd. 7 (1940), S. 258; vgl. Los Angeles Times v. 13.1.1940.
62 Pieken/Kruse: Das Haushaltsbuch, S. 77.
63 Zit. n. Gruner: Judenverfolgung in Berlin, S. 133.
64 Smith: Feind schreibt mit, S. 50f.
65 Shirer: Berlin Diary, S. 249f.
66 Shirer: This is Berlin, S. 210f.
67 Berliner Illustrierte Nachtausgabe v. 10.4.1940; Völkischer Beobachter v. 11.4.1940.
68 Boberach (Hrsg.): Meldungen aus dem Reich, Bd. 4, S. 975 u. S. 983.
69 Shirer: This is Berlin, S. 223.
70 New York Times v. 12.4.1940, u. DRZW, Bd. 5.1, S. 404.
71 Manchester Guardian v. 12.4.1940.
72 Völkischer Beobachter v. 20.4.1940.
73 Goebbels: Tagebücher, Teil 1, Bd. 8, S. 65.
74 Shirer: This is Berlin, S. 223.
75 Chicago Daily Tribune v. 23.4.1940.
76 Chicago Daily Tribune v. 8.4. 1940.
77 Zit. n. Thun-Hohenstein: Der Verschwörer, S. 192f.
78 Wassiltschikow: Berliner Tagebücher, S. 26.
79 Boberach (Hrsg.): Meldungen aus dem Reich, Bd. 4, S. 1127.
80 Goebbels: Tagebücher, Teil 1, Bd. 8, S. 107.
81 Shirer: Berlin Diary, S. 270, u. Shirer: This is Berlin, S. 239.
82 Boberach (Hrsg.): Meldungen aus dem Reich, Bd. 4, S. 1218, u. DRZW, Bd. 2, S. 307.
83 Kennan: Memoiren eines Diplomaten, S. 114.
84 Andreas-Friedrich: Der Schattenmann, S. 74f.
85 Shirer: Berlin Diary, S. 323; vgl. Shirer: This is Berlin, S. 290.

86 Schroeder: Er war mein Chef, S. 106.
87 Goebbels: Tagebücher, Teil 1, Bd. 8, S. 202–207; Washington Post u. New York Times v. 6.7.1940.
88 New York Times u. Washington Post v. 7.7.1940.
89 Goebbels: Tagebücher, Teil 1, Bd. 8, S. 210.

MIT GLEICHER MÜNZE

1 Peter Jung: Brief v. 24.11.2002 (Sammlung Kellerhoff).
2 Völkischer Beobachter v. 7.9.1940.
3 Berliner Lokalanzeiger v. 10.9.1939.
4 Peter Jung: Brief v. 24.11.2002 (Sammlung Kellerhoff).
5 Zit. n. Hastings: Bomber Command, S. 39.
6 Zit. n. Girbig: Im Anflug auf die Reichshauptstadt, S. 27.
7 Kirchner (Hrsg.): Flugblätter aus England 1939/1940/1941, S. 137.
8 Goebbels: Tagebücher, Teil 1, Bd. 8, S. 292.
9 Berliner Morgenpost v. 27.8.1940.
10 New York Times v. 27.8.1940.
11 Erich Lohbauer: Berichte über die Luftangriffe auf die Reichshauptstadt Berlin. 1. Folge, LAB Rep. A 001–02, Nr. 700, Bl. 2 f.
12 Shirer: This is Berlin, S. 388.
13 Goebbels: Tagebücher, Teil 1, Bd. 8, S. 291.
14 Hill (Hrsg.): Die Weizsäcker-Papiere, S. 216.
15 Erich Lohbauer: Berichte über die Luftangriffe auf die Reichshauptstadt Berlin. 1. Folge, LAB Rep. A 001–02, Nr. 700, Bl. 2 f.; vgl. Der Angriff, 12 Uhr Blatt u. Der Montag v. 26.8.1940.
16 Chicago Daily Tribune v. 27.8.1940.
17 Goebbels: Tagebücher, Teil 1, Bd. 8, S. 294.
18 Smith: Feind schreibt mit, S. 55.
19 Völkischer Beobachter v. 27.8.1940.
20 Vgl. DRZW, Bd. 2, S. 386; DRZW, Bd. 7, S. 325; Zit. n. Tress: First Berlin Raids, S. 66 f.
21 Eva Schliep: Brief v. 26.11.2002 (Sammlung Kellerhoff).
22 Goebbels: Tagebücher, Teil 1, Bd. 8, S. 297.
23 New York Times v. 30.8.1940.
24 Wassiltschikow: Berliner Tagebücher, S. 44.
25 Goebbels: Tagebücher, Teil 1, Bd. 8, S. 300.
26 Domarus: Hitler, Bd. 3, S. 1580.
27 Boberach (Hrsg.): Meldungen aus dem Reich, Bd. 5, S. 1538, u. Shirer: This is Berlin, S. 365 f.
28 Los Angeles Times v. 5.9.1940.
29 Erich Lohbauer: Berichte über die Luftangriffe auf die Reichshauptstadt Berlin. 9. Folge, LAB Rep. A 001–02, Nr. 700, Bl. 30 f.; vgl. New York Times v. 7.9.1940.
30 Berliner Morgenpost v. 29.8.1940.
31 New York Times u. Los Angeles Times v. 12.9.1940; vgl. Erich Lohbauer: Berichte über die Luftangriffe auf die Reichshauptstadt Berlin. 11. Folge, LAB Rep. A 001–02, Nr. 700, Bl. 19–22.
32 Hill (Hrsg.): Die Weizsäcker-Papiere, S. 222.
33 Boelcke (Hrsg.): Wollt ihr den totalen Krieg?, S. 107.
34 Goebbels: Tagebücher, Teil 1, Bd. 8, S. 343.
35 Boberach (Hrsg.): Meldungen aus dem Reich, Bd. 5, S. 1605.
36 Vermerk v. 27.9.1940, BArch Berlin R 4606/659, Bl. 270 f.
37 Betrifft Luftschutzbunker, BArch Berlin R 4606/659, Bl. 116.
38 Adolf Hitler: Zur sofortigen Durchführung auf dem Gebiet des Luftschutzbauwesens, BArch Berlin R 4606/659, Bl. 200 f.
39 Chicago Daily Tribune v. 25.9.1940.
40 Rudolf Ostertag: Vermerk, betrifft Neubau der Reichskanzlei, BArch Berlin R 43 II/1300a, Bl. 4.
41 Vgl. Goebbels: Tagebücher, Teil 1, Bd. 8, S. 348.
42 Vermerk v. 8.10.1940, Akten der Parteikanzlei, Teil 1, Bl. 1030612 f.
43 Martin Bormann: Rundschreiben v. 27.9.1940, zit. n. Kock: »Der Führer …«, S. 353.

44 Baldur von Schirach: Landverschickung der Jugend aus Großstädten v. 2.10.1940, Akten der Parteikanzlei, Teil 1, Bl. 1030615–10306520.
45 Goebbels: Tagebücher, Teil 1, Bd. 8, S. 354.
46 Bestellungen aus der Pressekonferenz v. 30.9.1940, zit. n. Kock: »Der Führer ...«, S. 70.
47 Boelcke (Hrsg.): Wollt ihr den totalen Krieg?, S. 109.
48 Martin Bormann: Schreiben an Arthur Axmann, Artur Görlitzer und Erich Hilgenfeldt v. 30.9.1940, zit. n. Kock: »Der Führer ...«, S. 74 f.
49 Goebbels: Tagebücher, Teil 1, Bd. 8, S. 361.
50 Boberach (Hrsg.): Meldungen aus dem Reich, Bd. 5, S. 1633, S.1644 u. S. 1654.
51 Goebbels: Tagebücher, Teil 1, Bd. 8, S. 373.
52 Gruner: Judenverfolgung in Berlin, S. 139.
53 Zit. n. Kaplan: Der Mut zum Überleben, S. 231.
54 König: Den Netzen entronnen, S. 165–167.
55 Wassiltschikow: Berliner Tagebücher, S. 49.
56 Andreas-Friedrich: Der Schattenmann, S. 78.
57 Chicago Daily Tribune v. 18.11.1940.
58 Goebbels: Tagebücher, Teil 1, Bd. 8, S. 413–417.
59 Hill (Hrsg.). Die Weizsäcker Papiere, S. 224.
60 Churchill: Der Zweite Weltkrieg, Bd. 2, S. 316.
61 New York Times v. 14.11.1940; vgl. Berliner Morgenpost v. 14.11.1940.
62 Shirer: Berlin Diary, S. 451. Anders stellte Shirer sein Erlebnis in seinen Erinnerungen dar, denen zufolge er auf der Wilhelmstraße dem Tross der sowjetischen und deutschen Diplomaten auf dem Weg zum Luftschutzkeller des Auswärtigen Amtes begegnete. Vgl. Shirer: Jahrzehnt des Unheils, S. 462–464.
63 ADAP Serie D, Bd. 11,1, S. 478.
64 Churchill: Der Zweite Weltkrieg, Bd. 2, S. 318.
65 Smith: Feind schreibt mit, S. 56 f.
66 Boberach (Hrsg.): Meldungen aus dem Reich, Bd. 6, S. 1786 u. S. 1822 f.
67 Wassiltschikow: Berliner Tagebücher, S. 51 f. u. S. 60.
68 Boberach (Hrsg.): Meldungen aus dem Reich, Bd. 6, S. 1986.
69 Boberach (Hrsg.): Meldungen aus dem Reich, Bd. 6, S. 1847, S. 1834, S. 1869 u. S. 1878.
70 Pieken/Kruse: Das Haushaltsbuch, S. 83–85.
71 Erich Lohbauer: Berichte über die Luftangriffe auf die Reichshauptstadt Berlin. 41. Folge (Nachträge), LAB Rep. A 001–02, Nr. 700, Bl. 143–148.
72 The Observer v. 22.12.1940.
73 Goebbels: Tagebücher, Teil 1, Bd. 9, S. 63 f.
74 Heidemarie Scholz: Brief v. 26.11.2002 (Sammlung Kellerhoff).
75 Goebbels: Tagebücher, Teil 1, Bd. 9, S. 69.
76 Wassiltschikow: Berliner Tagebücher, S. 55.
77 Goebbels: Tagebücher, Teil 1, Bd. 9, S. 70.
78 Kirchner (Hrsg.): Flugblätter aus England 1939/1940/1941, S. 167; vgl. Boberach (Hrsg.): Meldungen aus dem Reich, Bd. 6, S. 1940.
79 Andreas-Friedrich: Der Schattenmann, S. 79 f.
80 Roloff: Die Rote Kapelle, S. 48.
81 Zit. n. Hennig: Marie Terwiel, S. 555.
82 Zit. n. Dokumente deutscher Kriegsschäden, 2. Beiheft, S. 64.
83 New York Times v. 14.3.1941.
84 Boberach (Hrsg.): Meldungen aus dem Reich, Bd. 6, S. 2126; vgl. Erich Lohbauer: Berichte über die Luftangriffe auf die Reichshauptstadt Berlin. 42. Folge, LAB Rep. A 001–02, Nr. 698, Bl. 6–14.
85 Das Schwarze Korps v. 17.4.1941.
86 Zit. n. Heiber/von Kotze (Hrsg.): Querschnitt durch Das Schwarze Korps, S. 42.

87 Goebbels: Tagebücher, Teil 1, Bd. 9, S. 203.
88 Los Angeles Times u. New York Times v. 24.3.1941.
89 Zit. n. Ueberschär/Wette (Hrsg.): Kriegsverbrechen, S. 304; vgl. DRZW, Bd. 3, S. 458 f.
90 Boelcke (Hrsg.): Wollt ihr den totalen Krieg?, S. 143.
91 Hill (Hrsg.): Die Weizsäcker-Papiere, S. 244.
92 Zit. n. Schochow: Bücherschicksale, S. 25.
93 Erich Lohbauer: Berichte über die Luftangriffe auf die Reichshauptstadt Berlin. 44. Folge, LAB Rep. A 001–02, Nr. 698, Bl. 24–35.
94 Goebbels: Tagebücher, Teil 1, Bd. 9, S. 241 f.
95 DNB-Meldung v. 10.4.1941 (Sammlung Kellerhoff).
96 Los Angeles Times v. 11.4.1941.
97 Kirchner (Hrsg.): Flugblätter aus England 1939/1940/1941, S. 182.

RUHE VOR DEM STURM

1 Vgl. Meffert: Das Haus der Staatsoper, S. 7–32 u. Fototafeln.
2 Vgl. Arnold/Janick: Sirenen und gepackte Koffer, S. 40.
3 Stand der Luftschutzbaumaßnahmen v. 10.5.1941, BArch Berlin R 4606/660, Bl. 372.
4 Arnold/Janick: Sirenen und gepackte Koffer, S. 44 f.
5 Boberach (Hrsg.): Meldungen aus dem Reich, Bd. 6, S. 2112.
6 Ebd., S. 2154.
7 Zit. n. Bandur: Meine KLV-Lagerzeit 1941, S. 19 f. u. S. 28.
8 Stange: Der verdammte Krieg, S. 29.
9 Zit. n. Franck/Asmus (Hrsg.): Heil Hitler, Herr Lehrer, S. 202.
10 Andreas-Friedrich: Der Schattenmann, S. 82.
11 Boberach (Hrsg.): Meldungen aus dem Reich, Bd. 6, S. 2286 f.
12 Hill (Hrsg.): Die Weizsäcker-Papiere, S. 257.
13 Vgl. z. B. Berliner Morgenpost, Deutsche Allgemeine Zeitung und Berliner Lokalanzeiger v. 13.5.1941.
14 Vgl. Völkischer Beobachter sowie The Times, New York Times, Chicago Daily Tribune u. Los Angeles Times v. 13.5.1941.
15 Andreas-Friedrich: Der Schattenmann, S. 83.
16 Wassiltschikow: Berliner Tagebücher, S. 74.
17 Danimann: Flüsterwitze, S. 44 f.
18 Boberach (Hrsg.): Meldungen aus dem Reich, Bd. 7, S. 2356 u. 2379; vgl. Völkischer Beobachter v. 24.5.1941.
19 Smith: Feind schreibt mit, S. 62.
20 Kennan: Memoiren eines Diplomaten, S. 138.
21 Smith: Feind schreibt mit, S. 66.
22 Kennan: Memoiren eines Diplomaten, S. 138.
23 Wassiltschikow: Berliner Tagebücher, S. 77.
24 Boberach (Hrsg.): Meldungen aus dem Reich, Bd. 7, S. 2426.
25 Goebbels: Tagebücher, Teil 1, Bd. 9, S. 398.
26 Domarus: Hitler, Bd. 4, S. 1731 f.
27 Goebbels: Tagebücher, Teil 1, Bd. 9, S. 400.
28 Andreas-Friedrich: Der Schattenmann, S. 86.
29 Goebbels: Tagebücher, Teil 1, Bd. 9, S. 408 u. S. 410.
30 Andreas-Friedrich: Der Schattenmann, S. 86.
31 Goebbels: Tagebücher, Teil 1, Bd. 9, S. 412 u. S. 415 f.
32 Boberach (Hrsg.): Meldungen aus dem Reich, Bd. 7, S. 2458 u. S. 2486.
33 Smith: Feind schreibt mit, S. 86 f.
34 Goebbels: Tagebücher, Teil 2, Bd. 1, S. 59.
35 Smith: Feind schreibt mit, S. 110.
36 Goebbels: Tagebücher, Teil 2, Bd. 1, S. 175 u S. 189.

37 Smith: Feind schreibt mit, S. 113.
38 Goebbels: Tagebücher, Teil 2, Bd. 1, S. 124.
39 Boberach (Hrsg.): Meldungen aus dem Reich, Bd. 7, S. 2578, S. 2592 u. S. 2608.
40 Goebbels: Tagebücher, Teil 2, Bd. 1, S. 183f.
41 Boberach (Hrsg.): Meldungen aus dem Reich, Bd. 7, S. 2618.
42 Völkischer Beobachter v. 7.8.1941.
43 Lamprecht: Und wehmütig bin ich immer noch, S. 54.
44 Goebbels: Tagebücher, Teil 2, Bd. 1, S. 205.
45 DRZW, Bd. 5.1, S. 885.
46 Boberach (Hrsg.): Meldungen aus dem Reich, Bd. 7, S. 2618 u. Bd. 8, S. 2684f.
47 Goebbels: Tagebücher, Teil 2, Bd. 1, S. 362.
48 Boberach (Hrsg.): Meldungen aus dem Reich, Bd. 8, S. 2724 u. S. 2746.
49 Akten deutscher Bischöfe, Bd. 5, S. 501.
50 Klein: Drinnen und draußen, S. 85.
51 Goebbels: Tagebücher, Teil 2, Bd. 1, S. 232.
52 Goebbels: Tagebücher, Teil 1, Bd. 8, S. 236 u. S. 238.
53 Zit. n. Gruner: Judenverfolgung in Berlin, S. 136.
54 Zit. n. Longerich (Hrsg.): Die Ermordung der europäischen Juden, S. 74.
55 Goebbels: Tagebücher, Teil 1, Bd. 9, S. 199.
56 Deutschkron: Ich trug den gelben Stern, S. 73f.
57 Goebbels: Tagebücher, Teil 1, Bd. 9, S. 264, u. Gruner: Judenverfolgung in Berlin, S. 143.
58 Pieken/Kruse: Das Haushaltsbuch, S. 89.
59 Goebbels: Tagebücher, Teil 1, Bd. 9, S. 265f.
60 Zit. n. Longerich: »Davon haben wir nichts gewusst!«, S. 167.
61 Goebbels: Tagebücher, Teil 1, Bd. 9, S. 292.
62 Akten der Parteikanzlei, Teil 1, Bl. 20700254.
63 RGBl I 1941, S. 547.
64 Kopie des Flugblattes (Sammlung Kellerhoff).
65 Völkischer Beobachter v. 6.9.1941.
66 Smith: Feind schreibt mit, S. 157.
67 Scheurenberg: Ich will leben, S. 80.
68 Deutschkron: Ich trug den gelben Stern, S. 85f.
69 Smith: Feind schreibt mit, S. 169.
70 Andreas-Friedrich: Der Schattenmann, S. 87.
71 Zit. n. Longerich: »Davon haben wir nichts gewusst!«, S. 176f.
72 Speer: Spandauer Tagebücher, S. 401.
73 Goebbels: Tagebücher, Teil 2, Bd. 1, S. 480.
74 Boberach (Hrsg.): Meldungen aus dem Reich, Bd. 8, S. 2849.
75 Klepper: Unter dem Schatten deiner Flügel, S. 555.
76 Pieken/Kruse: Das Haushaltsbuch, S. 95.
77 Goebbels: Tagebücher, Teil 2, Bd. 1, S. 480.
78 Henschel: Aus der Arbeit, S. 33f.
79 Akten der Parteikanzlei, Teil 2, Bl. 0678315f.
80 Friedländer: Man kann nicht eine halbe Jüdin sein, S. 63–65.
81 Henschel: Aus der Arbeit, S. 36f.
82 Klepper: Unter dem Schatten deiner Flügel, S. 565.
83 Goebbels: Tagebücher, Teil 2, Bd. 2, S. 247.
84 Scheurenberg: Ich will leben, S. 70.
85 New York Times v. 30.10.1941.
86 Kopie der Einziehungsverfügung gegen Martha »Sara« Arndt (geb. Cohn) v. 3.10.1941 (Sammlung Kellerhoff).
87 RGBl I 1941, S. 303.
88 New York Times v. 26.10.1941.
89 Smith: Feind schreibt mit, S. 165f.
90 Akten der Parteikanzlei, Teil 2, Bl. 07403–07406.
91 Lamprecht: Und wehmütig bin ich immer noch, S. 54.

92 Akten der Parteikanzlei, Teil 2, Bl. 062160–062169.
93 Lamprecht: Und wehmütig bin ich immer noch, S. 42.
94 Boberach (Hrsg.): Meldungen aus dem Reich, Bd. 8, S. 3044.
95 Zit. n. Bankier: Die öffentliche Meinung, S. 196.
96 Wette: Karl Jäger, S. 126.
97 Witte u.a. (Hrsg.): Dienstkalender Heinrich Himmlers, S. 278 u. Anm. 104.
98 Akten deutscher Bischöfe, S. 675, Anm. 1, u. S. 677.
99 Zit. n. Dörner: Die Deutschen und der Holocaust, S. 364f. u. S. 373.
100 Friedrich: Zeitfunken, S. 220f.
101 RGBl I 1939, S. 1609.
102 RGBl I 1942, S. 147f.
103 Benz (Hrsg.): Überleben im Dritten Reich, S. 57f.
104 Deutschkron: Ich trug den gelben Stern, S. 108.
105 Zit. n. Löhken/Vathke (Hrsg.): Juden im Widerstand, S. 130.
106 So ein Bericht des Überlebenden Robert Holzer nach einer Aufzeichnung von 1972, vgl. Löhken/Vathke (Hrsg.): Juden im Widerstand, S. 130 u. S. 156. Außerdem Scheffler: Brandanschlag, S. 99.
107 Berliner Lokalanzeiger und Berliner Morgenpost v. 13.5.1942; Völkischer Beobachter v. 14.5.1942.
108 Star Nr. 68/Winter 1942 (Kopie in der Sammlung Kellerhoff).
109 Boelcke (Hrsg.): Wollt ihr den totalen Krieg?, S. 235.
110 Boberach (Hrsg.): Meldungen aus dem Reich, Bd. 10, S. 3688.
111 Goebbels: Tagebücher, Teil 2, Bd. 4, S. 248.
112 Boberach (Hrsg.): Meldungen aus dem Reich, Bd. 10, S. 3720.
113 Goebbels: Tagebücher, Teil 2, Bd. 4, S. 236.
114 Berliner Illustrirte v. 11.6.1942.
115 Goebbels: Tagebücher, Teil 2, Bd. 4, S. 415.
116 Löhken/Vathke (Hrsg.): Juden im Widerstand, S. 132f.
117 Zit. n. Bankier: Die öffentliche Meinung, S. 196.
118 Zit. n. Eintrag in der Filmdatenbank des Fritz-Bauer-Instituts, http://www.cine-holocaust.de/cgi-bin/gdq?dfw00fbw003455.gd (zuletzt abgerufen am 16.6.2011).
119 Handzettel v. 17.7.1942 (Kopie in der Sammlung Kellerhoff).
120 Zit. n. Löhken/Vathke (Hrsg.): Juden im Widerstand, S. 134–137.
121 Zit. n. Scheffler: Brandanschlag, S. 93–97.
122 Goebbels: Tagebücher, Teil 2, Bd. 4, S. 318.
123 Boelcke (Hrsg.): Wollt ihr den totalen Krieg?, S. 242.
124 New York Times v. 18.6.1942.
125 Goebbels: Tagebücher, Teil 2, Bd. 4, S. 405.
126 Flugschrift »Die Sorge um Deutschlands Zukunft geht durch das Volk« (Kopie in der Sammlung Kellerhoff).
127 Zit. n. Steinbach/Tuchel: Widerstand gegen den Nationalsozialismus, S. 481.
128 Roloff: Die Rote Kapelle, S. 153.
129 Adolf Hitler: Betrifft Gnadenersuchen v. 21.7.1943 (Kopie in der Sammlung Kellerhoff).
130 Zit. n. Hennig: Maria Terwiel, S. 560f.
131 Boberach (Hrsg.): Meldungen aus dem Reich, Bd. 10, S. 3837.
132 Zit. n. Gruner: Judenverfolgung in Berlin, S. 154.
133 Henschel: Aus der Arbeit, S. 40.
134 Gottwaldt/Schulle: Die »Judendeportationen«, S. 188, S. 216 u. S. 242.
135 Lamprecht: Und wehmütig bin ich immer noch, S. 54f.
136 Henschel: Aus der Arbeit, S. 40.
137 Andreas-Friedrich: Der Schattenmann, S. 95f.
138 Zit. n. Gruner: Judenverfolgung in Berlin, S. 155f.
139 Strauss: Über dem Abgrund, S. 216.
140 Klepper: Unter dem Schatten deiner Flügel, S. 572, S. 646f. u. S. 650.

141 Zit. n. Thalmann: Jochen Klepper, S. 380.
142 Kardorff: Berliner Aufzeichnungen, S. 39.
143 Hill (Hrsg.): Die Weizsäcker-Papiere, S. 308.

WIEDER HAUPTZIEL

1 Kirchner (Hrsg.): Flugblätter aus England 1942, S. 84f., u. Holmes: The World at War, S. 298.
2 Boberach (Hrsg.): Meldungen aus dem Reich, Bd. 12, S. 4598.
3 Goebbels: Tagebücher Teil 2, Bd. 7, S. 132.
4 Akten der Parteikanzlei, Teil 2, Bl. 077439.
5 Munding: Dass ich nur noch selten schreibe, S. 43.
6 Boberach (Hrsg.): Meldungen aus dem Reich, Bd. 12, S. 4708.
7 Goebbels: Tagebücher Teil 2, Bd. 7, S. 135.
8 Zit. n. Kellerhoff: Mythos Führerbunker, S. 55.
9 Hammer/zur Nieden (Hrsg.): Sehr selten habe ich geweint, S. 154.
10 Friedlander: »Versuche, dein Leben zu machen«, S. 9–16 u. S. 100–110.
11 König: Den Netzen entronnen, S. 235.
12 Kaplan: Der Mut zum Überleben, S. 281.
13 Die Wehrmachtsberichte, Bd. 2, S. 427–429.
14 Boberach (Hrsg.): Meldungen aus dem Reich, Bd. 12, S. 4720.
15 Goebbels: Tagebücher Teil 2, Bd. 7, S. 229.
16 Zit. n. Dokumente deutscher Kriegsschäden, 2. Beiheft, S. 137f.
17 Boberach (Hrsg.): Meldungen aus dem Reich, Bd. 12, S. 4750.
18 Hammer/zur Nieden (Hrsg.): Sehr selten habe ich geweint, S. 277.
19 Juvet: Ich war dabei, S. 137.
20 Studnitz: Als Berlin brannte, S. 9f.
21 Zit. n. Franck/Asmus (Hrsg.): Heil Hitler, Herr Lehrer, S. 180.
22 Zit. n. Poliakov/Wulf (Hrsg.): Das Dritte Reich und seine Denker, S. 457–459.
23 Goebbels: Tagebücher Teil 2, Bd. 8, S. 37.
24 Goebbels: Tagebücher Teil 2, Bd. 7, S. 369.
25 Zit. n. Gruner: Widerstand in der Rosenstraße, S. 50.
26 Degen: Nicht alle waren Mörder, S. 25–32.
27 Zit. n. Benz (Hrsg.): Die Juden in Deutschland, S. 593.
28 Degen: Nicht alle waren Mörder, S. 33.
29 Weltlinger: Hast Du es schon vergessen?, S. 25.
30 Brief von Rudolf aus den Ruthen an Rudolf Brandt, Persönlicher Stab Reichsführer SS, v. 4.3.1943 (Kopie in der Sammlung Kellerhoff).
31 Zit. n. Benz (Hrsg.): Die Juden in Deutschland, S. 594.
32 Akten deutscher Bischöfe, Bd. 6, S. 19f.
33 Kardorff: Berliner Aufzeichnungen, S. 72.
34 Andreas-Friedrich: Der Schattenmann, S. 108.
35 Studnitz: Als Berlin brannte, S. 40.
36 Helene Braun: Brief v. 2.3.1943 (Kopie in der Sammlung Kellerhoff).
37 Gerhard Baucke: Brief v. 27.11.2002 (Sammlung Kellerhoff).
38 Peter Ulrich: Brief v. 23.11.2002 (Sammlung Kellerhoff).
39 Goebbels: Tagebücher Teil 2, Bd. 7, S. 459–461.
40 Bankier: Die öffentliche Meinung, S. 188.
41 Kardorff: Berliner Aufzeichnungen, S. 72.
42 Goebbels: Tagebücher Teil 2, Bd. 7, S. 487; vgl. Gruner: Widerstand in der Rosenstraße, S. 158f.
43 Zit. n. Neues Deutschland v. 6.11.1964.

44 Zit. n. Sandvoß: Widerstand in Mitte und Tiergarten, S. 326.
45 Akten deutscher Bischöfe, Bd. 6, S. 21–23.
46 Zit. n. Gruner: Widerstand in der Rosenstraße, S. 164.
47 Akten deutscher Bischöfe, Bd. 6, S. 25.
48 Munding: »Dass ich nur noch selten schreibe«, S, 48f.
49 Boberach (Hrsg.): Meldungen aus dem Reich, Bd. 13, S. 4902.
50 Gruchmann: Korruption im Dritten Reich, S. 573–575.
51 Goebbels: Tagebücher, Teil 2, Bd. 7, S. 572.
52 Goebbels: Tagebücher, Teil 2, Bd. 7, S. 618.
53 Gruchmann: Korruption im Dritten Reich, S. 580f.
54 Goebbels: Tagebücher, Teil 2, Bd. 8, S. 326 u. S. 502.
55 Akten der Parteikanzlei, Teil 2, Bl. 067228–067230.
56 Zit. n. Speer: Der Sklavenstaat, S. 353.
57 Zit. n. Bräutigam u.a. (Hrsg.): Zwangsarbeit in Berlin, S. 39.
58 Die Tageszeitung v. 20.4.2005.
59 Benz/Distel (Hrsg.): Der Ort des Terrors, Bd. 3, S. 100.
60 Deutschkron: Ich trug den gelben Stern, S. 115.
61 Marianne Wodrig: Eidesstattliche Versicherung v. 16.12.1957 (Kopie in der Sammlung Kellerhoff).
62 Tuchel (Hrsg.): Stille Helden, S. 15.
63 Weltlinger: Hast Du es schon vergessen?, S. 28.
64 Vgl. Riffel: Unbesungene Helden, S. 155f.
65 Zit. n. Tuchel (Hrsg.): Museum Blindenwerkstatt Otto Weidt, S. 71.
66 Friedlander: »Versuche, dein Leben zu machen«, S. 120–123.
67 Flugblatt VI der Weißen Rose (Kopie in der Sammlung Kellerhoff).
68 Andreas-Friedrich: Der Schattenmann, S. 114.
69 Friedrich: Zeitfunken, S. 230.
70 Kardorff: Berliner Aufzeichnungen, S. 82.
71 Kirchner: Flugblätter aus England 1943/44, S. 136f.
72 Kardorff: Berliner Aufzeichnungen, S. 96.
73 Boberach (Hrsg.): Meldungen aus dem Reich, Bd. 15, S. 5542.
74 Wassiltschikow: Berliner Tagebücher, S. 105.
75 Boberach (Hrsg.): Meldungen aus dem Reich, Bd. 15, S. 5562.
76 Wassiltschikow: Berliner Tagebücher, S. 108.
77 Handzettel v. 1.8.1943 (Kopie in der Sammlung Kellerhoff).
78 Goebbels: Tagebücher, Teil 2, Bd. 9, S. 204.
79 Studnitz: Als Berlin brannte, S. 96.
80 Rosenthal: Unser Bunker steht noch, S. 133.
81 Kardorff: Berliner Aufzeichnungen, S. 99.
82 Studnitz: Als Berlin brannte, S. 97.
83 Goebbels: Tagebücher, Teil 2, Bd. 9, S. 206.
84 Kardorff: Berliner Aufzeichnungen, S. 94f.
85 Goebbels: Tagebücher, Teil 2, Bd. 9, S. 206.
86 Friedrich: Zeitfunken, S. 232f.

LEBEN MIT DEM TOD

1 Zit. n. Webster/Frankland: The Strategic Air Offensive, Bd. 2, S. 48 u. S. 31, Anm. 2.
2 Speer: Erinnerungen, S. 297.
3 Boberach (Hrsg.): Meldungen aus dem Reich, Bd. 13, S. 5217.
4 Zit. n. Kettenacker (Hrsg.): Ein Volk von Opfern?, S. 87.
5 Zit. n. Groehler: Bombenkrieg, S. 180; vgl. DRZW Bd. 7, S. 76, u. Groehler: Bombenkrieg, S. 172–174.
6 Ribbe/Schmädeke (Hrsg.): Berlin im Europa der Neuzeit, S. 381; vgl. Kellerhoff: Hitlers Berlin, S. 59–65.

7 Goebbels: Tagebücher, Teil 2, Bd. 10, S. 318; vgl. Ursula Gebel: Brief v. 23.11.2002 (Sammlung Kellerhoff).
8 Franck/Asmus (Hrsg.): Heil Hitler, Herr Lehrer, S. 206.
9 Schulentlassungszeugnis Herbert Glaeser v. 17.3.1945 (Kopie in der Sammlung Kellerhoff).
10 Franck/Asmus (Hrsg.): Heil Hitler, Herr Lehrer, S. 208 f.
11 Rosemarie Biesel: Brief v. 28.11.2002 (Sammlung Kellerhoff).
12 Zit. n. Berliner Morgenpost v. 23.11.2003.
13 Kardorff: Berliner Aufzeichnungen, S. 119.
14 Dams/Stolle: Die Gestapo, S. 87.
15 Zit. n. Mallmann/Paul (Hrsg.): Die Gestapo, S. 296.
16 Schimmler: Recht ohne Gerechtigkeit, S. 27, S. 106, S. 109 u. S. 113.
17 Anklageschrift gegen Karlrobert Kreiten v. 1.9.1943 (Kopie in der Sammlung Kellerhoff).
18 Kreiten: Wen die Götter lieben, S. 37 f.
19 Urteil des Volksgerichtshofes gegen Karlrobert Kreiten v. 3.9.1943 (Kopie in der Sammlung Kellerhoff).
20 Völkischer Beobachter v. 15.9.1943; vgl. 12 Uhr Blatt u. Der Angriff v. 15.9.1943.
21 12 Uhr Blatt v. 20.9.1943.
22 Hassell: Die Hassell-Tagebücher, S. 394.
23 Boberach (Hrsg.): Meldungen aus dem Reich, Bd. 15, S. 5999.
24 Kirchner (Hrsg.): Flugblätter aus England 1943/1944, S. 238 f.
25 Wassiltschikow: Berliner Tagebücher, S. 131.
26 Studnitz: Als Berlin brannte, S. 141.
27 Alenfeld: Warum seid Ihr nicht ausgewandert?, S. 246.
28 Goebbels: Tagebücher, Teil 2, Bd. 10, S. 319.
29 Peter Jung: Brief v. 24.11.2002 (Sammlung Kellerhoff).
30 Luzie Kannewischer: Brief v. 27.11.2002 (Sammlung Kellerhoff).
31 Zit. n. Müller: Der Bombenkrieg, S. 185.
32 Willibald Ottmann: Brief o. D. [November 2002] (Sammlung Kellerhoff).
33 Kardorff: Berliner Aufzeichnungen, S. 129.
34 Ursula Gebel: Brief v. 23.11.2002 (Sammlung Kellerhoff).
35 Findahl: Letzter Akt – Berlin, S. 70 f.
36 Studnitz: Als Berlin brannte, S. 141–144.
37 Barbara Graff: Brief o. D. [November 2002] (Sammlung Kellerhoff).
38 Horst Rückert: Brief v. 27.11.2002 (Sammlung Kellerhoff).
39 Zit. n. Berliner Morgenpost v. 23.11.2003.
40 Erich Lohbauer: Berichte über die Luftangriffe auf die Reichshauptstadt Berlin, Zwischenbericht v. 24.11.1943, LAB Rep. A 001–02, Nr. 701, Bl. 171, sowie ders.: Berichte über die Luftangriffe auf die Reichshauptstadt Berlin, 137.–141. Folge, LAB Rep. A 001–02, Nr. 701, Bl. 174.
41 Zit. n. Girbig: Im Anflug auf die Reichshauptstadt, S. 110.
42 Wassiltschikow: Berliner Tagebücher, S. 146.
43 Zit. n. Klös/Frädrich/Klös: Die Arche Noah an der Spree, S. 126 f.
44 Goebbels: Tagebücher, Teil 2, Bd. 10, S. 339.
45 Boberach (Hrsg.): Meldungen aus dem Reich, Bd. 15, S. 6167 f.
46 Andreas-Friedrich: Der Schattenmann, S. 127; vgl. Schneider: »Und wenn wir nur eine Stunde gewinnen …«, S. 111–114.
47 Friedrich: Zeitfunken, S. 235.
48 Klein: Vera und der braune Glücksmann, S. 19.
49 Wassiltschikow: Berliner Tagebücher, S. 160 f.
50 Kardorff: Berliner Aufzeichnungen, S. 138.
51 Boberach (Hrsg.): Meldungen aus dem Reich, Bd. 15, S. 6187.
52 Friedlander: »Versuche, dein Leben zu machen«, S. 161–167.

53 Renate Knispel: Brief o. D. [November 2002] (Sammlung Kellerhoff).
54 Erich Nieswandt: Brief v. 26.11.2002 (Sammlung Kellerhoff).
55 Degen: Nicht alle waren Mörder, S. 121 u. S. 205.
56 Akten der Parteikanzlei, Teil 1, Bl. 10111298.
57 Wassiltschikow: Berliner Tagebücher, S. 173 u. S. 178.
58 Leopold Deutsch: Brief v. 22.11.2002 (Sammlung Kellerhoff).
59 Boberach (Hrsg.): Meldungen aus dem Reich, Bd. 16, S. 6379.
60 Akten der Parteikanzlei, Teil 2, Bl. 054806.
61 Goebbels: Tagebücher, Teil 2, Bd. 11, S. 431.
62 Studnitz: Als Berlin brannte, S. 175 f.
63 Renate Holtz: Brief v. 26.11.2002 (Sammlung Kellerhoff).
64 Eva Schliep: Brief o. D. [November 2002] (Sammlung Kellerhoff).
65 Heimatmuseum Lichtenberg (Hrsg.): »Wie Silberfische …«, S. 84.
66 Völkischer Beobachter v. 8.3.1944.
67 Kardorff: Berliner Aufzeichnungen, S. 172.
68 Arnold/Janick: Sirenen und gepackte Koffer, S. 86 f.
69 Andreas-Friedrich: Der Schattenmann, S. 137 f.
70 Schneider: »Und wenn wir nur eine Stunde gewinnen …«, S. 120 f.
71 Schneider: »Und wenn wir nur eine Stunde gewinnen …«, S. 122.
72 Hillenbrand: Nicht mit uns, S. 114.
73 Friedlander (geb. Bendheim): »Versuche, dein Leben zu machen«, S. 167–170 u. S. 183.
74 Wyden: Stella, S. 160.
75 Hillenbrand: Nicht mit uns, S. 108; vgl. Wyden: Stella, S. 259 f.
76 Tausendfreund: Erzwungener Verrat, S. 107 u. S. 114.
77 Weltlinger: Hast Du es schon vergessen?, S. 27.
78 Rosentahl: Zwei Leben, S. 64.
79 Degen: Nicht alle waren Mörder, S. 215 f.
80 Boberach (Hrsg.): Meldungen aus dem Reich, Bd. 17, S. 6651.
81 Studnitz: Als Berlin brannte, S. 190.
82 Godin: Strafjustiz in rechtloser Zeit, S. 31.
83 Keil: Oertzen, S. 139 f.
84 Friedrich: Zeitfunken, S. 238.
85 Wassiltschikow: Berliner Tagebücher, S. 236 f.
86 Agde (Hrsg.): Carl-Hans Graf von Hardenberg, S. 41–43.
87 Rudolf Bentz: Brief v. 1.12.2002 (Sammlung Kellerhoff).
88 Agde (Hrsg.): Carl-Hans Graf von Hardenberg, S. 43 f.
89 Domarus: Hitler, Bd. 4, S. 2128.
90 Keil: Oertzen, S. 142, S. 150 u. S. 155.
91 Findahl: Letzter Akt – Berlin, S. 119–121.
92 Friedrich: Zeitfunken, S. 238.
93 Boberach (Hrsg.): Meldungen aus dem Reich, Bd. 17, S. 6643–6645.
94 Andreas-Friedrich: Der Schattenmann, S. 168.
95 Ursula Kleinmichel: Haushaltsbuch 1.6.1943–30.9.1945 (Kopie in der Sammlung Kellerhoff).
96 Renate Holtz: Brief v. 26.11.2002 (Sammlung Kellerhoff).
97 Wette/Bremer/Vogel (Hrsg.): Das letzte halbe Jahr, S. 85, S. 72, S. 127 u. S. 131.
98 Goebbels: Tagebücher, Teil 2, Bd. 8, S. 117 f.
99 Klaus Krause: Brief v. 3.12.2002 (Sammlung Kellerhoff).
100 Kardorff: Berliner Aufzeichnungen, S. 273.
101 Andreas-Friedrich: Der Schattenmann, S. 192.
102 Goebbels: Tagebücher, Teil 2, Bd. 15, S. 119.
103 Besymenski (Hrsg.): Die letzten Notizen, S. 64.
104 Goebbels: Tagebücher, Teil 2, Bd. 15, S. 134.
105 Junge: Bis zur letzten Stunde, S. 174.

SCHLACHTFELD

1 Barbara Graff: Brief o. D. [November 2002] (Sammlung Kellerhoff).
2 Kurt Wafner: Tagebuch v. 18.1.1945 (Kopie in der Sammlung Kellerhoff).
3 Wette/Bremer/Vogel (Hrsg.): Das letzte halbe Jahr, S. 164.
4 Studnitz: Als Berlin brannte, S. 236.
5 Kardorff: Berliner Aufzeichnungen, S. 281 f.
6 Kurt Wafner: Tagebuch v. 23.1.1945 (Kopie in der Sammlung Kellerhoff).
7 Rita Burgschweiger: Brief v. 26.11.2002 (Sammlung Kellerhoff).
8 Webster/Frankland: The Strategic Air Offensive, Bd. 4, S. 52.
9 Groehler: Bombenkrieg, S. 385.
10 Alenfeld: Warum seid Ihr nicht ausgewandert?, S. 382.
11 Eva Reichel: Brief v. 3.12.2002 (Sammlung Kellerhoff).
12 Elisabeth Poschinger: Brief v. 23.11.2002 (Sammlung Kellerhoff).
13 Otto Leonhardt: Brief o. D. [November 2002] (Sammlung Kellerhoff).
14 Luzie Kannewischer: Brief v. 27.11.2002 (Sammlung Kellerhoff).
15 Veronika Kandel: Brief v. 28.11.2002 (Sammlung Kellerhoff).
16 Studnitz: Als Berlin brannte, S. 244.
17 Alfred Wolfermann (in Vertretung): Berichte über die Luftangriffe auf die Reichshauptstadt Berlin, 240. Folge, LAB Rep. A 001–02, Nr. 703, Bl. 15–18 Export.
18 Kardorff: Berliner Aufzeichnungen, S. 287.
19 Washington Post u. New York Times v. 4.2.1945.
20 Der Angriff u. Berliner Morgenpost v. 7.2.1945.
21 Wette/Bremer/Vogel (Hrsg.): Das letzte halbe Jahr, S. 235–242.
22 Ursula Kleinmichel: Haushaltsbuch 1.6.1943–30.9.1945 (Kopie in der Sammlung Kellerhoff).
23 Andreas-Friedrich: Der Schattenmann, S. 210.
24 Günter Marquardt: Brief v. 30.11.2002 (Sammlung Kellerhoff).
25 Christa Rohnke: Brief v. 24.11.2002 (Sammlung Kellerhoff).
26 Hedwig Schob: Tagebuch v. 28.3.1945 (http://www.zeitstimmen.de/index.php?page=detail&id=147813652&bw=, zuletzt abgerufen am 30.6.2011).
27 Edeltraut Ludwig: Brief v. 26.11.2002 (Sammlung Kellerhoff).
28 Zit. n. Benz (Hrsg.): Die Juden in Deutschland, S. 696.
29 Wette/Bremer/Vogel (Hrsg.): Das letzte halbe Jahr, S. 310.
30 Studnitz: Als Berlin brannte, S. 266 f.
31 Zit. n. Rürup (Hrsg.): Berlin 1945, S. 49.
32 Dreetz (Hrsg.): Kriegsende, S. 91.
33 Hammer/zur Nieden (Hrsg.): Sehr selten habe ich geweint, S. 308.
34 Ursula Kleinmichel: Haushaltsbuch 1.6.1943–30.9.1945 (Kopie in der Sammlung Kellerhoff).
35 Kurt Wafner: Tagebuch v. 14.4.1945 (Kopie in der Sammlung Kellerhoff).
36 Hirschfeld/Renz (Hrsg.): »Vormittags die ersten Amerikaner«, S. 122.
37 Zit. n. http://www.zeitstimmen.de/index.php?page=detail&id=1315057694&bw= (zuletzt abgerufen am 1.7.2011).
38 Wette/Bremer/Vogel (Hrsg.): Das letzte halbe Jahr, S. 337 f. u. S. 355.
39 Die Wehrmachtsberichte, Bd. 3, S. 540 f.
40 Böthig/Walther (Hrsg.): Die Russen sind da, S. 69.
41 Hammer/zur Nieden (Hrsg.): Sehr selten habe ich geweint, S. 447 u. S. 310.
42 Zit. n. Kempowski (Hrsg): Das Echolot. Abgesang '45, S. 81.
43 Norberta Oblöser: Tagebuch v. 21.4.1945 (Auszüge in der Sammlung Kellerhoff).
44 Findahl: Letzter Akt Berlin, S. 146.
45 Kurt Wafner: Tagebuch v. 21.4.1945 (Kopie in der Sammlung Kellerhoff).
46 Alenfeld: Warum seid Ihr nicht ausgewandert?, S. 415.
47 Hammer/zur Nieden (Hrsg.): Sehr selten habe ich geweint, S. 311.

48 Eva Schliep: Brief o. D. [November 2002] (Sammlung Kellerhoff).
49 Zit. n. Jacobs: Freiwild, S. 165.
50 Findahl: Letzter Akt Berlin, S. 153–159.
51 Eberhard Bethge/Heinz Haushofer: Bericht vom 29.5. u. 2.6.1945 (Kopie in der Sammlung Kellerhoff).
52 Alenfeld: Warum seid Ihr nicht ausgewandert?, S. 418.
53 Weltlinger: Hast Du es schon vergessen?, S. 27.
54 Rosenthal: Zwei Leben in Deutschland, S. 89f.
55 Degen: Nicht alle waren Mörder, S. 281–284.
56 Lamprecht: Und wehmütig bin ich immer noch, S. 93–97.
57 Die Welt v. 18.1.2008.
58 Eva Schliep: Brief o. D. [November 2002] (Sammlung Kellerhoff).
59 Friedrich: Zeitfunken, S. 256.
60 Edeltraut Ludwig: Brief v. 26.11.2002 (Sammlung Kellerhoff).
61 Eberhard Beigel: Brief v. 22.11.2002 (Sammlung Kellerhoff).
62 Kellerhoff: Berlin unterm Hakenkreuz, S. 71.
63 Ursula Kleinmichel: Haushaltsbuch 1.6.1943–30.9.1945 (Kopie in der Sammlung Kellerhoff).

NACH DEM KRIEG

1 Boveri: Tage des Überlebens, S. 113.
2 Andreas-Friedrich: Schauplatz Berlin, S. 189.
3 Leonhard: Die Revolution entlässt ihre Kinder, S. 450–454.
4 Andreas-Friedrich: Schauplatz Berlin, S. 193.
5 Berlin. Kampf um Freiheit und Selbstverwaltung 1945/46, S. 66f.
6 Ursula Kleinmichel: Haushaltsbuch Juni 1945 (Kopie in der Sammlung Kellerhoff).
7 Clay: Entscheidung in Deutschland, S. 41.
8 Lamprecht: Und wehmütig bin ich immer noch, S. 112.
9 Andreas-Friedrich: Schauplatz Berlin, S. 198f.
10 Zit. n. Alliierten-Museum Berlin (Hrsg.): Berlin 1945, S. 31 u. S. 65–67.
11 Andreas-Friedrich: Schauplatz Berlin, S. 204.
12 New York Times v. 4.7.1945.

QUELLEN UND LITERATUR

1. ARCHIVALIEN

Der Beauftragte für die Stasi-Unterlagen Berlin (BStU)
Bestand MfS HA IX/11: RHE-West 326.
Bestand MfS HA IX/11 UTA:
1; 2/1; 3; 5; 6/2; 7; 9; 12; 26; 31; 32.
Bestand MfS HA XX/4: 447.

Bundesarchiv Berlin (BArch)
Bestand R 43 I (Reichskanzlei):
1531; 1533; 1583.
Bestand R 43 II (Reichskanzlei):
276; 1036a; 1040; 1040a; 1042; 1042a; 1042b; 1043; 1044; 1060c; 1294; 1294a; 1294b; 1296; 1297; 1298; 1299; 1300; 1300a; 1301; 1301a; 1301b; 4272a.
Bestand R 4606 (Generalbauinspektor für die Reichshauptstadt): 4995.

Gedenkstätte Deutscher Widerstand Berlin (GDW)
Bethge, Eberhard (unter Mitarbeit von Heinz Haushofer): Bericht über die Sonderabteilung der ehemaligen Geheimen Staatspolizei im Zellengefängnis Moabit, Lehrter Straße 3, zusammengestellt am 14.7.1945. Typoskript Berlin 1945.
Tuchel, Johannes: Die Mordaktion am Zellengefängnis Lehrter Straße 3 zwischen dem 22. und dem 24.4.1945 (Materialsammlung). Typoskript Berlin 2010.

Landesarchiv Berlin (LAB)
Bestand Rep A 001–02
(Generalbüro beim Magistrat)
695; 696; 697; 698; 699; 700; 701.

Sammlung Sven Felix Kellerhoff Berlin
Haushaltsbuch von Ursula Kleinmichel 1943–1945.
Material zur Volkszählung 1939.
Material zur »Fabrikaktion« 1943.
Material zur »Judenfrage« 1935–1943.
Zeitzeugenerinnerungen über Berlin im Luftkrieg 2002.
Varia.

2. PERIODIKA

Addressbücher Berlin; Der Angriff; Berlin in Zahlen; Berliner Börsen-Zeitung; Berliner Illustrirte; Berliner Lokal-Anzeiger; Berliner Morgenpost; Chicago Daily Tribune; Deutsche Allgemeine Zeitung; Deutsche Polizei; Frankfurter Zeitung; Frankfurter Allgemeine Zeitung; Illustrierter Beobachter; Los Angeles Times; Manchester Guardian; Neue Zürcher Zeitung; New York Times; Notizblatt des Botanischen Gartens; The Observer; Das Reich; Reichsgesetzblatt Teil I; Der Spiegel; Süddeutsche Zeitung; Der Tagesspiegel; The Times; Völkischer Beobachter; Washington Post; Die Welt; Welt am Sonntag; Wirtschaft und Statistik; 12 Uhr Blatt (teilweise über Ausschnitts- oder Digitalarchive ausgewertet).

3. GEDRUCKTE QUELLEN

Agde, Günter (Hrsg.): Carl-Hans Graf von Hardenberg. Ein deutsches Schicksal im Widerstand. Dokumente und Auskünfte. Berlin 1994.
Akten der Parteikanzlei der NSDAP. Rekonstruktion eines verloren gegangenen Bestandes. 2 Teile in 6 Bden. München 1983–1992.
Akten deutscher Bischöfe über die Lage der Kirche 1933–1945. 6 Bde. Mainz 1968–1985.

Akten zur deutschen Auswärtigen Politik 1918–1945. Serie D: 1937–1941. 13 Bde. in 16 Teilbänden. Baden-Baden u.a. 1950–1970.

Akten zur deutschen Auswärtigen Politik 1918–1945. Serie E: 1941–1945. 8 Bde. Göttingen 1969–1979.

Alenfeld, Irène: Warum seid Ihr nicht ausgewandert? Überleben in Berlin 1933–1945. Berlin 2008.

Altner, Helmut/Le Tissier, Tony: Totentanz Berlin. Neuausgabe Berlin 2009 (zuerst 1947).

Aly, Götz u.a. (Hrsg.): Die Verfolgung und Ermordung der europäischen Juden durch das nationalsozialistische Deutschland 1933–1945. Bd. 2: Deutsches Reich 1938–August 1939. Bearbeitet von Susanne Heim. München 2009.

Andreas-Friedrich, Ruth: Der Schattenmann. Tagebuchaufzeichnungen 1938–1945. Berlin 1947.

Dies.: Schauplatz Berlin. Ein Tagebuch, aufgezeichnet 1938–1945. Neuausgabe Reinbek 1964 (zuerst 1962).

Dies.: Der Schattenmann/Schauplatz Berlin. Tagebuchaufzeichnungen 1938–1948. Neuausgabe mit einem Nachwort von Jörg Drews. Frankfurt/M. 2000.

Bandur, Renate: Meine KLV-Lagerzeit 1941. Briefe und Dokumente. Bochum 2004.

Dies.: Von Berlin in das Sudetenland. Meine KLV-Lagerzeit 1944/45. Bochum 2006.

Besymenski, Lew (Hrsg.): Die letzten Notizen von Martin Bormann. Ein Dokument und sein Verfasser. Stuttgart 1974.

Boberach, Heinz (Hrsg.): Meldungen aus dem Reich. Die geheimen Lageberichte des Sicherheitsdienstes der SS 1939–1944. 17 Bde. und Registerband. Neuausgabe Herrsching 1984 (zuerst 1965).

Boelcke, Willi A. (Hrsg.): Wollt ihr den totalen Krieg? Die geheimen Goebbels-Konferenzen 1939–1943. Stuttgart 1967.

Böthig, Peter/Walther, Peter (Hrsg.): Die Russen sind da. Kriegsalltag und Neubeginn 1945 in Tagebüchern aus Brandenburg. Berlin 2011.

Boveri, Margret: Tage des Überlebens. Berlin 1945. Berlin 2004.

Der Bundesminister für Vertriebene, Flüchtlinge und Kriegsgeschädigte (Hrsg.): Dokumente deutscher Kriegsschäden. 7 Bde. in 10 Teilbänden. Bonn 1958–1971.

Churchill, Winston S.: Der Zweite Weltkrieg. 6 Bde. Bern 1948–1954.

Clay, Lucius D.: Entscheidung in Deutschland. Frankfurt/M. 1950.

Dahlerus, Birger: Der letzte Versuch. London – Berlin Sommer 1939. München 1948.

Danimann, Franz (Hrsg.): Flüsterwitze und Spottgedichte unterm Hakenkreuz. Wien u.a. 1983.

Degen, Michael: Nicht alle waren Mörder. Eine Kindheit in Berlin. München 1999.

Deutschkron, Inge: Ich trug den gelben Stern. Gütersloh o. J. [1978].

Domarus, Max (Hrsg.): Hitler. Reden und Proklamationen 1932–1945. 4 Bde. Leonberg 1988 (zuerst 1962).

Douhet, Giulio: Luftherrschaft. Leipzig 1935.

Dreetz, Dieter: Kriegsende. Erlebnisse von Schülern der Körner- und späteren Hegelschule vom Januar bis Mai 1945. o. O. [Berlin] o. J. [2005].

Echternkamp, Jörg (Hrsg.): Kriegsschauplatz Deutschland 1945. Leben in Angst – Hoffnung auf Frieden. Feldpost aus der Heimat und von der Front. Paderborn u.a. 2006.

Fallada, Hans: Über den doch vorhandenen Widerstand der Deutschen gegen den Hitler-Terror. In: Aufbau 3 (1945), S. 211–218.

Ders.: Jeder stirbt für sich allein. Roman. Neuausgabe Berlin 2011 (zuerst 1947).

Findahl, Theo: Letzter Akt – Berlin 1939–1945. Hamburg 1946.

Friedländer, Vera: Man kann nicht eine halbe Jüdin sein. Kiel 1996.

Friedlander, Margot/Schwerdtfeger, Malin: »Versuche, dein Leben zu machen«. Als Jüdin versteckt in Berlin. Reinbek 2008.
Friedrich, Karin: Zeitfunken. Biografie einer Familie. München 2000.
Freytag von Loringhoven, Bernd/d'Alançon, François: Mit Hitler im Bunker. Die letzten Monate im Führerhauptquartier, Juli 1944–April 1945. Berlin 2006.
Gedenkbuch Berlins der jüdischen Opfer des Nationalsozialismus. »Ihre Namen mögen nie vergessen werden!« Berlin 1995.
Gelfand, Wladimir: Deutschland-Tagebuch 1945/46. Aufzeichnungen eines Rotarmisten. Berlin 2005.
Glatzer, Ruth (Hrsg.): Berlin zur Weimarer Zeit. Panorama einer Metropole 1919–1933. Berlin 2000.
Godin, Hans von: Strafjustiz in rechtloser Zeit. Mein Ringen um Menschenleben in Berlin 1943–1945. Berlin 1990.
Goebbels, Joseph: Die Tagebücher von Joseph Goebbels. Teil 1. Aufzeichnungen 1923–1941. Hrsg. von Elke Fröhlich. 9 Bde. in 14 Teilbänden. München u.a. 1998–2004.
Ders.: Die Tagebücher von Joseph Goebbels. Teil 2: Diktate 1941–1945. 15 Bde. Hrsg. von Elke Fröhlich. München 1993–1996.
Ders.: Die Tagebücher von Joseph Goebbels. Teil 3. Register. 3 Bde. München 2005–2008.
Gostomski, Victor von/Loch, Walter: Der Tod von Plötzensee. Erinnerungen, Ereignisse, Dokumente 1942–1944. Frankfurt/M. 1993.
Hammer, Ingrid/zur Nieden, Susanne (Hrsg.): Sehr selten habe ich geweint. Briefe und Tagebücher aus dem Zweiten Weltkrieg von Menschen aus Berlin. Zürich 1992.
Hassell, Ulrich von: Die Hassell-Tagebücher 1938–1944. Aufzeichnungen vom andern Deutschland. Berlin 1988.
Heiber, Helmut/von Kotze, Hildegard: Facsimile – Querschnitt durch das Schwarze Korps. Bern u.a. o. J. [1968].
Heimatmuseum Lichtenberg (Hrsg.): »Wie Silberfische flimmerten Bomber am Himmel«. Erinnerungen an das Inferno des Krieges in Berlin-Lichtenberg 1940–1945. Berlin 2004.
Henschel, Hildegard: Aus der Arbeit der jüdischen Gemeinde Berlin während der Jahre 1941 bis 1943. In: Zeitschrift für die Geschichte der Juden 9 (1972), S. 33–53.
Hill, Leonidas E. (Hrsg.): Die Weizsäcker-Papiere 1933–1950, Frankfurt/M. 1974.
Hirschfeld, Gerhard/Renz, Irina (Hrsg.): »Vormittags die ersten Amerikaner«. Stimmen und Bilder vom Kriegsende 1945. Stuttgart 2005.
Holmes, Richard (Hrsg.): The World at War. The Landmark Oral History from the Previously Unpublished Archives. London 2007.
Jochmann, Werner (Hrsg.): Adolf Hitler. Monologe im Führerhauptquartier 1941–1944. Die Aufzeichnungen Heinrich Heims. Hamburg 1980.
Junge, Traudl: Bis zur letzten Stunde. Hitlers Sekretärin erzählt ihr Leben. Unter Mitarbeit von Melissa Müller. München 2002.
Juvet, René: Ich war dabei. 20 Jahre Nationalsozialismus, 1923–1943. Ein Tatsachenbericht. Zürich u.a. 1944.
Kardorff, Ursula von: Berliner Aufzeichnungen 1942–1945. Neuausgabe hrsg. von Peter Hartl. München 1992.
Keil, Lars-Broder (Hrsg.): Hans-Ulrich von Oertzen. Offizier und Widerstandskämpfer. Ein Lebensbild in Briefen und Erinnerungen. Berlin 2005.
Kellerhoff, Sven Felix/Giebel, Wieland (Hrsg.): Als die Tage zu Nächten wurden. Berliner Schicksale im Luftkrieg. Berlin 2003.
Kempka, Erich: Ich habe Adolf Hitler verbrannt. München o. J. [1951].

Kempowski, Walter (Hrsg.): Das Echolot. Ein kollektives Tagebuch. Januar und Februar 1943. 4 Bde. München 1993.

Ders. (Hrsg.): Das Echolot. Fuga furiosa. Ein kollektives Tagebuch. Winter 1945. 4 Bde. München 1999.

Ders. (Hrsg.): Das Echolot. Barbarossa '41. Ein kollektives Tagebuch. München 2002.

Ders. (Hrsg.): Das Echolot. Abgesang '45. Ein kollektives Tagebuch. München 2005.

Kennan, George F.: Memoiren eines Diplomaten. Stuttgart 1968.

Kirchner, Klaus (Hrsg.): Flugblätter aus England G-1942. Erlangen 1974.

Ders. (Hrsg.): Flugblätter aus England 1939/1940/1941. Erlangen 1978.

Ders. (Hrsg.): Flugblätter aus England G-1943, G-1944. Erlangen 1979.

Klein, Fritz: Drinnen und draußen. Ein Historiker in der DDR. Erinnerungen. Frankfurt/M. 2000.

Klepper, Jochen: Unter dem Schatten deiner Flügel. Aus den Tagebüchern der Jahre 1932–1942. Stuttgart 1971.

König, Joel [d.i. Ben Gershom, Ezra]: Den Netzen entronnen. Die Aufzeichnungen des Joel König. Göttingen 1967.

Kreiten, Theo: Wen die Götter lieben ... Erinnerungen an Karlrobert Kreiten. Düsseldorf 1947.

Lambart, Friedrich: Tod eines Pianisten. Karlrobert Kreiten und der Fall Werner Höfer. Berlin 1988.

Lampe, Albrecht (Hrsg.): Berlin. Kampf um Freiheit und Selbstverwaltung 1945/46. Berlin 1957.

Lamprecht, Günter: Und wehmütig bin ich immer noch. Eine Jugend in Berlin. Neuausgabe Köln 2006.

Lehmann, Armin D.: Der letzte Befehl. Als Hitlers Botenjunge im Führerbunker. Bergisch Gladbach 2003.

Leonhard, Wolfgang: Die Revolution entlässt ihre Kinder. Neuausgabe Köln 2005 (zuerst 1955).

Longerich, Peter (Hrsg.): Die Ermordung der europäischen Juden. Eine umfassende Dokumentation des Holocaust 1941–1945. München u.a. 1990.

Meffert, Erich: Das Haus der Staatsoper und seine neue Gestaltung. Dargebracht von der Generalintendanz der preußischen Staatstheater. Leipzig 1944.

Michaelis, Herbert/Schraepler, Ernst (Hrsg.): Ursachen und Folgen. Vom deutschen Zusammenbruch 1918 und 1945 bis zur staatlichen Neuordnung Deutschlands in der Gegenwart. 26 Bde. in 28 Bden. Berlin 1958–1980.

Misch, Rochus/Zarrinbal, Sandra/Nachtigall, Burkhard: Der letzte Zeuge. »Ich war Hitlers Telefonist, Kurier und Leibwächter«. Zürich u.a. 2008.

Mühlen, Bengt von zur (Hrsg.): Der Todeskampf der Reichshauptstadt. Berlin u.a. 1994.

Munding, Friedrich: Dass ich nur noch selten schreibe. Briefe aus Berlin 1940–1943. Hrsg. von Werner Trapp. Berlin 1985.

Ortel, Karl/Speer, Dietrich: Die Sirenen von Berlin. Bilder, Zahlen und Erinnerungen. Krailing 2005.

Picker, Henry: Hitlers Tischgespräche im Führerhauptquartier. Neuausgabe Berlin 1989 (zuerst 1951).

Poliakov, Léon/Wulf, Joseph (Hrsg.): Das Dritte Reich und seine Denker. Neuausgabe München 1978 (zuerst 1959).

Der Prozess gegen die Hauptkriegsverbrecher vor dem Internationalen Militärgerichtshof. Nürnberg 14. November 1945–1. Oktober 1946. 23 Bde. Nürnberg 1948.

Rosenthal, Hannelore: Unser Bunker steht noch. Ein Kreuzberger Haus im Krieg. Berlin 1994.

Rosenthal, Hans: Zwei Leben in Deutschland. Bergisch-Gladbach 1980.

Rothman, Herman: Hitler's Will. Stroud 2009.
Schäfer, Hans Dieter (Hrsg.): Berlin im Zweiten Weltkrieg. Der Untergang der Reichshauptstadt in Augenzeugenberichten. München u.a. 1985.
Scheurenberg, Klaus: Ich will leben. Ein autobiographischer Bericht. Berlin 1982.
Schmidt, Paul [Otto]: Statist auf diplomatischer Bühne 1923–1945. Erlebnisse des Chefdolmetschers im Auswärtigen Amt mit den Staatsmännern Europas. Neuausgabe 1984 (zuerst 1949).
Schönhaus, Cioma: Der Passfälscher. Die unglaubliche Geschichte eines jungen Grafikers, der im Untergrund gegen die Nazis kämpfte. Frankfurt/M. 2004.
Schroeder, Christa: Er war mein Chef. Aus dem Nachlass der Sekretärin von Adolf Hitler. Hrsg. von Anton Joachimsthaler. Coburg 1999 (zuerst 1985).
Shirer, William L.: Das Jahrzehnt des Unheils. Meine Erlebnisse und Erfahrungen in Deutschland und Europa 1930–1940. Neuausgabe München 1989 (zuerst 1986).
Ders.: Aufstieg und Fall des Dritten Reiches. Neuausgabe Bindlach 1990 (zuerst 1961).
Ders.: This is Berlin. Rundfunkreportagen aus Deutschland 1939/40. Hrsg. von Clemens Vollnhals. Leipzig 1999.
Ders.: Berlin Diary. The Journal of a Foreign Correspondent 1934–1941. Neuausgabe o. O. 2004 (zuerst 1941).
Smith, Howard K.: Feind schreibt mit. Ein amerikanischer Korrespondent erlebt Nazi-Deutschland. Frankfurt/M. 1986 (zuerst 1982).
Sombart, Nicolaus: Jugend in Berlin 1933–1943. Ein Bericht. München u.a. 1984.
Sopade: Deutschland-Berichte der Sozialdemokratischen Partei Deutschlands 1934–1940. 7 Bde. Frankfurt/M. 1989 (zuerst 1980).
Speer, Albert: Erinnerungen. Berlin 1969.
Ders.: Spandauer Tagebücher. Berlin u.a. 1975.
Stange, Gisela: Der verdammte Krieg. Erfahrungen 1939–1945. Norderstedt 2003.
Strauss, Herbert A.: Über dem Abgrund. Eine jüdische Jugend in Deutschland 1918–1943. Frankfurt/M. u.a. 1997.
Studnitz, Hans-Georg von: Als Berlin brannte. Diarium der Jahre 1943–1945. Stuttgart 1963.
Süßmilch, Waltraud: Im Bunker. Eine Überlebende berichtet vom Bombenkrieg in Berlin. Berlin 2004.
Trevor-Roper, Hugh R. (Hrsg.): The Bormann Letters. The Private Correspondence Between Martin Bormann and His Wife from January 1943 to April 1945. London 1954.
Wassiltschikow, Marie: Die Berliner Tagebücher der »Missie« Wassiltschikow 1940–1945. Berlin 1987.
Weltlinger, Siegmund: Hast Du es schon vergessen? Erlebnisbericht aus der Zeit der Verfolgung. Berlin 1954.
Die Wehrmachtberichte 1939–1945. 3 Bde. Neuausgabe Köln 1989 (zuerst 1942–1962).
Wette, Wolfram/Bremer, Ricarda/Vogel, Detlev (Hrsg.): Das letzte halbe Jahr. Stimmungsberichte der Wehrmachtpropaganda 1944/45. Essen 2001.
Witte, Peter u.a. (Hrsg.): Der Dienstkalender Heinrich Himmlers 1941/42. Hamburg 1999.

4. LITERATUR

Allierten-Museum Berlin (Hrsg.): Berlin 1945: Der Private Blick. Fotografien amerikanischer, britischer und französischer Soldaten. Berlin o. J. [2005].
Angerer, Henning: Flakbunker. Betonierte Geschichte. Hamburg 2000.

Arbeitsgruppe Pädagogisches Museum/ Franck, Norbert/Asmus, Gesine (Hrsg.): Heil Hitler, Herr Lehrer. Volksschule 1933–1945. Das Beispiel Berlin. Reinbek 1983.

Arnold, Angela M./Griesheim, Gabriele von: Trümmer, Bahnen und Bezirke. Berlin 1945–1955. Berlin 2002.

Arnold, Dietmar/Arnold, Ingmar/Salm, Frieder: Dunkle Welten. Bunker, Tunnel und Gewölbe unter Berlin. Berlin 2002 (zuerst 1997).

Ders./Janick, Reiner: Sirenen und gepackte Koffer. Bunkeralltag in Berlin. Berlin 2003.

Bahnsen, Uwe/O'Donnell, James P.: Die Katakombe. Das Ende in der Reichskanzlei. Neuausgabe Reinbek 2004 (zuerst 1975).

Bajohr, Frank: Parvenüs und Profiteure. Korruption in der NS-Zeit. Frankfurt/M. 2001.

Bankier, David: Die öffentliche Meinung im Hitler-Staat. Die »Endlösung« und die Deutschen. Eine Berichtigung. Berlin 1995.

Beevor, Antony: Berlin 1945. Das Ende. München 2002.

Benz, Wolfgang (Hrsg.): Die Juden in Deutschland 1933–1945. Leben unter nationalsozialistischer Herrschaft. München 1988.

Ders.: Überleben im Dritten Reich. Juden im Untergrund und ihre Helfer. München 2003.

Ders./Distel, Barbara (Hrsg.): Der Ort des Terrors. Geschichte der nationalsozialistischen Konzentrationslager. 9 Bde. München 2005–2009.

Berliner S-Bahn-Museum (Hrsg.): Nord-Süd-Bahn. Vom Geistertunnel zur City-S-Bahn. Berlin 1999.

Berthold, Lothar u.a. (Hrsg.): Widerstand in Berlin gegen das NS-Regime 1933–1945. Ein biographisches Lexikon. 12 Bde. Berlin 2003–2005.

Beseler, Hartwig/Gutschow, Niels: Kriegsschicksale deutscher Architektur. Verluste, Schäden, Wiederaufbau. Eine Dokumentation für das Gebiet der Bundesrepublik Deutschland. 2 Bde. Neumünster o. J. [1988].

Bräutigam, Helmut u.a. (Hrsg.): Zwangsarbeit in Berlin 1938–1945. Berlin 2003.

Brothers, Eric/Kreutzer, Michael: Die Widerstandsgruppen um Herbert Baum. In: Lustiger, Arno: Im Kampf gegen Besatzung und »Endlösung«: Widerstand der Juden in Europa 1939–1945. Frankfurt/M. 1995, S. 23–43.

Corni, Gustavo/Gies, Horst: Brot – Butter – Kanonen. Die Ernährungswirtschaft in Deutschland unter der Diktatur Hitlers. Berlin 1997.

Danimann, Franz: Flüsterwitze und Spottgedichte unterm Hakenkreuz. Köln u.a. 1988.

Dams, Carsten/Stolle, Michael: Die Gestapo. Herrschaft und Terror im Dritten Reich. München 2008.

Das Deutsche Reich und der Zweite Weltkrieg (DRZW). Hrsg. vom Militärgeschichtlichen Forschungsamt. 10 Bde. in 13 Teilbänden. Stuttgart u.a. 1979–2008.

Demps, Laurenz: Die Luftangriffe auf Berlin. Ein dokumentarischer Bericht. In: Jahrbuch des Märkischen Museums 4 (1978), S. 27– 68.

Ders.: Die Luftangriffe auf Berlin. Ein dokumentarischer Bericht. Teil 2. In: Jahrbuch des Märkischen Museums 8 (1982), S. 7–44.

Ders.: Die Luftangriffe auf Berlin. Ein dokumentarischer Bericht. Teil 3. In: Jahrbuch des Märkischen Museums 9 (1983), S. 19–48.

Ders.: Zwangsarbeiter und Zwangsarbeiterlager in der faschistischen Reichshauptstadt Berlin 1939–1945. Berlin [Ost] 1986.

Ders.: Berlin-Wilhelmstraße. Eine Topographie preußisch-deutscher Macht. Berlin 2000 (zuerst 1994).

Dörner, Bernward: Die Deutschen und der Holocaust. Was niemand wissen wollte, aber jeder wissen konnte. Berlin 2007.
Donath, Matthias: Architektur in Berlin 1933–1945. Ein Stadtführer. Berlin 2004.
Düwel, Jörn u.a.: 1945. Krieg – Zerstörung – Aufbau. Architektur und Stadtplanung 1940–1960. In: Museumsjournal. Berichte aus Museen, Schlössern und Sammlungen in Berlin und Potsdam 9 (1995), S. 59.
Ehmann, Annegret u.a.: Die Grunewald-Rampe. Die Deportation der Berliner Juden. Berlin 1993.
Endlich, Stefanie: Gedenkstätten in Berlin. In: dies. u.a. (Hrsg.): Gedenkstätten für die Opfer des Nationalsozialismus. Eine Dokumentation. Bd. 2. Bonn 1995–1999, S. 27–228.
Engel, Helmut u.a. (Hrsg.): Geschichtslandschaft Berlin. Orte und Ereignisse. Bd. 5: Kreuzberg. Berlin 1994.
Engeli, Christian/Ribbe, Wolfgang: Berlin in der NS-Zeit. In: Ribbe, Wolfgang (Hrsg.): Geschichte Berlins. 2 Bde. München 1987. Bd. 2, S. 925–1025.
Eckardt, Götz (Hrsg.): Schicksale deutscher Baudenkmale im Zweiten Weltkrieg. Eine Dokumentation der Schäden und Totalverluste auf dem Gebiet der Deutschen Demokratischen Republik. 2 Bde. Berlin [Ost] 1980.
Ethell, Jeffrey L./Price, Alfred: Angriffsziel Berlin. Auftrag 250: 6. März 1944. Stuttgart 1982.
Falanga, Gianluca: Berlin 1937. Die Ruhe vor dem Sturm. Berlin 2007.
Fest, Joachim: Hitler. Eine Biographie. Berlin u.a. 1973.
Ders.: Speer. Eine Biographie. Berlin 1999.
Ders.: Der Untergang. Hitler und das Ende des Dritten Reiches. Eine historische Skizze. Berlin 2002.
Franck, Norbert/Asmus, Gesine (Hrsg.): Heil Hitler, Herr Lehrer. Volksschule 1933–1945. Das Beispiel Berlin. Reinbek 1989.
Friedrich, Jörg: Der Brand. Deutschland im Bombenkrieg 1940 bis 1945. Berlin 2002.
Gellately, Robert: Hingeschaut und weggesehen. Hitler und sein Volk. Stuttgart u.a. 2002.
Girbig, Werner: … im Anflug auf die Reichshauptstadt. Die Dokumentation der Bombenangriffe auf Berlin, stellvertretend für alle deutsche Städte. Stuttgart 1970.
Gottwaldt, Alfred B./Schulle, Diana: Die »Judendeportationen« aus dem Deutschen Reich von 1941–1945. Eine kommentierte Chronologie. Wiesbaden 2005.
Grayling, Anthony C.: Die toten Städte. Waren die alliierten Bombenangriffe Kriegsverbrechen? München 2007.
Groehler, Olaf: Bombenkrieg gegen Deutschland. Berlin 1990.
Gruchmann, Lothar: Korruption im Dritten Reich. Zur »Lebensmittelversorgung« der NS-Führerschaft. In: Vierteljahrshefte für Zeitgeschichte 42 (1994), S. 571–593.
Gruner, Wolf: Judenverfolgung in Berlin 1933–1945. Eine Chronologie der Behördenmaßnahmen in der Reichshauptstadt. Neuausgabe Berlin 2009 (zuerst 1996).
Ders.: Die Fabrik-Aktion und die Ereignisse in der Berliner Rosenstraße. Fakten und Fiktionen um den 27. Februar 1943. In: Jahrbuch für Antisemitismusforschung 11 (2002), S. 137–177.
Ders.: Ein Historikerstreit? Die Internierung der Juden aus Mischehen in der Rosenstraße 1943. Das Ereignis, seine Diskussion und seine Geschichte. In: Zeitschrift für Geschichtswissenschaft 52 (2004), S. 5–22.
Härtel, Christian: Stromlinien. Wilfrid Bade – Eine Karriere im Dritten Reich. Berlin 2004.
Hastings, Max: Bomber Command. London 1979.

Helas, Horst: Juden in Berlin-Mitte. Biografien, Orte, Begegnungen. Berlin 2000.
Helmer, Stephen D.: Hitler's Berlin. The Speer Plans for Reshaping the Central City. Ann Arbor 1985.
Hennig, Joachim: Maria Terwiel (1910–1943). Eine Widerstandskämpferin gegen den Nationalsozialismus aus Boppard/Rhein. In: Jahrbuch für westdeutsche Landesgeschichte 28 (2002), S. 547–563.
Hensle, Michael P.: Rundfunkverbrechen. Das Hören von »Feindsendern« im Nationalsozialismus. Berlin 2003.
Hilberg, Raul: Die Vernichtung der europäischen Juden. 3 Bde. Neuausgabe Frankfurt/M. 1990 (zuerst 1982).
Hillenbrand, Klaus: Nicht mit uns. Das Leben von Leonie und Walter Frankenstein. Frankfurt/M. 2008.
Höhne, Heinz: Der Orden unter dem Totenkopf. Die Geschichte der SS. Neuausgabe Augsburg 1994 (zuerst 1967).
Hoffmann, Peter: Widerstand, Staatsstreich, Attentat. Der Kampf der Opposition gegen Hitler. Neuausgabe München u.a. 1985 (zuerst 1969).
Jacobs, Ingeborg: Freiwild. Das Schicksal deutscher Frauen 1945. Berlin 2008.
Jäckel, Hartmut: Menschen in Berlin. Das letzte Telefonbuch der alten Reichshauptstadt 1941. Stuttgart u.a. 2000.
Joachimsthaler, Anton: Hitlers Ende. Legenden und Dokumente. Neuausgabe Augsburg 1998 (zuerst 1995).
Kaplan, Marion: Der Mut zum Überleben. Jüdische Frauen und ihre Familien in Nazideutschland. Berlin 2001.
Keil, Lars-Broder/Kellerhoff, Sven Felix: Deutsche Legenden. Vom »Dolchstoß« und anderen Mythen der Geschichte. Berlin 2003.
Kellerhoff, Sven Felix: Mythos Führerbunker. Hitlers letzter Unterschlupf. Neuausgabe Berlin 2006 (zuerst 2003).
Ders.: Hitlers Berlin. Geschichte einer Hassliebe. Berlin 2005.
Ders.: Berlin unterm Hakenkreuz. Berlin 2006.
Ders.: Ortstermin Mitte. Auf Spurensuche in Berlins Innenstadt. Berlin 2008.
Kershaw, Ian: Hitler. 2 Bde. München 1998–2000.
Kessemeier, Carin: Der Leitartikler Goebbels in den NS-Organen »Der Angriff« und »Das Reich«. Münster 1967.
Klein, Michael: Vera und der braune Glücksmann. Wie der NS-Staat einen Judenmörder hinrichtete. Eine wahre Geschichte. Leipzig 2006.
Klös, Heinz-Georg/Frädrich, Hans/Klös, Ursula: Die Arche Noah an der Spree. 150 Jahre Zoologischer Garten Berlin. Eine tiergärtnerische Kulturgeschichte von 1844–1994. Berlin 1994.
Kloft, Michael: Feuersturm. Der Bombenkrieg gegen Deutschland. Hamburg 2003 (DVD).
Ders.: Tod im Führerbunker. Die wahre Geschichte von Hitlers Untergang. Hamburg 2004 (DVD).
Kock, Gerhard: »Der Führer sorgt für unsere Kinder …«. Die Kinderlandverschickung im Zweiten Weltkrieg. Paderborn 1997.
Kohlhaas, Elisabeth: Die Mitarbeiter der regionalen Staatspolizeistellen. Quantitative und qualitative Befunde zur Personalausstattung der Gestapo. In: Paul, Gerhard/Mallmann, Klaus-Michael (Hrsg.): Die Gestapo. Mythos und Realität. Darmstadt 1995, S. 219–235.
Koop, Volker: Das Recht der Sieger. Absurde alliierte Befehle im Nachkriegsdeutschland. Berlin 2004.
Kopleck, Maik: Berlin 1933–1945. Berlin 2004.
Koser, David/Schmidt, Roman: Hauptstadt des Holocaust. Orte nationalsozialistischer Rassenpolitik in Berlin. Berlin 2009.

Kuhnke, Manfred: Falladas letzter Roman. Die wahre Geschichte. Friedland 2011.
Large, David Clay: Berlin. Biographie einer Stadt. München 2002.
Lemke, Bernd: Luftschutz in Großbritannien und Deutschland 1923–1939. Zivile Kriegsvorbereitungen als Ausdruck der staats- und gesellschaftspolitischen Grundlagen von Demokratie und Diktatur. München 2005.
Lilla, Joachim: Statisten in Uniform. Die Mitglieder des Reichstages 1933–1945. Ein biographisches Handbuch. Düsseldorf 2004.
Löhken, Wilfried/Vathke, Werner (Hrsg.): Juden im Widerstand. Drei Gruppen zwischen Überlebenskampf und politischer Aktion. Berlin 1939–1945. Berlin 1993.
Longerich, Peter: »Davon haben wir nichts gewusst!« Die Deutschen und die Judenverfolgung 1933–1945. München 2006.
Mendelssohn, Peter de: Zeitungsstadt Berlin. Menschen und Mächte in der Geschichte der deutschen Presse. Neuausgabe Berlin 1982 (zuerst 1959).
Middlebrook, Martin: The Berlin Raids. RAF Bomber Command 1943/44. London u.a. 1988.
Moorhouse, Roger: Berlin at War. Life and Death in Hitler's Capital 1939–1945. London 2010
Müller, Rolf-Dieter: Der Bombenkrieg 1939–1945. Berlin 2004.
Neillands, Robin: Der Krieg der Bomber. Arthur Harris und die Bomberoffensive der Alliierten 1939 – 1945. Berlin 2002.
Nelson, Anne: Die Rote Kapelle. Die Geschichte der legendären Widerstandsgruppe. München 2010.
Paul, Gerhard/Mallmann, Klaus-Michael (Hrsg.): Die Gestapo. Mythos und Realität. Darmstadt 1995.
Pieken, Gorch/Kruse, Cornelia: Das Haushaltsbuch der Elsa Chotzen. Schicksal einer jüdischen Familie in Berlin 1937–1946. Berlin 2008.
Peuckert, Detlev: Alltag unterm Nationalsozialismus. Berlin 1981.
Pomerance, Aubrey (Hrsg.): Jüdische Zwangsarbeiter bei Ehrich & Graetz, Berlin-Treptow. Zeitzeugnisse aus dem Jüdischen Museum Berlin. Köln 2003.
Ribbe, Wolfgang/Schmädecke, Jürgen (Hrsg.): Berlin im Europa der Neuzeit. Ein Tagungsbericht. Berlin 1990.
Riffel, Dennis: Unbesungene Helden. Die Ehrungsinitiative des Berliner Senats 1958–1966. Berlin 2007.
Reuth, Ralf Georg: Goebbels. München 1990.
Roloff, Stefan: Die Rote Kapelle. Die Widerstandsgruppe im Dritten Reich und die Geschichte Helmut Roloffs. München 2002.
Rose, Sonya O.: Which People's War? National Identity and Citizenship in Wartime Britain 1939–1945. Oxford u.a. 2003.
Rürup, Reinhard (Hrsg.): Topographie des Terrors. Gestapo, SS und Reichssicherheitshauptamt auf dem »Prinz-Albrecht-Gelände«. Eine Dokumentation. Berlin 1987.
Ders. (Hrsg.): Berlin 1945. Eine Dokumentation. 2. Aufl. Berlin 1995.
Ryan, Cornelius: Der letzte Kampf. München u.a. 1966.
Sandvoß, Hans-Rainer: Widerstand in Mitte und Tiergarten. Neuausgabe Berlin 1999 (zuerst 1991).
Ders.: Die »andere« Reichshauptstadt. Widerstand aus der Arbeiterbewegung in Berlin von 1933–1945. Berlin 2007.
Scheffler, Wolfgang: Der Brandanschlag im Berliner Lustgarten im Mai 1942 und seine Folgen. Eine quellenkritische Betrachtung. In: Berlin in Geschichte und Gegenwart. Jahrbuch des Landesarchivs Berlin 1984, S. 91–118.
Schimmler, Bernd: Recht ohne Gerechtigkeit. Zur Tätigkeit der Berliner Sondergerichte im Nationalsozialismus. Berlin 1984.

Schmitz-Berning, Cornelia: Vokabular des Nationalsozialismus. Berlin u.a. 1998.
Schneider, Peter: »Und wenn wir nur eine Stunde gewinnen …«. Wie ein jüdischer Musiker die Nazi-Jahre überlebte. Berlin 2001.
Schochow, Werner: Bücherschicksale. Die Verlagerungsgeschichte der Preußischen Staatsbibliothek. Auslagerung, Zerstörung, Entfremdung, Rückführung. Dargestellt aus den Quellen. Berlin 2003.
Schoeps, Julius H. (Hrsg.): Berlin. Geschichte einer Stadt. Berlin 2001.
Scholze-Irrlitz, Leonore/Noack, Karoline (Hrsg.): Arbeit für den Feind. Zwangsarbeiter-Alltag in Berlin und Brandenburg 1939–1945. Berlin 1998.
Schubert, Helga: Judasfrauen. Zehn Fallgeschichten weiblicher Denunziation im Dritten Reich. Frankfurt/M. 1990.
Schwarz, Alfons: Rechtsprechung durch Sondergerichte. Zur Theorie und Praxis im Nationalsozialismus am Beispiel des Sondergerichts Berlin. Diss. Augsburg 1992.
Shepardson, Donald E.: The Fall of Berlin and the Rise of a Myth. In: The Journal of Military History 62 (1998), S. 135–153.
Shirer, William L: Aufstieg und Fall des Dritten Reiches. Neuausgabe Bindlach 1990 (zuerst 1961).
Smit, Erik/Staikos, Evthalia/Thormann, Dirk: 3. Februar 1945. Die Zerstörung Kreuzbergs aus der Luft. Berlin 1995.
Stargardt, Nicholas: »Maikäfer flieg!« Hitlers Krieg und die Kinder. München 2006.
Steinbach, Peter: Berlin unter dem Nationalsozialismus. In: Ribbe, Wolfgang/Schmädecke, Jürgen (Hrsg.): Berlin im Europa der Neuzeit. Ein Tagungsbericht. Berlin 1990, S. 315–328.
Ders.: Berlin unter dem Nationalsozialismus. Hauptstadt im »Dritten Reich« – Zentrum des deutschen Widerstandes. In: Süß, Werner/Rytlewski, Ralf (Hrsg.): Berlin. Die Hauptstadt. Vergangenheit und Zukunft einer europäischen Metropole. Berlin u.a. 1999, S. 121–156.
Steinert, Marlies: Hitlers Krieg und die Deutschen. Stimmung und Haltung der deutschen Bevölkerung im Zweiten Weltkrieg. Düsseldorf u.a. 1970.
Stiftung Topographie des Terrors (Hrsg.): Berlin 1933–1945. Zwischen Propaganda und Terror. Berlin 2010.
Stremmel, Ralf: Modell und Moloch. Berlin in der Wahrnehmung deutscher Politiker vom Ende des 19. Jahrhunderts bis zum Zweiten Weltkrieg. Bonn 1992.
Süß, Dietmar: Tod aus der Luft. Kriegsgesellschaft und Luftkrieg in Deutschland und England. München 2011.
Tausendfreund, Doris: Erzwungener Verrat. Jüdische »Greifer« im Dienste der Gestapo 1943–1945. Berlin 2006.
Thalmann, Rita: Jochen Klepper. Ein Leben zwischen Idyllen und Katastrophen. München 1977.
Thies, Jochen: Architekt der Weltherrschaft. Die »Endziele« Hitlers. Düsseldorf 1976.
Thun-Hohenstein, Romedio Galeazzo Graf von: Der Verschwörer. General Oster und die Militäropposition. Berlin 1982.
Toland, John: Das Finale. Die letzten hundert Tage. München u.a. 1968.
Ders.: Adolf Hitler. Bergisch Gladbach 1977.
Tress, Harvey B.: Churchill, the First Berlin Raids, and the Blitz. A New Interpretation. In: Militärgeschichtliche Mitteilungen 32 (1982), S. 65–78.
Trevor-Roper, Hugh R.: Hitlers letzte Tage. Zürich 1948.
Tuchel, Johannes: Berlin als Zentrum des nationalsozialistischen Verfolgungsapparates. In: Ribbe, Wolfgang/Schmädecke, Jürgen (Hrsg.): Berlin im Europa der Neuzeit. Ein Tagungsbericht. Berlin 1990, S. 367–376.

Ders. (Hrsg.): Museum Blindenwerkstatt Otto Weidt. Eine Dokumentation der Stiftung Gedenkstätte Deutscher Widerstand. Berlin 2007.

Ders.: Gedenkstätte Stille Helden. Eine Dokumentation der Stiftung Gedenkstätte Deutscher Widerstand. Berlin 2008.

Ders.:/Schattenfroh, Reinold: Zentrale des Terrors. Prinz-Albrecht-Straße 8. Das Hauptquartier der Gestapo. Berlin 1987.

Ueberschär, Gerd R./Wette, Wolfram (Hrsg.): Kriegsverbrechen im 20. Jahrhundert. Darmstadt 2001.

Vat, Dan van der: Der gute Nazi. Leben und Lügen des Albert Speer. Berlin u.a. 1996.

Vorländer, Herwart: Die NSV. Darstellung und Dokumentation einer nationalsozialistischen Organisation. Boppard am Rhein 1988.

Wachsmann, Nikolaus: Gefangen unter Hitler. Justizterror und Strafvollzug im NS-Staat. München 2006.

Wagner, Helmut: Berlin in den Plänen der Alliierten des Zweiten Weltkrieges. In: Ribbe, Wolfgang/Schmädecke, Jürgen (Hrsg.): Berlin im Europa der Neuzeit. Ein Tagungsbericht. Berlin 1990, S. 417–444.

Wawrziniok, Axel: Der Krieg gegen besseres Wissen. Der Luftkrieg gegen Europas Städte 1914–1945. Berlin o. J. [1995] (Selbstverlag).

Webster, Charles/Frankland, Noble: The Strategic Air Offensive against Germany 1939–1945. 4 Bde. London 1961.

Weisenborn, Günther: Der lautlose Aufstand. Bericht über die Widerstandsbewegung des deutschen Volkes 1933–1945. Neuausgabe Frankfurt/M. 1974 (zuerst 1953).

Wette, Wolfram: Karl Jäger. Mörder der litauischen Juden. Frankfurt/M. 2011.

Wilderotter, Hans: Alltag der Macht. Berlin Wilhelmstraße. Berlin 1998.

Wildt, Michael: Berlin im Nationalsozialismus. Neue Forschungsperspektiven. Berlin 2010.

Wilhelm, Friedrich: Die Polizei im NS-Staat. Die Geschichte ihrer Organisation im Überblick. Paderborn u.a. 1997.

Willems, Susanne: Der entsiedelte Jude. Albert Speers Wohnungsmarktpolitik für den Berliner Hauptstadtbau. Berlin 2002.

Winterhager, Wilhelm Ernst: Berlin als Zentrum des deutschen Widerstandes 1933–1945. In: Ribbe, Wolfgang/Schmädecke, Jürgen (Hrsg.): Berlin im Europa der Neuzeit. Ein Tagungsbericht. Berlin 1990, S. 377–397.

Wippermann, Wolfgang: Die Berliner Gruppe Baum und der jüdische Widerstand. Berlin 1981.

Ders.: Steinerne Zeugen. Stätten der Judenverfolgung in Berlin. Berlin 1982.

Wohlfromm, Hans-Jörg/Wohlfromm, Gisela: »Und morgen gibt es Hitlerwetter!« Alltägliches und Kurioses aus dem Dritten Reich. Frankfurt/M. 2006.

Wörmann, Heinrich-Wilhelm: Widerstand in Köpenick und Treptow 1933–1945. Berlin 1995.

Wyden, Peter: Stella. Göttingen 1993.

ABKÜRZUNGSVERZEICHNIS

AP	Associated Press
BBC	British Broadcasting Corporation
BDM	Bund Deutscher Mädel
BVG	Berliner Verkehrs-Betriebe
DNB	Deutsches Nachrichtenbüro
DRZW	Bandreihe: Das Deutsche Reich und der Zweite Weltkrieg
Flak	Flugabwehrkanone
Gestapo	Geheime Staatspolizei
HJ	Hitlerjugend
KdF	Kraft durch Freude
KLV	Kinderlandverschickung
KZ	Konzentrationslager
Napola	Nationalpolitische Lehranstalt
NS	Nationalsozialismus/nationalsozialistisch
NSDAP	Nationalsozialistische deutsche Arbeiterpartei
NSV	Nationalsozialistische Volkswohlfahrt
OKW	Oberkommando der Wehrmacht
RAF	Royal Air Force
RSHA	Reichssicherheitshauptamt
SA	Sturmabteilung
SD	Sicherheitsdienst
SS	Schutzstaffel
Stuka	Sturzkampfflugzeug
UP	United Press

DANK

MANCHE IDEE REIFT LANGE ZEIT UND WIRD DOCH ERST durch Anstöße von außen virulent. Genauso verhält es sich mit *Berlin im Krieg. Eine Generation erinnert sich*. Schon 2002 hatte ich mich mit dem Gedanken getragen, mich in einem Buch der Erfahrung des Krieges aus der Perspektive ganz normaler Menschen, also gewissermaßen »von unten«, zu nähern. Ausgangspunkt waren die mehr als 200 Briefe von Berlinern, die ihre Erlebnisse während der Bombennächte und Tagesangriffe im Zweiten Weltkrieg niedergeschrieben und an die Redaktion der Zeitungsgruppe Berlin des Axel Springer Verlages geschickt hatten. Viele von ihnen durfte ich bei mehreren persönlichen Treffen, mal in größerer Gruppe, mal unter vier Augen, kennenlernen. Diesen Menschen, die oft noch nach Jahrzehnten unter den grausamen Erfahrungen litten, die sie als Kinder, Jugendliche oder junge Erwachsene hatten machen müssen, gehört der erste Dank. Denn ihre Schilderungen bilden den Kern des vorliegenden Buches.

Doch obwohl ich dieses wertvolle Konvolut in den vergangenen Jahren bei meiner Tätigkeit als Geschichtsjournalist, Zeithistoriker und Sachbuchautor immer wieder auswerten konnte, blieb stets das ungewisse Gefühl, dem mir damit erwiesenen Vertrauen noch nicht gerecht geworden zu sein. Denn in meinen verschiedenen Büchern zu Berlin während der NS-Zeit nahm ich wechselnde Perspektiven ein, doch nie jene »von unten«. Klar wurde mir das, als mich Dr. Claudia Steur von der Stiftung Topographie des Terrors 2008 fragte, ob ich für einen Katalog zu »Berlin im Nationalsozialismus« einen Beitrag über den Bombenkrieg schreiben könnte. Dafür las ich zum ersten Mal seit Jahren wieder in den originalen Briefen. Doch erst ein weiterer Anstoß brachte mich dazu, dieses Thema tatsächlich anzugehen. Er stammte von Lothar Menne, der mich bei einer fröhlichen Geburtstagfeier in eleganter Umgebung fragte, ob ich mir denn vorstellen könnte, über »Berlin im Krieg« zu schreiben. Fortan ließ mich dieses Thema nicht mehr los. Im Verlauf der Entscheidungsfindung wechselte der Zuschnitt des Vorhabens mehrfach, um schließlich wieder zurückzukehren zum ursprünglichen Arbeitstitel. Neben Menne haben von Verlagsseite Quadriga-Programmleiter Moritz Kienast, der Lektor Magnus Enxing und viele hilfreiche Kolleginnen und Kollegen mitgewirkt, deren Fleiß man vor allem daran erkennt, dass er keine sichtbaren Spuren hinterlassen hat. Dass ich mich ganz auf den Inhalt des Buches konzentrieren konnte, verdanke ich meinem Agenten Dr. Ernst Piper.

Zwischen der Idee zu einem Buch und seinem Erscheinen liegt die anstrengende Phase des Recherchierens und des Schreibens. Dabei haben mir, wie bei jedem anderen meiner Titel, viele Freunde und Kollegen geholfen. Herausgehoben erwähnt zu werden verdient Jörg Rudolph, dessen Findigkeit und Spürsinn mir manch wichtige Stimme zuspielte, auf die ich sonst hätte verzichten müssen. Auch Lars-Broder Keil und Dr. Lothar Wackermann halfen mit Hinweisen. Zuspruch und Unterstützung in ganz unterschiedlicher Form gewährten mir, manchmal ohne es zu wissen, Dietmar Arnold, Dr. Gundula Bavendamm, Martin Gätke, Wieland Giebel, Katharina Hammes, Ulrich Hopp, Alexandra Kilian, Bernd von Kostka, Dr. Tim Mennel, Roger Moorhouse, Uwe Müller, Jörg Müllner, Uwe Neumärker, Prof. Dr. Sönke Neitzel, Michael Richter, Prof. Dr. Wolfgang Schäche, Cordula Schmitz, Christian Seeger, Dr. Berthold Seewald, Prof. Dr. Peter Steinbach, Prof. Dr. Johannes Tuchel, Alexander Uhl, Jürgen Wedemeyer, Sabine Weißler, Andrea Wieshuber und Prof. Dr. Michael Wildt. Die Mitarbeiter im Landesarchiv Berlin und im Zentrum für Berlin-Studien der Zentral- und Landesbibliothek sowie im Infopool des Axel Springer Verlages haben mich ebenfalls unterstützt. Der Chefredakteur der *Welt*-Gruppe, Jan-Eric Peters, hat der Aufnahme dieses Bandes in die Reihe der *Welt am Sonntag*-Bücher zugestimmt. Ihnen allen danke ich, denn ohne vielfältige Hilfe ist eine Arbeit wie dieses Buch schlicht unmöglich.

Ganz besonders wichtig ist zudem meine Familie. Susanne Tattersall und Christian Lorenz haben mich ebenso wie Dr. Tina Kellerhoff und Anna-Maria Lorenz zuverlässig aufgemuntert, wenn mich die Vergangenheit wieder einmal nicht aus ihren Klauen entlassen mochte. Lisa und Matthias Lorenz gelang das Gleiche ebenso wie Nelly und Clara Kellerhoff auf kindlich-ansteckende Weise; vielleicht werden sie in etwa zwei Jahrzehnten dieses Buch lesen und darüber nachdenken.

Gewidmet aber ist dieses Buch meinen Eltern Jutta und Peter Kellerhoff. Beide haben den Zweiten Weltkrieg als Kinder erlebt, wenngleich nicht in Berlin; beide weckten in mir durch gelegentliche, allerdings nicht zu häufige Erzählungen das Interesse für die Vergangenheit und trugen bei zu meiner Überzeugung, dass wir alle – wenn überhaupt – nur aus der Geschichte lernen können. Und natürlich verdanke ich ihnen noch unendlich viel mehr. Deshalb gilt ihnen der letzte und größte Dank des Autors am Ende dieser Arbeit.

Sämtliche Abbildungen in diesem Band stammen von der picture-alliance/dpa, Frankfurt am Main.

Die Karte im Vor- und Nachsatz ist ein Pharus-Plan Berlin aus dem Jahr 1938. Im Gegensatz zu später veröffentlichten Karten sind in ihm Liegenschaften von militärischer Bedeutung, etwa der Flughafen Tempelhof, noch ausgewiesen.

Die Orthografie der Zitate wurde angepasst an die Regeln der neuen deutschen Rechtschreibung.

Dieser Titel ist auch als E-Book erschienen

Quadriga Verlag, Berlin, in der Bastei Lübbe GmbH & Co. KG

Originalausgabe

Umschlaggestaltung: Buchgut, Berlin
Umschlagabbildung: Bettmann/Corbis
Satz: Siebel Druck & Grafik, Lindlar
Gesetzt aus der Weiss
Druck und Einband: GGP Media GmbH, Pößneck

Printed in Germany
ISBN 978-3-86995-010-5

5 4 3 2 1

Sie finden uns im Internet unter: www.quadrigaverlag.de

Volkspark
Jungfernheide
Plötzensee
Charlottenburg
Lehrter Bf.
Tiergarten
Zoologischer Bf.
Bf. Charlottenburg
Potsdamer Bf.
Anhalter Bf.
Wilmersdorf
Grunewald
Schmargendorf
Schöneberg
Friedenau
Tempelhof
Priesterweg
Steglitz
Dahlem
Botanischer Garten
Südende
Mariendorf
Stadt-Park
Lichterfelde